»Liebhaber der Theologie«

Braunschweiger Beiträge zur Kulturgeschichte

Herausgegeben von Gerd Biegel und Angela Klein

Band 3

PETER LANG
Frankfurt am Main · Berlin · Bern · Bruxelles · New York · Oxford · Wien

Gerd Biegel / Heidi Beutin / Wolfgang Beutin / Angela Klein (Hrsg.)

»*Liebhaber der Theologie*«

Gotthold Ephraim Lessing – Philosoph – Historiker der Religion

PETER LANG
Internationaler Verlag der Wissenschaften

Bibliografische Information der Deutschen Nationalbibliothek
Die Deutsche Nationalbibliothek verzeichnet diese Publikation in der
Deutschen Nationalbibliografie; detaillierte bibliografische
Daten sind im Internet über http://dnb.d-nb.de abrufbar.

Umschlagabbildung:
Gotthold Ephraim Lessing, Portrait, Kreidelithographie mit grauer Tonplatte
von (J. ?) Honegger, um 1830, unter der Darstellung lithogr. Unterschrift. -
Darst.: 21 x 14 cm - Blattgr.: 28,5 x 22 cm; Inv. Nr.: LMB 35714;
Besitz Braunschweigisches Landesmuseum,
Niedersächsische Landesmuseen;
Photonachweis: Repro Braunschweigisches Landesmuseum,
Niedersächsische Landesmuseen Braunschweig, I. Simon.

ISSN 1864-287X
ISBN 978-3-631-57875-9
© Peter Lang GmbH
Internationaler Verlag der Wissenschaften
Frankfurt am Main 2012
Alle Rechte vorbehalten.

Das Werk einschließlich aller seiner Teile ist urheberrechtlich
geschützt. Jede Verwertung außerhalb der engen Grenzen des
Urheberrechtsgesetzes ist ohne Zustimmung des Verlages
unzulässig und strafbar. Das gilt insbesondere für
Vervielfältigungen, Übersetzungen, Mikroverfilmungen und die
Einspeicherung und Verarbeitung in elektronischen Systemen.

www.peterlang.de

Inhaltsverzeichnis

Vorwort _____ 7

Einführung
»Eigentlich ist es der Erbprinz, welcher mich hierher gebracht«
Lessing in Braunschweig und Wolfenbüttel
Gerd Biegel, Braunschweig _____ 11

»Das Ding, was man Ketzer nennt, hat eine sehr gute Seite. Es ist ein Mensch, der mit seinen eigenen Augen wenigstens (hat) sehen wollen.« - Lessing und der Neuprotestantismus, Teil 1
Heidi Beutin, Stormarn _____ 37

Lessing und der Neuprotestantismus. Definitionen, Zitate, Erläuterungen
Heidi Beutin / Wolfgang Beutin _____ 55

»... daß man keinen Menschen, in der Erkenntnis der Wahrheit nach seinem eigenen Gutdünken fortzugehen, hindern muß.« – Lessing und der Neuprotestantismus, Teil 2
Wolfgang Beutin, Universität Bremen _____ 63

Lessing und die philosophischen Strömungen der frühen Neuzeit
Bodo Heimann, Christian-Albrechts-Universität Kiel _____ 83

Diesseitigkeit und Realismus. Zur philosophischen Bedeutung der Lessingschen Dramaturgie
Thomas Metscher, Ottersberg-Quelkhorn _____ 95

Beantwortung der Frage: Was ist Kunst der Aufklärung? Lessings »Laokoon«
Gerhard Wagner, Berlin _____ 113

Idee und Konstruktion der dramatischen Dichtung »Nathan der Weise«
Günter Hartung, Halle/Saale _____ 121

Der »ehrbare Ketzer«. Berengar von Tours im Urteil Lessings
Raimund Kemper, Dirmstein _____ 133

Hermann Samuel Reimarus als Kritiker des Christentums und Lessings Reimarus-Kritik
William Boehart, Mölln _____ 183

Lessings Kunst der Streitschrift
Thomas Höhle, Halle/Saale — 193

Auf einsamem Posten. Lessing und Heine
Jost Hermand, Madison/Wisconsin — 203

Rettungen - Lessings letzte Kämpfe - Franz Mehrings Visionen
Friedrich Mülder, Thurmansbang-Solla — 213

Joseph von Sonnenfels und Gotthold Ephraim Lessing. Aufklärung und Zensur in der Habsburger-Monarchie
Johann Dvořák, Universität Wien — 227

»Die Träume der Bürgerin Galotti«. Szenische Lesung
Bodo Heimann — 237

Verzeichnis der Autorinnen und Autoren — 271

Vorwort

Gotthold Ephraim Lessing zählt in der Geschichte der deutschen Literatur zu den Autoren, die man in Jubiläumsjahren in der literarischen und wissenschaftlichen Öffentlichkeit vielfältig zu würdigen pflegt. So wurde auch sein 275. Geburtstag am 22. Januar 2004 in Deutschland zum Anlaß genommen, den Dichter durch einen Festakt in der Herzog August Bibliothek und durch eine Fülle von Veranstaltungen wie Konferenzen und Ausstellungen, Podiumsdiskussionen und Lesungen, Gedenkgottesdiensten und Theateraufführungen, Konzerten und einem Besuch am Grab in Braunschweig zu ehren.

Es konnte dabei nicht ausbleiben, daß mancherlei Sonderbares – soll man sagen: etliches Zeitgemäße? – unterlief: So versuchte z.B. ein Veranstalter die Tradition des ›Streitgesprächs‹ – ausdrücklich nach dem »Muster« der Lessing-Goeze-Kontroverse – wieder in Aufnahme zu bringen, wählte dafür indessen den thematischen Aspekt: »*Möglichkeiten und Grenzen der Biotechnologie*«[1]. Der Direktor der Herzog August Bibliothek, Helwig Schmidt-Glintzer, äußerte in seiner Begrüßung: »*Der Kräuterkenner Lessing wird mit vielen Orten verbunden, mit Leipzig, mit Berlin, mit Hamburg und nicht zuletzt mit Kamenz ...*«[2] – War die Auflistung nicht zu karg, fehlten nicht einige Orte, mindestens ebenso viele wie die erwähnten? Der zum Festakt angereiste damalige Bundespräsident Johannes Rau nahm Lessings Geburtstag zum Anlaß, seine Gedanken über den sog. »Kopftuchstreit« darzulegen. Darin wiederum erkannte Barbara Gehrt einen neuerlichen Beweis für des Dichters »*Aktualität*«: »*Dass in der Rede ... der zu jenem Zeitpunkt heftig wogende ‚Kopftuchstreit' Thema sein konnte, zeigt die uneinholbare Aktualität Lessings für unsere politische Zeitsituation und die Frage des Nebeneinanders der verschiedenen Religionen im staatlichen Gemeinwesen.*«[3] Indessen das Fremdwörterbuch nominiert als Synonym für »*Aktualität*«: »*Bedeutsamkeit für die unmittelbare Gegenwart*«. Mithin kann »*Aktualität*« Lessings allerdings nur heißen: Sie ist von der Gegenwart eingeholt worden; nicht eine »*uneinholbare*« also, sondern im Gegenteil ...

Im Braunschweigischen Landesmuseum wurde vom 7.-10. Oktober 2004 eine öffentliche wissenschaftliche Tagung veranstaltet:

»Liebhaber der Theologie« – Gotthold Ephraim Lessing: – Philosoph – Historiker der Religion.

Uns fiel vor Beginn des Lessingsjahres bei Lektüre der Programme und Kataloge der Festlichkeiten auf, daß trotz imposanter Fülle geplanter Ehrungen des Dichters zu seinem 275. Geburtstag etwas Wesentliches, womöglich das Entscheidende außer Betracht geblieben war. Daher erschien es uns wünschenswert, diese Lücke durch eine Konferenz in Braunschweig zu schließen, eine wissenschaftliche Zusammenkunft, deren Ziel es sein sollte, postmoderner Beliebigkeit und der nicht verdienstlosen, gelegentlich aber allzu pedantischen Detailversessenheit sowie der Vorliebe für Marginalien, Quisquilien und »*uneinholbare Aktualität*« mit der Besinnung auf das organisierende Zentrum von Lessings Gedankenwelt, auf deren theologisch-religiös-philosophischen Kern zu begegnen.

Bei dieser Tagung sollte es keineswegs darum gehen, in verkrampfter Bemühung die in der Gegenwart so oft eingeforderten »Innovationen« zu produzieren, sondern darum, wertvolle Ergebnisse der Lessing-Forschung, wie sie seit dem 19. Jahrhundert vorliegen – von denen mehrere bedeutende keinesfalls nur der Philologie zu verdanken sind, sondern in interdisziplinärer Arbeit erzielt worden waren – abzuwägen und erneut in die Diskussion einzubeziehen, sie mit rezenten Beiträgen vergleichend; gemeint waren u.a. auch die Lessing-Schriften von Theologen (z.B. Albert Schweitzer, Walther von Loewenich), von Religionshistorikern (z.B. Ernst Troeltsch, Martin Werner) und Philosophen (z.B. Ludwig Feuerbach, Wilhelm Dilthey).

Auf den theologisch-religiös-philosophischen Kern von Lessings Schriften kam als einer der ersten, vielleicht sogar als erster, bereits Heinrich Heine zu sprechen. Seine Prosa erweist diesen unter anderem als exzellenten Literaturhistoriker. Eine seiner Aussagen jedoch, Lessing betreffend, konnte bei Freunden der Dichtung, vor allem des dichterischen Werks von Lessing, damals keine geringe Verwunderung erregen und erregt sie bis heute, wenn er wertend eine Rangordnung vornimmt: »... *seine philosophischen und theologischen Kämpfe sind uns wichtiger als seine Dramaturgie und seine Dramata.*« Begründend schreibt er: »*Gleich dem Luther wirkte Lessing nicht nur, indem er etwas Bestimmtes tat, sondern indem er das deutsche Volk bis in seine Tiefen aufregte und indem er eine heilsame Geisterbewegung hervorbrachte ...*«.[4] Hiermit bezog er sich auf die theologiegeschichtlichen Forschungen Lessings sowie dessen philosophische Betrachtungen und seine Auseinandersetzungen mit der zeitgenössischen Geistlichkeit. Eine Generation nach Heine, im Jahre 1872, hob David Friedrich Strauß in seinem »Bekenntnis« – so der Untertitel der Schrift »*Der alte und der neue Glaube*« – Lessings Universalität hervor, darunter, daß er auch als Theologe und Philosoph schrieb. Zwar sei diese Universalität das »Mindeste«, nämlich »*daß er so universell auftritt: Kritiker und Dichter, Archäolog und Philosoph, Dramaturg und Theolog; und daß er auf allen diesen Gebieten neue Gesichtspunkte fand, neue Wege wies, tiefere Schachte erschloß*«, weil größer noch an ihm jedenfalls die »*Einheit des Schriftstellers und des Menschen*«, seine »*Gesinnung ..., die Wahrheitsliebe und Wahrheitstreue selbst*« waren.[5]

Der Anteil theologischer und philosophischer Schriften an Lessings Gesamtwerk ist ohne Zweifel erstaunlich und nimmt etwa in der Ausgabe Göpferts (in der Auflage von 1996) mitsamt den Erläuterungen ein Viertel des Raumes ein, knapp zweitausend Seiten. (Auf diese knapp 2000 Seiten verteilen sich: dreiviertel Theologie, ein Viertel Philosophie.) Der Herausgeber gibt der Sammlung theologischer Beiträge die Überschrift »*Theologiekritische Schriften*« – womit er die Qualifizierung »*theologisch*« vermied, die in der Tat prekär wäre, weil Lessing nicht als »*Theolog*« gelten wollte, sondern sich in seinen »*Axiomata*« selbst als »*Liebhaber der Theologie*« bezeichnete[6].

Der Theologie und Religionsgeschichte – darunter nicht zuletzt der Neuprotestantismus-Forschung –, von der älteren bis hin in die neuere, also etwa in der Spanne von Ernst Troeltsch bis zu Walther von Loewenich, ist nicht verborgen geblieben, wie groß Lessings Verdienst gerade auf den Gebieten der Theologie und Religionsgeschichte ist. So schrieb Walther von Loewenich 1963: »*Einen besonders bemerkenswerten Beitrag zu dem Thema ›Luther und der Neuprotestantismus‹ hat Lessing geliefert*«, und er notierte, man habe Lessing »*als einen Vater des Neuprotestantismus bezeichnet*«. Doch sei die Frage nicht zu unterdrücken, ob Lessing noch zu den Bekennern des Christentums zähle oder ob er nicht aus diesem »*völlig herausgetreten*« wäre.[7]

Höchst skandalisierend wirkten in der damaligen Epoche die Herausgabe der *»Wolfenbüttler Fragmente«* (1774-78) durch Lessing und seine kritische Kommentierung. Der Skandal setzte sich fort in den anschließenden Kontroversen, von denen diejenige mit dem Hamburger Hauptpastor Johann Melchior Goeze die schärfste war. J. H. Claussen formulierte 1997: *»Wie ein Fanal«* habe dieser *»Streit«* gewirkt.[8]

Wie weit Lessing mit der Präsentation von Ausschnitten aus der *»Apologie«* des Reimarus seiner Epoche voraus war, demonstriert die Tatsache, daß es erst mehr als zweihundert Jahre nach dem Tode des Reimarus gelang, dessen Werk erstmals vollständig zu veröffentlichen (1972, ein großes Verdienst Gerhard Alexanders[9]).

Es ist bekannt, daß Lessing mit den Thesen des Reimarus nicht übereinstimmte, doch ordnete er seine Überzeugung der Notwendigkeit unter, den Reimarus-Text zur Diskussion zu stellen. Oder, mit Alberts Schweitzers Ausdruck: über alle eigenen Bedenken hinweg *»schleuderte er die Brandfackel«* (1906). Schweitzer schrieb zu Lessings kritischer Schätzung der Schrift des Reimarus: *»Lessing konnte damit nicht einverstanden sein. Seine Auffassung von der Offenbarung und seine Vorstellung von der Person Jesu waren viel tiefer als die des Fragmentisten. Er war ein Denker, Reimarus nur ein Historiker. Aber es war das erste Mal, daß ein historischer Kopf, mit den Quellen vollständig vertraut, die Kritik der Überlieferung unternahm. Es war Lessings Größe, daß er die Bedeutung dieser Kritik erfaßte und ahnte, daß sie zur Vernichtung oder Umbildung des Begriffs der Offenbarung führen müsse.«* Und er nannte die Schrift des Reimarus immerhin *»die grandiose historische Leistung ... vielleicht die großartigste Leistung der Leben-Jesu-Forschung überhaupt«*.[10]

Gewiß gibt es unter den *»klassischen«* deutschen Schriftstellern keinen anderen, der so tief wie Lessing in die religiösen Gedankensysteme von der Antike bis zur Aufklärung eindrang, eine Bemühung, die allerdings nie ohne Verbindung blieb mit den Grundprinzipien der europäischen Aufklärung.

Die bekanntesten philosophischen Leistungen Lessings schließen zum guten Teil wiederum an seine theologisch-religionshistorischen Schriften an, am stärksten *»Die Erziehung des Menschengeschlechts«*, weniger der *»Dialog Ernst und Falk«*. Schon bei den Zeitgenossen und seither in der Forschung vielfach beachtet worden sind die Bezüge Lessings zu Spinoza (nicht zuletzt durch Jacobis Mitteilungen über seine Gespräche mit Lessing), Leibniz (Lessing verfaßte kleine Schriften über diesen und über Einzelfragen von dessen Werk) und Mendelssohn (v.a. wichtig der Briefwechsel Lessings mit diesem).

Den Referentinnen und Referenten, die wir zu unserer Tagung einluden, stellten wir die Aufgabe, sich in Vorträgen, Statements und Diskussionen den im Voranstehenden angedeuteten Problemzusammenhängen zuzuwenden. Wir meinten, dies könne in zwei Reihen von Überlegungen realisiert werden: 1. Lessing als Initiator einer geistesgeschichtlichen Wende; 2. Lessings Werke nach ihrem theologisch-theologiekritischen, religionshistorischen und philosophischen Gehalt. Lediglich der öffentliche Abendvortrag widmete sich einer besonderen Fragestellung, der die Einbindung Lessings in die Regionalgeschichte zum Thema hatte.

Das vorliegende Buch enthält – z.T. in leicht veränderten, dann meist erweiterten Fassungen – die Beiträge der Braunschweiger Lessing-Tagung; nicht vollständig, weil zwei Referenten aus beruflichen Gründen verhindert waren, ihre Ausführungen bis zur Druckreife zu bearbeiten. Jedoch konnten wir die Reihe der Vorträge, die hierin aufgenommen wurden, um zwei ergänzen, deren Verfasser, die wegen Krankheit an der Tagungsteilnahme verhindert waren, uns ihre Manuskripte überließen.

Es ist uns eine angenehme Pflicht, an dieser Stelle den Vortragenden noch einmal dafür zu danken, daß sie die Lessing-Konferenz in Braunschweig mitgestaltet und geduldig die schwierige Fertigstellung dieses Tagungsbandes ertragen haben.

Ebenfalls danken wir den damaligen Mitarbeiterinnen und Mitarbeitern des Braunschweigischen Landesmuseums, die ihre volle Energie daransetzten, um den Erfolg der Tagung zu gewährleisten.

Auch gilt unser Dank den Lessing-Freundinnen und -Freunden unter den Bürgerinnen und Bürgern der Stadt Braunschweig, die das Zustandekommen der Tagung durch großzügige Spenden erst sicherten, aber ungenannt bleiben wollen.

Unser Dank gilt last but not least der Stiftung Braunschweigischer Kulturbesitz, deren Förderung die Tagung und nun auch die Drucklegung dieses Bandes ermöglicht hat.

Wenn die Veröffentlichung den sonst üblichen Zeitrahmen überschritten hat, so spielten eine Reihe von Umständen eine gewichtige Rolle, die nicht von den Autorinnen und Autoren zu verantworten war. Zwischen der Mißlichkeit auf die Publikation zu verzichten, und der Lösung, mit der sich ergebenden Verzögerung die Veröffentlichung doch noch zu realisieren, haben wir uns dank der Unterstützung der Stiftung Braunschweigischer Kulturbesitz für die letztere Alternative entschieden, da wir der Überzeugung sind, daß dies nicht nur der Respekt gegenüber den Vortragenden gebietet, sondern daß auch die Beiträge die Veröffentlichung unbedingt lohnen.

Braunschweig, im Mai 2012
Gerd Biegel, Heidi Beutin, Wolfgang Beutin, Angela Klein

Anmerkungen

1 Lessingjahr 2004. Veranstaltungen in Wolfenbüttel und Braunschweig (Programm), hg. von der Kulturstadt Wolfenbüttel e.V. in Zusammenarbeit mit der Lessing-Akademie Wolfenbüttel e.V., S. 4.
2 Wolfenbütteler Bibliotheks-Informationen Jg. 28/29, Nr. 3-4/1-4, Juli 2003-Dezember 2004, S. 3.
3 Ebd., S. 16.
4 In seiner Schrift »*Zur Geschichte der Religion und Philosophie in Deutschland*« (1834), in: Werke und Briefe, hg. von Hans Kaufmann, Berlin 1961/64, 6,250 u. 254.
5 (Neue Ausg.) Stuttgart 1938, S. 214.
6 Gotthold Ephraim Lessing, Werke, hg. von Herbert G. Göpfert. Darmstadt 1996, 8, S. 130.
7 Walther von Loewenich, Luther und der Neuprotestantismus. Witten 1963, S. 17 u. 19.
8 Die Jesus-Deutung von Ernst Troeltsch im Kontext der liberalen Theologie. Tübingen 1997, S. 2.
9 Hermann Samuel Reimarus, Apologie oder Schutzschrift für die vernünftigen Verehrer Gottes, hg. von Gerhard Alexander. 2 Bde., Frankfurt / Main 1972.
10 Albert Schweitzer, Geschichte der Leben-Jesu-Forschung. 9. Aufl., Tübingen 1984, S. 58 u. 65.

Einführung

»Eigentlich ist es der Erbprinz, welcher mich hierher gebracht«
Wolfenbüttel und Braunschweig: Lessing zwischen Herzog, Hof und Bibliothek*

Gerd Biegel

»Ich schätze mich nach allem, was ich im Auslande gesehen und bemerkt habe, recht sehr glücklich, ein Deutscher, und zwar ein Braunschweigischer Deutscher zu sein«, denn *»nur zu Braunschweig lebt man frei und glücklich«*.[1] Geradezu pathetischer Nationalstolz scheint in diesen Worten von Joachim Heinrich Campe (1746 – 1818) mitzuklingen, mit denen er in einem fiktiven Brief an seinen Enkel Eduard Vieweg (1796 – 1869) sein Verhältnis zu seiner Heimat treffend zusammenfaßt. Dabei ist es nicht nur Braunschweig im topographisch-politischen Sinn, das Campe anspricht, sondern im Hintergrund steht die Person des ab 1780 regierenden Herzogs Carl Wilhelm Ferdinand (1735 – 1806), dem *»weisesten, klügsten und in allem Betracht verehrungswürdigsten Fürsten Deutschlands«*.[2] Er war bereits als Erbprinz die entscheidende politische Bezugsperson für Campe, aber auch für Gotthold Ephraim Lessing (1729 – 1781), dessen Berufung als Bibliothekar nach Wolfenbüttel wesentlich dem Einfluß von Carl Wilhelm Ferdinand zu verdanken war. Campe hatte – noch aus Hamburg – diese Entscheidung lebhaft begrüßt und zugunsten von Carl Wilhelm Ferdinand interpretiert, als er die *»Empfindungen eines Braunschweigers, bei Gelegenheit, da Lessing als Bibliothekar nach Wolfenbüttel ging«* verfaßte:

»Du kleines Land, der grösseren Provinzen
Germaniens Beschützerin,
So vieler von Apoll gekrönter Prinzen;
So vieler Weisen Pflegerin;

Du Vaterland noch gröss'rer Scipionen
Als einst das Capitol geseh'n
Im Sieg'sgepräng' auf umgeworf'ner Thronen
Zertrümmerten Ruinen geh'n;

Sei stolz! Ein neuer Glanz verbreitet
Sich über deinen Ruhm. So strahlt
Kein Meteor, das durch den Luftkreis reitet,
Und ihn mit Feuer übermalt.

Der Minna Schöpfer, den an ihrem Busen
Die Grazien oft liegen sah'n,
Und mit ihm spielten, eilt mit allen Musen,
Karl's Erstgebornem sich zu nah'n,

Und dein zu sein. Ich seh', ich seh' die Wellen
Von stolzer Hochlust aufgebläht,
Dem Okkarus bis an die Hüften schwellen,
Der hastig aus dem Bette geht,

Den Mann zu schau'n, mit dessen Geist drei Geister
Aus altem Griechenland -
Den Stagirit, Menander und den Meister
Der Fabel – Gott Apoll verband!

Den grossen Mann, der mehreren Gefahren
Die Heldenstirn am Helikon
Entgegenwarf, als in den Kinderjahren
Der Dichterwelt Alkmenen's Sohn;

Der überall, wie eine Morgenröthe,
Die Nacht der Dummheit niederschaut;
Und überall, wo Stupor einst sich blähte,
Den Musen einen Tempel baut!

O Vaterland! O Wollust dich zu nennen,
Die selbst im Britten Neid gebiert!
In Famens Tempel wird dein Name brennen,
Seit Lessing deine Grenzen ziert!«[3]

Dieser panegyrische Begeisterungssturm von Campe zählt sicherlich nicht zu seinen besonders beachtenswerten Leistungen, auch wenn Wieland ihn in seinen *»Teutschen Merkur«* aufgenommen hat. Allerdings kann man darin einen durchaus ernsthaften Ausdruck jener bürgerlichen Haltung erkennen, wie sie sowohl gegenüber dem *»aufgeklärten Fürsten«* bestand, als auch der Erwartung intellektueller Kreise in Lessings Tätigkeiten in Diensten des braunschweigischen Hofes. Immerhin galt dieser im 18. Jahrhundert als mustergültiges Beispiel des aufgeklärten Absolutismus und Braunschweig als städtisches Zentrum der Aufklärung in Niedersachsen[4].

Aufklärung im Fürstentum Braunschweig-Wolfenbüttel

Die entscheidende Veränderung der gesellschaftlichen Voraussetzungen seit der Mitte des 18. Jahrhunderts war das Aufbrechen der starren Normen und der Hierarchie des alten noch weitgehend ständisch strukturierten Gesellschaftssystems. Entscheidende Kräfte, die eine Aushöhlung des bestehenden Standessystems bewirkten, waren der hohe Bedarf des Staates an qualifiziert ausgebildeten Verwaltungskräften zur Steigerung der wirtschaftlichen Effektivität sowie neue funktionsbedingte Führungsschichten in Handel, Militär und Wissenschaft mit hohem Bildungsanspruch. Allmählich entwickelte sich eine neue soziale Schicht, die Grundlage eines Bildungsbürgertums bzw. eines durch Bildung definierten Mittelstandes wurde. Getragen wurde dieser Aufklärungsprozeß zunächst von einer eher unauffälligen Gelehrtenschicht, allmählich dehnte sich deren Wirkung aber auf alle Gebildeten der Gesellschaft aus. So entstand eine durch Leistung, Beruf und Verdienst definierte Gesellschaft, deren ständeübergreifendes Bildungsstreben entscheidend die neue soziale Rolle bestimmte. *»Der Gebildete repräsentiert einen neuen Status jenseits der tradierten ständischen Schranken, die in den wesentlichen sozialen Beziehungen gerade des politischen Lebens natürlich aufrechterhalten bleiben.«*[5] Dennoch fanden sich neue Orte sozialer Beziehungen, die diese traditionellen Schranken zu überwinden verstanden, und neue Formen der Kommunikation der Gebildeten schufen die Grundlagen einer schnellen Ausbreitung dieser Kultur der Aufgeklärten in Europa. Dies erfolgte überwiegend im privaten Rahmen. Dazu zählten Institutionen als Vermittlungszentren der neuen Ideen ebenso wie Medien (Buch, Zeitung, Brief u.a.), die für eine breite Wirkung sorgten, und Universitäten oder Akademien entwickelten sich zu geistigen Hochburgen der Aufklärung weit über lokale oder nationale Grenzen hinweg. Innerhalb des gesellschaftlichen Rahmens sind schließlich neue Kommunikationsorte bzw. Organisationsformen entstanden, wie die Patriotische Gesellschaft in Hamburg, der Große Club in Braunschweig, Freimaurerlogen und Geheimgesellschaften, Gesprächs-, Freundschafts- und private Lesezirkel bildeten solche Orte und neue Organisationsformen der Aufklärungsgesellschaft, die wie keine andere Gesellschaft vorher eine Kommunikationsgesellschaft war. Alleine von den sogenannten Lesegesellschaften gab es am Ende des 18. Jahrhunderts in Deutschland etwa 430 Einrichtungen. Daneben bestanden auch private Kreise, wie etwa im Haus von Johann Wilhelm Ludwig Gleim (1719 – 1803) in Halberstadt, im Umfeld des Berliner Verlegers Friedrich Nicolai (1733 – 1811) sowie an fürstlichen Residenzen wie dem Weimarer Hof bei Anna Amalia (1739 – 1807) oder dem Braunschweiger Hof im Umkreis von Herzog Carl Wilhelm Ferdinand. Überall hier traf man sich, um Kenntnisse, Fragen und Neuigkeiten aus Wissenschaft, Literatur, Wirtschaft, Politik und Kunst auszutauschen, zu diskutieren und weiterzugeben. Diese »*Gesellschaft der öffentlich Schreibenden und Lesenden*«[6], deren primäres Anliegen die Befriedigung eines ungeheuren Informationsbedürfnisses war, entwickelte sich allmählich zu einer »*neuen Hofgesellschaft*«, die auch Träger umfassender Reformbewegungen werden sollte.[7]

Schon unter Herzog Carl I. (1713 – 1780) waren auch notwendige Wirtschaftsreformen in Gang gesetzt worden, die die Reformbereitschaft im Braunschweigischen unterstrichen. Dienten diese Maßnahmen zunächst noch überwiegend einer wirtschaftlichen Neuorientierung im Sinne des Merkantilismus, setzten sehr bald auch Reformbestrebungen im Bildungs- und Kulturbereich ein, bei denen zwangsläufig eine Überwindung altständischer Vorrechte und Beharrungspolitik die Folge sein mußte. Entsprechend heftig war der Widerstand der konservativen Kräfte, wie sich am Beispiel der Schulreform von Joachim Heinrich Campe zeigen sollte.[8]

Einen entscheidenden Anstoß erhielt die Aufklärung im Fürstentum Braunschweig-Wolfenbüttel im Zusammenhang mit dem Wechsel des Hofes von Wolfenbüttel nach Braunschweig, der größten Stadt des Landes. Damit verbunden war ein gravierender Bedeutungsverlust für Wolfenbüttel, der sich auch noch zu Lessings Zeiten auswirken sollte.

Wolfenbüttel zur Zeit von Lessing

Herzog August der Jüngere (1579 – 1666) hatte einst Wolfenbüttel und das Fürstentum aus den Wirren des Dreißigjährigen Krieges herausgeführt und den Wiederaufstieg der Residenzstadt ermöglicht. Seine Söhne Rudolf August (1666 – 1704) und Anton Ulrich (1685 – 1714) setzten die erfolgreiche Politik fort, und Wolfenbüttel erreichte eine letzte große Blütezeit, ausgebaut zu einem einzigartigen Denkmal norddeutschen Barocks.[9] Es war in erster Linie Landbaumeister Hermann Korb (1656 – 1735), der etwa den Bibliotheksbau mit der Rotunde errichtete und die Barockfassade des Residenzschlosses verantwortete. Auch der Bau des Waisenhauses in der Auguststadt und der Wiederaufbau der Trinitatiskirche sind in diesem Zusammenhang erwähnenswert. Da Rudolf August in Wolfenbüttel residierte, ließ sich Anton Ulrich das Lustschloß Salzdahlum errichten, das als »*Versailles des Nordens*« berühmt wurde. Zugleich aber fand in dieser Zeit jenes Ereignis statt, als dessen Folge der

Niedergang Wolfenbüttels eintrat, nämlich die Eroberung der Stadt Braunschweig 1671 durch die Truppen der vereinigten welfischen Fürsten. Lange dauerte deren Einigkeit jedoch nicht, denn im Frühjahr 1702 besetzten cellesche und hannoversche Truppen das Fürstentum Braunschweig-Wolfenbüttel und die Stadt Wolfenbüttel. Die nachfolgende kulturelle und künstlerische Blüte konnte den Weg Wolfenbüttels in die politische Bedeutungslosigkeit nur vordergründig überdecken. Als Herzog Carl I. im Jahr 1735 die Regierung im Fürstentum übernahm, war der Umzug der Behörden nach Braunschweig bereits im Gange und bis zur Mitte des Jahrhunderts abgeschlossen. Residenzstadt war nun die größte Stadt im Fürstentum: Braunschweig.

Die politisch wirkungsmächtigste Entscheidung dieser Zeit war die Annäherung an Preußen, die bereits 1733 in Berlin mit der Hochzeit Carls I. und Philippine Charlotte (1716 – 1801), der Schwester Friedrichs II. (1740 – 1786) einsetzte. Die Schwester Carls I., Elisabeth Christine (1715 – 1797), heiratete bei dieser welfisch-preußischen Doppelhochzeit in Salzdahlum den preußischen Kronprinzen. Zur Nachfeier der Hochzeit wurde eigens im Kleinen Schloß in Wolfenbüttel ein noch heute vorhandener Festsaal eingebaut. Erstmals entscheidend auswirken sollte sich die politische Neuorientierung während des Siebenjährigen Krieges (1756 – 1763), in den das Fürstentum an der Seite Preußens verwickelt wurde. Für Braunschweig-Wolfenbüttel hatte die Hinwendung zur preußischen Politik, die durchaus im Interesse des norddeutschen Territorialstaates lag, durch eben diesen Krieg fatale Folgen: so führten etwa die immensen Militär- und Kriegskosten das Fürstentum an den Rand des Staatsbankrotts. Die Stadt Wolfenbüttel selbst mußte erstmals wieder nach den Schrecken des Dreißigjährigen Krieges (1618 – 1648) eine Besetzung verkraften: es erhielt am 19. August 1757 eine französische Besatzung. Fast 4.500 französische Soldaten und 900 Pferde wurden in der Stadt einquartiert; zusätzlich lagerten außerhalb der Stadtbefestigung etwa 8.000 Mann, die ebenfalls verpflegt werden mußten. Die zusätzlichen Lasten bedrückten die ohnehin nicht reiche Stadt sehr. Hinzu kamen die Bereitstellung von Holz und Lebensmitteln, Räumung der Gärten (oder ersatzweise 100 Taler Entschädigung), der Bau von Backöfen für das Militär und die Einrichtung eines Lazaretts im Waisenhaus. Am 22. Februar 1758 erging schließlich eine Aufforderung der Besatzer an die Stadt, 200 Personen zur Räumung des Magazins bereitzustellen und 36.000 Taler zu zahlen, da sonst die Stadt in Brand gesteckt werde. Diese Drohung beantwortete der Magistrat, der die Grenze seiner Möglichkeiten erreicht sah, mit den Worten: »*Das Magazin ginge ihn nichts an, wolle der Commandant die Stadt anstecken, so möge er ja je eher je lieber damit den Anfang machen.*«[10] Tatsächlich aber blieb es bei der Drohung, und am 26. Februar zog die französische Besatzung endgültig ab. Die Zahl der Einwohner Wolfenbüttels ging zwischen 1757 und 1763 von 8.185 auf 6.289 zurück – auch dies eine Folge des Krieges, zumal die Franzosen 1761 erneut nach Wolfenbüttel zurückgekehrt waren. Unter Führung des Prinzen Xaver von Sachsen (1730 – 1806), einem Enkel Augusts des Starken (1670 – 1733), wurde die Stadt belagert, beschossen, wobei 131 Häuser beschädigt wurden. Wolfenbüttel kapitulierte schließlich am 10. Oktober 1761. Insgesamt gesehen war die Situation in Wolfenbüttel in der Mitte des 18. Jahrhunderts also keineswegs erfreulich.

Zusätzlich setzte ein wirtschaftlicher Rückgang durch den Verlust der Kaufkraft ein, wie ihn noch im gleichen Jahr die Gilden befürchteten. Auch in einem anderen Zusammenhang wird die wirtschaftliche und soziale Problematik der Zeit erkennbar. Bedenkt man, daß vor der Entscheidung des Herzogs im Jahr 1753 rund ein Drittel der Haushaltungen aus Hofbeamten, Hofbediensteten und Soldaten bestand, so wird klar, welche Bedeutung für Handel und Handwerk dieser Einwohnergruppierung zukam und welche Folgen ihr – teilweiser – Verlust haben mußte. Insgesamt standen nach dem Wechsel der Residenz 212 Wohnungen beziehungsweise Häuser leer, etwa 20 Prozent des Gesamtvolumens, mit einem Mietverlust von rund 4.300 Talern, nicht gerechnet die Gelder, die normalerweise von dieser Bevölkerungsgruppe für den täglichen Bedarf ausgegeben worden wären. Die Klagen der Gilden hatten also durchaus einen ernsten Hintergrund, und die Lage zeigte sich noch dramatischer, wenn man die soziale Schichtung berücksichtigt. Magistratsberichte von 1788 betonten in diesem Zusammenhang: »*Die Stadt ist sehr verarmt; die salärierten Personen, bis auf die Pensionärs, haben sich vermindert [...] der größte Teil der Einwohner besteht aus solchen, die entweder ein notdürftiges Auskommen haben, oder in sehr armen Leuten.*«[11] Wolfenbüttel war durch den Wechsel der Residenz 1753 nicht nur politisch, sondern auch wirtschaftlich entschieden negativ beeinträchtigt worden.

Braunschweig zur Zeit von Lessing

In Braunschweig dagegen setzten die Entwicklung und der Ausbau zur Residenzstadt ein, die geprägt war von der Tradition einer einst bedeutsamen Händler- und Handwerkerschicht und deren Begegnung mit den Vertretern des Hofes sowie des Bürgertums und des Gelehrtenstandes. Damit entstand mit Braunschweig in der zweiten Hälfte des 18. Jahrhunderts neben Berlin und Hamburg ein weiteres städtisches Zentrum der Aufklärung im nordöstlichen Deutschland. Der Hof spielte eine bedeutende Rolle als regionale Vermittlungsinstanz der Aufklärungsidee, weshalb Ernst Hinrichs Braunschweig nicht zu unrecht als »*großstädtisch-höfisches Modell der Aufklärung*« definiert.[12] Die Braunschweigischen Herzöge »*fühlten sich stets mit den gelehrten Geistern ihrer Zeit verbunden und verstanden es, eine überraschend große Zahl von ihnen auf unterschiedliche Art an den Hof zu binden*«.[13] Entscheidend waren in der ersten Hälfte des 18. Jahrhunderts als Mittelpunkt und zentrale Bezugsperson der Prinzenerzieher Abt Friedrich Wilhelm Jerusalem (1709 – 1789) und als Institution das von ihm initiierte Collegium Carolinum.[14] Jerusalem, aufgeklärter Theologe und zugleich ein Mann des Hofes, der richtige Vordenker also für eine fortschrittliche Bildungsanstalt, die 1745 eröffnet, eine »*Pflantzschule*« für die Ausbildung einer dringend benötigten fachlich vorgebildeten Beamtenschaft ebenso war, wie der Vorbereitung zum Universitätsstudium dienen sollte. An den Gedanken der Aufklärung orientiert, gewann das Collegium Carolinum zunehmend Popularität bei den Gelehrten. Es war die Verbindung zwischen Geisteswissenschaften (Humaniora) und Naturwissenschaften (Naturalia) sowie der Kunst, die dieser höheren Lehranstalt eine gewisse Popularität in Gelehrtenkreisen verschaffte. Dabei muß für die zweite Hälfte des 18. Jahrhunderts jedoch kritisch angemerkt werden, daß die Bedeutung und Wirkung des Collegium Carolinum höchst ambivalent war, denn das universitäre Bildungsangebot im Braunschweigischen litt entschieden unter der Konkurrenz der kurhannoverschen Universität Göttingen. Ein zukunftsorientierter Plan, der die Zusammenlegung der braunschweigischen Landesuniversität Helmstedt mit dem Collegium Carolinum in Braunschweig zu einer konkurrenzfähigen Universität vorsah, und den der reformfreudige Minister Karl August von Hardenberg (1750 – 1822) 1790 durchzusetzen versuchte, scheiterte an der Unentschlossenheit des Herzogs und dem eifersüchtigen Kleinkrieg lokalorientierter Krämerseelen in Stadt und Land. Wirkungsunfähige regionale Halbheiten statt zukunftsorientierter hauptstädtischer Stärkung bestimmten die Bildungs- und Wissenschaftspolitik des Landes in einer entscheidenden Phase am Ende des 18. Jahrhunderts. Dennoch: die Ansätze eines außergewöhnlichen schöngeistig-technologischen Bildungskonzeptes und der namhafte Kreis aufgeklärter Professoren, die durch Abt Jerusalem gewonnen worden waren, verschafften dem neuen Bildungsinstitut eine Mittelpunktsfunktion für die Aufklärung in Braunschweig. Hier fanden sich auch jene Persönlichkeiten zusammen, die den sogenannten »*Freundeskreis*« von Lessing bildeten.[15]

Der Boden für eine gelungene kulturelle Symbiose im Zeitalter der Aufklärung war in Braunschweig längst bereitet. Die einst seit dem Mittelalter blühende und reiche Kaufmanns- und Hansestadt besaß eine für die Zeit ungewöhnliche Breite städtischer Kultur und Kulturträger mit langer Geschichte. Seit 1690 bestand das Herzogliche Hoftheater am Hagenmarkt als Mittelpunkt einer großen Theatertradition, die auch mit bedeutenden Schauspieltruppen verbunden war, die im 18. Jahrhundert das Fürstentum aufsuchten. In Blankenburg erreichte etwa die »*Neuberin*« (1697 – 1760) mit ihrer Theatertruppe regelmäßig beachtenswerte Erfolge, gefördert von Herzog Ludwig Rudolph (1671 – 1735) und dessen Frau Christine Luise von Oettingen (1671 – 1747). Im Theatersaal des Wolfenbütteler Schlosses traten bekannte Wandertruppen ebenso auf, wie in dem 1714 eröffneten Großen Kaffeehaus von Franz Heinrich Wegener (gest. 1745) in Braunschweig. An all diesen Orten nahmen Adel und Bürgertum gemeinsam teil am kulturellen Angebot und überschritten dabei die traditionellen Standesgrenzen. Der wohl wichtigste Treffpunkt der Braunschweiger Aufklärungsgesellschaft aber sollte das Hotel d`Angleterre mit seinem 1780 eröffneten Großen Club werden. Mitglieder aus Adel, Kaufmannschaft, Militär, hoher Beamtenschaft und besonders viele Professoren des Collegium Carolinum fanden sich hier »öffentlich« zusammen. Man traf sich zum Gespräch, zur Diskussion, zum gemeinsamen Spiel oder zur Lektüre der in großer Zahl aufliegenden deutschen und ausländischen Journale. Mit dem Braunschweiger Großen Club haben wir ein weiteres exemplarisches Beispiel vor uns, wie im privaten Bereich durch Gespräch und Umgang geburtsständische Grenzen und Privilegien überwunden wurden und die Menschen einen neuen gesellschaftlichen Freiraum gewannen. Dieser »*Bildungsadel*« konnte soziale Anerkennung jedoch nur durch staatliche Unterstützung gewinnen, daher war eine enge Bindung zum Hof eine wichtige Voraussetzung für die Durchsetzung und Vermittlung aufklärerischer Ziele. In dieser Phase bestand ein zwangsläufiges Miteinander. Hierbei war der Hof besonders gefordert. Tatsächlich leistete der Braunschweiger Hof einen entscheidenden Beitrag zu dieser Entwicklung. »*Am Hofe des Herzogs Carl Wilhelm Ferdinand herrschte jene Urbanität, durch welche Geschmack und gründliche Bildung sich kennzeichnet*«, urteilte bereits der Zeitgenosse Ernst Heusinger (1792 – 1884).[16] Die Herzöge, insbesondere Carl Wilhelm Ferdinand, bemühten sich mit Erfolg, berühmte Dichter und Schriftsteller, herausragende Gelehrte, Künstler und Verleger für ihre Dienste und die Residenzstadt zu gewinnen, denn Kultur, Kunst, Wissenschaft im Geiste der Aufklärung galt das besondere Interesse des Hofes. Lessing und sein Braunschweiger Freundeskreis stellten einen Kristallisationspunkt der Aufklärung in Braunschweig dar. Ihre Zusammenkünfte im »*Großen Weghaus*« machten diese Einrichtung zu einem weiteren wichtigen Ort der Kommunikation, der zugleich ein kulturelles Bindeglied zwischen Braunschweig und Wolfenbüttel darstellte. Die zentrale politische Persönlichkeit der Epoche der Aufklärung war in Braunschweig der Erbprinz und ab 1780 allein regierende Herzog Carl Wilhelm Ferdinand.

Carl Wilhelm Ferdinand – Erbprinz und Landesherr

Am 9. Oktober 1735 wurde der älteste Sohn des erst seit wenigen Wochen regierenden Braunschweigischen Herzogs Carl I. und dessen Ehefrau Philippine Charlotte geboren. Carl Wilhelm Ferdinand wuchs in einer Epoche grundlegenden politischen und gesellschaftlichen Wandels auf und er sollte einer der prägenden Vertreter der neuen Zeit werden. Über Kindheit und Jugendzeit von Carl Wilhelm Ferdinand ist wenig bekannt, meist werden in den frühen Darstellungen zu seiner Person nur allgemeine Erkenntnisse fürstlicher Erziehung wiedergegeben. Von wesentlicher Bedeutung für die Entwicklung des Erbprinzen und seine spätere Persönlichkeit wurde ohne Zweifel der Einfluß von Abt Johann Friedrich Wilhelm Jerusalem, den Herzog Carl I. 1742 als Erzieher seines damals siebenjährigen Sohnes und als Hofprediger berief. Sehr bald nahm Jerusalem vielfältige Pflichten und Ämter wahr. So die Würde als Abt von Riddagshausen, einem Kloster bei Braunschweig, als Vizepräsident des Konsistoriums in Wolfenbüttel, Berater des Herzogs, Mitbegründer des Collegium Carolinum und schließlich Prinzenerzieher. Aus der Sicht der Herzogin Philippine Charlotte war er »*ein christlicher Philosoph und einsichtsvoller Lehrer vernünftiger Gottesverehrung.*«[17] Betraut mit der Erziehung des Erbprinzen trug Jerusalem entscheidend zu dessen Persönlichkeitsentwicklung zum vorbildlich aufgeklärten Fürsten bei. In seinen regelmäßigen Berichten an Herzog Carl I. lassen sich der Fortgang und die Wirkung der Ausbildung des Erbprinzen nachvollziehen. Kurz und bündig hatte Jerusalem darin die Charaktereigenschaften des Erbprinzen in zwei Worten zusammengefaßt: »*Vernunft und Ehrgeiz*«.[18] Dabei ließ der Lehrer keinen Zweifel an der Widersprüchlichkeit im Charakter seines Schülers. Wichtig ist in unserem Zusammenhang Jerusalems Darstellung der politischen und gesellschaftlichen Voraussetzungen, unter denen die Entwicklung des Erbprinzen erfolgte, und die sich bei seiner Begegnung mit Lessing entscheidend auswirken sollten: »*Kein Mensch versteht sein Interesse besser als Er. Er ist nicht geitzig; aber er kennet den Werth des Geldes, und es ist nichts ordentlicher als seine oeconomie. Er hat allemal den richtigsten etat von seiner Einnahme und Ausgabe, und Er gibt Sich selten genug. Aber er weiss allemahl, wem er giebt, und wovor. Vertändeln und verschwenden wird er nie. Das Geld hat deswegen auch keinen beständigen Werth bey Ihm. Für Babiolen ist Ihm ein Louisd'or ein Capital. Aber wo es seine dignität erfordert; zur Belohnung der Verdienste, zur Aufnahme guter Anstalten, zur Ermunterung der Künste, und zur Versorgung der Armen, wird Ihm nicht zu viel seyn, Kurtz: Er wird nie die Sparsamkeit vom particulier haben, aber als grosser Herr wird er der Beste Financier seyn.*

Von Seinem Verstande brauche ich ihnen keine besondere Beschreibung zu geben. Er will nicht damit brilliren, aber dafür ist er solide, und darnach schätzt er auch den Verstand von andern. Er goutiret das angenehme vom Witz; aber der Bon sens gilt bey Ihm unendlich mehr; und der Bel Esprit von Profession wird, wenn es seine Profession allein ist, den Rang von guten Violinisten bey Ihm haben.

Die gemeinen Schwätzer und Bouffons sind ihm unerträglich; noch mehr die Spötter. Denn die Religion ist ihm heilig und verehrungswürdig. Sie werden es mir schon verdacht haben, dass ich Ihnen hievon nichts ehr gesagt. Aber hier ist die Ursache. Hätte ich sie vorangesetzt, so hätte es geschienen, als wenn ich sie zum eintzigen principe von allen seinen Handlungen machen wolte. Dies portrait soll ihm völlig gleichen; dazu ist seine religion noch nicht stark genug. Aber dies versichere ich Ihnen, dass Seine Erkenntniss und Überzeugung davon gründlich und lebendig ist, und dass sie in alle seine Handlungen einen thäti-

gen und reellen Einfluss hat. Bigot wird Er nie werden; die Heuchler wird Er hassen, aber er wird es allemal für Seine erste und heiligste Pflicht halten, ein Christ zu seyn und es auch äusserlich durch sein gantzes Leben zu beweisen. Dies ist der Printz!«[19]

Zwei Drittel des 18. Jahrhunderts standen ganz im Zeichen der Regierungen von Herzog Carl I. und seinem Sohn Carl Wilhelm Ferdinand. Sie verkörperten nicht nur einen Generationenwechsel, sondern zugleich den grundlegenden Wechsel der Herrschaftsform vom Absolutismus zum aufgeklärten Absolutismus. Trotz aller Bedeutung der einzelnen Persönlichkeiten darf allerdings nicht vergessen werden, daß das Fürstentum Braunschweig-Wolfenbüttel letzten Endes zu den kleineren Territorialstaaten des Heiligen Römischen Reiches Deutscher Nation zählte. Es war ein zersplittertes Land zwischen Preußen und Hannover, in neun voneinander getrennte Teile zergliedert. In diesem Fürstentum lebten etwa 195.000 Menschen, davon fast ein Drittel in den Städten. Die territoriale Zerrissenheit war ein wesentliches Kennzeichen des Fürstentums im 18. Jahrhundert, wodurch die politische sowie wirtschaftliche Entwicklung entscheidend mitbestimmt wurden. Überregional sollte die Orientierung zu Preußen das politische Schicksal gerade im 18. Jahrhundert wesentlich bestimmen. Die traditionell enge Anlehnung an den Kaiser in Wien wurde zugunsten einer Annäherung an den König von Preußen aufgegeben, denn Berlin lag Braunschweig näher als Wien. Ausdruck dieser veränderten dynastisch politischen Haltung wurde die Heirat zwischen Herzog Carl I. und der preußischen Prinzessin Philippine Charlotte sowie der Dienst braunschweigischer Prinzen im preußischen Militär. Dies galt in besonderem Maße für den Bruder des regierenden Herzogs, Herzog Ferdinand (1721 – 1792), der als preußischer Generalfeldmarschall und Sieger von Krefeld und Minden in die Annalen des Siebenjährigen Krieges (1756 – 1763) eingegangen ist. Wie für seinen Onkel Ferdinand, bedeutete auch für Carl Wilhelm Ferdinand die militärische Laufbahn ein wichtiges Betätigungsfeld für Ruhm, Selbstdarstellung und zur Befriedigung von persönlichem Ehrgeiz. Mehr noch als im Denken und Handeln eines aufgeklärten Fürsten, näherte er sich in seinem Interesse an der militärischen Laufbahn dabei den Ideen und dem Vorbild seines anderen berühmten Onkels, des preußischen Königs Friedrich II. an. Diente dabei Carl Wilhelm Ferdinand während der Jugendzeit vor allen Dingen die Lektüre von Militärschriftstellern als Grundlage zur Befriedigung dieser Interessen, bot ihm der Siebenjährige Krieg erstmals die Möglichkeit zur praktischen Bewährung. Nimmt man Äußerungen seines Onkels Friedrichs II. wörtlich, so erreichten die militärischen Leistungen des Erbprinzen in diesem Krieg geradezu den Rang von Heldentaten. So feierte er seinen Neffen als Helden, indem er im Januar 1760 eine Ode auf ihn dichtete, und in heller Begeisterung ihn als den »*großen unbesieglichen Heros seiner Zeit, den Turenne, Weimar und Condé seines Jahrhunderts.*«[20] pries. Jugendliche Ungestümheit (Hastenbeck), militärisches Geschick (Hoya) und erfolgreiche, wenn auch zögerliche Taktik (Minden) und zugleich persönliche Tapferkeit (Meiningen/Sachsen) charakterisieren Carl Wilhelm Ferdinand in diesem Krieg. Kein Wunder also, daß sich sein persönliches Verhältnis zum Preußenkönig besonders eng entwickelte und gerade dessen hohe Einschätzung der militärischen Fähigkeiten – ob zu Recht oder nicht – hatte maßgeblich zu dessen Ruf als bedeutendstem Feldherrn des 18. Jahrhunderts beigetragen. Eine Äußerung vom 8. Januar 1760 mag dies verdeutlichen: »*Ich bin ganz entzückt von ihm, von seinen Talenten, von seinem angenehmen Wesen, seinem Eifer für das Militär, von all den großen Gesichtspunkten, die er hat. Er wird uns alle überflügeln, uns alte Soldaten. Ich spreche zu Ihnen nicht so, weil er mein Neffe ist, sondern weil es die Wahrheit selber ist. Alle, die ihn sehen werden, und die das Verdienst zu schätzen wissen, werden sicherlich ebenso sprechen.*«[21]

Dynastisch-politische Vernunft und wirtschaftliche Notwendigkeit dürften es dagegen gewesen sein, die 1764 zur Heirat von Carl Wilhelm Ferdinand mit der Schwester des englischen Königs Georg III. (1738 – 1820), Augusta (1737 – 1831), geführt haben.

Um die Diskussionen um Lessings Verhältnis zum Erbprinzen und dem braunschweigischen Hof einzuordnen, sind jedoch nicht nur die Informationen zu den handelnden Personen wichtig, sondern auch die politisch-wirtschaftlichen Entwicklungen im 18. Jahrhundert. Die wirtschaftliche Lage des Fürstentums Braunschweig-Wolfenbüttel war zu dieser Zeit äußerst dramatisch. Das durch Carl I. noch ganz im Stile des barocken Absolutismus regierte Land drohte an der kaum zu bewältigenden Staatsverschuldung zu zerbrechen. Die politisch-militärische Bindung an Kaiser und Reich war – wie erwähnt – aus dynastisch-politischen Gründen zugunsten einer Annäherung an Preußen aufgegeben worden. Eine erste negative Folge dieser neuen politischen Ausrichtung zeigte sich bereits mit dem Siebenjährigen Krieg, in den Braunschweig durch Preußen verwickelt wurde. Mit diesem Krieg verbunden war eine hohe finanzielle Belastung für das zuvor bereits stark verschuldete Fürstentum Braunschweig-Wolfenbüttel. Auch die Kriegsfolgen im Lande selbst belasteten die Finanzen, denn es galt die entstandenen Kriegsschäden auszugleichen. Aber noch mehr schlug die Hofhaltung des Herzogs in der Staatskasse negativ zu Buche. Prunkvolle Empfänge, ein reiches Kulturangebot und bedeutende Bautätigkeit als Ausdruck von Macht und Herrschaft von Carl I. erhöhten das Defizit ebenso, wie die ständig steigenden Belastungen für die Hofhaltungen der Herzogswitwen. Einen Einblick in das Hofleben dieser Zeit bietet die russische Zarin Katharina II., die in ihren Memoiren ihre Eindrücke beim Besuch am Braunschweiger Hof schilderte: »*Der Hof von Braunschweig besaß damals wahrhaft königlichen Glanz. Das machten seine vielen prächtigen Gebäude mit ihrer Ausstattung, die höfische Lebensordnung, die vielen Menschen jeder Art, die dem Hofe angehörten, und die große Menge von Fremden, die beständig da waren, sowie die Pracht und Großartigkeit der ganzen Lebensführung. Bälle, Opernaufführungen, Konzerte, Jagden, Spazierfahrten, Gastmähler wechselten Tag für Tag ab. Das habe ich während aller dieser Jahre wenigstens drei oder vier Monate in Braunschweig gesehen, von meinem achten bis zu meinem 15. Lebensjahr. Der preußische Hof war nicht annähernd so genau geregelt und machte nicht denselben Eindruck von Großartigkeit, wie der des Herzogs von Braunschweig.*«[22] Auch die wenig erfolgreichen Wirtschaftsprojekte im Sinne des Merkantilismus steigerten die Staatsschulden. Seit den 1730er und 1740er entstanden staatliche Manufakturen und Fabriken in Grünenplan (Glashütte, 1744) sowie Fürstenberg (Porzellanfabrik, 1747) u.a. Auch private Manufakturen wurden mit staatlicher Förderung errichtet, so etwa die Lackwarenfabrik Stobwasser in Braunschweig. Die kritische Wirtschafts- und Finanzlage des Landes führte dazu, daß 1768 erstmals wieder seit 1682 die Landstände einberufen wurden. Obwohl diese einen großen Teil der Kammerschulden übernahmen, blieb die Finanznot bestehen. Nach dem Tod des mächtigen Ministers Schrader von Schliestedt (1706 – 1773) konnte der Erbprinz seit 1773 schließlich selbst umfassend reformerisch tätig werden, indem er faktisch als Mitregent, und vielfach gegen den Willen und das Einsehen seines Vaters, entscheidende Finanzreformen in die Wege leitete. Als erste wichtige Maßnahme richtete er 1773 das Finanzkollegium ein[23], das von nun an die Einnahmen und Ausgaben des Staates kontrollierte, und zwang den Hof sowie die eigene Familie zu äußerster Sparsamkeit: »*Am Hofe begann Karl Wilhelm Ferdinand die größte Sparsamkeit einzuführen. Auch die kleinsten Ausgaben, soweit es nicht die Etikette beleidigte, mußten vermieden werden. Er selbst gab das schönste Beispiel. Seinen eigenen Hofhalt schränkte er auf das äußerste ein. Er verzichtete öffentlich auf die Apanage von seiten des Landes und begnügte sich mit den Einkünften aus dem Vermögen seiner Gemahlin.«*[24] Entscheidend für die Sanierung des braunschweigischen Staatshaushaltes wurde schließlich ein mit England am 9. Januar 1776 abgeschlossener Subsidienvertrag, aufgrund dessen braunschweigisches Militär im Krieg in Nordamerika eingesetzt wurde. Eine im 18. Jahrhundert keineswegs ungewöhnliche Maßnahme, die allerdings heutzutage als ›Verkauf von Landeskindern‹ eher verteufelt und zur negativen Charakterisierung des Herzogs und seines Sohnes genutzt wird. Ein Brief von Gotthold Ephraim Lessing an Eva König (1736 – 1778) vom 23. Januar 1776 läßt jedoch erkennen, daß diese Verfahrensweise nicht ungewöhnlich für die Zeit war: »*Der Einfall ihres ältesten Sohn`s ist so unrecht gar nicht, wenn er nur erst völlig und sicher kuriert ist. Wenn er dieses schon jetzt wäre; so könnte ich vielleicht in B(raunschweig) jetzt für ihn tun, was Sie in Wien getan haben wollten. Denn Sie werden es wohl wissen, daß B(raunschweig) 4000 Mann in englischen Sold gibt*«.[25]

Nach dem Regierungsantritt von Herzog Carl Wilhelm Ferdinand im Jahr 1780 erfolgte in diesem Zusammenhang als wichtigste Maßnahme das sogenannte Schuldenedikt vom 1. Mai 1794, das gelegentlich als Signal für den Übergang zu einer konstitutionellen Ära bewertet wird. Mit diesem Schuldenedikt bestimmte der Herzog, daß ohne Zustimmung der Landstände keine Verschuldung oder Veräußerung von Domanialgut erfolgen könne. Eine solche freiwillige Selbstbeschränkung war für das 18. Jahrhundert tatsächlich recht ungewöhnlich, jedoch mögen sich darin, wie in wichtigen Reformversuchen unter Carl Wilhelm Ferdinand – etwa der Reform des Armenwesens oder der Schulreform – bereits Auswirkungen der Aufklärungsideen des Jahrhunderts widerspiegeln. Tatsächlich lassen sich zahlreiche zeitgenössische Zeugnisse finden, die eine ausgesprochen vorteilhafte Schilderung der Persönlichkeit von Carl Wilhelm Ferdinand als Regent seines Landes enthalten. So etwa bei Ernst Heusinger (1788 – 1837): »*Der Herzog Carl Wilhelm Ferdinand, ein feingebildeter kunstliebender Herr, der Männer von Verdienst gebührend zu schätzen wußte, gab mitunter Feste im Residenzschloß gleich denen wie sie am Hofe zu Weimar gegeben wurden, aber sie verursachten bei dem wohlgeregelten fürstlichen Haushalte keine großen Kosten. Einfach wie am Hofe der regierenden Herrschaften lebten die übrigen in Braunschweig residierenden Fürstlichkeiten ohne den altfranzösischen Pomp des Vorgängers [...] Am Hofe des Herzogs Carl Wilhelm Ferdinand herrschte jene Urbanität, durch welche Geschmack und gründliche Bildung sich kennzeichnet, nicht jenes antideutsche Formenwesen, die einzwängende Etikette, wie sie vordem auch am braunschweigischen Hofe vorwaltend gewesen.*«[26]

Lessing und der Braunschweiger Hof

Carl Wilhelm Ferdinand wird von Zeitgenossen nicht nur als aufgeklärter Fürst geschildert, sondern auch als literarisch und kulturell aufgeschlossen und interessiert. Dies bestätigte sich schon bei seiner Bildungsreise nach Frankreich und Italien, aber auch im Kontakt zu herausragenden Persönlichkeiten der Zeit wie Moses Mendelssohn in Berlin. Carl Wilhelm Ferdinand hatte selbstverständlich engen Kontakt zur Literatur seiner Epoche, insbesondere mit dem in Braunschweig lebenden Dichterkreis und den Professoren am Collegium Carolinum, vornehmlich mit Johann Joachim Eschenburg (1743 – 1820) und Johann Arnold Ebert (1723 – 1795), auf dessen Vermittlung Carl Wilhelm Ferdinand den Aufklärer Gotthold Ephraim Lessing 1770 als Bibliothekar nach Wolfenbüttel holte. Carl Wilhelm Ferdinand war ein in hohem Maße gegenüber Kultur, Geschichte und Literatur aufgeschlossener Fürst, was sich schon 1765 bei seiner Bildungsreise nach Frankreich und Italien zeigte. In Frankreich nahm er (1766) an einer Sitzung der Akademie teil, lernte Jean Le Ronde d´Alembert (1717 – 1783) kennen und begegnete dem Philosophen Claude Adrien Helvétius (1715 – 1777), einem Vertreter der Enzyklopädisten sowie Voltaire (1694 – 1778). Zwei Monate hielt sich Carl Wilhelm Ferdinand in Paris auf und gewann ganz offensichtlich ein besonderes Verhältnis zu Frankreich, wobei er die entgegengebrachten Ehren besonders zu schätzen wußte. Ein Brief d´Alemberts an Friedrich II. vom 26. Mai 1766 läßt einen kleinen Einblick zu: *»Der Erbprinz von Braunschweig ist eben hier, bewundert, geliebt und von aller Welt aufgesucht. Er besuchte die Akademien. Ich hatte die Ehre, in seiner Gegenwart in der Akademie der Wissenschaften ein Mémoire vorzulesen. Gestern war er in der Akademie francaise, und ich glaube, daß er nicht unzufrieden war über die Art, wie man ihn da empfing. Alle reißen sich darum, ihn bei sich zu haben, so daß ich nur wenige Augenblicke die Ehre hatte, mich mit ihm zu unterhalten und ihn meiner tiefsten Verehrung für sein erlauchtes Haus und für einen noch erlauchteren Oheim, den er die Ehre zu besitzen hat, auszusprechen.«*[27] Auch spätere Verbindungen zu Benjamin Constant (1767 – 1830) und Graf Mirabeau (1749 – 1791) belegen diese besondere Bindung an Frankreich. In Italien traf Carl Wilhelm Ferdinand mit Johann Joachim Winckelmann (1717 – 1768) zusammen, der *»dem braunschweigischen Achilles«*[28] die historische Vergangenheit Roms bei täglichen Spaziergängen erschloß. Carl Wilhelm Ferdinands persönliche und briefliche Kontakte zu Friedrich Gottlieb Klopstock (1724 – 1803), Moses Mendelssohn (1729 – 1786), Johann Wilhelm Ludwig Gleim (1719 – 1803) und Johann Georg Jacobi (1740 – 1814) verdienen es ebenfalls erwähnt zu werden. Diese engen Verbindungen und Kontakte bestätigen auch, daß Carl Wilhelm Ferdinand über Lessing als Aufklärer und Literat schon bestens unterrichtet war, ehe es zur ersten Begegnung und dem Ruf nach Wolfenbüttel kam.

Das Verhältnis von Lessing zum Braunschweiger Hof war ein äußerst ambivalentes. Sicherlich erkannte er die deutlich liberalen Strukturen der Zeit an, die den Hof in seiner Politik gegenüber vielen anderen Kleinstaaten auszeichneten und *»das Herzogtum zu einem der tolerantesten Staaten in Deutschland machten«*[29], gleichzeitig litt er unter der Enge und seiner Abneigung gegenüber höfischen Sitten, selbst bei einem Besuch der Weimarer Herzogin Anna Amalia, wie er in einem Brief gegenüber Eva König erkennen ließ: *»Hier, in Braunschweig; denn ich schreibe diesen Brief aus Braunschweig, wo ich seit gestern bin; erstlich, um das Geld sogleich in Empfang zu nehmen, und zweitens, um bei der Herzogin von Weimar meine Cour zu machen. Nicht wahr, Sie müssen lachen, wenn Sie mich und Cour machen zugleich denken? Ich gehe auch dazu, als ob ich dazu geprügelt würde.«*[30] Sind auch Lessings Abneigungen höfischer Gewohnheiten grundsätzlicher Natur gewesen, so hinderte ihn dies nicht, im Einzelfall durchaus eine positive Haltung gegenüber Vertretern des Braunschweiger Hofes einzunehmen. Dies galt insbesondere für das ältere Herzogspaar Carl I. und Philippine Charlotte sowie Carls Bruder Herzog Ferdinand, wie Hugh Bar Nisbet in seiner herausragenden Biographie zu Lessing dargelegt hat.[31] Herzog Ferdinand, mit dem Lessing einen regen Kontakt und Gedankenaustausch pflegte, war der einzige Empfänger der Widmung eines Lessingschen Werkes. Es handelte sich um die drei ersten Freimaurergespräche *»Ernst und Falk«*. Wenn auch Lessings Dienstantritt unter der Regierung von Carl I. erfolgte und er seinen Amtseid auf den regierenden Herzog ablegte, so war doch die entscheidende Bezugsperson am Hof der Erbprinz Carl Wilhelm Ferdinand, wie Lessing in einem Brief an seinen Vater vom 27. Juli 1770 selbst bestätigte: *»Eigentlich ist es der Erbprinz, welcher* mich hierher gebracht. Er ließ mich auf die gnädigste Art zu sich einladen; und ihm allein habe ich es zu danken, daß die Stelle des Bibliothekars, welche gar nicht leer war, für mich eigentlich gemacht ward. Auch der regierende Herzog hat mir hierauff alle Gnade erwiesen, deren ich mich von dem gesamten Hause zu rühmen habe, welches aus den leutseligsten besten Personen der Welt besteht.«[32]

Als Lessing 1768 plante, Hamburg in Richtung Italien zu verlassen, waren es Johann Arnold Ebert, der am Collegium Carolinum in Braunschweig als Professor für Geschichte der englischen Literatur tätig war, sowie sein Kollege Johann Joachim Eschenburg, die bei ihren Besuchen in Hamburg versuchten, Lessing umzustimmen. Dieser schien jedoch fest entschlossen und schrieb am 28. September 1768 an den Verleger Friedrich Nicolai in Berlin: »ich bin gewiß versichert, daß es sich lustiger und erbaulicher in Rom muß hungern und betteln lassen, als in Deutschland«[33]. Ebert nutzte daraufhin seine Kontakte zum braunschweigischen Welfenhof, um den Erbprinzen über Lessings Pläne zu unterrichten und eine Lösung zu finden, Lessing nach Braunschweig zu vermitteln. Diese Initiative war erfolgreich, und es kam Ende 1769 zu einer Begegnung von Lessing mit dem Erbprinzen, der den Schriftsteller wohlwollend empfing. Es war offenbar ein in jeder Hinsicht zufriedenstellendes Treffen. Man war am Braunschweiger Hof fest entschlossen, Lessing zu gewinnen. Obwohl strengste Sparsamkeit herrschte, wurde die Bibliothekarsstelle für Lessing eingerichtet und bereits am 15. Dezember 1769 die Anstellung offiziell verkündet. Lessing wurden 600 Taler Jahresgehalt, freie Wohnung und kostenloses Brennholz geboten. Am 8. Januar 1770 schrieb Lessing an Gleim: »Das Rad ist lange gedrehet worden; und siehe, endlich kömmt eine Zahl heraus, von der ich mir nie etwas versprochen hatte. Aber die Freundschaft hatte sie für mich besetzt – Kurz, mein lieber Gleim, es ist wahr, was Sie gehört und gelesen haben. Ich habe die Bibliothekariatstelle in Wolfenbüttel angenommen, mit der Versicherung, daß meine Reise nach Italien dadurch nicht rückgängig, sondern nur so lange verschoben werden soll, bis ich meinen Platz hinlänglich kennen lernen«.«[34]

Durch persönliche Umstände bedingt kam Lessing aber erst zum 21. April 1770 nach Braunschweig. Seine Dienstwohnung befand sich im »verwünschten« Schloß[35], über die er – sicherlich nicht zu Unrecht – bald bittere Klagen anstimmte, weil es um ihn »weitläuftig und öde«[36] war in der Wohnung, mit ihren fünf Zimmern im zweiten Stock, viel zu groß und unwohnlich war. Dennoch trat Lessing sein neues Amt voller Hoffnungen an, denn »im Hinblick auf den rhythmischen Wechsel von gesellschaftlicher Integration und plötzlichem Rückzug im Privatleben, der sein ganzes Leben bestimmt, schien die neue Situation tatsächlich ideal zu sein«[37]. Dies wird auch in dem schon erwähnten Brief Lessings an seinen Vater deutlich, den er wenige Wochen nach Dienstantritt geschrieben hatte. Darin ließ Lessing keinen Zweifel, welche Bedeutung der Wechsel nach Wolfenbüttel für ihn hatte, wie entscheidend die Rolle des Erbprinzen dabei war. Aus dem ganzen Brief spricht die Zufriedenheit mit der neuen Situation, nachdem ihm die zuletzt übermächtige Last der wirtschaftlichen Not von den Schultern genommen war: »Ich war endlich in eine Last von Schulden geraten, von der ich mich noch lange nicht durch den gänzlichen Verkauf aller meiner Bücher befreien können; und es war höchste Zeit, daß ich durch die hiesige Versorgung, wiederum eine gewisse Einnahme erhielt. Eigentlich ist es der Erbprinz, welcher mich hierher gebracht. Er ließ mich auf die gnädigste Art zu sich einladen; und ihm allein habe ich es zu danken, daß die Stelle des Bibliothekars, welche gar nicht leer war, für mich eigentlich leer gemacht ward. Auch der regierende Herzog hat mir hierauf alle Gnade erwiesen, deren ich mich von dem gesamten Hause zu rühmen habe, welches aus den leutseligsten besten Personen von *der Welt besteht. Ich bin indes der Mensch nicht, der sich zu ihnen dringen sollte: vielmehr suche ich mich von allem, was Hof heißt, so viel möglich zu entfernen und mich lediglich in den Zirkel meiner Bibliothek einzuschränken. Die Stelle selbst ist so, als ob sie von je her für mich gemacht wäre: und ich habe es um so viel weniger zu betauren, daß ich bisher alle andern Anträge von der Hand gewiesen. Sie ist auch einträglich genug, daß ich gemächlich davon leben kann, wenn ich nur erst wieder auf dem Trocknen, das ist, aus meinen Schulden, sein werde: Sechs Hundert Taler Gehalt, nebst freier Wohnung und Holz auf dem fürstl. Schlosse.*

Das allerbeste aber dabei ist die Bibliothek, die Ihnen schon dem Ruhme nach bekannt sein muß, die ich aber noch weit vortrefflicher gefunden habe, als ich mir sie jemals eingebildet hätte. Ich kann meine Bücher, die ich aus Not verkaufen müssen, nun sehr wohl vergessen. Ich wünschte in meinem Leben noch das Vergnügen zu haben, Sie hier herum führen zu können, da ich weiß was für ein großer Liebhaber und Kenner Sie von allen Arten von Büchern sind. Eigentliche Amtsgeschäfte habe ich dabei keine andere, als die ich mir selbst machen will. Ich darf mich rühmen, daß der Erbprinz mehr darauf gesehen, daß ich die Bibliothek, als daß die Bibliothek mich nutzen soll. Gewiß werde ich beides zu verbinden suchen: oder eigentlich zu reden, folget schon eines aus dem andern.«[38]

In diesen ersten Briefen erschien Lessing die neue Aufgabe in Wolfenbüttel als ein Glücksfall in einer für ihn zumindest finanziell äußerst bedrückenden Situation. Trotz seiner ansonsten eher negativen Einstellung gegenüber höfischen Gegebenheiten finden sich bei ihm hinsichtlich des Erbprinzen und des regierenden Herzogs zahlreiche positive Schilderungen, was nicht zuletzt zu der ambivalenten Bewertung der Biographen Lessings zu dessen Verhältnis gegenüber dem Braunschweiger Hof beigetragen hat. Geradezu überschwänglich rühmte er einerseits die »*leutseligsten besten Personen von der Welt*«[39], um kurze Zeit später mit den Verhältnissen und den gleichen Personen äußerst unzufrieden zu sein. Diese wechselhafte Beurteilung betraf in erster Linie den Erbprinzen, den man vielfach mit einem Anflug des Bedauerns für Lessings leidvolle Erfahrung mit der Arroganz absolutistischer Macht als inhumanen und arroganten Erbprinzen schilderte, womit sich jenes negative Charakterbild von Carl Wilhelm Ferdinand ergab, das sich in der Mehrheit der Darstellungen zu Lessing überliefert hat. Tatsächlich finden wir immer wieder Beispiele gegensätzlicher Beurteilungen von Carl Wilhelm Ferdinand. Ein ähnliches Beispiel kennen wir etwa von Goethe vor und nach der Campagne in Frankreich 1792. Hatte Goethe noch 1784 bei einem Aufenthalt in Braunschweig den Herzog gelobt: »*Der Herzog zeigt sich überall als vernünftiger Mann, der aus allem Nutzen zieht, selbst aus den törichten Einfällen seiner Vorfahren, soweit das sich eben machen lässt. Ich bewundere seine Klugheit und sein Verhalten in allem, was ich sehen und ergründen kann.*«[40], so kritisierte er den Feldherrn, auf den er vertraut hatte, während des Feldzuges 1792 direkt und indirekt wegen seiner Entscheidungen: »*Die größte Bestürzung verbreitete sich über die Armee. Noch am Morgen hatte man nicht anders gedacht, als die sämtlichen Franzosen anzuspießen und aufzuspeisen, ja mich selbst hatte das unbedingte Vertrauen auf ein solches Heer, auf den Herzog von Braunschweig zur Teilnahme an dieser gefährlichen Expedition gelockt; nun aber ging jeder vor sich hin, man sah sich nicht an, oder wenn es geschah, so war es um zu fluchen oder zu verwünschen.*«[41]

Zugegeben, Herzog Carl Wilhelm Ferdinand war eine in manchen Fällen nur schwer zu beurteilende und oft sehr widersprüchlich wirkende Persönlichkeit, dennoch darf man die Entwicklung des Verhältnisses zu Lessing nicht nur einseitig beurteilen, sondern muß auch Lessings Verhalten und Persönlichkeit näher betrachten. Lessing war nicht zuletzt wegen seiner prekären Finanzsituation aus Hamburg abgereist, aber diese sollte sich trotz eines nun auskömmlichen Gehaltes in Wolfenbüttel nicht grundsätzlich ändern und zur Belastung für ihn werden. Lessing lebte auch in Wolfenbüttel eindeutig über seine Verhältnisse[42]. Diese schlechte finanzielle Situation und persönliche Unsicherheit in der Lebensplanung (Heirat mit Eva König) bestimmten entscheidend seine wechselnden Stimmungen, die bis zu ernsthaften Depressionen ausarteten: *»Ich wohne in einem großen verlaßnen Schlosse ganz allein: und der Abfall von dem Zirkel, in welchem ich in Hamburg herumschwärmte, auf meine gegenwärtige Einsamkeit ist groß und würde jedem unerträglich sein, der nicht alle Veränderung von Schwarz in Weiß so sehr liebt als ich«.*[43] Nur scheinbar halfen dabei seine regelmäßigen Besuche bei den Braunschweiger Freunden, *»denn sobald ich aus dem verwünschten Schlosse wieder unter Menschen komme: so geht es wieder eine Weile.«*[44]

Immer wieder zog es daher Lessing nach Braunschweig, fand er doch hier Zerstreuung und anregende Gespräche im Kreis Gleichgesinnter. Und dies nicht nur im geistig-literarischen Sinne, sondern auch fröhlich-unterhaltsam. So schrieb Johann Anton Leisewitz (1752 – 1806), Verfasser des *»Julius von Tarent«* und Sekretär der Landstände des Herzogtums, seiner Braut Sophie Seyler in Hannover in einem Brief vom 15. Februar 1778: *»Daß ich mich zuweilen zerstreue und die Gelegenheit aufsuche, die das Leben mannichfaltiger machen davon kann Dir das ein Beweis seyn daß ich vor einigen Tagen mit einer Gesellschaft in einen der elendsten hiesigen Bauernkrüge ging um in einem erbärmlichen Marionettenspiele zu sehen, wie der Prinz Castilio seine Prinzessin Emilia von einem ungeheurigen Drachen erlöset, welches Stück mit vielen geistreichen und lieblichen Reden des kleinen und großen Hanswurstes durchwirkt ist – hierzu ward Bier aus irdenen Krügen getrunken und Toback geraucht – Und nun wer meynst Du wer diese Gesellschaft gewesen wäre? – Lessing, die Professoren Eschenburg und Schmidt, die Cammerherren Graf von Marschall und von Kunsch, nebst Deinem gehorsamsten Diener. Wir hatten uns vorgenommen eine recht gemeine Wirtschaft zu treiben, und man muß gestehen, daß uns das vortrefflich gelang.«*[45] Und plötzlich *»das verwünschte Braunschweig, wo ich keine Viertelstunde allein sein kann.«*[46] Diese Kontakte reichten also nicht aus, ihn mit der latenten Unzufriedenheit mit seiner Wolfenbütteler Situation auszusöhnen, ganz im Gegenteil: *»Ich werde in der Einsamkeit, in der ich hier leben muß, von Tag zu Tag dümmer und schlimmer. Ich muß wieder unter Menschen, von denen ich hier so gut als gänzlich abgesondert bin. Denn was hilft es mir, daß ich hier und in Braunschweig diesen und jenen besuchen kann? Besuche sind kein Umgang; und ich fühle es, daß ich notwendig Umgang, und Umgang mit Leuten haben muß, die mir nicht gleichgültig sind, wenn noch ein Funken Gutes an mir bleiben soll.«*[47] Besonders aber lastete auf ihm die finanzielle Misere, unter der er litt und die ihm spätestens 1773 deutlich machte, daß er sich nur mit einem höheren Gehalt aus dieser Situation befreien konnte oder gar an einen Wechsel in eine andere Anstellung denken müsse. In dieser Phase wurde erneut der Erbprinz zur Schlüsselfigur der weiteren Entscheidungen Lessings. Dieser hatte von den Überlegungen seines Bibliothekars erfahren, Wolfenbüttel wieder zu verlassen. Daher lud er ihn zu einer Audienz, wie Lessing am 15. Februar 1773 in einem Brief an Eva König berichtete. Kurz zuvor war der Hofhistoriograph und Braunschweigische Landeshistoriker Joachim Dietrich Lichtenstein (1706 – 1773) verstorben, und diese Stelle bot der Erbprinz nun Lessing zusätzlich an unter Verbesserung seiner Bezüge, *»daß ich mit möglichster Zufriedenheit mich hier fixieren könne«.* Offenbar war Carl Wilhelm Ferdinand sehr viel daran gelegen, Lessing an den Braunschweiger Hof zu binden, denn Lessing fährt in seinem Brief fort:

»Aber darauf, sagte er, kömmt es sodann auch an! Sie müssen bei uns bleiben, und Ihr Projekt, noch in der Welt viel herumzuschwärmen, aufgeben. Ich weiß nicht, ob er Wind bekommen haben mußte, was mein gegenwärtiger Plan sei. Aber Sie können sich leicht einbilden, was ich ihm antwortete. Ich nahm seinen Antrag vorläufig an, ohne ihm jedoch zu verschweigen, daß ich allerdings, ohne eine bessere Aussicht, nicht mehr sehr lange allhier dürfte ausgehalten haben. Durch diese Stelle, sagte er, bekommen Sie bei uns einen Fuß auf alles, und es wird nur auf Sie ankommen, ob Sie in Ihrer gegenwärtigen Carriere bleiben, oder eine andere einschlagen wollen. Kurz, die Sache ward unter uns so weit richtig, daß sie vielleicht schon völlig zu Stande wäre, wenn, wie gesagt, seine Reise nicht so unvermutet dazwischen gekommen wäre. Er kömmt den 28ten dieses wieder zurück, und sodann, denke ich, kann es nicht mehr lange dauern, daß sich mein künftiges Schicksal nicht wahrscheinlicher Weise auf immer entscheiden sollte.«[48] Diese Aussage klang in mehrfacher Hinsicht hoffnungsvoll für Lessing, auch wenn eine unmittelbare Antwort ausblieb, da der Erbprinz kurzfristig eine Reise nach Potsdam antrat. Doch als auch nach dessen Rückkehr keine Antwort an Lessing erfolgte, reagierte dieser äußerst heftig: *»Ich möchte rasend werden! Was werden Sie von mir denken? Was müssen Sie von mir denken? Ich schrieb Ihnen vor länger als acht Wochen, daß allhier etwas für mich im Werke sei, was mein künftiges Schicksal auf einmal bestimmen werde, und hoffentlich so bestimmen werde, wie ich es wünsche. Wie ich es aber wünsche, weiß niemand besser als Sie. Ich glaubte gewiß, daß keine acht, keine vierzehn Tage vergehen könnten, ohne daß ich Ihnen die völlige Gewissheit von der Sache schreiben konnte. Aber diese vierzehn Tage sind viermal vergangen, und Sie haben keine Zeile von mir gesehen. Und wenn ich Ihnen nicht eher wieder schreiben wollte, als ich es so kann, wie ich gerne wollte: so könnten leicht noch einmal acht Wochen darüber hingehen; und wer weiß, ob ich Ihnen am Ende doch nicht schreiben müßte, daß ich betrogen worden. Möchte ich nun nicht rasend werden! Ohne die geringste Veranlassung von meiner Seite, läßt man mich ausdrücklich kommen, tut, wer weiß wie schön mit mir, schmiert mir das Maul voll, und hernach tut man gar nicht, als ob jemals von etwas die Rede gewesen wäre. Ich bin zweimal seitdem wieder in Braunschweig gewesen, habe mich sehen lassen, und verlangt zu wissen, woran ich wäre. Aber keine oder doch so gut wie keine Antwort! Nun bin ich wieder hier, und habe es verschworen, den Fuß nicht eher wieder nach Braunschweig zu setzen, bis man eben so von freien Stücken die Sache zu Ende bringt, als man sie angefangen hat. Bringt man sie aber nicht bald zu Ende, und läßt man mich erst hier in der Bibliothek und mit gewissen Arbeiten fertig werden, mit welchen ich nicht anders als in Wolfenbüttel fertig werden kann und muß, wenn ich nicht alle meine daselbst zugebrachte Zeit verloren haben will: so soll mich sodann auch nichts in der Welt hier zu halten vermögend sein. Ich denke überall soviel wieder zu finden, als ich hier verlasse. Und wenn ich es auch nicht wieder fände. Lieber betteln gegangen, als so mit sich handeln lassen!«*[49] Erneut bekräftigte er nun seinen Entschluß, Wolfenbüttel zu verlassen: *»Vor einiger Zeit ließ es sich hier an, als ob man mir glücklichere Aussichten machen wollte. Es war der Erbprinz selbst, der mir von freien Stücken Vorschläge deswegen tat. Aber ich sehe wohl, daß man mir nur das Maul schmieren wollen; denn seit acht Wochen höre ich nichts weiter davon. Ich bin seit dieser Zeit auch nicht wieder in Braunschweig gewesen, und fest entschlossen, nicht einen Fuß wieder dahin zu setzen, als bis man die Sache eben so ohne all mein Zutun zu Stande bringt, als man sie angefangen hat. Denkt man aber gar nicht, oder nicht so bald darauf, und läßt man mich erst mit meiner Arbeit in der Bibliothek fertig werden, so können Sie sehr versichert sein, daß ich für nichts in der Welt mich hier halten lasse; und in Jahr*

und Tag längstens schreibe ich Dir aus einem andern Orte, als aus Wolfenbüttel. Es ist ohne dies zwar recht gut, eine Zeitlang in einer großen Bibliothek zu studieren; aber sich darin vergraben, ist eine Raserei. Ich merke es so gut als Andere, daß die Arbeiten, die ich jetzt tue, mich stumpf machen. Aber daher will ich auch je eher je lieber mit ihnen fertig sein, und meine Beiträge ununterbrochen, bis auf die letzte Armseligkeit, die nach meinem ersten Plan hineinkommen soll, fortsetzen und ausführen. Dieses nicht tun, würde heißen, die drei Jahre, die ich nun hier zugebracht, mutwillig verlieren wollen.«[50]

Eva König wirkte in ihrer Antwort vom 14. April 1773 zunächst beruhigend auf Lessing ein und mahnte ihn, keinen übereilten Entschluß zu treffen:
»*Mein liebster, bester Freund!*
Wie sehr mich Ihr Brief vom 3ten, den ich vor einer halben Stunde erhalten, frappiert haben müsse, können Sie sich vorstellen, da ich Sie mir, Ihrem vorhergegangenen Briefe zufolge, in der größten Zufriedenheit dachte, und nun zu meinem höchsten Verdruß gerade das Gegenteil hörte. Ich hoffe aber doch, die Sache werde einen bessern Ausgang nehmen, als Sie sich vorstellen. Denn ich kann mir nicht einbilden, daß der E[rb]P[rinz] fähig sei, einen Mann, wie Sie, so zu behandeln. Und ich hoffe Ihre Hitze werde verrauchen, und Sie werden, auch in dem schlimmsten Falle, Wolfenbüttel oder vielmehr die Stelle, die Sie daselbst begleiten, nicht eher verlassen, bis Sie einer andern versichert sind. Wenigstens muß ich zu meiner Beruhigung schmeicheln, Sie durch meine Bitten dahin vermögen zu können. Und nicht wahr, das darf ich?«[51] In dieser Situation wurde zunächst einmal erkennbar, daß der Erbprinz keineswegs die arrogant-abweisende, hochmütig-ausbeutende Haltung gegenüber Lessing zeigte, wie sie gelegentlich klischeehaft überliefert wird: »*Der Erbprinz ist ein Mann, der es jedem recht machen, jedem gefallen möchte. Ein Mann, der allen schön tut, tut am Ende allen weh, und auch sich selbst nichts Gutes [...] Den seltsamen Vogel Lessing kannte der Prinz nicht*«[52]. Lessing jedoch stand unter enormen Druck, war ungeduldig und unbeherrscht. Niemand in seiner näheren Umgebung sah dies deutlicher als Eva König, die auch die Person des Erbprinzen richtig einschätzte und die politischen Zwänge erkannte, denen auch dieser sich ausgesetzt sah. Lessing hielt sich zunächst an ihren Rat, auch wenn es ihm schwer fiel, denn eine Entscheidung in der für ihn so wichtigen Angelegenheit wollte einfach nicht fallen und seine Geduld war langsam am Ende: »*Nachdem ich drei Monate zu keinem Menschen gekommen, und die ganze Zeit auf der Stube oder der Bibliothek zugebracht, wo ich mehr fleißig sein wollen, als fleißig gewesen: haben mich die Umstände vorige Woche endlich wieder einmal nach Braunschweig genötigt. Ich habe mich sechs Tage da aufhalten müssen, und bin gestern wieder gekommen. Heitrer ein wenig: aber um nichts gebessert. Können Sie glauben, daß ich noch immer nicht weiß, woran ich bin? das Verfahren ist mir unerträglich; und nichts geringeres als Ihr ausdrückliches Verbot hat mich abhalten können, einen unbesonnenen Schritt zu tun, den ich demohngeachtet doch noch alle Augenblicke in der Versuchung bin zu tun. Werde ich ihn auch nicht endlich tun müssen? denn, bei Gott, ich kann es nicht länger ausstehen. Es muß brechen oder biegen.*«[53]

Doch erneut mahnte und beruhigte Eva König: »*Liebster Freund! lassen Sie uns unser Schicksal so geduldig wie möglich abwarten, und unserm Glück ja keine neue Hindernisse in den Weg legen. Dann, werden Sie sehen, gehet alles gut*«[54]. Und es schien gut zu gehen, als »*der einzige Mann in Braunschweig starb, durch den alles und jedes was geschehen sollte geschah. Er war der unglaublichste Verzögerer und Trödler der je unter der Sonne gelebt, und ihm allein habe ich es Schuld gegeben, daß meine Sache so auf die lange Bank geschoben werde. Der E[rb]P[rinz] hatte sich gegen jemand auch würklich verlauten las-*

sen, daß es nur an ihm liege.«[55] Damit spielte Lessing auf den braunschweigischen Minister Heinrich Bernhard Schrader von Schliestedt an, der am 19. Juli verstorben war. Er war eine einflußreiche politische Persönlichkeit mit großen Fähigkeiten in der Staatsverwaltung, an deren guten Zustand in Braunschweig Schrader von Schliestedt ebenso großen Anteil hatte, wie an den rigorosen Sparmaßnahmen in dem hoch verschuldeten Land. Wahrscheinlich nicht ganz zu Unrecht vermutete Lessing in ihm ein Hemmnis für seine wirtschaftliche Besserstellung. Als einer der mächtigsten Männer im Fürstentum genoß Schrader von Schliestedt das uneingeschränkte Vertrauen von Carl Wilhelm Ferdinand und trug dabei auch zu mancher Verzögerung der Entscheidungen zugunsten Lessings bei. Lessings Hoffnung, nach dem Tod des Ministers endlich Erfolg zu haben, wurde jedoch erneut enttäuscht und er fürchtete: *»für Bitterkeit und Unwillen toll zu werden«*[56].

Man muß aber sehen, daß in dieser Zeit, als Lessing eine Verbesserung seiner persönlichen Lage anstrebte, die finanzielle Situation des Fürstentums kaum Spielräume für kostenrelevante Entscheidungen zuließ, ganz unabhängig von der Person des zuständigen Ministers. Nach dem Siebenjährigen Krieg (1756 – 1763) stand das Land immerhin vor dem Staatsbankrott. Erstmals seit 1682 waren daher die Landstände 1768 einberufen worden, und obwohl diese einen großen Teil der Kammerschulden übernahmen, blieb die finanzielle Notlage bestehen. Aufgrund der strikten Sparpolitik und zahlreicher Reformen schien sich die Lage zu verbessern, als plötzlich Hannover 1774 ein Darlehen von 2 Millionen Talern aus dem Jahr 1756 zurückforderte, das im Schuldenetat nicht berücksichtigt worden war. Diese Aktion war offensichtlich in voller Absicht erfolgt, um die finanzielle Notlage Braunschweigs auszunutzen, nicht zuletzt in der Erwartung, das für das Darlehen verpfändete Fürstentum Blankenburg für Hannover zu gewinnen. Charakterisiert diese Handlung das Verhältnis zwischen den Welfenhöfen Hannover und Braunschweig in aller Deutlichkeit, so gelang es dennoch dem Geheimrat Féronce von Rotenkreutz (1723 – 1799), der nach dem Tod Schrader von Schliestedts 1773 zum Finanzminister ernannt worden war, durch Verhandlungen in England einen Aufschub der Rückzahlung zu erreichen. Entscheidend zur Sanierung des braunschweigischen Staatshaushaltes war dabei der mit England am 9. Januar 1776 abgeschlossene Subsidienvertrag, aufgrund dessen braunschweigisches Militär für den Krieg in Nordamerika eingesetzt wurde. Als Gegenleistung für die Bereitstellung eines für das kleine Fürstentum recht großen Truppenkontingentes erhielt Braunschweig 1776 bis 1786 insgesamt 2 Millionen Taler, eine wesentliche Grundlage für Carl Wilhelm Ferdinand, die Entschuldung des Staates erfolgreich zu realisieren. Aus der weiteren Entwicklung wird deutlich, warum der Erbprinz den ursprünglichen Vorschlag für die Stelle des Hofhistoriographen noch nicht realisieren konnte. Lessing aber sah diese Gründe nicht oder wollte sie nicht anerkennen und war außer sich: *»Was soll ich sagen, daß ich Ihnen abermals so lange nicht geschrieben habe? Noch immer die alte Leier: Ich bin missvergnügt, ärgerlich, hypochondrisch, und in so einem Grade, daß mir noch nie das Leben so zuwider gewesen. Soll ich fortfahren, Ihnen das so recht zu beschreiben? Ich bin seit vier Monaten so gut wie gar nicht aus meinem verwünschten Schloße gekommen. Ich bin nur zweimal auf ein paar Stunden in Braunschweig gewesen, denn ich habe es verredet, in meiner gegenwärtigen Lage niemals wieder eine Nacht in dem Braunschweig zu bleiben, wo man sich gegen mich (Sie wissen wer) auf eine Art, die ich zu anderer Zeit, unter anderen Umständen, um alles in der Welt so lange nicht ertragen hätte. Ich will ihm (EP) daher schlechterdings nicht in die Augen zu kommen Gefahr laufen. Wenn er mich bei der Nase geführt haben will, so hab er es! Aber ich werde es ihm in meinem Leben nicht vergessen. Künftigen Januar wird es ein Jahr,* *daß er mir den ersten Antrag eigenhändig tat. So lange warte ich nur noch, um ihn alsdenn meine Meinung so bitter zu schreiben, als sie gewiß noch keinem Prinzen geschrieben worden.«*[57] Wieder bemühte sich Eva König, um Verständnis für den Erbprinzen zu werben und machte die Hintergründe klarer aus als Lessing: *»Es ist wahr, man hat Ihnen übel mitgespielt, oder vielmehr in der Art verfehlt, wie man einen Mann, wie Sie, behandeln sollte. So lange aber die Stelle, die man Ihnen angeboten, nicht vergeben ist, so lange haben Sie auch nicht Ursache, so entrüstet zu sein, als Sie sind. Daß der Bewußte schon bei dem Antrage, Sie zu hintergehen gesucht haben sollte, kann ich nicht glauben, ich müßte mir denn ihn zugleich als den Niederträchtigsten gedenken. Eher glaube ich, daß andere Geschäfte ihn die Sache vergessen lassen, und niemand ihn daran erinnert, weil Sie es nicht tun. Und wenn es wahr ist, was mir kürzlich ein Fremder, der diese Gegenden passiert ist, erzählte: daß das Haus so sehr derangieret ist, daß es bald zu einer D[ebit] C[ommission] kommen könnte, so wundere ich mich nicht, wenn Angelegenheiten von der Art vergessen werden. Indessen ist es mir leid, daß Sie es sind, die darunter leiden. Hundertmal habe ich schon gewünscht, daß von der ganzen Sache nie die Rede gewesen wäre. Doch vielleicht nimmt sie noch eine bessere Wendung, als es jetzt das Ansehen hat!«*[58] Lessing aber, der auch mit anderen Widrigkeiten zu kämpfen hatte, war am Rand der Verzweiflung und empfand seine Lage *»von Tag zu Tag schlimmer«*[59], schrieb sogar an seinen Bruder Karl am 11. November 1774: *»Ich sehe meinen Untergang hier vor Augen, und ergebe mich endlich drein«*[60]. Wie bedrückend Lessing seine Lage empfand, machte folgende Klage deutlich: *»Es ist nie mein Wille gewesen, an einem Orte, wie Wolfenbüttel, von allem Umgange, wie ich ihn brauche, entfernt, Zeit meines Lebens Bücher zu hüten. Morgen tue ich das schon vier Jahre, und da ich es nur allzu sehr empfinde, wie viel trockener und stumpfer ich an Geist und Sinnen diese vier Jahre, trotz aller meiner sonst erweiterten historischen Kenntnis, geworden bin: so möchte ich es um alles in der Welt willen nicht noch vier Jahre tun. Aber ich muß es auch nicht Ein Jahr mehr tun, wenn ich noch sonst etwas in der Welt tun will. Hier ist es aus; hier kann ich nichts mehr tun.«*[61] Und auch den Erbprinzen griff er heftig an: *»Von dem Erbprinzen, wie ich ihn nunmehr kenne, wenn er heute oder morgen zur Regierung kommen sollte, kann ich mir gewiß versprechen, daß er die ganze Bibliothek mit samt dem Bibliothekar lieber verkaufen wird, so bald sich nur ein Käufer dazu findet.«*[62]

Lessing litt gesundheitlich ebenso unter den Verhältnissen, wie er offenbar sich in seiner Arbeit eingeschränkt sah, selbst die Abwechslungen in Braunschweig konnten ihn nicht mehr aufmuntern. War er in Wolfenbüttel, fühlte er sich eingeengt und einsam, so daß es ihn zu den Freunden nach Braunschweig zog, war er in Braunschweig, wurde er unruhig und unzufrieden und wollte zurück nach Wolfenbüttel, wo er dann erneut klagte und die Verhältnisse verfluchte: *»Am besten würde ich tun, wenn ich an alle meine Bekannte, von deren vielen ich auch nicht einmal einen Brief zu sehen verlange, ein Circulare ergehen ließe, mich für tot zu achten«*.[63] Es war für Lessing gewiß eine schwere Phase, jedoch läßt sich aus den vorliegenden Quellen nicht entnehmen, daß der Erbprinz sich bewußt gegen dessen Person gestellt und zuungunsten Lessings entschieden hätte. Eine Deutung, wie sie Dieter Hildebrandt gab, daß *»Lessings Stolz und die Schlamperei des Braunschweiger Hofes«*[64] zur Eskalation der Situation beigetragen habe und Lessing zuliebe den Erbprinzen in ein zweideutiges Licht rückt, ist nicht ohne zeitgenössisches Vorurteil und ohne nähere Kenntnisse über den braunschweigischen Erbprinzen. Greift man die negativen Kernaussagen Lessings in seinen Briefen an Eva König ohne den Kontext heraus, so wird tatsächlich die ungeklärte dienstliche Situation Lessings zur politischen Drangsalierungsaffäre eines absolutistischen Landesherrn. Doch selbst wenn eine gewisse Reserviertheit Carl Wilhelm Ferdinands gegenüber dem Bibliothekar nicht zu leugnen ist, so hat schon der erste Biograph Carl Wilhelm Ferdinands, Pockels, festgestellt, daß Lessing sich gelegentlich deutlich abwertend über den Hof und auch den Erbprinzen geäußert hatte, was letzterem natürlich nicht verborgen geblieben war, und dennoch war der Erbprinz »*stolz darauf, diesen großen Denker in seinen Staaten zu besitzen*«[65]. Auch die Antworten Eva Königs an Lessing deuten an, in welch hohem Maße Lessings Urteil über den Erbprinzen von seinen finanziellen Schwierigkeiten geprägt wurde. Die Gesamtsituation aber wurde dadurch noch verschärft, daß Lessing sämtliche Aktivität verleidet war; es war die tiefste Depression, die Lessing je durchlitten hatte.[66]

Vor diesem Hintergrund und der unglücklichen Lage, in der er sich sah[67], daß er »*in dem kleinen Wolfenbüttel unter Schwarten vermodern*«[68] werde, ist leicht erklärbar, daß er Anfang 1775 in eine längere Reise floh, weil »*ich mir durchaus durch irgend einen gewaltsamen Schritt anderwärts Luft machen muß, wenn ich hier im Schlamme nicht ersticken soll*«[69] Über Leipzig und Dresden wollte er nach Wien, um dort Eva König zu treffen und in seiner »*so hundsvöttischen Lage*« wenigstens »*das Terrain dort zu sondieren*«, wie er dem Kammerherrn von Kuntzsch mitteilte.[70] Sowohl in Dresden als auch in Wien war man daran interessiert, Lessing für eine Anstellung zu gewinnen, jedoch ohne Erfolg. Stattdessen begleitete er den braunschweigischen Prinzen Leopold (1752 – 1785), den jüngsten Bruder von Carl Wilhelm Ferdinand, auf dessen Italienreise.[71] In unserem Kontext können diese Reiseaktivitäten nicht näher ausgeführt werden, nur einige Hinweise, die erneut Lessings ambivalentes Verhältnis zu Wolfenbüttel und dem Braunschweiger Hof belegen. Trotz seiner heftigen Reaktionen auf den Stillstand in seiner Sache, den direkten und indirekten Drohungen, Wolfenbüttel endgültig zu verlassen, geschah letztlich nichts. Noch aus Venedig schrieb er dagegen an Eva König: »*Darin haben Sie vollkommen recht, daß auf die Länge Wolfenbüttel mehr mein Ort ist als jeder anderer, und daß mittelmäßige Umstände in Wolfenbüttel für uns beide vorteilhafter sein werden, als noch so glänzende in Wien, oder anderwärts. Ganz gewiß werde ich auch also alles darauf anlegen, um in Wolfenbüttel zu bleiben. Nur auf den Fuß, wie ich bisher gewesen, kann ich es unmöglich. Daher ich denn auch, bloß in dieser Rücksicht, nicht alles so gar weit von mir werfen werde, was man etwa in Wien mir antragen möchte. Antragen sage ich; denn anbieten werde ich mich gewiß nicht, sondern in allen Stücken mich so daselbst zu betragen fortfahren, als ich einmal angefangen.*«[72] Allerdings dürfte sich seine Begleitung des Prinzen letztendlich positiv auf die Entscheidung Carl Wilhelm Ferdinands ausgewirkt haben, denn als Lessing nach mehr als einem Jahr, am 23. Februar 1776, wieder nach Braunschweig zurückkehrte, war er fest entschlossen eine endgültige Klärung seiner Angelegenheit herbeizuführen: »*Braunschweig, den 26. Febr. 1776. Endlich, meine Liebe, bin ich am 23ten dieses glücklich wiederum in Braunschweig angelangt. Ich sage glücklich; das heißt, ohne auf der Reise bis dahin Schaden genommen zu haben. Ob ich sonst zur glücklichen oder unglücklichen Stunde wieder gekommen, davon weiß ich noch nichts, die nächsten Tage werden es lehren. Denn noch habe ich mich bei dem Herzoge und der Familie kaum melden können, und den Erbprinzen habe ich eigentlich noch gar nicht gesprochen. Außer diesem haben sie sich alle sehr gefreut, mich wieder zu sehen, auch alle sehr gnädig empfangen: aber Sie begreifen wohl, wie wenig das Alles noch sagen will. Meiner Seits bin ich fest entschlossen, mir den Vorschlag des Hrn. v. K[untzsch], den Sie selbst gebilligt haben, gefallen zu lassen. Nur kömmt es darauf an, die Sache so einzuleiten, daß ich mich nicht dabei wegwerfe. Ich werde also, wenn mir kein anderer Anlaß vorkömmt, noch acht oder vierzehn Tage ruhig warten, und sodann dem Herzog gerade heraus schreiben, daß mich das gänzliche Derangement meiner Affairen nötige, eine Verbesserung zu suchen, und da ich diese in Braunschweig nicht abzusehen wisse, ich genötigt sei, um meinen Abschied zu bitten.«*[73] Erneut beschwor ihn Eva König, nicht zu fordernd gegenüber dem Erbprinzen aufzutreten, um nicht alle Zukunftschancen zu gefährden: *»Die Art, wie Sie Ihre Sache dem Herzog vorzutragen denken, scheint mir gar zu gefährlich. Mich deucht, ich würde sie nicht wählen, wäre ich auch in den verworrensten Umständen, und das sind Sie doch nicht; Ihre Schulden müßten sich denn höher belaufen, als mir bekannt ist. Sonst wüsste ich nicht, wie Sie um lumpichte tausend Rtl. Ihre Ehre so in die Schanze schlagen wollten, Ihre Affairen gegen den Herzog für völlig derangiert anzugeben. Das hieße sich, nach meiner Meinung, wegwerfen, aber nicht, wenn Sie dem Herzog schrieben: Sie reichten mit Ihrer Besoldung nicht, und hätten bis jetzt immer das Ihrige zugesetzt, fänden sich daher genötigt, um Erhöhung der Besoldung zu bitten. Ich bin gewiß, daß Sie keine abschlägige Antwort erhalten; so wie ich fast gewiß bin, daß, wenn Sie es auf die sich vorgesetzte Weise anfangen, die Sache sehr übel ausschlagen könnte.«*[74]

Doch Lessing, der dem Erbprinzen einige Tage später zufällig auf der Straße begegnete, war bei aller Freundlichkeit von Carl Wilhelm Ferdinand fest entschlossen, diesem einen Brief zu senden, *»dergleichen er wohl nicht oft dürfte bekommen haben«*[75]. Darin hatte er offensichtlich deutliche Worte gefunden und klar gemacht, daß er auf der Stelle seinen Abschied fordern werde, wenn sich seine Verhältnisse nicht grundlegend verbessern: *»Denn vor allen Dingen habe ich mich an den E[rb]P[rinz] gewandt, und diesem sein Betragen gegen mich, seit drei Jahren, so handgreiflich vorgelegt, daß es ihn äußerst piquieren müssen. Das würden Sie mir, meine Liebe, vielleicht nun gerade abgeraten haben. Aber es hat seine Wirkung getan. Meine Äußerung, daß ich bei dem regierenden Herzog meinen Abschied fordern wolle, ist ihm sehr unerwartet gewesen, und er scheint im Ernst alles tun zu wollen, um es nicht dahin kommen zu lassen.«*[76] Der Erbprinz, von dem Lessing auch nach Hinweisen von Kennern des Hofes sicher ist, *»daß er mich nimmermehr gehen lassen werde«*[77], ließ Lessing durch den Kammerherrn Johann Joachim Kuntzsch im April einen Vorschlag überbringen, den Lessing annehmbar fand und in der ihm eigenen Weise beantwortete: *»Ich sagte ihm, daß das alles recht gut sei, aber daß es mir der Pr[inz] selbst anbieten müsse«*[78]. Erneut zeigte sich nun die persönliche Wertschätzung des Erbprinzen für Lessing. Anstatt auf die anmaßende Forderung Lessings mit Verärgerung zu reagieren, teilte er diesem mit, *»daß er an mich schreiben, mich kommen lassen, und mündlich die Sache mit mir in Richtigkeit bringen wolle«*[79]. Im Juni fand diese Unterredung statt, von der Lessing am 5. Juni 1776 an Eva König berichtete: *»Denn endlich habe ich den E[rb]Pr[inz] nun gesprochen, und kann mit ihm zufrieden sein. Eigentlich zwar hat er nichts getan, als was er mir gleich Anfangs durch den Herrn von K[untzsch] antragen ließ; allein seine übrigen Äußerungen schienen doch so aufrichtig zu sein, daß ich nicht wüsste, warum er mich zum Besten haben, und mit leeren Hoffnungen hinhalten sollte.«*[80] Das Dekret hierzu wurde am 17. Juni 1776 ausgefertigt und Lessings Gehalt war nun auf 800 Taler erhöht worden, seine früheren Gehaltsvorauszahlungen wurden abgeschrieben und er erhielt eine weitere Vorauszahlung von 1000 Talern.[81] Ihm wurde ein Haus bei der Bibliothek zugesagt und er erhielt den Titel *»Hofrat«*, den er allerdings widerstrebend annahm, um den von ihm durchaus geschätzten Herzog Carl I. nicht zu beleidigen: *»Worüber Sie sich vielleicht am meisten wundern werden, ist dieses, daß ich nicht umhin gekonnt, den Hofratstitel mit anzunehmen. Daß ich ihn nicht gesucht, sind Sie wohl von mir überzeugt; daß ich es sehr deutsch heraus gesagt, wie wenig ich mir daraus mache, können Sie mir auch glauben. Aber ich mußte endlich besor-*

gen, den Alten zu beleidigen.«[82] Es waren also keineswegs nur hinhaltende Versprechungen, die der Erbprinz Carl Wilhelm Ferdinand gemacht hatte, auch wenn der Weg bis zur gewünschten Verbesserung der Lage Lessings ein längerer und ihn stark belastender Weg war. Lessing war nun wirtschaftlich so gesichert, daß ein weiterer Grund seiner tiefen Verunsicherung und Depression beseitigt war, er konnte endlich an die Heirat mit Eva König denken.

Im Gegensatz zu manchen vordergründigen Deutungen und Spekulationen hatte sich in den Auseinandersetzungen mit dem Erbprinzen keineswegs erwiesen, daß dieser desinteressiert oder standesbewusst ablehnend gegenüber Lessing war oder gehandelt hatte. Seine Wertschätzung gegenüber dem Literaten bewies er auch bei der Uraufführung von Lessings *»Emilia Galotti«*, in der Lessing mit Fürstenkritik nicht sparte, denn der Erbprinz war incognito anwesend. Ein besonders kritischer Moment im Verhältnis von Lessing zum Braunschweiger Hof trat ein, als Lessings Freistellung von der Zensur aufgehoben wurde, die ihm seit 1772 für die Publikation von Werken aus der herzoglichen Bibliothek gewährt worden war. Die mit einem Faksimilestempel von Herzog Carl I. versehene Kabinettsorder erging am 13. Juli 1778[83]. In einem Brief an Johann Arnold Ebert vom 25. Juli 1778 meinte Lessing dazu: »*die Confiscation derselben belustigt mich herzlich*«[84]. Bereits am 12. Juli 1778 hatte er an Johann Joachim Eschenburg geschrieben: »*Wider die Confiscation des Fragments habe ich nichts. Aber wenn das Ministerium darauf besteht, auch meine Antigoezischen Schriften confisciren zu lassen: so kann ich dabey so gleichgültig nicht seyn, und ich bitte um meinen Abschied.*«[85] Obwohl Lessing in dieser Weise immer wieder erklärt hatte, im Falle der Zensur sein Amt niederzulegen, kam es nicht dazu. Dies lag wohl darin begründet, daß er erfuhr, daß die Entscheidung nicht auf den Herzog selbst zurückzuführen war, vielmehr von führenden Mitgliedern des Geheimen Rates getroffen worden war[86]. Auch der aus aktuellem Anlaß (»*Kartoffelkrieg*«) abwesende Erbprinz hätte eine solche Entscheidung nicht gebilligt, wie Lessing vermutete. Herzog Carl I. übte aus Altersgründen seine Regierungsgeschäfte längst nicht mehr selbständig aus und die Entscheidungen trafen die Mitglieder des Geheimen Rates, allen voran der allmächtige Georg Septimius Andreas von Praun (1701 – 1786), der durchaus als Widersacher von Lessing gesehen werden kann. Seinen Einfluß in dieser Angelegenheit sah Lessing schon richtig, als er in einem Brief an Elise Reimarus (1735-1805) am 2. August 1778 schrieb: »*Ihre Besorgnis, meine vortreffliche Freundin, ist mir sehr schmeichelhaft. Und doch muß ich Sie bitten, sich ihrer nur ganz zu entschlagen. Die Sache ist bei weitem so schlimm nicht, als Sie fürchten. Freilich hat man das neue Fragment confiscieret, und will mir das weitere Schreiben in diesen Dingen untersagen. Aber über den letzten Punkt beiße ich mich noch trefflich herum, und ich hoffe, daß Goeze die Freude nicht erleben soll, daß ich meine Batterie wenigstens verlegen muß. Man hat sich die Abwesenheit des Erbprinzen, und die Schwachheit des alten Herzoges, der selbst wenig mehr nachsehen und unterschreiben kann, zu Nutze zu machen gewusst. Allein die Versicherung, daß beide an dem ganzen Handel wenig oder gar keinen Anteil nehmen, giebt mir um so viel freier Feld, mich gegen das Ministerium so mausicht zu machen, als ich nur Lust habe. Allerdings könnte es wohl dahin kommen, daß ich mich endlich gedrungen sähe, meinen Abschied zu fordern, den die Herren, die mir ihn geben würden, schon zu seiner Zeit verantworten sollten.*«[87] Daß er damit Recht hatte, läßt sich auch an der Tatsache ersehen, »*daß keine weiteren Maßnahmen gegen ihn ergriffen und daß die beschlagnahmten Exemplare Zur Geschichte und Literatur dann auch zum Verkauf freigegeben wurden*«.[88] Lessing antwortete auf der ihm ganz eigenen Weise, indem er die Subskriptionsankündigung von

»Nathan der Weise« veröffentlichte, dessen Bedeutung und Wirkungsgeschichte nicht weiter ausgeführt zu werden braucht. In den noch folgenden politisch schwierigen Momenten, da der sog. Fragmentenstreit hohe Wellen schlug, reagierte Carl Wilhelm Ferdinand äußerst zurückhaltend und hielt über Lessing im Rahmen der ihm möglichen politischen Gegebenheiten seine schützende Hand[89]. So berichtete Lessing am 28. November 1780 an Elise Reimarus: *»Ich komme eben von Braunschweig, wo mich der Herzog gestern rufen ließ um mir kund zu tun – was meinen Sie wohl? – Daß ihm sein Gesandter in Regenspurg gemeldet [...] daß nächstens an den Braunschweigischen Hof ein Excitatorium von dem gesamten Corpore Evangelicorum gelangen werde, um mich, als den Herausgeber und Verbreiter des schändlichen Fragments von dem Zwecke Christi und seiner Jünger zu verdienter Strafe zu ziehen. Dieses sagte mir der Herzog auf eine so freundschaftliche und beruhigende Art, daß ich es zu letzt fast bereuet hätte, ihm so gleichgültig und sicher darauf geantwortet zu haben.«*[90] Die protestantische Reichs-Kirchenverwaltung hatte den braunschweigischen Herzog aufgefordert, Lessing für die Angriffe auf das Christentum zur Verantwortung zu ziehen und entsprechende Strafen anzuordnen. Der Herzog jedoch weigerte sich. Nicht zu Unrecht gilt Carl Wilhelm Ferdinand als einer der aufgeklärtesten und tolerantesten Fürsten seiner Zeit, der den bedeutenden Ruf von Lessing anerkannte und dessen literarische Arbeiten nicht nur genau kannte, sondern deren Rang richtig einzuordnen und zu schätzen wußte. War auch stets das Verhältnis zwischen Fürst und Literat ein ambivalentes, was sich durch die Unterschiede der Charaktere erklärte, so hatte Lessing letztlich doch erkannt, ihn gelegentlich falsch beurteilt zu haben: *»Ich weiß selbst nicht, warum ich, seit einiger Zeit, gegen unsern Herzog ein wenig ärgerlich geworden bin. Aber er ist doch immer ein edler Mann, der keinen Streich an sich kommen läßt; und ein ehrgeiziger Mann, der sich von keinem vorschreiben läßt und der einen Schutz, der ihm Ehre machen kann, lieber aufdringt, als sich abbetteln läßt.«*[91] Damit schließt sich der Kreis zu seiner Aussage gegenüber Johann Arnold Ebert vom 7. Mai 1770: *»Schade, daß der Erbprinz Prinz ist, und in diese Classe nicht so recht passt«*[92].

Anmerkungen

* Der Einführungsvortrag zur Tagung vom 7. – 10. Oktober 2004 umfasste das allgemeiner gefasste Thema »Lessing und Braunschweig«. Der Schwerpunkt »Lessing und der Braunschweiger Hof« wurde für diese Veröffentlichung herausgegriffen und nochmals am 13.7.2010 im Lessinghaus in Wolfenbüttel in einem Vortrag behandelt. Die Vortragsfassung wurde weitgehend beibehalten und durch wenige Anmerkungen sowie Literaturhinweise ergänzt.
Der Beitrag ist meinem Freund und Kollegen Prof. Dr. Dr. h.c. Gunter Gottlieb in Augsburg zum 75. Geburtstag gewidmet.
1 Joachim Heinrich Campe, Neue Sammlung merkwürdiger Reisebeschreibungen für die Jugend. 6. Teil, 5. Aufl., Braunschweig 1832, S. 138.
2 Ebd., S. 147.
3 LB 12, S. 195f.; vgl. Gerd Biegel, Herzog Carl Wilhelm Ferdinand und Joachim Heinrich Campe. Begegnung zwischen Fürst und Unternehmer im Braunschweig der Aufklärung, in: Visionäre Lebensklugheit. Joachim Heinrich Campe in seiner Zeit (1746 – 1818), Katalog hg. von Hanno Schmitt. Wiesbaden 1996, S. 89 – 111.
4 Ernst Hinrichs, Aufklärung in Niedersachsen. Zentren, Institutionen, Ausprägungen. Göttingen 1989, S. 22.
5 Gotthard Frühsorge, Braunschweiger Blütezeiten. Aufklärungskultur in Braunschweig-Wolfenbüttel zur Zeit Lessings, in: Eine Reise der Aufklärung. Lessing in Italien 1775, hrsg. von Lea

Ritter Santini, Wolfenbüttel 1993 (Ausstellungskataloge der Herzog August Bibliothek Nr. 70), S. 50; Allgemein dazu: Franklin Kopitzsch (Hrsg.), Aufklärung, Absolutismus und Bürgertum in Deutschland, München1976; Wolfgang Ruppert, Bürgerlicher Wandel. Die Geburt der modernen deutschen Gesellschaft im 18. Jahrhundert. Frankfurt a. M. 1984; Peter Pütz, Die deutsche Aufklärung. 3. Aufl., Darmstadt 1987 (Erträge der Forschung Bd. 81); Gerd Biegel 1996 (wie Anm. 3).
6 Rudolf Vierhaus, Zur historischen Deutung der Aufklärung. Probleme und Perspektiven 4. Wolfenbüttel 1977, S. 39 – 54. S. 47; allgemein dazu: Martina Graf, Buch- und Lesekultur in der Residenzstadt Braunschweig zur Zeit der Spätaufklärung unter Herzog Karl Wilhelm Ferdinand (1770 – 1806), Frankfurt a. M. 1994. Zu kulturgeschichtlichen Aspekten in Braunschweig sehr informativ, außerdem : Karl Hoppe, Das Geistesleben in Braunschweig zur Zeit Lessings, Braunschweig 1929; Karl Steinacker, Abklang der Aufklärung und Widerhall der Romantik in Braunschweig, Braunschweig 1939.
7 Vgl. Peter Albrecht, Die Förderung des Landesausbaues im Herzogtum Braunschweig-Wolfenbüttel im Spiegel der Verwaltungsakten des 18. Jahrhunderts (1671 – 1806). Braunschweig 1980 (Braunschweiger Werkstücke Reihe A, Bd. 16/Der ganzen Reihe, Bd. 58); Gerd Biegel, Bankhaus C. L. Seeliger 1794 – 1994. 200 Jahre Bank- und Regionalgeschichte in Wolfenbüttel, Wolfenbüttel 1994; Peter Albrecht, Die „Braunschweigischen Armenanstalten". Ein Beitrag zur städtischen Armenpolitik in der 1. Hälfte des 19. Jahrhunderts (1796 – 1853), Hamburg 1962 (maschinenschriftliche Diplomarbeit, Stadtarchiv Braunschweig); Peter Albrecht, Das Zeitalter des aufgeklärten Absolutismus (1715 – 1806), in: Die Braunschweigische Landesgeschichte, hg. von Horst-Rüdiger Jarck und Gerhard Schildt. Braunschweig 2000, S. 575 – 610.
8 Hanno Schmitt, Schulreform im aufgeklärten Absolutismus. Leistungen, Widersprüche und Grenzen philanthropischer Reformpraxis im Herzogtum Braunschweig-Wolfenbüttel. Mit einem umfassenden Quellenanhang, Frankfurt a. M. 1979 (Studien und Dokumentationen zur deutschen Bildungsgeschichte Bd. 12); vgl. Katalog Visionäre Lebensklugheit (wie Anm. 3), passim.
9 Friedrich Thöne, Wolfenbüttel. Geist und Glanz einer alten Residenz. München 2. Auflage 1968.
10 Karl Bege, Chronik der Stadt Wolfenbüttel und ihrer Vorstädte. Wolfenbüttel 1839, S. 168; vgl. Gerd Biegel, Bankhaus C. L. Seeliger 1794 – 1994. 200 Jahre Bank- und Regionalgeschichte in Wolfenbüttel. Wolfenbüttel 1994.
11 Bege 1839 (wie Anm. 10), S. 202.
12 Hinrichs 1989 (wie Anm. 4), S. 22.
13 Albrecht 1980 (wie Anm. 7), S. 26.
14 Technische Universität Braunschweig. Vom Collegium Carolinum zur Technischen Universität 1745 – 1995. Hrsg. im Auftrag des Präsidenten von Walter Kertz, Hildesheim, Zürich, New York 1995; Gerd Biegel, Collegium Carolinum und Technische Universität. 250 Jahre braunschweigische Universitätsgeschichte, Braunschweig 1995 (Veröffentlichungen des Braunschweigischen Landesmuseums 80); J.F.W. Jerusalem, Entwurf einer Lebensgeschichte des Verfassers. Von ihm selbst kurz vor seinem Tode aufgesetzt, in: Nachgelassene Schriften. Zweiter und letzter Theil. Braunschweig 1793, S. 22.
15 Lessing und der Kreis seiner Freunde, hg. von Günter Schulz. Heidelberg 1985; Biegel 1995 (wie Anm. 14), S. 41 ff.; Hugh Bar Nisbet, Lessing. Eine Biographie. München 2008, S. 566 ff.
16 Zit. nach: Richard Moderhack, Besucher im alten Braunschweig. Braunschweig 1992, S. 135.
17 Isa Schikorsky, Gelehrsamkeit und Geselligkeit. Abt Johann Friedrich Wilhelm Jerusalem (1709 – 1789) in seiner Zeit, hg. von Klaus Erich Pollmann. Braunschweig 1989, S. 74.
18 Paul Zimmermann, Abt Jerusalems Berichte über die Erziehung der Kinder Herzog Karl I., insbesondere des Erbprinzen Karl Wilhelm Ferdinand, in: Jahrbuch des Geschichtsvereins für das Herzogtum Braunschweig 5, 1906, S. 129 – 164.
19 Zimmermann 1906 (wie Anm. 18), S. 151 – 158.
20 Selma Stern, Karl Wilhelm Ferdinand. Herzog zu Braunschweig und Lüneburg. Hildesheim/Leipzig 1921 (Veröffentlichungen der Historischen Kommission für Hannover, Oldenburg, Braunschweig, Schaumburg-Lippe und Bremen), S. 18.
21 Heinrich de Catt, Unterhaltungen mit Friedrich dem Großen. Memoiren und Tagebücher, hg. von Reinhold Koser. Leipzig 1884, S. 278.
22 Katharina II. in ihren Memoiren. Übersetzt und herausgegeben von Erich Boehne. Leipzig 1918, S. 13.

23 Walter Deeters, Das erste Jahrzehnt des braunschweigischen Finanzkollegs von 1773 bis 1785, in: Braunschweigisches Jahrbuch 56, 1975, S. 101 – 119.
24 Stern 1921 (wie Anm. 20), S. 70.
25 Gotthold Ephraim Lessing, Werke und Briefe. 12 Bde., hg. von Wilfried Barner u.a. Frankfurt a. M. 1985 – 2003 (zitiert LB mit Bandnummer und Seitenzahl). LB 11/2, S. 740.
26 Zit. nach Moderhack 1992 (wie Anm. 16), S. 135.
27 Stern 1921 (wie Anm. 20), S. 37. [Carl Friedrich Pockels], Carl Wilhelm Ferdinand, Herzog zu Braunschweig und Lüneburg. Ein biographisches Gemälde dieses Fürsten. Tübingen 1809, S. 219.
28 Stern (wie Anm. 20), S. 39.
29 Nisbet 2008 (wie Anm. 15), S. 559.
30 LB 11/2, S. 201.
31 Nisbet 2008 (wie Anm. 15), S. 559 ff.
32 LB 11/2, S. 31.
33 LB 11/2, S. 541.
34 LB 11/2, S. 664.
35 LB 11/2, S. 21 und 495.
36 LB 11/2, S. 20.
37 Nisbet 2008 (wie Anm. 15), S. 555.
38 LB 11/2, S. 31 f.
39 LB 11/2, S. 31.
40 In einem Brief an Charlotte von Stein 1784
41 Johann Wolfgang Goethe, Campagne in Frankreich, hg. von Klaus-Detlef Müller. Frankfurt 1994, S. 436.
42 Nisbet 2008 (wie Anm. 15), S. 569 f.
43 LB 11/2, S. 12.
44 LB 11/2, S. 495.
45 Johann Anton Leisewitzens Briefe an seine Braut nach den Handschriften herausgegeben von Heinrich Mack. Weimar 1906, S. 27 f.
46 Rolf Hagen, Gotthold Ephraim Lessing in Braunschweig, in: Lessing in Braunschweig und Wolfenbüttel, hg. von Gerd Biegel. Braunschweig 1997, passim.
47 LB 11/2, S. 462 f.
48 LB 11/2, S. 534.
49 LB 11/2, S. 536 f.
50 LB 11/2, S. 539.
51 LB 11/2, S. 540 f.
52 Dieter Hildebrandt, Lessing. Eine Biographie. Reinbek bei Hamburg 1990, S. 344.
53 LB 11/2, S. 554.
54 LB 11/2, S. 569.
55 LB 11/2, S. 581.
56 LB 11/2, S. 581.
57 LB 11/2, S. 597 f.
58 LB 11/2, S. 606.
59 LB 11/2, S. 634.
60 LB 11/2, S. 671.
61 LB 11/2, S. 641.
62 LB 11/2, S. 634.
63 LB 11/2, S. 598.
64 Hildebrandt 1990 (wie Anm. 52), S. 370.
65 Pockels 1809 (wie Anm. 27), S. 134.
66 Nisbet 2008 (wie Anm. 15), S. 571.
67 LB 11/2, S. 666.
68 LB 11/2, S. 673.
69 LB 11/2, S. 689.
70 Hagen 1997 (wie Anm. 46), S. 70.

71 Nisbet 2008 (wie Anm. 15), S. 587 ff.; Eine Reise der Aufklärung. Lessing in Italien 1775, hg. von Lea Ritter Santini. Wolfenbüttel 1993.
72 LB 11/2, S. 719.
73 LB 11/2, S. 743.
74 LB 11/2, S. 744.
75 LB 11/2, S. 746.
76 LB 11/2, S. 749.
77 LB 11/2, S. 752.
78 LB 11/2, S. 758.
79 LB 11/2, S. 758.
80 LB 11/2, S. 782.
81 LB 11/2, S. 792.
82 LB 11/2, S. 793.
83 Wulf Piper, Katalog Gotthold Ephraim Lessing 1729 bis 1781. Weinheim 1988, S. 45 f.
84 LB 12, S. 172.
85 Piper 1988 (wie Anm. 83), S. 47.
86 Nisbet 2008 (wie Anm. 15), S. 736.
87 LB 12, S. 177 f.
88 Nisbet 2008 (wie Anm. 15), S. 736.
89 Nisbet 2008 (wie Anm. 15), S. 563, 736.
90 LB 12, S. 360.
91 LB 12, S. 368.
92 LB 11/2, S. 9.

»Das Ding, was man Ketzer nennt, hat eine sehr gute Seite.
Es ist ein Mensch, der mit seinen eigenen Augen
wenigstens (hat) sehen *wollen*.« –

Lessing und der Neuprotestantismus, Teil 1

Heidi Beutin

1. Lessings Interesse an der Theologie

Lessings Ruhm war mehr als nur der des Dichters, Dramaturgen, Kritikers. Heinrich Heine erkannte: »Gleich dem Luther wirkte Lessing nicht nur, indem er etwas Bestimmtes tat, sondern indem er das deutsche Volk bis in seine Tiefen aufregte und indem er eine heilsame Geisterbewegung hervorbrachte ... seine philosophischen und theologischen Kämpfe sind uns wichtiger als seine Dramaturgie und seine Dramata«.[1] Ähnlich äußerten sich spätere Forscher. Emanuel Hirsch schrieb über Lessings Leben, es sei »als eine Wende und ein Umbruch unsrer literarischen, geistigen und religiösen Geschichte« aufzufassen.[2]

Diese Wende, dieser Umbruch begannen in der Theologie, herbeigeführt von einem weltlichen Dichter, keinem Theologen. Oder wie er selber sich in den »Axiomata« (1778) klassifizierte: »Ich bin Liebhaber der Theologie und nicht Theolog.« (8,130).[3] Kein unbedenklicher Liebhaber allerdings, der da seiner Liebhaberei in Untersuchungen, Kritik, Polemik und in Thesenreihen nachging. So erwarb er sich wenig Freunde mit ihr, aber viele Feindschaften, besonders unter den Gottesgelehrten seiner Epoche. Und doch sicherte ihm seine Liebhaberei einen ehrenvollen Platz in der Geschichte der Theologie. Hirsch hielt fest: »Dieser Mann nun hat sich auch in die Geschichte des evangelischen Christentums und der evangelischen Theologie hineingewoben, tiefer und eindrucksvoller als selbst Semler, dem Verhältnis des deutschen Geistes zu den Fragen des Glaubens ebenso ein Schicksal wie Voltaire dem des westeuropäischen.«[4] Aber der Begriff ist nicht eindeutig. »Schicksal« kann durchaus Verhängnis sein, das eine ganze Gedankenwelt zum Einsturz bringt, im Gegenteil jedoch auch ein Glücksfall, wodurch jene, falls ihr der Einsturz droht, stabilisiert wird. War Lessings Eingriff in die Theologie daher destruktiv, aushöhlend, oder konstruktiv, stabilisierend?

Unbestritten bleibt, daß Lessing einen beträchtlichen Teil seiner Lebenszeit der Gottesgelehrsamkeit widmete. Theologie, Religionskritik und -geschichte dominieren die Fülle der theoretischen und historischen Abhandlungen Lessings, darunter die »Rettungen« und die »Literaturbriefe«; theologische, religiöse sowie philosophische Motive durchziehen bedeutende Teile auch des dichterischen Werks, die frühe Lyrik und vor allem die Dramen: »Die Juden«, »Der Freigeist« und »Nathan der Weise«. Wie erklärt sich dieser erstaunliche Anteil theologischer Thematik im Gesamtwerk?

Die Antwort erhält man beim Blick auf die Geschichte der Kultur und Bildung in Europa. Rendtorff merkte an: »*Die Neuzeit* hat ihr Selbstverständnis aus ihrem Verhältnis zur Religion gebildet oder, genauer gesagt, aus ihrem Verhältnis zum geschichtlichen Christentum.«[5] Dies beschäftigte die Zeitgenossen, darunter die hervorragendsten Autoren. Daraus ergaben sich die theologisch-religiösen Themen und Motive, die von ihnen aufgenommen und abgehandelt wurden. Ihre Untersuchungen mündeten in die Produktion einer Vielzahl von Büchern, Buch- und Zeitschriftartikeln, die ebenso viele Beiträge waren zum Verhältnis der Theologie und Religion zur Zeit wie dem der Zeit zur Theologie und Religion. Galt dies für das gesamte Europa, so für Deutschland in besonderer Weise. Dilthey benannte als Grund: Hier sei die Reformation »mit einer Energie des religiösen Bewußtseins aufgetreten ..., wie in keinem anderen Lande«, und daraus »entsprang eine ganz einzige Herrschaft des theologischen Interesses«, zumal auch in dem »von dem Weltleben und seinen großen bewegenden Affekten abgesperrten Volke jene Kunst der Renaissance« nicht in dem Maße hatte florieren können wie in Italien und Frankreich.[6] Und Lessing sei in einer Zeit aufgewachsen, »in welcher die ganze deutsche Bildung theologisch war«. Mit der Theologie mußte man sich damals »über die Fragen« auseinandersetzen, »welche für die Richtung unseres Lebens entscheidend sind« (ebd., S. 75).

Waren dies wesentliche Charakteristika – allgemeine der Neuzeit und spezifische der Kultur und Bildung in Deutschland –, so kommt in Lessings Mentalität gewiß die von ihm selbst – vielleicht nicht ohne leichte Ironie? – eingestandene, stark ausgeprägte Vorliebe für Theologie und Religionsgeschichte hinzu. In seinem Gedankenhaushalt muß sie sich jedoch nicht ausschließlich auf die Lehren, die Themen, die Ergebnisse bezogen haben, sondern erhielt sich vielleicht stark auch als Vorliebe für das, was man mit diesen Disziplinen vor allem anfangen konnte: die Gewinnung der universalhistorischen Perspektive. Sie vor allem konnten dazu beitragen, für die zweite Hälfte des 18. Jahrhunderts dasjenige zu vollbringen, was nach dem Wort Rendtorffs Ernst Troeltsch für die erste des zwanzigsten Jahrhunderts angestrebt hatte: »die Problematik der Stellung des Christentums in der modernen Welt aus einer allgemeinen, zeitgeschichtlich unspezifischen Binnenperspektive des kirchlich religiösen Bewußtseins in eine gezielt geistespolitische Gegenwartssicht« zu erweitern.[7] Oder wie zuvor bereits Wilhelm Dilthey urteilte: Lessing »ging von der Theologie aus und fand in ihr, wie sie zwischen Geschichte, Philologie und Philosophie gestellt ist, einen kombinatorischen Zug, der seinem Geiste zusagte«.[8]

Er *ging von der Theologie aus*: aber seine theologischen Argumentationen mündeten vielfach in philosophische, verschmolzen vielfach mit religionshistorischen, wie man es bis hin zur »Erziehung des Menschengeschlechts« sehen kann, einer Thesenreihe, worin sich der »kombinatorische Zug« noch einmal aufs glänzendste bewährte. Sein Interesse an der Theologie war also kein Spezialinteresse an dieser, sondern erklärt sich aus seinem universalen Interesse. So auch erklärt sich sein sonst kaum erklärlicher Eifer für Untersuchungen über das Urchristentum und über theologische Streitigkeiten des Mittelalters; sein zeitraubendes Studium der Kirchenväter, das er wohl in der Breslauer Zeit begann, und der theologischen Kontroversen in der früheren Neuzeit; seine weit gespannte Lektüre der Reformations- und theologischen Gegenwartsliteratur. Er benötigte die unermeßlichen Details, die Einsicht in theologische und religiöse Spekulationen älterer Autoren und Zeiten. Er benötigte die eindringliche Kenntnis der Theologie der neueren und neuesten Zeit. Und wohl am meisten benötigte er, was er der Theologie an Möglichkeiten gedanklicher Operationen entnehmen konnte – jenen faszinierenden kombinatorischen Zug. Ihn konnte er nicht entbehren, wollte er das auf die theologische Binnensicht eingeschränkte Bewußtsein der Menschen seines Zeitalters hinlenken auf die »geistespolitische Gegenwartssicht«, die herzustellen er bezweckte; niemals aus Gründen des l'art pour l'art oder um einer Glasperlenspielerei willen, sondern, wie man beobachten kann: ausdrücklich zum Nutzen seiner eigenen Gegenwart und zugleich der Zukunft des Menschengeschlechts.

Wenn gesagt wird, er ging »von der Theologie aus«, muß man natürlich hinzusetzen – denn damals wie heute existierte nicht »die« Theologie –: ging von ihr aus mit klarer Unterscheidung ihm zusagender wie ihm nicht zusagender Formen und Richtungen derselben, und in Zustimmung wie Ablehnung formte sich sein eigenes Bild einer wahrhaft zeitgemäßen – idealen – Theologie.

2. Neuprotestantismus

Unter den theologischen Richtungen der Neuzeit ist es eine, der Lessing regelmäßig zugezählt wird: der Neuprotestantismus. Und neuprotestantische Theologen und Theologiekritiker nahmen den Dichter für den Neuprotestantismus in Anspruch, sogar als einen von dessen Initiatoren. Damit konzedierten sie, daß bei der Formierung des Neuprotestantismus auch Einflüsse von außerhalb der Theologie wirksam waren. Lessings vor allem.

- Troeltsch berief sich auf Dilthey und dessen Aussage, das alte Luthertum habe »die neue Knechtschaft unter dem Buchstaben« verankert. »Ihr gegenüber ist die alte Sektenlehre vom inneren Licht durch Lessing und sein Zeitalter in die Wissenschaft eingeführt worden.«[9] Außerdem vermerkte Troeltsch, daß es Lessing gewesen sei, »der in seinem berühmten Worte von dem Vorzug des Suchens nach der Wahrheit vor dem Besitz der fertigen Wahrheit die moderne Religiosität typisch« charakterisiere.[10]
- In Karl Sappers Übersichtswerk »Der Werdegang des Protestantismus in vier Jahrhunderten« heißt das 5. Kapitel: »Entstehung und Wesen des Neuprotestantismus«. Nicht von ungefähr sind darin die längsten Ausführungen zwei weltlichen Schriftstellern gewidmet, Lessing und Kant.[11]
- Kurt Leese leitete seine Anthologie, die als Aufriß des Neuprotestantismus gelten kann, mit einem Lessing-Kapitel ein.[12]
- In seiner umfassenden Untersuchung »Der protestantische Weg des Glaubens« erkannte Martin Werner zwei Autoren der zweiten Hälfte des 18. Jahrhunderts für die Theologie des Neuprotestantismus höchste Bedeutung zu: Reimarus und Lessing.[13]
- Walther von Loewenich stellte gleich im zweiten Abschnitt seines Standardwerks »Luther und der Neuprotestantismus« Lessings Beitrag zum neuprotestantischen Lutherbild vor, den er als einen »besonders bemerkenswerten« rühmte.[14]

Wäre es also begründet, vom neuprotestantischen Profil Lessings zu sprechen?

Der Theologe, Religionsphilosoph und Historiker Ernst Troeltsch verfaßte die bis heute grundlegenden Beiträge zur Geschichte des Neuprotestantismus. Er analysierte dessen Entwicklung aus dem Altprotestantismus, sein Emporkommen unter dem Einfluß der säkularen Strömungen neuerer Jahrhunderte und seine Gegenwart an der Jahrhundertwende um 1900: in der Moderne.

Als Folie diente ihm das Zeitalter der Reformation und Martin Luthers. Der Protestantismus habe »durch die Zerbrechung der Alleinherrschaft der katholischen Kirche die *Kraft der kirchlichen Kultur trotz vorübergehender Wiederbelebung überhaupt gebrochen*«. Er ruhte auf vier Tragpfeilern auf: »die Fassung der Religion als geistiger *Glaubensreligion*« im Gegensatz zur »Sakramentsreligion«; »die Einsetzung des *religiösen Individualismus* in sein prinzipielles Recht«; »*Gesinnungsethik*« statt der Gesetzes- und Lohnethik; die »*Weltoffenheit*«.[15] Diese Prinzipien bildeten das Ferment für »die eigentliche historische Fortwirkung der Religion des Protestantismus«, und »in ihrer Fortbildung« liege »die Einigung mit den beiden entscheidenden Grundzügen der modernen Welt ..., die Einigung mit dem Prinzip des Individualismus, der Autonomie, der Eigenüberzeugung einerseits und die Einigung mit dem Prinzipe der Immanenz des Göttlichen in der Welt, der Selbstwertigkeit der großen Kulturzwecke, des aufsteigenden Werdens durch die relativen Zwecke hindurch im Kampfe mit Sünde und Trägheit in der Richtung auf das vollendete religiöse Lebensziel andererseits« (ebd., S. 89).

Luther selber aber hemmte die Fortentwicklung seiner Lehre insofern, als seine Theologie zugleich »eine Erneuerung der apostolischen Heils- und Christuslehre« war, der Summe der »urchristlichen Ideen«. Ausschließlich auf dies »vereinigende Objekt«, so postulierte er, sollten die reformatorischen Grundprinzipien Anwendung finden (ebd., S. 92). Jedoch »die apostolische Heilslehre« unterlag, je länger desto heftiger, der historischen und philosophischen Kritik. So trat die Krise des (Alt-)Protestantismus ein: Form (die Grundprinzipien) und Inhalt (Heilslehre) strebten auseinander – die Lösung hieß: Neuprotestantismus.

Neuprotestantismus bedeutet: die Form des Protestantismus unter den Auspizien der Moderne, und das meint hier: der neueren Neuzeit. So zeigte Troeltsch es in seiner berühmtesten Untersuchung: »Die Bedeutung des Protestantismus für die Entstehung der modernen Welt«.

Die moderne Welt sei einst hervorgegangen »aus dem großen Zeitalter der kirchlichen Kultur«. Deren Kennzeichen waren: Glaube an die göttliche Offenbarung und Organisation dieser Offenbarung »in der Erlösungs- und Erziehungsanstalt der Kirche«. Die kirchliche Kultur war damit »eine *Autoritätskultur* im höchsten Grade«, mit »Entwertung der irdisch-sinnlichen Welt« und asketischem »*Grundcharakter* der ganzen Lebensanschauung und Lebensgestaltung« (ebd., S. 208 f.).

Hingegen sei die moderne Welt »die Bekämpfung der kirchlichen Kultur und deren Ersetzung durch *autonom* erzeugte Kulturideen ...« (ebd., S. 211). Dazu gehörten: statt einer Universalmonarchie ein Staatensystem; die völlig veränderte soziale Schichtung, darunter »die ganz neue Erscheinung des kapitalistischen und gebildeten Bürgertums ... und die freie arbeitende Bevölkerung«, dazu eine stark veränderte Struktur des Familienlebens; »eine Entfaltung der Wissenschaft«; vor allem: der Individualismus, der im Kern von metaphysischer Beschaffenheit sei, nämlich »die christliche Idee selbst von der Bestimmung des Menschen zur vollendeten Persönlichkeit« (ebd., S. 218 ff.). Zwar dürfe die Wichtigkeit des Protestantismus für die Moderne nicht übertrieben werden. Ihre Grundlagen seien zum großen Teil unabhängig von ihm entstanden, teils nur als »Fortsetzung spätmittelalterlicher Entwicklungen«, teils auch als »Wirkung der Renaissance«. Aber man solle auch nicht in den entgegengesetzten Fehler verfallen und seine besondere Bedeutung für die Entstehung der modernen Welt bestreiten (ebd., S. 223). Freilich handele es sich bei »Protestantismus« um einen Allgemeinbegriff, der genauere Bestimmung verlange.

Seit dem 17. Jahrhundert entstehe der »moderne Protestantismus«, der Neuprotestantismus, mit den folgenden Merkmalen: »auf den Boden des paritätischen oder gar religiös indifferenten Staates« versetzt, überträgt er »die religiöse Organisation und Gemeinschaftsbildung im Prinzip auf die Freiwilligkeit und persönliche Überzeugung«, »unter grundsätzlicher Anerkennung der Mehrheit und Möglichkeit verschiedener religiöser Überzeugungen und Gemeinschaften nebeneinander«; er rezipiert die humanistische Theologie, das Täufertum und den Spiritualismus, die der Altprotestantismus noch zurückgestoßen hatte (ebd., S. 225 ff.). Besonders wirksam habe der Staat Cromwells den Protestantismus umformen helfen, und dauerte dies »grandiose Gebilde« auch bloß kurz, »seine weltgeschichtlichen Wirkungen sind außerordentlich«; viele seiner Ideen erhielten sich, nicht zuletzt die Trennung von Staat und Kirche (ebd., S. 268).[16] Wohl seien die »englische Revolution und die amerikanische Unabhängigkeit, auch die deutsche Aufklärung Revolutionen gewesen« – hier vermengte Troeltsch die Kategorien der politisch-sozialen Revolution und der ›Revolution des Geistes‹, wie sie die französische Aufklärung später strikt unterschied –. Doch unterschied er diese Revolutionen alle von der französischen; denn »sie brauchten die Kontinuität nicht völlig zu zerstören und die Religion nicht zu entthronen, weil die protestantische Kultur die prinzipielle Revolution schon mit der religiösen Umwälzung von innen heraus erledigt hatte« (ebd., S. 298).[17]

Heute tritt Troeltsch als Theologe, Religions- und Geschichtsphilosoph klarer denn je aus seiner Zeit hervor. Er habe wie kein anderer, resümierte Rendtorff, »die Problematik der Stellung des Christentums in der modernen Welt aus einer allgemeinen, zeitgeschichtlich unspezifischen Binnenperspektive des kirchlich religiösen Bewußtseins in eine gezielt geistespolitische Gegenwartssicht überführt«. Nach dem 1. Weltkrieg entwickelte er »sein Programm einer neuen Kultursynthese als Antwort auf die berühmten ‚Ideen von 1914‘«. Er bezweckte »konkret die Wiedergewinnung, ja mehr noch, die Neubestimmung der Einheit und des inneren Zusammenhalts der europäisch-amerikanischen Kultur, als dessen innere Mitte das geschichtliche Christentum fungiert«. Er verwies auf »die Elemente historischer und religiöser Gemeinsamkeit der europäisch-christlichen Tradition«: Maßgeblich dafür sei der Grundgedanke: »die Würde der allgemein-menschlichen Vernunft in jedem Individuum«. Sie sei durch die europäische Aufklärung als »Idee der Autonomie des Menschen und der Persönlichkeit« zum Gemeingut der europäisch-amerikanischen Zivilisation geworden (ebd., S. 104 f.)

Aus heutiger Sicht ist es höchst erstaunlich, daß Troeltsch seinerzeit eine gewisse Skepsis erkennen ließ, was die Verteidigung dieser Freiheitslehre anlangt. Wer oder was bedrohe sie? »Unsere wirtschaftliche Entwicklung steuert eher einer neuen Hörigkeit zu, und unsere großen Militär- und Verwaltungsstaaten sind trotz aller Parlamente dem Geist der Freiheit nicht lediglich günstig. Ob unsere dem Spezialistentum verfallende Wissenschaft, unsere von einer fieberhaften Durchprobung aller Standpunkte erschöpfte Philosophie und unsere die Überempfindlichkeit züchtende Kunst dem günstiger sind, darf man billig bezweifeln.« (ebd., S. 315 f.)[18]

3. Von den Schwierigkeiten, Lessings theologische Position zu bestimmen

Soll nach Lessings theologischer Position gefragt werden, ist dies sinnvoll nur unter der Bedingung, daß in seinem Werk eine einigermaßen konsistente Gedankenwelt vorhanden ist, oder das Vorhaben verliefe im Sande.
- Dilthey äußerte, »schon die Zeitgenossen und die nächstfolgende Generation« hätten »ein außerordentlich starkes Interesse an der Lebensansicht und Weltanschauung« des Dichters bezeigt, darüber aber nichts Zufriedenstellendes herausgefunden. Daher unternehme jetzt er den abermaligen Versuch, dies »Rätsel ... aufzulösen«.[19] Denn: »So viel Rätselhaftigkeit ...« verbinde sich mit Lessings »wissenschaftlichen Forschungen«. Allerdings bestünde »die Möglichkeit, daß weder, was vorliegt, ganz so seine Meinung ist, noch in diesem Vorliegenden die letzten Resultate seines Lebens niedergelegt sind« (ebd., S. 21 f.).[20]

- Entwickelte Lessing im Werk vielleicht nicht seine eigenen Ansichten? Förderte er nur den Vorgang, den Luther meinte, als er sagte: Man lasse die Geister aufeinander platzen? Dies erwog Emanuel Hirsch: »*Er hat für die Wahrheit gekämpft nicht als Lehrer, sondern als kluger Lenker des Meinungskampfes.*«[21] Im Fragmentenstreit müsse man ihn auffassen als »den *Zeigefinger, der unerbittlich und immer von neuem auf die von Reimarus aufgedeckten historisch-kritischen Fragmale weist*« (ebd., S. 154).[22]
- Karl Sapper suchte die Antwort in Lessings Grundauffassung. Bestehe das Wesen des christlichen Glaubens nicht in den geschichtlichen Tatsachen, sondern in den »ewigen Vernunftwahrheiten«, seien auch diese ja nie endgültig, keine für allezeit unumstößlichen Lehren, sondern den Wahrheiten der Offenbarung gleich nur von relativer Bedeutung, allein für »*bestimmte Entwicklungsstufen der Menschheit*«.[23] So existierten schließlich überhaupt keine ›ewigen‹ Wahrheiten.

Der Skepsis, ob man jemals zu Lessings ›Wahrheiten‹ vordringen könne, stehen aber andere Äußerungen, z. T. von denselben Autoren, entgegen:
- Erich Schmidt sprach von Lessings eigener »Religionsphilosophie«.[24] Ließe sich jedoch eine Religionsphilosophie begründen, ohne sie wenigstens auf einige Wahrheiten zu stützen?
- Hirsch gab an, Lessing habe ein »Zielbild von Menschheit und Menschlichkeit« gehabt.[25] Wäre er damit nicht doch mehr gewesen als bloß der »Lenker des Meinungskampfes«, dessen Moderator?
- Heise verwies auf »den Gedanken von der Aufhebung der bürgerlichen Gesellschaft, ... Lessings innersten Emanzipationsgedanken« im Dialog »Ernst und Falk«.[26] Aber wer einen solchen zu verwirklichen strebt, verfügt über ein integrierendes Zentrum seiner Gedankenwelt.

Wo es Schwierigkeiten gibt, die philosophische oder theologische Position eines Autors zu bestimmen, liegt es nahe, zuerst zu prüfen, ob vielleicht die mangelhafte Konsistenz seiner Ideenwelt Ursache dafür ist. Könnte der Grund sein, daß er seine Position ein oder mehrere Male außerordentlich veränderte, sich rasche Wechsel oder Sprünge leistete? So vermutete bereits 1862 C. Hebler, Lessing hätte, »bevor er den letzten, ihm eigenthümlichen geschichtsphilosophischen Standpunkt gewann, in einer Art von wissenschaftlicher Metempsychose die von ihm vorgefundenen dogmatischen Hauptrichtungen durchwandert." Einzig ein »Neumodischer« sei er nie gewesen.[27]

Tatsächlich lassen sich in der Ideenwelt Lessings verschiedene Modifizierungen nachweisen[28], doch auch das Gegenteil: das Beharren auf ein- und derselben Idee im Früh- wie im Spätwerk, sogar mit Verwendung derselben Lexik und Stilistik.

So verwendete Lessing in seinen »Gedanken über die Herrnhuter« (1750) den Lakonismus: »Christus kam also.« (3,686)
- Mit dieser frühen hält eine der späten Schriften Verbindung, die berühmteste: »Die Erziehung des Menschengeschlechts« (§§ 1-53 zuerst 1777 veröffentlicht; dann komplett 1-100 im Jahre 1780). Und gerade der § 53, womit die Erstveröffentlichung abbrach, endet mit den Worten: »Christus kam.« Über dreißig Jahre hinweg also dieselbe Aussage, in nahezu identischer Formulierung!
- Vergleichbar ein anderer Fall. Der in der Forschung sehr intensiv beachtete § 73 derselben Schrift, der tiefe, komplizierte Überlegungen enthält, endet mit Lessings Hinweis, daß Gott die von ihm nach außen projizierte Vorstellung seiner selbst, die eins sei mit der

Schöpfung, der Gesamtheit des Geschaffenen, mit der »Benennung eines *Sohnes*, den Gott von Ewigkeit zeugt«, versehen habe.
- Es ist abermals ein Gedanke, den schon eine Frühschrift enthielt: »Das Christentum der Vernunft« (1753). Darin heißt es in § 5: »Gott dachte sich von Ewigkeit her in aller seiner Vollkommenheit; das ist: Gott schuf sich von Ewigkeit her ein Wesen, welchem keine Vollkommenheit mangelte, die er selbst besaß.« Dann setzt § 6 fort: »Dieses Wesen nennt die Schrift den *Sohn Gottes* oder ... den *Sohn Gott*« (7,278).

Neben Diskontinuitäten sind in Lessings Schriften also bemerkenswerte Kontinuitäten vorhanden, gedankliche wie stilistische; wohl gerade an entscheidenden Stellen. Es könnten einfache Wiederaufnahmen sein, wenn Lessing bei Abfassung der Spätschrift entweder seine frühen Texte vor Augen hatte oder aber seine früheren Sätze genau in Erinnerung, so daß er leicht auf sie zurückkommen konnte. Wie bei der Untersuchung von Schriften anderer Autoren, deren Lebenswerk in einer nicht zu kurzen Spanne entstand, so auch bei Erforschung derjenigen Lessings: Es wird eine zugleich diachronische wie synchronische Betrachtungsweise angemessen sein. Man rechnet also damit, auf gedankliche Wandlungsprozesse zu stoßen, auf eine Entwicklung, die sich durch gut drei Jahrzehnte erstreckte, und kann dennoch versuchen, trotz unbezweifelbaren Wandlungen einen verhältnismäßig unitarischen Charakter der Gedankenwelt Lessings zu postulieren.

Die Zeitgenossen wie die Forscher der späteren Generationen konstatierten die Problematik zwar, Lessings Schriften im Zusammenhang zu deuten, aber auch, daß sie nicht allein durch die darin niedergelegten Gedanken verursacht wurde, sondern in bestimmtem Maße ebenfalls durch seinen Denk- und Schreibstil. Wie bekannt, nahm bereits Johann Melchior Goeze Anstoß an der »Theaterlogik« Lessings und warf ihm seine Verwendung rhetorischer Figuren vor. Dagegen setzte sich Lessing zur Wehr: »Ich suche allerdings, durch die Phantasie mit, auf den Verstand meiner Leser zu wirken. Ich halte es nicht allein für nützlich, sondern auch für notwendig, Gründe in Bilder zu kleiden ...« (8,251)

Die Problematik ist gravierender, als sie auf den ersten Blick erscheint. Sind die rhetorischen Figuren in einer *erörternden* Schrift bloßer Zierat und verstellen die Sache, oder sind sie es nicht und dienen ihrer Aufhellung? Man könnte sogar einen Vorgriff auf die berühmte Kontroverse über das Ornament im 20. Jahrhundert vermuten (Adolf Loos: »Ornament ist Verbrechen«).
- Wie es für Lessing feststand, daß »Bilder« (rhetorische Figuren) nützlich sowie notwendig seien, attestierte ihm sein Biograph Schmidt, »der Meister einer Sprache« (Lessing) habe »im Bild Erleuchtung, keine dichterischen Zieraten« gesucht.[29]
- Heise betonte, vor allem sei seine Kommunikationsstrategie stets auf einen Brennpunkt ausgerichtet, in seinen sämtlichen Schriften »die Mündigkeit als innerste Potenz des Lesers anvisiert«.[30]
- Lessing wollte, so stellte Erich Schmidt fest, »die Scheidemauer zwischen der kritischen Universitätstheologie und dem Publikum niederreißen, den Gewinn der neuen Kritik popularisieren« und den Laien zur Verfügung stellen.[31]
- Und Dilthey: Lessing erhoffte etwa von der Veröffentlichung der Wolfenbütteler Fragmente »eine mächtige Förderung der großen Streitfrage des Christentums« – es war der »Kampf um die Geltung des Christentums selber«.[32]

In seinen erörternden Schriften benutzte Lessing ein *System* denk- wie schreibstilistischer Operationen. Es leitete sich ab aus seiner Gedankenwelt und hängt innig zusammen mit seiner Überzeugung: Erkenntnis bestehe nicht in der Aufstellung einer Anzahl von Dogmen, an denen ein Lernender dann um jeden Preis festzuhalten gezwungen wäre, sondern sie sei ihrem Wesen nach immer prozessual, ein Werden, eine Bewegung in der Geschichte, an der alle Menschen des *denkenden* Lebens teilnehmen dürfen und sollen.[33]

Bei der Untersuchung sind niemals die *Funktionen* seines argumentativen und Schreibstils zu vernachlässigen, ebensowenig die von diesem Autor angewendeten Finessen, die Finten, die *Taktiken*, von denen Erich Schmidt vermerkte: »... das sind Triumphe der gewagtesten, schwierigsten Dialektik.«[34]

Wie erklärt es sich etwa, daß er an manchen Stellen der Orthodoxie Konzessionen machte, um desto heftiger die Neologen anzugreifen? Eine Antwort der Forschung lautet: Diese von ihm öfter geübte Praxis muß als Bestandteil seiner Vorgehensweise erkannt werden, weil er eine gedeckte Stellung habe einnehmen, auch nicht zwei Gegner auf einmal attackieren wollen.[35]

Kluger Überlegung verdankte sich nicht zuletzt seine Veröffentlichungspolitik. Als er den Plan fallen lassen mußte, die »Schutzschrift« des Reimarus komplett in Druck zu geben, entschloß er sich, »sie mit einer berechneten Steigerung in der Auswahl der Geschosse stück- oder gruppenweis an den Tag zu fördern«.[36]

Lessing neigte dazu, »im Gefecht allerdings auch paradox dem allgemeinen Opfer beizuspringen«.[37] Er konnte »eine verkehrte Meinung so lange wenden und pflegen, bis ihr Vernunftgehalt herausgelockt« worden war.[38]

An einem Text von Leibniz unterschied er selber die »exoterische« Art der Themabehandlung (»ewige Strafen« im Jenseits) von der »esoterischen« Lehre des Philosophen; »ein unschätzbarer Fingerzeig«, kommentierte Erich Schmidt, »auch in Lessings an Überkommenes und Zeitverwandtes angelehnten Lehren seiner letzten Epoche durch den exoterischen Vortrag in den esoterischen Kern zu dringen«.[39]

Hirsch zeigte, daß Lessing im »Gegensatz zu den theologisch-religiösen Maßstäben« die ›Bekenntnispflicht‹ verworfen habe und als Autor für sich das Recht in Anspruch nahm, »dialogisch zu reden, d. h. in einer von ihm zuletzt offen gelassenen Frage auch den heimlich für falsch gehaltenen (!) Standpunkt mit Gründen zu stützen oder aus Voraussetzungen des Gegners, die er heimlich nicht teilt, Folgen zu ziehen, die er diesem mit großem Eifer aufnötigt«.[40] Er mahnte, über dem Wahrheitssucher den »Taktiker im Meinungskampf« nicht zu vergessen, und benannte vier Beispiele.[41]

- 1754 veröffentlichte Lessing seine theologische Schrift: Rettung des Hieronymus Cardanus[42]. Trotz »vorgeschützter christlicher Grundhaltung« läßt er hierin den Anhänger des Islam »am eindrucksvollsten« reden.
- In den Briefen, die neueste Literatur betreffend (1759/65) befaßte er sich auf ungefähr 60 Seiten mit Fragen der Theologie und Religion, anscheinend in »untadeligem orthodoxen Eifer«[43]; nur schade, so Hirsch, daß seine Argumente »der Geltung des christlichen Glaubens in den Augen eines aufgeklärten Lesers so sehr Abbruch tun müssen«.
- In seinem Aufsatz »Leibniz, Von den ewigen Strafen« (1773) räumte der Verfasser »unter der Maske eines Verteidigers der Orthodoxie wider neologische Kritik weit gründlicher auf ..., als es die Neologie tat«.
- In seiner *Rettung* mit dem Titel »Von Adam Neusern, einige authentische Nachrichten« (1774) beabsichtigte er sowohl die Neologen zu treffen als auch »blutdürstige verfolgungssüchtige Orthodoxie«.

Wolfgang Heise führte aus: »Es gehört zu seiner Ironie der Darstellung, das Tabu ebenso zu praktizieren, wie darzustellen und dadurch zu durchbrechen, aber auch: Wahrheit im Verschweigen zu sagen, im bloßen Andeuten, im Evozieren des Weiterzudenkenden.«[44]

Er verwies jedoch auch auf die »Unreife« im Inhalt einiger Aussagen Lessings sowie im Erfassen der »Sache« durch diesen, um implizite vor Vereinfachungen bei Aufnahme seiner Äußerungen zu warnen: »So sind Lessings einschränkende, zurücknehmende Aussagen ... selbst Ausdruck der Unreife des Inhalts, der Sache ihrer geschichtlichen Objektivität nach, wie ihres Erfassens durch Lessing; ebensosehr Tarnung, Zurückschrecken wie unvermeidliche Schranke in der Vorstellbarkeit von Praxis; Verdecken der Sache durch die Form, Ineinander von sokratischer Ironie, Andeuten, Zurücknehmen, Absichern – vor oben und vor sich selbst.«[45]

4. »... was ist unmöglicher als Überzeugung ohne vorhergegangene Prüfung?«

Lessings Denk- und Schreibstil und seine Kommunikationsstrategie entsprangen einer durchgebildeten schriftstellerischen Grundhaltung, die er ständig selber einnahm. Einzelne der Methoden, die dazu gehörten, konnten von allen Menschen des »denkenden Lebens« befolgt werden.

Unter den favorisierten Verfahrensweisen primär ist die Prüfung: »... was ist unmöglicher als Überzeugung ohne vorhergegangene Prüfung?« (7,17). Zu Beginn des »Anti-Goeze« Nr. 4 bespricht Lessing einen Einfall, nachdrücklich ankündigend: »... ich, ich will ihn prüfen.« (8,224). Zur Prüfung als Methode verpflichtete zuvor schon die Bibel: »prüfet aber alles, und das Gute behaltet« (1. Thess. 5,21; zu vergleichen wäre 1. Jo. 4,1).

Prüfung nimmt besonders die Gestalt der Autopsie an. Das Autopsie-Gebot, bekannte Lessing gelegentlich, befolge er selber: »Denn ich hatte es längst für meine Pflicht gehalten, mit eigenen Augen zu prüfen ...«(7,668 f.). Ähnlich jeder Ketzer auch. »Das Ding, was man Ketzer nennt, hat eine sehr gute Seite. Es ist ein Mensch, der mit seinen eigenen Augen *wenigstens* sehen *wollen*.« (7,72) Über die Vorreformatoren und Reformatoren formulierte er: »Man kennt diejenigen, die in diesen unwürdigen Zeiten zuerst wieder mit ihren eigenen Augen sehen wollten.« (3,687)

Aus dieser Bemerkung liest man wohl nicht mit Unrecht die Aversion gegen die scholastische Dogmatik heraus. Es gab solche Aversion bei Lessing, doch es gab eine Auslegungsmethode, die er noch der scholastischen unterordnete: »Nein; so tiefe Wunden hat die scholastische Dogmatik der Religion nie geschlagen, als die historische Exegetik ihr itzt täglich schlägt.« (8,41)

Zu den Postulaten der Prüfung und der Autopsie ist noch das des Selbstdenkens hinzuzufügen – sie allesamt gehen überhaupt ineinander über, und die damit gemeinten Methoden kommen so gut wie stets im Junktim vor. Sie bildeten die Hauptmethodik im Streit des Aufklärers gegen die Vorurteile. Jedoch setzt sich der so Kämpfende dem Verdachte der »Atheisterei« aus: »Hat man oft mehr gebraucht, ihn auf sich zu laden, als selbst zu denken und gebilligten Vorurteilen die Stirne zu bieten?« (7,9)

Wie die Prüfung entstammt ein anderes Verfahren – der Religionsvergleich – älterer Zeit. Er wurde angewandt im Mittelalter (z.B. von Abaelard) und in der Renaissance (in erzählender Form: im »Novellino«; Cardanus). Lessing benutzte ihn in der »Rettung des Hieronymus Cardanus« (1754), ließ ihn anklingen in der letzten seiner »Rettungen«: »Von Adam Neusern, einige authentische Nachrichten« (1774), und entfaltete ihn zuletzt im »Nathan« in Form eines umfänglichen Dramas.

Aufgrund des Religionsvergleichs ließ sich folgern, daß der islamischen Religion die »Gerechtigkeit widerfahren« solle, »die weit neurer Zeit freimütige und unverdächtige Gelehrte ihr erzeigen zu müssen geglaubt haben« (7,327). Und nicht zuletzt steht in Verbindung damit, daß Lessing sich von früh an das Postulat der Judenemanzipation zu eigen machte, so wie er schon 1753 in einer Rezension sich der Forderung anschloß, »das Elend der jüdischen Nation aufzuheben« (3,175).

Als eine weitere wichtige Methode Lessings kann die entmythologisierende gelten, die mehrere Formen annahm. Eine davon ist die Ersetzung eines Dualismus durch die Abstufung (Gradation). In seiner Untersuchung »Leibniz, Von den ewigen Strafen« (7,171 – 197) wandte er sich gegen eine Sicht, die eine Absolutsetzung von Himmel und Hölle verlangte, also gegen die übergangslose Kontrastierung zweier entgegengesetzter Jenseitsbereiche. Sollte man diese Stationen nicht vielmehr als Endpunkte vorstellen, die man »durch unendliche Stufen verbindet« (7,192)? So war statt des Kontrasts ein Ineinandergleiten vermutet. Indem er notierte, die Bibel habe »fast alle ihre Bilder von dem körperlichen Schmerze« hergenommen (7,190), deutete er an, daß es sich bei den Jenseitsstationen um Metaphern für Immaterielles (Seelisches) handele.

Noch eine entmythologisierende Methode bestand im Marginalisieren. Die Wunder werden zum Unwesentlichen erklärt, sie »waren das Gerüste, und nicht der Bau« (8,41), und übrigens lebe man im 18. Jahrhundert, »in welchem es keine Wunder mehr gibt« (8,10). Bereits in einer frühen Rezension äußerte er über die »Blutzeugen« im Urchristentum, »daß unzählige derselben dieses Namens unwürdig und ihre Geschichten so voller Aberglaubens und abgeschmackter Wunder sind«.[46] Und 1754: Das Blut der Märtyrer sei »ein sehr zweideutiges Ding« (7,20). 1760 stellte er Überlegungen über die »*Menge der Märtyrer*« an (7,299). Auch seien die Verfolgungen, die nicht so zahlreich waren, wie es übertreibende Berichte suggerierten, »fast nie allgemein« gewesen, nicht einmal unter Nero, schon gar nicht unter Domitian, und hätten »fast immer eine andere Ursache als die Religion« gehabt (7,294).

Schließlich konnte Entmythologisierung so wirken, daß im Laufe der Geschichte vorgenommene Vergöttlichungen annulliert und Vorgänge, die einstmals überhöht worden waren, als naturale auf die Erde zurückgeholt wurden. So etwa: Die Ausbreitung der christlichen Religion sei »durch ganz natürliche Mittel« erfolgt (7,301). Der junge Lessing erbat die Erlaubnis, Jesus »nur als einen von Gott erleuchteten Lehrer ansehen« zu dürfen (3,686). Auch entkleidete er die antiken Philosophen Platon und Aristoteles ihres Nimbus: »Jener war zum göttlichen, dieser zum untrüglichen geworden«, und beide durch die Funktion, die ihnen im Christentum zufiel, zu »Tyrannen« mutiert (3,684). Die Evangelisten mußten es sich gefallen lassen, vermenschlicht zu werden, wie es schon der Titel der Betrachtung zeigt (1777/78): »Neue Hypothese über die Evangelisten als bloß menschliche Geschichtschreiber betrachtet« (7,614 – 636).

Er schrieb: »Ich lobe mir, was über der Erde steht, und nicht, was unter der Erde verborgen liegt!« (8,40) Das könnte variiert werden: Er lobte sich, was auf der Erde stand, und nicht, was über der Erde im Himmel verklärt schwebte.

5. Feindbilder, Idealbilder und Selbstbild

In seinen theoretischen Schriften entwarf Lessing sowohl einige Feindbilder, darunter des Glaubensfanatismus, als auch kontrastierend die Konterfeis anderer, ihm zusagender Formen von Gläubigkeit und Weisheit. Nimmt man diese alle zusammen, dazu noch eine Reihe von Charakteren aus seinem dramatischen Werk (in erster Linie Nathan), erhält man eine brillante Typologie der vorhandenen Arten der Frömmigkeit. Wie nebenbei entstand zugleich damit das Selbstbild dieses merkwürdigen Liebhabers der Theologie.

Zunächst: das Feindbild.

Der Verwerfung verfielen nicht die Katholiken in ihrer Gesamtheit, auch nicht die Mehrzahl der Bestandteile des Katholizismus, nicht dieser oder jener Papst. Wohl aber das Papst*amt*, das er als überkonfessionell dachte oder auch als Verfallserscheinung innerhalb verschiedener Konfessionen, etwa in der Warnung davor, »daß unsere Lutherschen Pastores unsere Päbste werden«, sogar auch nur »Päbstchen« (8,162).

Lessings heftigste Aversion galt einer Hauptrichtung im zeitgenössischen Protestantismus, den ›Neologen‹, ferner den fanatischen Orthodoxen.
- Sie traf die Neologie, die in dem Brief vom 2. Februar 1774 an den Bruder Karl unter dem Bilde der »Mistjauche« erschien.[47]
- Sie traf die Orthodoxie insgesamt. Nur sie konnte gemeint sein, wenn Lessing in dem Brief vom 9. Januar 1771 an Mendelssohn schrieb, »andre ehrliche Leute« (als der Adressat) könnten »den Umsturz des abscheulichsten Gebäudes von Unsinn« nur in bestimmter Weise fördern (d. h. weniger frei).[48]
- Sie traf die »strengern Lutheraner«, nach deren »bis auf diesen Tag unerwiesenen Lehrsatze ... die Religion einzig und allein« in der Bibel enthalten sein soll (8,336).
- Getroffen wurde »der sogenannte Rechtgläubige«, von dem Lessing sagt, »daß niemand mehr Ungläubige gemacht hat« (8,38). Darunter fielen die Theologen mit der Einstellung: »Also: nur erst den Kopf ab; mit der Besserung wird es sich schon finden, so Gott will!« (7,263) Das ist der Typus Verfolger, den nach Lessings Auffassung der Hauptpastor Goeze verkörperte. Der hatte einst einen Lustspielschreiber angegriffen, und Lessing erinnert den Angreifer nun, ihn direkt anredend, mit einer paradoxen Wendung: »Als Sie, Herr Hauptpastor, den guten Schlosser wegen seiner Komödien so erbaulich verfolgten ...« Und mit einer Vorführung *in effigie*, wobei das Verbum »wiehern« natürlich eine Invektive einschließt: »Da steht er, mein unbarmherziger Ankläger, und wiehert Blut und Verdammung ...« (8,196).
- Der Verachtung verfiel besonders eine Gruppe von Zeitgenossen, die sich zwar Christen nennen, es jedoch niemals waren, »die bloß unter dem Namen der Christen ihr undenkendes Leben so hinträumen« (8,227).

Zweitens: diverse Frömmigkeitstypen.

Die Bezichtigung: »undenkendes Leben« impliziert, wie nicht zu verkennen ist, die Aufforderung, das gegenteilige Leben zu führen: ein denkendes. Das ist im besten Falle immer auch: das des *Selbst*denkers. Ein solcher war Reimarus, »ein selbstdenkender Kopf« (8,292).[49]

In einer Bemerkung Lessings über Historiographie scheint daneben das Ideal des Lesers auf: es ist »der freie, offene Leser ... der freie offene Kopf, der die Schranken der Menschheit und das Gewerbe des Geschichtschreibers ein wenig näher kennt« (8,35).

Ein weiterer von Lessing hoch geachteter Typus ist der des »ehrlichen Laien«. Das ist ein Ungelehrter, »der sich an dem Lehrbegriffe begnügt, den man längst für ihn aus der Bibel gezogen«, und der diesen den anderen Religionslehren überordnet, »weil er *fühlt*, daß ihn dieser christliche Lehrbegriff beruhiget« (8,154). Bereits als Einundzwanzigjähriger gab Lessing in seinen »Gedanken über die Herrnhuter« (1750) den Aufriß eines Typus, von dem er notierte: »ein so verwegener Freund der Laien«. Dies wäre ein Mann, der von den Verrichtungen »unserer Gelehrten« nichts hält, weder »in den Geschichten noch in den Sprachen erfahren« ist, und nicht in »die Schönheiten und Wunder der Natur« eindringt. »Er lehrte uns, die Stimme der Natur in unsern Herzen lebendig empfinden. Er lehrte uns, Gott nicht nur glauben, sondern, was das vornehmste ist, lieben.«[50] Er mache Anspruch »auf den Titel eines Weltweisen«, streite denselben denjenigen Leuten ab, die nur durch ein öffentliches Amt dazu gekommen seien, und risse »der falschen Weisheit die Larve« ab (3,689 f.). Abgesehen davon, daß Jesus niemals den Titel eines Weltweisen beanspruchte – auch Nathan beansprucht ihn in Lessings Schauspiel ausdrücklich nicht, sondern er wird ihm beigelegt –, ist nicht Jesu Erscheinung das Modell für den »verwegenen Freund der Laien« gewesen?

Ferner scheint Lessing den Typus des Philosophen geschätzt zu haben, der, obwohl kein Christ, von den Christen der ersten Jahrhunderte anerkannt und sogar als »Schiedsrichter ihrer theologischen Streitigkeiten« angerufen wurde. Dies war ein Mann, »der bloß bei dem Lichte der Natur sah und handelte, mit diesem Lichte sich völlig begnügen ließ, dieses Licht nur immer so rein und hell als möglich zu machen und zu erhalten suchte ...«. Allerdings setzte er ihm den Typus des einfachen »Bekenners« entgegen (8,351 f.).

Als höchster Typus bei Lessing könnte die »privilegierte Seele« gelten: »... so hat es doch zu allen Zeiten und in allen Ländern privilegierte Seelen gegeben, die aus eignen Kräften über die Sphäre ihrer Zeitverwandten hinausdachten, dem größern Lichte entgegen eilten und andern ihre Empfindungen davon zwar nicht mitteilen, aber doch erzählen konnten« (7,475; »mitteilen« = ›zuteil werden lassen, abgeben‹).

Mehrere dieser Frömmigkeitstypen lieferten später Züge zur Gestalt des Nathan hinzu.

Drittens: Das Selbstbild.

In Lessings Schriften, Briefen und Äußerungen im Gespräch gibt es viele Züge, die dazu dienen könnten, ein komplexes Porträt dieses Autors zu entwerfen. Die Forschung verfügt damit über eine Fülle von Einzelheiten. Aber während sich das Feindbild Lessings in aller Klarheit nachzeichnen und sich eine Skala der von ihm geschätzten Frömmigkeitstypen aufweisen läßt, stößt man auf Hindernisse, wenn man danach fragt, wie sich verschiedene seiner Aussagen zu einem einigermaßen zusammenhängenden Selbstbild vereinigen lassen. Es ergeben sich manche Widersprüchlichkeiten, die es zweifelhaft machen, wo ›der wahre Lessing‹ denn zu finden sei.

Eine Frage lautet: Wie verhält sich die Sicht, wonach er am Beginn des Neuprotestantismus oder in dessen Frühphase stand, zu einigen seiner eigenen Aussagen, die das Gegenteil enthalten oder zu enthalten scheinen?

Er unterrichtet sein Publikum, er ist »kein Theolog«, ist nur ein »Liebhaber der Theologie«; er räumt ein: »Auch ich bin nicht im Tempel, sondern nur am Tempel beschäftigt.« (7,671) Damit gestand er eine gewisse Ferne vom Allerheiligsten, dem Sanktuarium der Theologie ein. Und doch rechnete er sich ein Hauptverdienst um die Theologie zu, aber merkwürdig: Gerade nicht um eine ihrer neuen Ausgestaltungen, gar um eine als ideal gedachte, sondern – um die Orthodoxie? Er notierte: »Wohl aber habe ich mehr als eine Kleinigkeit geschrieben, in welchen ich nicht allein die Christliche Religion überhaupt nach ihren Lehren und Lehrern in dem besten Lichte gezeigt, sondern auch die Christlichlutherische orthodoxe Religion insbesondere gegen Katholiken, Socinianer und Neulinge verteidiget habe.« (8,245) Das ist wahrscheinlich doch keine nur taktisch gemeinte Aussage, zumindest nicht eine *nur* taktisch gemeinte?

Er konnte ohne weiteres auch eine Überzeugung der Katholiken für seine eigene Argumentation in Anspruch nehmen, wenn er anmerkte: »indem bei ihnen das Ansehen der Bibel dem Ansehen der Kirche schlechterdings untergeordnet ist« (8,336).

In seiner Jugend verfaßte Lessing eine größere Anzahl von Kritiken theologischer und religiöser Schriften seiner Ära. Darunter war 1754 ein anonym erschienenes kurzes »Lehrgedicht: Über die falschen Begriffe von der Gottheit«. Er zitierte daraus, und was er zitierte, sind Verse, in denen der Anonymus ein recht präzises Abbild des Neuprotestantismus entwarf:

»In Gott ist lauter Huld! So froh schließt von der Welt
Der Weise, der sich Gott im Weltbau vorgestellt.
Die Wahrheit läßt er sich nicht von dem Aberglauben,
Von keiner Leidenschaft, auch nicht vom Priester rauben.
Er glaubt was er erforscht, und er erforscht entzückt,
Das, was ein Herz gefühlt: wie Gott die Welt beglückt.
Er geht mit Lust den Pfad, der ihn zum Denken führet.
Der ihm den Schöpfer zeigt und zeigt, wie er regieret etc.« (3,198)

Man könnte meinen, hier habe der Anonymus die Grundprinzipien des »denkenden Lebens« in einer Weise dargelegt, die einem Lessing – da er selber dem »undenkenden« abgeneigt war – vollkommen hätten zusagen müssen. Und doch, die Verse sagten ihm nicht vollkommen zu, so dass er sich von ihnen distanzierte. Was er bemängelte, war ihre zu große Entfernung – von der Orthodoxie: »So richtig nun dieses und auch das übrige ist, wenn es gehörig verstanden wird, so wenig wollen wir dem Verfasser zutrauen, daß er ganz und gar keine Begriffe von Strafe und Gerechtigkeit bei Gott selbst wolle Statt finden lassen.« (Ebd.) Wem aber diese in der Gedankenwelt des Dichters zu fehlen scheinen, der mahnt nicht nur die Lohn/Strafe-Ethik an, sondern besteht auch auf der Realität der Jenseitsbereiche, des Himmels und der Hölle, ohne welche kein Lohn zugeteilt und keine Strafe verhängt werden kann.

Es ist sicher, daß Lessing, insbesondere der theologische und theologiekritische Lessing, mit Äußerungen wie diesen seiner Leserschaft bis heute nicht geringe Rätsel aufgibt – und wir wissen, er gab sie bereits den Zeitgenossen auf, sogar einigen von denen, die ihm am nächsten standen –.

- Sein Selbstbild, von Zwiespältigkeiten geprägt, verschwimmend, diffus?
- Und seine Schriftstellerei, ebenso zwiespältig, von Unklarheiten durchsetzt?
- Er selber und seine schriftstellerische Hinterlassenschaft, schwankend zwischen Neuprotestantismus und – doch wieder – der Orthodoxie?

Wie kann, wie soll sich eine Leserschaft zu einem solchen Autor und zu einem solchen Werk stellen?

Anmerkungen

1   Zur Geschichte der Religion und Philosophie in Deutschland (1834), in: Werke und Briefe, hg. von Hans Kaufmann. Berlin 1961 – 1964, 6, S. 250 u. 254. – Dazu vgl.: Wolfgang Beutin, Die Literaturgeschichte ist die große Morgue, wo jeder seine Toten aufsucht, die er liebt oder womit er verwandt ist. – Heinrich Heine als Historiker der Literatur, in: ders. (u. a. Hgg.), Die Emanzipation des Volkes war die große Aufgabe unseres Lebens. Beiträge zur Heinrich-Heine-Forschung anläßlich seines zweihundertsten Geburtstags 1997. Hamburg 2000, S. 115.
2   Geschichte der neuern evangelischen Theologie im Zusammenhang mit den allgemeinen Bewegungen des europäischen Denkens, Bd. 4, 5. Aufl. Gütersloh 1975, S. 120.
3   Gotthold Ephraim Lessing, Werke, hg. von Herbert G. Göpfert. Darmstadt 1996. – Künftig im Text zitiert: Bandangabe, Seitenzahl.
4   Emanuel Hirsch (wie Anm. 2), ebd. – Gemeint ist Lessings Eingreifen seit der Veröffentlichung der »Fragmente eines Ungenannten«. Hirsch rühmte: »Was er in diesem Jahrsiebent des Fragmentenstreits geschrieben hat, ist, abgesehen von Kants Lebenswerk, dasjenige Stück deutscher Aufklärung, das über das achtzehnte Jahrhundert hinaus lebendig geblieben ist ...«, S. 121.
5   Trutz Rendtorff, Theologie in der Moderne. Über Religion im Prozeß der Aufklärung (= Troeltsch-Studien, Bd. 5). Gütersloh 1991, S. 220. – Die moderne Philosophie, Soziologie und Psychologie begännen sämtlich mit einer Kritik der Religion, und zentrale Schriften dieser Disziplinen seien Beiträge zur Kritik der Religion (so von Kant, Marx, Freud).
6   Wilhelm Dilthey, Das Erlebnis und die Dichtung. Lessing – Goethe – Novalis – Hölderlin. Leipzig 1988, S. 25. – Zu diesem Thema vgl. auch: Troeltsch, Renaissance und Reformation, in: Kritische Gesamtausgabe, Bd. 8: Schriften zur Bedeutung des Protestantismus für die moderne Welt (1906 – 1913). Berlin etc. 2001, S. 323 – 373 (worin der Verfasser die Formel prägte: die Reformation = »religiöse Renaissance«, S. 331).
7   (Wie Anm. 5), S. 104.
8   (Wie Anm. 6), S. 75.
9   (Wie Anm. 6), S. 128. – Die Lehre vom »inneren Licht« war bereits in der mittelalterlichen Mystik zentral.
10 In: Die Bedeutung des Protestantismus für die Entstehung der modernen Welt, in: (wie Anm. 6), S. 183 – 316; hier: S. 310.
11 München 1917; darin über Lessing: S. 208 – 216.
12 Der Protestantismus im Wandel der neueren Zeit. Texte und Charakteristiken zur deutschen Geistes- und Frömmigkeitsgeschichte seit dem 18. Jahrhundert bis zur Gegenwart. Stuttgart 1941, S. 16 ff.
13 (Untertitel des 1. Bandes:) Der Protestantismus als geschichtliches Problem. Bern etc. 1955, S. 414 – 423. (Bd. 2 mit dem Untertitel: Systematische Darstellung. Bern etc. 1962.)
14 Luther und der Neuprotestantismus, Witten 1963, § 2, S.17 – 23.
15 Die Bedeutung des Protestantismus für die Entstehung der modernen Welt, in: (wie Anm. 10), S. 247; und: Luther und die moderne Welt, in: (wie Anm. 6), S. 53 – 97, hier: S. 70 u. 73 – 77.
16 Hieran zeigte sich die *langfristige* Wirkung einer an sich kurzen Revolution (nur etwa zwölf Jahre dauernd). – In der neueren Geschichtswissenschaft unterscheidet man die kurzen oder »punktuellen« Revolutionen (die englische, die amerikanische von 1776, die französischen von 1789, 1830 und 1848, die europäischen von 1848/49 usw.) von den umfassenden, die sich gelegentlich über Jahrhunderte erstrecken können: sozialökonomische Umwälzungen (von der Antike zum Mittelal-

ter, vom Feudalismus zum Kapitalismus) und Revolutionen des Geistes (u. a.: die Reformation von 1517 – 1648; die Aufklärung von der Mitte des 17. bis zum Ende des 18. Jahrhunderts).

17 Gleich Troeltsch bekannte sich ein zweiter repräsentativer Theologe der Ära, Adolf von Harnack (1851 – 1930), zum Neuprotestantismus. Er argumentierte mit der Dogmengeschichte. Sie erweise, daß das Zeitalter des »dogmatischen Christentums« vorüber sei. Im Gegensatz zu Troeltsch urteilte er aber, nicht erst die Aufklärung habe es beendet, sondern schon der Reformator Luther selber. Kein anderer als er habe die Neuzeit eröffnet, indem er eine veränderte Stellung zum Dogma schuf – das alte Dogma in den Dienst seiner neuen Heilsauffassung stellend. Indes sei ihm dies nicht vollkommen gelungen, woraus sich das »Doppelantlitz des alten Protestantismus« erkläre. Entsprechend bestimmte Harnack als die aktuelle Aufgabe des Neuprotestantismus: die »Reduktion« der christlichen Religion auf das Evangelium Jesu (Vgl. die Ausführungen über Harnack bei Walther von Loewenich, Luther und der Neuprotestantismus, [wie Anm. 14], S. 126 – 129.)

18 Menschen der Gegenwart werden sich ein eigenes Bild davon machen, ob Troeltsch mit seiner Diagnose vor einem Jahrhundert völlig in die Irre ging oder ob er die Tendenzen, von denen die Zukunft bestimmt sein würde, klarsichtig erfaßte. Bemerkenswert: Diese Sätze stehen im Schlußpassus der berühmten Abhandlung! – Was angesichts der Verfallstendenzen immerhin bleibe, tröstete Troeltsch, sei vor allem wiederum »die religiöse Metaphysik der Freiheit und der persönlichen Glaubensüberzeugung, die die Freiheit aufbaut auf das, was keine allzu menschliche Menschlichkeit verderben kann, auf den Glauben an Gott als die Kraft, von der uns Freiheit und Persönlichkeit zukommt: der Protestantismus.« (S. 315) – Es mehren sich am Beginn des 21. Jahrhunderts die Stimmen, die sagen, es drohe den Menschen der Unter- und Mittelschichten zu dieser Zeit eine neue (quasi mittelalterliche) Leibeigenschaft durch die Übermacht der internationalen und nationalen Konzerne, bei außerordentlicher Schwächung staatlicher Macht. Gleichzeitig mit Troeltsch hatte vor einem Jahrhundert bereits Karl Kraus dieselbe Gefahr erkannt und für sie die Formel geprägt: Was vor sich gehe, sei die Überordnung des »Lebensmittels« über den »Lebenszweck«, d.h.: der Ökonomie über die Kultur, des (toten) Kapitals über das menschliche Leben. – Was dagegen helfen könnte? – Jedenfalls nicht allein die Rückbesinnung auf jene religiöse Metaphysik. Hinzukommen müßte die Bildung großer, vernunftgeleiteter Interessengemeinschaften von Menschen, die in Abwehr bedrohlicher Anschläge auf die Autonomie der Menschen die Freiheit politisch sichern. Dies wird nicht geschehen können, ohne auch den Einfluß der sog. ›Massenmedien‹ prinzipiell zu reduzieren, die ihrerseits die Abhängigkeit der Individuen vergrößern, anstatt – wozu sie bei anderer personaler Ausstattung, mit anderen Formen der Vermittlung sowie mit veränderten Inhalten vermutlich sehr wohl in der Lage wären – die Unabhängigkeit der Individuen.

19 (Wie Anm. 6), S. 24.

20 Entsprechend schrieb Erich Schmidt: »Sein letztes Wort hat Lessing nicht gesagt, und er konnte kein endgültiges letztes Wort sprechen, weil seine Weltanschauung unabgeschlossen im Fluß und Guß war.« (Lessing. Geschichte seines Lebens und seiner Schriften 2. Bd. 3. Aufl. Berlin 1909, S. 528) – Einige Forscher meinen deshalb, daß der Zusammenhang von Lessings Denken nicht hergestellt werden könnte: »Die jeweiligen Aussagen in Lessings Schriften und Briefen weisen so starke Divergenzen auf, daß die Harmonisierungsversuche ... als gescheitert betrachtet werden müssen.« Seine Äußerungen seien die »des nie fertigen, sensiblen Dialektikers«. (J. Schneider, Lessings Stellung zur Theologie vor der Herausgabe der Wolfenbütteler Fragmente, 's-Gravenhage o. J., S. 227).

21 (Wie Anm. 2), S. 123. – Mit der Dreieinigkeitslehre habe er gelegentlich ein »als Arabeske« gedachtes »Spiel« getrieben (ebd., S. 132).

22 Wolfgang Heise konstatierte ganz schlicht: »Lessing ist der verschlossenste unserer klassischen Dichter.« In: Philosophische Probleme in »Ernst und Falk«, in: Hans-Georg Werner, Hg., Lessing-Konferenz Halle 1979. 2 Teile. Halle/Saale 1980 (= Martin-Luther-Universität Halle-Wittenberg – Wissenschaftliche Beiträge 1980 / 3, F 21), S. 78.

23 Der Werdegang des Protestantismus in vier Jahrhunderten. München 1917, S. 210 u. 213.

24 (Wie Anm. 20), S. 236.

25 (Wie Anm. 2), S. 127.

26 (Wie Anm. 22), S. 85.

27 Lessing-Studien. Bern 1862, S. 63. – Er dachte sich den Gang der geistigen Entwicklung Lessings in fünf Stufen: kindliche Rechtgläubigkeit / Zweifel, mit Betonung des »Praktischen« im Chri-

stentum / ein Ansatz zur spekulativen Dogmatik / bloße Vernunft-Theologie / Anerkennung der positiven Religion »als der geschichtlichen Entwicklung der vernünftigen« (ebd., S. 62 f.). – »Metempsychose«: ›Seelenwanderung‹ (etwa statt »Metamorphose«?).

28 Z.B. meinte Dilthey (wie Anm. 6, S. 100), Lessing habe im Spätwerk den Gedanken von der Mittlerschaft Christi, deren die Menschheit für alle Zeiten bedürftig sei, ganz aufgegeben.
29 (Wie Anm. 20), S. 281.
30 Heise (wie Anm. 22), S. 78. – Vgl. schon Dilthey (wie Anm. 6, S. 128): »Die Selbständigkeit des mündigen Menschen bildete Lessings Lebensideal ...«.
31 (Wie Anm. 20), S. 227.
32 (Wie Anm. 6), S. 80 u. 99.
33 Lessings »Grundüberzeugung« ist »die Unendlichkeit des Erkenntnisprozesses« (Heise, wie Anm. 22, S. 78). – Wo andere Autoren der (flacheren) Aufklärung in Kategorien der Statik dachten, so daß sie, wo sie irritierende Behauptungen vorfanden, dagegen ihre Behauptungen setzten, Behauptungen gegen Behauptungen, erkannte Lessing dynamische Entwicklung. Eine Entwicklung, in der den historischen Erscheinungen – z.B. den Wundern, übernatürlichen oder als übernatürlich angenommenen Vorgängen, der Offenbarung, der Dogmatik usw. – eine temporäre, jedoch keineswegs perennierende Funktion zufiel. Und diese Entwicklung war in eins eine *säkulare* und eine *heilsgeschichtliche*. So unterließ es Lessing in späterer Zeit, den Glauben an die Wunder zu attackieren: »Es findet keine Polemik mehr dagegen statt, selbst der Wunderglaube ... wird als in der Entwicklung des sittlich-religiösen Bewußtseins notwendig verstanden. An die Stelle der Polemik tritt eben die geschichtliche Einordnung. Auf der *andern* Seite aber wird das ganze so menschlich gewordne (!) Geschehen als menschlichem Belieben und Planen schlechthin entzognes (!) höheres göttliches Planen und Zielen verstanden. ... Hier haben sich eine strenge irdisch-natürliche und eine religiöse Geschichtsbetrachtung vollständig durchdrungen.« (Hirsch, wie Anm. 2, S. 136.)
34 (Wie Anm. 20), S. 457. – Diese bestand u.a. darin: »In der Sprache der Christgläubigkeit Gedanken entwickeln, die aus Leibnizischer in halbspinozistische Sphäre hineinragen, Aufklärung fördern mit Hilfe des bisher ganz anders gebrauchten Rüstzeuges der Rückständigkeit, Wunder und Offenbarung behaupten mit Worten, die ihre Möglichkeit ausschließen ...« (ebd.) – Der Ausdruck »Taktik«: »Die Zeit gebot eine gewisse Taktik ...« (ebd, S 447) Man dürfe indes nicht alle Raffinessen Lessings billigen, sie »unbedenklich für das moderne philosophische Bewusstsein« finden (ebd., S. 454).
35 Dilthey (wie Anm. 6), S. 80; Erich Schmidt (wie Anm. 20), S. 213, 278 u. 454.
36 Erich Schmidt (wie Anm. 20), S. 213.
37 Ebd.
38 Ebd., S. 455. – Eine Vorform der Verfahrensweise von Ludwig Feuerbach, der getreu seiner methodologischen Grundüberzeugung: »Theologie ist die Anthropologie« in den Dogmen der Theologie Menschliches – Gedanken, Impulse, Emotionen, Vorstellungen und Wünsche – aufsuchte.
39 Ebd., S. 216.
40 (Wie Anm. 2), S. 122.
41 Ebd., S. 125 u. 139 – 143.
42 7,9 – 32 – es war die erste der »Rettungen«.
43 Vgl. z.B. Lessings Aussage: »Die Orthodoxie ist ein Gespötte worden; man begnügt sich mit einer lieblichen Quintessenz, die man aus dem Christentume gezogen hat, und weicht allem Verdachte der Freidenkerei aus, wenn man von der Religion überhaupt nur fein enthusiastisch zu schwatzen weiß.« (5,165)
44 (Wie Anm. 22), S. 76. – Heise zitierte aus dem Brief Lessings an Moses Mendelssohn vom 9. Januar 1771, worin Lessing schrieb: »... andre ehrliche Leute, die den Umsturz des abscheulichsten Gebäudes von Unsinn nicht anders, als unter dem Vorwande, es neu zu unterbauen, befördern können ...« (Vgl. dazu: Lessings Briefe, in Auswahl hg. von Julius Petersen. Leipzig 1911, S. 132.). Heise kommentierte: »Dem bekämpften Unsinn – in diesem Falle der Kirche samt Theologie, Offenbarungsglauben etc., samt ihren Funktionen – und das, wofür sie steht – eine neue Grundlage geben zu wollen, ist innerhalb loyaler Anerkennung äußerste Entfernung: wird doch die geltende Grundlage für überholt – und damit das, was sie begründete, für unbegründet erklärt. Und doch ist diese formale Loyalität das formale Gegenteil des Umsturzverhaltens.« (Ebd., S. 77)
45 Ebd., S. 84.

46 Lessings sämtliche Werke in zwanzig Bänden, hg. von Hugo Göring. Stuttgart 1885, 17,45.
47 Lessings Briefe, hg. von Julius Petersen. Leipzig 1911, S. 198.
48 Ebd., S. 132.
49 Denen es »nun einmal gegeben« sei, »daß sie das ganze Gefilde der Gelehrsamkeit übersehen und jeden Pfad desselben zu finden wissen, sobald es der Mühe verlohnet, ihn zu betreten« (ebd.).
50 Schon an dieser (sehr frühen) Stelle scheint es doch, als setze der Autor gleich: Natur = Gott. In der Forschung (Christoph Schrempf, Erich Schmidt, Thomas Höhle) ist als Beleg für diese Gleichung der § 84 der »Erziehung des Menschengeschlechts« herangezogen worden. Nimmt man die frühe Stelle hinzu, steht der § 84 doch nicht isoliert im Werk bzw. in der Gedankenwelt Lessings. Darf man die zitierte Stelle so deuten, wie hier vorgeschlagen, läge eine weitere Kontinuität vor, die das Früh- mit dem Spätwerk verbindet!

Lessing und der Neuprotestantismus.
Definitionen, Zitate, Erläuterungen

Heidi Beutin / Wolfgang Beutin

I. Neuprotestantismus

Johann Hinrich *Claussen*, Die Jesus-Deutung von Ernst Troeltsch im Kontext der liberalen Theologie. Tübingen 1997, S. 11

»›Neuprotestantismus‹ *weist auf eine epochale Gestalt der Christentumsgeschichte hin, die mit Beginn der Aufklärung und den ihr folgenden geistes-, mentalitäts- und sozialgeschichtlichen Umwälzungen entsteht.*«

Liberale Theologie

»... *bezeichnet die spezifische, keineswegs auf den akademischen Bereich beschränkte Reflexionskultur dieser neuen Gestalt von Christentum.*«

Kulturprotestantismus

»... *ist der Oberbegriff für die vielfältigen Versuche, diesen neuzeitlichen Frömmigkeitstypus in ein konstruktives Verhältnis zu der ihn umgebenden modernen Gesellschaft und Kultur zu setzen.*«

Theologischer Historismus

»... *schließlich gibt den Titel für den theologischen Versuch, wesentliche Gehalte des Christentums im Rahmen des historischen Bewußtseins neu zu begründen.*«

Ders., ebd., S. 11 f.:

»*Alle diese Begriffe bezeichnen einen Neueinsatz in der Christentumsgeschichte, eine Epochenwende, die aber zugleich von einem starken Kontinuitätsbewußtsein bestimmt war, von der Ansicht nämlich, genuin reformatorische Anliegen zu verwirklichen.*«

Karl *Sapper*, Der Werdegang des Protestantismus in vier Jahrhunderten. München 1917 (Kapitel: Entstehung und Wesen des Neuprotestantismus, S. 108-132)

»*Wir bezeichnen nun die Gestalt, die der Protestantismus unter dem Einfluß des neuzeitlichen Geistes in den letzten zweieinhalb Jahrhunderten gewann, als* ›Neuprotestantismus‹.« (S. 109)

(Der Neu- unterscheidet sich vom Altprotestantismus sowohl theoretisch als auch praktisch:)
1. Theoretisch: »*... die Anwendung der neuzeitlichen Forschungsmethoden auf die objektiven Größen der christlichen Religion, d.h. also die geschichtlich=kritische Untersuchung der Entstehung und des Inhalts der biblischen Bücher und die streng wissenschaftliche Erforschung der Geschichte der christlichen (und jüdischen) Religion.*« (S. 120)

(Altprotestantisch) »*War jedes Wort der Bibel vom heiligen Geist diktiert, ›inspiriert‹, also unfehlbare göttliche Wahrheit, so war eine unbefangene Prüfung ihres Inhalts offenbar nicht möglich.*« (S. 120)

»*Nachdem man im Neuprotestantismus einmal zu der Erkenntnis fortgeschritten war, daß Göttliches und Menschlich=Geschichtliches, Kern und Schale in der Bibel nebeneinander vorhanden sind, gewann naturgemäß das vernünftige Denken ebenso wie die persönliche religiöse Erfahrung gegenüber dem Schriftwort eine viel größere Bedeutung, als dies im Altprotestantismus jemals möglich gewesen war. Die Aufgabe des Theologen bei der Feststellung der christlichen Lehre und Erkenntnis war und ist jetzt die, einerseits das* subjektive Moment, d. h. die persönliche Überzeugung und die innere Erfahrung, andererseits das objektive Moment, die biblisch=kirchlichen Grundlagen des Christentums, in das richtige Verhältnis zu setzen *und bei der Lehrbildung zu ihrem vollen Recht kommen zu lassen.*« (S. 122)

»*... eine neue Beurteilung der außerchristlichen bzw. außerbiblischen Religionen und eine neue Auffassung von der Stellung der christlichen Religion zur allgemeinen Religions= und Geistesgeschichte der Menschheit ...*« (S. 122 f.)

2. Praktisch: (durch Änderungen gegenüber dem Altprotestantismus:) (Festzustellen sei,) »*... daß auch der Charakter der* neuprotestantischen Frömmigkeit und Moral, *sodann* die Stellung der evangelischen Konfessionen zum Staat und ihr Verhältnis zu Andersgläubigen *wesentlich anders geworden sind als im Altprotestantismus.*« (S. 125)

II. Deismus, »natürliche« Religion, Offenbarung, Neologie

Wichtigster Urheber des Deismus: Herbert von Cherbury (gest. 1648).
»*Ihm gilt die Vernunft als die Erkenntnisquelle der religiösen und sittlichen Wahrheiten. Das Kennzeichen dieser Wahrheiten ist die allgemeine Zustimmung, die sie überall finden. Eben deshalb müssen sie nach Cherburys Meinung allen Menschen angeboren sein.*

Als solche Wahrheiten bzw. Forderungen gelten ihm: das Dasein eines höchsten Wesens; die Pflicht, dieses höchste Wesen zu verehren; die Tugend und die Frömmigkeit als die Hauptbestandteile dieser Verehrung, die Reue über die Unterlassung dieser Verehrung und endlich die aus der Güte und Gerechtigkeit Gottes folgende Belohnung und Bestrafung im Diesseits und Jenseits. Diese Wahrheiten bilden den Inhalt der sogenannten ›natürlichen‹ Religion.« (Sapper, s.o., S. 145)

(John Locke nahm an:) »*... aber die Vernunft ist das Organ, mit Hilfe dessen der Mensch aus der Erfahrung auch die religiösen Wahrheiten wie z.B. das Dasein Gottes zu erkennen vermag.*«

(Sapper:) »*Natürlich erhebt sich dann sofort die Frage, wie sich denn nun die geoffenbarten Wahrheiten der Bibel und des Christentums zu jenen Vernunftwahrheiten verhalten, ob sie mit jenen übereinstimmen und ob alle geoffenbarten Wahrheiten auch durch die Vernunft erkennbar sind.*

Der ältere Deismus glaubt an die Übereinstimmung der natürlichen und der geoffenbarten Wahrheiten.« (S. 146)
Im *»weiteren Verlauf der Entwicklung«* wird *»die Offenbarung immer mehr zurückgedrängt«* (S. 147)

Emanuel *Hirsch*, Geschichte der neuern evangelischen Theologie im Zusammenhang mit den allgemeinen Bewegungen des europäischen Denkens, Bd. 4, 5. Aufl. Gütersloh 1975

Neologie (neue Phase des Neuprotestantismus; etwa 1740/1786):

Grundlage sei wesentlich das Bewußtsein, in einer noch unabgeschlossenen Entwicklung zu stehen, *»welche die künftigen Geschlechter über die eigenen Einsichten und Formulierungen hinaus zu Besserem, Vollkommnerem führen wird«* (S. 9).
Das *»Haupt der praktisch-kirchlich gerichteten Neologie«* war Johann Joachim *Spalding* (1714 - 1804), Werk: *Gedanken über die Bestimmung des Menschen* (1748). Unterscheidung von Grundlegendem und Abgeleitetem als Werkzeug einer tiefgreifenden Vereinfachung des Christentums. Hirsch: *»An die Stelle der Glaubensartikel treten leitende Ideen. Damit ist der Weg zum* Neuprotestantismus *beschritten.«* (S. 25)
Problem aller Neologie: das evangelische Christentum zu befreien aus der Verstrickung in die augustinische Lehre von der Erbsünde sowie der darauf gebauten Lehre von der wunderhaften prädestinatianischen Gnadeneingießung. (S. 29)
Ein Repräsentant der Neologie in Braunschweig war Johann Friedrich Wilhelm Jerusalem (1709 - 1789). Dessen Sohn: Karl Wilhelm Jerusalem (der dann das Urbild von Goethes Werther abgab), verfaßte philosophische Abhandlungen. Sie edierte Lessing (1776) mit sehr wichtiger Kommentierung, darin u.a. sein Bekenntnis zum **Determinismus.**

Johann Salomo *Semler* (1725 - 1791) löste die Vorstellung von der Bibel als dem inspirierten Gottesbuch auf und sah als erster deutscher Theologe die Bibel mit den Augen des Religionshistorikers und kritischen Geschichtsforschers. An die Stelle der einheitlichen prophetischen und apostolischen Lehre trat der vielstimmige Chor der zahlreichen individuellen biblischen Schriftsteller (S. 58 - 61). Hauptwerk: *»Abhandlung von freier Untersuchung des Canon«* (1771/75).

III. Lessing, die Neologie, Natürliche oder Vernunftreligion versus Offenbarungsreligion

Wilhelm *Dilthey* (1833 - 1911), Das Erlebnis und die Dichtung. Lessing – Goethe – Novalis – Hölderlin. Leipzig 1988

Lessing und Semler:

S. 90 f.: *»Was war das Resultat Semlers? Die Lehre von dem Kanon als einer Einheit, als einem Ganzen mit jenem System ihrer Affektionen d.h. ihrer göttlichen Eigenschaften ist ein*

Niederschlag aus den langjährigen Streitigkeiten des Protestantismus mit der katholischen Kirche. Die nähere Untersuchung zeigt vielmehr, daß diese Schriften des Kanons lauter einzelne Mittel waren, bei den beschränkten christlichen Gemeinden einen damaligen Endzweck zu erreichen. Daraus ergibt sich, als Konsequenz für die geschichtliche Theologie, die Aufgabe einer literarhistorischen Untersuchung dieser Schriften, ihres Ursprunges, ihrer schriftstellerischen Absicht. ... So war, als Lessing auftrat, bereits die Axt an die Wurzel gelegt von einer mächtigen Hand. Auch Strauß würdigt dies tatsächliche Verhältnis nicht. Jene unsterblichen Axiome Lessings ruhen ganz auf dem Fundament der Untersuchungen Semlers; es ist sehr irrtümlich, lauter damals neue Wahrheit in ihnen zu finden; diese Wahrheiten bilden vielmehr den Punkt, von welchem Lessing weiterging. Ich stelle die Axiome zusammen, welche nur Resultate von Semler sind: ›die Bibel enthält offenbar mehr als zur Religion gehört. Es ist bloße Hypothese, daß die Bibel in diesem Mehreren gleich unfehlbar sei. Der Buchstabe ist nicht der Geist, und die Bibel ist nicht die Religion. Auch war die Religion, ehe eine Bibel war. Das Christentum war, ehe Evangelisten und Apostel geschrieben hatten. Es verlief eine geraume Zeit, ehe der erste von ihnen schrieb und eine sehr beträchtliche, ehe der ganze Kanon zustande kam.‹ *Die einfachen Folgerungen aus diesen Sätzen, sowie die erkenntnis-theoretische Einsicht in die Natur von Geschichtswahrheiten gehören Lessing, und zwar diese in den Axiomen allein.«*

Erich *Schmidt*, Lessing. Geschichte seines Lebens und seiner Schriften, 2. Bd., 3. Aufl. Berlin 1909, S. 231 f.

Semlers Erkenntnisse:

»Religion und Theologie sind zweierlei; die Dogmen sind allgemach am Baum der Kirche gereift und zur Privatreligion, der Frömmigkeit des Individuums, nicht wesentlich; das Christentum zeigt unverkennbar die Stufen seiner Entwicklung; die apostolischen Urkunden sind menschliche Werke mit persönlichen, landschaftlichen, temporären Eigentümlichkeiten; die Religion Christi wurde mündlich gelehrt, später unter dem Einfluß verschiedener Strömungen, messianisch=jüdischer, allegorisch=essenischer, griechischer, gnostischer, niedergeschrieben; die Bibel enthält vieles, was keinen Stempel der Göttlichkeit trägt; sie regt eine Menge Fragen reinhistorischer, dem Gebiete des Glaubens fremder Art an; die Wunder haben ihre Beweiskraft eingebüßt; der Kanon ist ein für uns unverbindlicher Abschluß jahrhundertelanger Bemühungen in der Kirche; die freie Forschung, nicht die ›eiserne Reihe‹ *eines theologischen Systems verbürgt das Heil des Protestantismus.«*

Lessing, »Über die Entstehung der geoffenbarten Religion« (1755/60) (7,282 f.)

Hierin verwendete Lessing diese Antithesen:
Natürliche Religion vs. positive Religion – Vernunftreligion vs. geoffenbarte Religion – individuelle Religion vs. öffentliche Religion.
»... der vollständigste Inbegriff aller natürlichen Religion« ist: *»Einen Gott erkennen, sich die würdigsten Begriffe von ihm zu machen suchen, auf diese würdigsten Begriffe bei*

allen unsern Handlungen und Gedanken Rücksicht nehmen ...« (d.h.: Gott erkennen, ihn ehren, das Sittengesetz achten)

»Zu dieser natürlichen Religion ist ein jeder Mensch, nach dem Maße seiner Kräfte, aufgelegt und verbunden.« (Das ist unproblematisch:) *»in dem Stande der natürlichen Freiheit des Menschen«*; (hingegen problematisch:) *»in dem Stande seiner bürgerlichen Verbindung mit andern«*, weshalb? *»... dieses Maß«* (*»seiner Kräfte«* ist) *»bei jedem Menschen verschieden«*, (so daß) *»auch eines jeden Menschen natürliche Religion verschieden sein würde«*.

Gemeinschaftliche = positive Religion

Dem hat *»man ... vorbauen zu müssen geglaubt«*. *»... so bald man auch die Religion gemeinschaftlich zu machen, für gut erkannte; mußte man sich über gewisse Dinge und Begriffe vereinigen, und diesen conventionellen Dingen und Begriffen eben die Wichtigkeit und Notwendigkeit* beilegen, *welche die natürlich erkannten Religions-Wahrheiten* durch sich selber hatten.« *»... man mußte aus der Religion der Natur, welche einer allgemeinen gleichartigen Ausübung unter Menschen nicht fähig war, eine positive Religion bauen ...«*

(Lessing fügt die Parallele hinzu: *»so wie man aus dem Rechte der Natur aus der nämlichen Ursache ein positives Recht gebaut hatte«*.)

(Beachten: Das Adjektiv »positiv« ist hier nicht Gegensatzbegriff etwa zu »negativ«, sondern zeigt in seiner Bedeutung noch enge Anlehnung an die des lat. Verbs »ponere« = ›setzen‹; »positiv« daher = ›was man der natürlichen Religion bzw. dem Naturrecht hinzugesetzt hat‹ bzw. ›mit Zusätzen versehen‹!)

»Diese positive Religion erhielt ihre Sanktion durch das Ansehen ihres Stifters, welcher vorgab, daß das Conventionelle derselben eben so gewiß von Gott komme, nur mittelbar durch ihn, als das Wesentliche derselben unmittelbar durch eines jeden Vernunft.«

(Das »Konventionelle« = ›worin die Menschen übereingekommen sind‹; dies bzw. das Hinzugesetzte, nämlich der Fiktion nach Offenbarte, ist das Unwesentliche der Religion.)

Innere Wahrheit der positiven Religion

»Die Unentbehrlichkeit einer positiven Religion, vermöge welcher die natürliche Religion in jedem Staate nach dessen natürlicher und zufälliger Beschaffenheit modificiert wird, nenne ich die innere Wahrheit derselben, und diese innere Wahrheit derselben ist bei einer so groß als bei der andern.« »Alle positiven und geoffenbarten Religionen sind folglich gleich wahr und gleich falsch.« »Gleich wahr, in sofern es überall gleich notwendig gewesen ist, sich über verschiedene Dinge zu vergleichen, um Übereinstimmung und Einigkeit in der öffentlichen Religion hervorzubringen.« »Gleich falsch: indem nicht sowohl das, worüber man sich verglichen (= ›geeinigt‹), neben dem Wesentlichen besteht, sondern das Wesentliche schwächt und verdrängt.« »Die beste geoffenbarte oder positive Religion ist die, welche die wenigsten conventionellen Zusätze zur natürlichen Religion enthält, die guten Wirkungen der natürlichen Religion am wenigsten einschränkt.«

»Innere Wahrheit« bedeutet bei Lessing hier mithin: ›ihre (notwendige) Funktionalität bei der Erhaltung von Staat und Gesellschaft, der menschlichen Gemeinschaft überhaupt‹.

Das »Wesentliche« der Religion entstammt der Vernunft, ist identisch mit der unvermischten natürlichen Religion. Die positive Religion ist eigentlich die *negative*, denn sie schränkt »*die guten Wirkungen der natürlichen Religion ein*«, und zwar in dem Maße, wie ihr »Offenbarung« hinzugesetzt wurde, also je höher ihr »positiver« Anteil (= die Menge der Zusätze) ist. Dann droht das nicht (oder weniger) Wesentliche (= was nicht zum Wesenskern gehört: die Fülle der Zusätze) das Wesentliche (Vernunftgegebene) zu überwuchern.

Was Lessing hier entwickelt, ist ersichtlich ein vollkommen **säkularer Religionsbegriff**: Was an einer (Offenbarungs-)Religion das »Offenbarte« ist, verdankt sich keiner supernaturalen Instanz, sondern einer Vereinbarung von Menschen in Staaten, und es sind die Notwendigkeiten der Staaten und Gesellschaften, die zur Schaffung einer »öffentlichen« (= positiven, »geoffenbarten«, eigentlich jedoch nur ›vereinbarten‹) Religion führten.

Was wirklich Religion genannt zu werden verdiente – das ist »*der vollständigste Inbegriff aller natürlichen Religion*« – verbleibt dem einzelnen, ist unöffentlich, ausschließlich **individuell**.

Lessings Religionsbegriff führt in letzter Instanz auf einen *Individualismus* zurück (wie ihn u.a. bereits die mittelalterliche Mystik und der Pietismus entwickelt hatten).

Lessings »Gegensätze zu den Fragmenten« II - VI (1777)

(Weiteres zur Offenbarungsreligion:)

»*Die geoffenbarte Religion setzt im geringsten nicht eine vernünftige Religion voraus: sondern schließt sie in sich.*« Sie enthält also »*alle Wahrheiten ..., welche jene lehrt*«; nur daß sie sie »*mit einer andern Art von Beweisen unterstützt ...*« (7,464)

Zu beachten sei: »*Daß man zwischen der Offenbarung und den Büchern der Offenbarung einen Unterschied machen müsse; daß jene nur eine einzige sehr faßliche Wahrheit sei, deren Geschichte in diesen enthalten ...*« (7,467)

Mit einer kühnen *Inversion* (= Umkehrung der Perspektive als Einnahme der entgegensetzten Position) vermag es Lessing, unter Beibehaltung derselben Begrifflichkeit denselben Sachverhalt in gegenteiliger Beleuchtung (sowie Bewertung) erscheinen zu lassen. Oder: Wie nimmt sich dieser Sachverhalt aus dem Blickwinkel einer geoffenbarten Religion aus, z.B. in den Augen der Repräsentanten des Christentums?

Lessings »Sogenannte Briefe an verschiedene Gottesgelehrten, die an seinen theologischen Streitigkeiten auf eine oder die andere Weise Teil zu nehmen beliebt haben« /(Aus dem Nachlaß) / »Sogenannte Briefe an den Herrn Doktor Walch«, Nr. II:

»*Die Taufe, die Taufe war der entscheidende Augenblick, in welchem die Competenten alles erfuhren. Was sie da erfuhren, war der vollständige christliche Glaube; die eigentliche christliche Religion, in sofern in jeder geoffenbarten Religion das allein das Wesen derselben ausmacht, was mit der Vernunft nicht zu erreichen steht, weil es entweder über die Vernunft, oder bloß positiv, bloß willkürlich ist.*« (7,691)

(Sprachliche Anmerkung: »die Competenten« – zu lat. »competere« = ›zusammentreffen‹; also ›die Zusammentreffenden, die zur heiligen Handlung Zusammengekommenen‹.)

Während das Wesen der natürlichen Religion mit dem Vernunftentstammten in eins fällt und es entsprechend *mit der Vernunft* sehr wohl *zu erreichen steht*, liegt das einer geoffenbarten Religion, darunter auch des Christentums, in dem Übervernünftigen oder in dem Positiven (dem Hinzugesetzten also, was nicht der Vernunft entstammt, sondern das Resultat eines menschlichen Willensentschlusses, einer Vereinbarung, ist).

Läßt Lessing den Anhängern der Offenbarungsreligion hier nicht doch ein Schlupfloch, indem er nicht in Abrede stellt, es gebe etwas, »*was mit der Vernunft nicht zu erreichen steht*«?

Erich *Schmidt* (oben zit. Werk, S. 465 f.)

»*... wiewohl schon in der früheren Zeit nichts Lessings eigentliche Lehre sein kann, was einen über die teleologische Weltanschauung des Deismus hinausgehenden, die Naturgesetze mit Wundern durchbrechenden Supernaturalismus ergeben würde.*«

Der Mensch soll sich nicht genügen lassen an einem gedachten Gott ...

Meister Eckehart, »Deutsche Predigten und Traktate«, hg. von Josef Quint. Zürich 1979, S. 60: »*Dieses wahrhafte Haben Gottes liegt am Gemüt und an einem innigen, geistigen Sich-Hinwenden und Streben zu Gott, nicht (dagegen) an einem beständigen, gleichmäßigen Darandenken ... Der Mensch soll sich nicht genügen lassen an einem* gedachten *Gott; denn wenn der Gedanke vergeht, so vergeht auch der Gott. Man soll vielmehr einen* wesenhaften *Gott haben ...*«

Lessing, »Über den Beweis des Geistes und der Kraft (1777). An den Herrn Direktor Schumann, zu Hannover. «

Geschichtswahrheiten und Vernunftswahrheiten

»*Wenn keine historische Wahrheit demonstriert werden kann: so kann auch nichts* durch *historische Wahrheiten demonstriert werden.*

Das ist: Zufällige Geschichtswahrheiten können der Beweis von notwendigen Vernunftswahrheiten nie werden.« (8,11 f.)

Zu den **Geschichtswahrheiten** zählen die in der Bibel auftretenden Personen, auch Jesus, ihre Tätigkeiten und Leiden, die in ihr beschriebenen Vorkommnisse, die natürlichen sowie die supernaturalen, darunter die Wunder, die Auferstehung usw. (zur alten Bedeutung von »Geschichte« = ›das, was einstmals geschehen ist‹).

Quelle (Lessing-Zitate)

Alle nach: Gotthold Ephraim *Lessing*, Werke, hg. von Herbert G. Göpfert. Darmstadt 1996 (mit Angabe des Bandes und der Seitenzahl).

»... daß man *keinen* Menschen, in der Erkenntnis der Wahrheit
nach seinem eigenen Gutdünken fortzugehen, hindern muß.« –

Lessing und der Neuprotestantismus, Teil 2

Wolfgang Beutin

1. Vernunftreligion und Offenbarungsreligion

Lessings kritische Theologie, wie sie sich in seinem Gesamtwerk dokumentiert, wird durch den Gegensatz zweier Konzeptionen von Religion strukturiert: *Offenbarungsreligion* und *Vernunftreligion*. Die erste dieser beiden erscheint dabei als getrübte, weil mit Unvernünftigem vermischte, daher auch als »positive«, nämlich mit verunreinigenden Zusätzen versehene Religion, als eine im Grunde negativ bewertete[1]; die zweite als eine geklärte, von Zusätzen freie, die vor der Vernunft Bestand hat. Ein Gegensatz »von wahrer und falscher Religion« sollte damit nicht fixiert werden – hatte die Offenbarungsreligion doch ihre historische Epoche, in der sie, gemessen am Fassungsvermögen der Menschen, ›richtig‹ war. Vielmehr stellte Lessing der Wissenschaft die Aufgabe, die *Reihe* der »geschichtlich erscheinenden Religionen« teleologisch, d.h. »vom Ziele der vollendeten Vernunftreligion her« zu verstehen und zu beurteilen.[2]

Die um die Mitte des 18. Jahrhunderts im Protestantismus aufkommende theologische Richtung der *Neologie* betrachtete er nicht schon als Vernunftreligion in seinem Sinne. Zu ihr verhielt er sich daher durchweg ablehnend. Schon 1750 höhnte er: »eine so vortreffliche Zusammensetzung von Gottesgelahrtheit und Weltweisheit ..., worinne man mit Mühe und Not eine von der andern unterscheiden kann« (3,688).[3] Später wieder in den »Gegensätzen« von 1777: »Die Kanzeln, anstatt von der Gefangennehmung der Vernunft unter den Gehorsam des Glaubens zu ertönen, ertönen nun von nichts als von dem innigen Bande zwischen Vernunft und Glauben. Glaube ist durch Wunder und Zeichen bekräftigte Vernunft, und Vernunft raisonnierender Glaube geworden.« (7,461) Wollte jedoch der Verfasser hiermit die »Gefangennehmung der Vernunft unter den Gehorsam des Glaubens« von neuem einschärfen? Empfahl er das Zurück zu einer orthodoxen Frömmigkeitshaltung?

Nein. Er sagt nur: *Solange* eine Offenbarung vorhanden ist, muß eine solche Gefangennehmung stattfinden, denn diese beruht »auf dem wesentlichen Begriffe einer Offenbarung« (7,462). Also nur dort, wo diese noch existiert, da muß auch akzeptiert werden, »Dinge« in ihr zu finden, die den Begriff (= ›das Begriffsvermögen‹) der Vernunft übersteigen. »Wer dergleichen aus seiner Religion auspolieret, hätte eben so gut gar keine.« (Ebd.) D.h.: Wer aus ihr das Element des Übervernünftigen eliminiert, der hat in Wirklichkeit keine (sprich: keine Offenbarungsreligion). Das übergeordnete Entscheidungskriterium aber lautet immer: Vernunft. Also: »Ob eine Offenbarung sein kann, und sein muß, und welche von so vielen, die darauf Anspruch machen, es wahrscheinlich sei, kann nur die Vernunft entscheiden.« (Ebd.) Deshalb dürfen die Vernunft (das Urteilsvermögen) und die »Dinge« der Offenbarung, die zu beurteilen sind, nicht miteinander vermischt werden. Das erforderliche methodologische Prinzip, nicht anders als schon in der Scholastik und in der Renaissance, heißt in der Religionsphilosophie der Aufklärung immer noch: *Ent*mischung.[4]

Aus Formeln wie »Gefangennehmung der Vernunft« läßt sich keine Schonung der protestantischen Orthodoxie mehr ableiten, wie denn, Wilhelm Dilthey zufolge, »der Radikalismus der Lessingschen Theologie« sich in dem Postulat zusammenfaßt, »das orthodoxe System des Protestantismus« aufzugeben. Beide, die protestantische Orthodoxie ebenso wohl wie die katholische Kirche, »stützen die Glaubenslehre auf eine falsche Autorität«.[5] Lessing darf daher »als der *erste große deutsche Schriftsteller* gelten, *der rein und klar nichts als Anhänger einer natürlichen oder vernünftigen Religion* hat sein wollen«.[6] Martin Werner sprach von der »Auflösung des kirchlichen Dogmas der spätern altprotestantischen Orthodoxie, wie sie seit der neuzeitlichen Aufklärung einsetzte«, einer Auflösung ähnlich der »Selbstauflösung der Scholastik im Spätmittelalter«, die beide »zutiefst am gleichen, bedeutsamen prinzipiellen Punkt« anhoben: »Es ist die Erschütterung des kirchlichen Begriffs der ›übernatürlichen‹ Offenbarung, die beide Mal aus der gleichen Grunderfahrung heraus entsteht, dass ›eine Mehrheit sich bekämpfender Offenbarungen gegen sie alle spricht‹.« Den Widerstreit dreier Offenbarungsreligionen habe das Mittelalter in der Konkurrenz der Ansprüche von Christentum, Judentum und Islam erlebt, die Aufklärung in der Konkurrenz der drei auf übernatürliche Offenbarung sich stützenden Konfessionen Katholizismus, Calvinismus und Luthertum.[7]

Wäre Lessing als Bekenner einer puren Vernunftreligion aber überhaupt noch dem Christentum zuzurechnen? Oder bekannte er sich bereits zu einer – in Anlehnung an eine Formulierung Goethes – dezidiert nichtchristlichen Anschauung? Oder zu einer antichristlichen? Während des wissenschaftlichen Kolloquiums in Halberstadt im Jahre 1980, das zum zweihundertjährigen Jubiläum des berühmt gewordenen Gesprächs zwischen Lessing und Jacobi (1780) am Orte des Gesprächs, in denselben Räumen des Gleimhauses stattfand, stellte Harald Schultze die These auf: Man könne »das theologische Gesamtwerk Lessings in der Wolfenbüttler Zeit als eine *unorthodoxe Apologie des Christentums* verstehen«.[8] Andere Teilnehmer widersprachen. Jürgen Teller fragte: »Was bleibt denn nun von einer Christlichkeit Lessings? Es bleibt nicht eben viel.«[9] Eine vergleichbare Skepsis hatte einige Jahre davor (1963) Walther von Loewenich anklingen lassen. Er sah in dem Dichter den beherzten Neuprotestanten, fragte indessen: »Kann man Lessing überhaupt noch als Vertreter christlicher Religion ansprechen oder ist er aus ihrem Rahmen völlig herausgetreten?«[10]

Auf die Frage: Lessing noch ein Bekenner der christlichen Religion? äußerte sich die Forschung, soweit sie die Beantwortung wagte, also nicht einhellig. Versuchsweise lassen sich zwei Extreme von Antwort fingieren:

- Ja – denn er lieferte eine unorthodoxe Apologie des Christentums, erwarb sich ein Verdienst um dessen *Re*konstruktion im Zeitalter der Aufklärung. Er bezog eine Position am Anfang des Neuprotestantismus oder in ihm, hierdurch tätig bei Schaffung einer zeitgemäßen Kultursynthese.
- Nein – denn sein Bekenntnis war kein christliches. Er legte mit Hand an bei der *De*struktion des Christentums, und mag sein Standpunkt neuprotestantisch genannt werden oder nicht, er wirkte mit an der Auflösung der vorhandenen ›abendländischen‹ Kultursynthese. Dadurch wurde er – auf lange Sicht – sogar mitschuldig am definitiven Fiasko der Menschengattung.

Wer ihn außerhalb des Christentums gestellt sieht, wird sich auch nicht mit dem Hinweis auf Lessings Neuprotestantismus beruhigen lassen; war er in ihrer Sicht ein Schicksal im Sinne von ›Verhängnis‹, so der Neuprotestantismus ein Schicksal in demselben Sinne; steht dieser selber doch seit langem bei seinen Gegnern im Ruf, eine Auflösungserscheinung des Christentums zu sein und damit eine der alteuropäischen Kultur.

Der Religionsforscher Mircea Eliade legte eine »Geschichte der religiösen Ideen« vor, die er selber nicht mehr beenden konnte. Den 4. Band verfaßte eine Kollegengruppe. Richard Schaeffler schrieb im Schlußkapitel von dem »Anschein«, als hätte die »besondere, spezifisch neuzeitlich-europäische Gestalt der religiösen Kreativität ... die Selbstaufhebung der Religion« bewirkt und nicht nur der Religion – sogar auch noch die der ihr entstammenden »Säkularisierungsprodukte«.[11]

An solchen konstatierte er drei: »die bürgerlich-liberale Auffassung« der Religion, eine »proletarisch-atheistische« sowie eine »von der Romantik geprägte katholische«. Die erste davon ist identisch mit der neuprotestantischen Position oder ihr zumindest benachbart. Schaeffler betrachtete sie in der Gestalt, worin sie sich im 19. Jahrhundert präsentierte. Er schrieb, sie sah »in der Religion, vor allem im evangelischen Christentum, eine Quelle der nachrevolutionären Freiheitskultur, wobei diese Kultur freilich dazu bestimmt erschien, die Religion in sich aufzuheben und so zur konsequent säkularen Kultur zu werden« (ebd., S. 435).[12] In der Zeit nach Aufhebung der christlichen Religion seien ihre Schößlinge – die »Säkularisate« Liberalismus, Marxismus, Neukatholizismus – auf den Plan getreten, mehr oder minder rasch aber ihrerseits zerfallen. Daher könne der »Betrachter zu dem Eindruck gelangen, die gesamte europäische Kulturentwicklung sei ein Irrweg der Religionsgeschichte gewesen« (ebd., S. 445). Wäre dies richtig, dann könnte selbst ein Lessing nichts anderes gewesen sein als auch nur einer der falschen Lehrer, der die Europäer auf den Irrweg gelockt hätte.

Wer von den zwei oben skizzierten Antworten die erste für gültig hält (Lessing unorthodoxer Apologet mit neuprostantischem Profil, helfend bei Neuschöpfung einer abendländischen Kultursynthese), wird in der Gegenwart vermutlich das definitive Fiasko, den Untergang der Menschengattung für noch abwendbar halten, und falls auch nicht mehr vom unbedingten Fortschritt der Humanität überzeugt sein, so mindestens der Menschheit die Zukunft nicht völlig absprechen.

Wer Lessing aber in der Tat für einen Irrlehrer hält, einen Mitschuldigen an der Auflösung der alteuropäischen Kultursynthese, schließlich am definitiven Fiasko der Menschengattung, hängt in der Regel einem nicht mehr jungen, jedoch zu unserer Zeit neuerlich modischen Pessimismus an. Dessen Propheten haben am Ende eines alten und am Anfang eines neuen Jahrtausends Hochkonjunktur. In postmoderner Verkleidung auftretend, werben sie zahlreiche Köpfe für ihre Sicht. Gern produzieren sie, wie es einmal (im Herbst 1993) in den USA »The Journal of Psychohistory« titelte: »Group-Fantasies of World Collapse«.[13] Was bleibt dann noch? »Der Rest ist Schweigen.« Oder gäbe es in der allgemeinen Hoffnungslosigkeit eine rettende Stimme? Vielleicht, so Schaeffler, sei da noch ein Silberstreif am Horizont zu erblicken, »könnte eine Rückbesinnung auf Kants Lehre von den Postulaten der Hoffnung sich als hilfreich erweisen« (ebd., S. 447).

Immerhin Kant; neben Lessing der andere der zwei großen deutschen Aufklärer. Hingegen von Lessings Gedankenwelt wäre in dieser Sicht für die Gegenwart so wenig Hilfe zu erwarten wie überhaupt von der ›bürgerlich-liberalen‹ Auffassung des Christentums, dem Neuprotestantismus. Ist dieser durch die Opposition seiner Gegner vollkommen außer Kurs gesetzt, so sinkt mit ihm natürlich der Ruhm Lessings, des neuprotestantischen Protagonisten.

Bereits zu Anfang des 20. Jahrhunderts kamen die mancherlei Richtungen und ›Schulen‹ auf, die für die Laien das Gesamtbild der neueren protestantischen Theologie überaus schwer überschaubar machen: zum Neuprotestantismus und dessen alter Gegnerin, der nicht gänzlich entkräfteten Orthodoxie, traten u.a. die eschatologische Schule und ihre Steigerung, die ›konsequente Eschatologie‹, etwas später die Luther-Renaissance[14], ferner die Dialektische Theologie (K. Barth und seine Schule), die Existenz- bzw. Existentialtheologie (Bultmann) und, mit dem Umbruch gegen 1970, die ›Gott-ist-tot-Theologie‹. Darunter schien als nicht geringste energische Gegnerin den Neuprotestantismus um die (vorletzte) Jahrhundertwende die konsequente Eschatologie zu befehden.

So erkannte Albert Schweitzer in »allen liberalen Leben-Jesu«-Schilderungen seit David Friedrich Strauß den »Mangel an Empfindung für das Große, Unvermittelte, Widerspruchsvolle und Ironische in Jesu Gedanken«. »Sie müssen ja eine heroisch-phantastische Weltanschauung in eine vernünftige, bürgerlich-religiöse umdeuten.«[15] Suchte man den historischen Jesus, mußte man im Unterschied dazu, erklärte Schweitzer, »gewisse fremdartige Züge an ihm entdecken, die störend und sogar sittlich und religiös anstößig wirken können.« (Ebd., S. 516)[16] So resümierte er denn im Vorwort zur 2. Auflage seiner »Geschichte der Leben-Jesu-Forschung« (1913; Erstaufl. 1906) über sein Buch: »Daß es die Stellung der Vertreter der freisinnigen Theologie denen der gebundenen gegenüber in manchen Punkten ungünstiger gestaltet hat, als sie vorher war, ist von rechts und links hervorgehoben worden.« (Ebd., S. 27)

Behauptete sich der Neuprotestantismus am Jahrhundertanfang trotz alledem noch in Maßen, so änderte sich dies nach dem 1. Weltkrieg. Es setzte – wie Wolfhart Pannenberg darlegte – nach dem Kriege vielmehr eine Umkehrung der neuprotestantischen Sicht ein, etwa bei Karl Barth. Unter Distanzierung von der neuzeitlichen Kultur identifizierte man sich nun statt mit dem Neuprotestantismus und der Aufklärung – mit der Reformation und dem Altprotestantismus. Die (neuere) Neuzeit mußte sich verworfen sehen als Abfall von der protestantischen Erneuerung.[17]

Eine besondere Schmähung bestand darin, daß Barth die gesamte neuere Protestantismusvariante in das Phänomen der ›Deutschen Christen‹ münden ließ, dies als das Endprodukt des Neuprotestantismus ausgebend. Er schrieb 1933, daß »der Widerstand ... sich grundsätzlich gegen das keineswegs nur in den Deutschen Christen verkörperte kirchlich-theologische System des Neuprotestantismus überhaupt richten muß«, denn es sei »die Lehre und Haltung der Deutschen Christen nichts anderes ... als ein besonders kräftiges Ergebnis der ganzen neuprotestantischen Entwicklung seit 1700«.[18] 1935 versicherte Jean-L. Leuba, es gebe keinen Pardon für die liberale Kirche und Theologie. Gott werde den Huren verzeihen, den Mördern, Dieben und anderen, überhaupt uns allen, die wir bekanntlich arme Sünder seien. Aber niemals – den liberalen Theologen.[19]

Nach dem 2. Weltkrieg wurde festgestellt, »daß für beide Gruppen in der deutschen Kirche, die Lutheraner und die Barthianer, *eins* unbestritten gelte: Die Periode des ›Neuprotestantismus‹ (von Schleiermacher bis Troeltsch) ist tot und als Irrweg verworfen. Liberale Ideen hätten nirgends mehr Boden; es handele sich um eine fundamentale Abwendung von der vorhergehenden Periode.«[20]

Erst in der zweiten Hälfte des 20. Jahrhunderts gab es wieder Anzeichen, bald sehr deutliche, für eine abermalige Änderung der Bewertung des Neuprotestantismus, vorab in der Forschung. Ein Indiz dafür ist nicht zuletzt die lang entbehrte Kritische Gesamtausgabe der Schriften von Ernst Troeltsch (1865 – 1923). Etwa der Band 8, so kündigt das Vorwort an, dokumentiere »die theologische, kirchenhistorische und kulturgeschichtliche Diskussion, die im frühen 20. Jahrhundert um die Bedeutung der Reformation und des sich formierenden Protestantismus für die Genese der Neuzeit geführt worden ist«. Die »intellektuelle Dynamik dieses Diskussionsprozesses ... speist sich dabei aus der universalhistorischen Deutungsperspektive«.[21]

Hatte für Troeltsch die Bestimmung des Verhältnisses von Neuzeit und Protestantismus zu den Hauptaufgaben der religionsgeschichtlichen Forschung gezählt, so nahm sich 1984 Wolfhart Pannenberg dieser Aufgabe neuerlich an, warnend: Der Versuch einer rein geistesgeschichtlichen Beantwortung verursache immer eine Verzeichnung. So zog er neben der Kirchengeschichte die politische und Kriegsgeschichte heran, mit dem Fazit, »in ihren ungewollten Wirkungen« – der Kirchenspaltung, den Religionskriegen und deren unentschiedenem Ausgang – liege »der historisch wichtigste Beitrag der Reformation zur Entstehung der Neuzeit«. Nach dem Zeitalter der Konfessionskriege habe der gesellschaftliche Friede neu begründet werden müssen. Die Ordnung des Staates sei zur Fundamentalfrage geworden, damit »die Frage nach der gemeinsamen Menschennatur« – und sie ergab den Boden für das Emporkommen des Neuprotestantismus. Daher beginne die »eigentliche Neuzeit« mit dem 17. Jahrhundert und noch nicht mit der Reformation, weshalb Troeltsch mit seiner These, die »heute als weithin anerkannt« gelte, im Recht sei.[22]

2. Universalhistorische Deutungsperspektive

Um die Spezifik von Lessings Befassung mit der Theologie zu ermitteln, kann die Untersuchung die universalhistorische Deutungsperspektive nicht vernachlässigen. Dabei zerlegt diese sich in eine profangeschichtliche, in eine literatur- und weiter gefaßt *geistes*geschichtliche sowie, in diesem Zusammenhang basal, die theologie- und religionsgeschichtliche (seit den Anfängen des Christentums). In der gesamten Geschichte des Christentums erweist sich eine einzige Tendenz der Theologie als zentral: die »Enteschatologisierung«.[23] D.h.: Die christliche Kirchen-, Theologie- und Religionsgeschichte erweisen sich in mehr als anderthalb Jahrtausenden als geprägt durch das kontinuierliche Abrücken von der Urgestalt der Lehre Jesu, wie sie in den synoptischen Evangelien als späteste Form des eschatologisch-apokalyptischen Judentums bezeugt ist, mit der ›Naherwartung‹ des Reiches Gottes und dem Ruf nach Umkehr. Dies Abrücken war eine notwendige Wandlung, verursacht durch das verstörende Ausbleiben des Reiches Gottes, und einem ersten Abrücken – unter den Aposteln – folgten stetig neue Phasen des Abrückens im Christentum der Antike, des Mittelalters und des Protestantismus. Im Neuprotestantismus vollzog sich eine abschließende Phase der Enteschatologisierung, ausgehend vom englischen Deismus. Sie führte im deutschen Protestantismus zur Krise, die sich in der zweiten Hälfte des 18. Jahrhunderts bis zu einem unerträglichen Grad steigerte. Die kirchenpolitische Restauration – als Rekonfessionalisierung eine Teilbewegung der allgemeinen Restauration, die nicht zuletzt durch die geschichtlichen Erfahrungen der französischen Revolution und Napoleons hervorgerufen wurde – verschüttete die ohnehin den meisten Zeitgenossen unerhört erscheinenden Ergebnisse der neuprotestantischen Forschung wieder. Erst um 1900 fanden die Errungenschaften der Aufklärungstheologie ihre wissenschaftliche Würdigung in der konsequenten Eschatologie.

In dem theologiegeschichtlichen Verlauf von nahezu zwei Jahrtausenden gab es einen historischen Umschlagspunkt. Schien im 18. Jahrhundert im Neuprotestantismus die weiteste

Entfernung von der Urgestalt der Lehre Jesu erreicht, so erweist sich dieser Punkt zugleich auch als derjenige, an dem erstmals nach so langer Zeit wieder die forschende Annäherung an den Anfang gelang, der Durchbruch zur Urgestalt jesuanischer Lehre. Kaum abschätzbar, so Martin Werner, sei die »ganze Tragweite des aufklärerisch-neuprotestantischen Urteils über die alte Kirche und ihre Lehrbildung als eine vom Ursprung abirrende Fehlbildung«; und, so schrieb derselbe gegen die Theologie der Restauration und Rekonfessionalisierung gewendet: »Die vom Aufklärungsprotestantismus auf Grund historischer Erkenntnis vollzogene Abrechnung mit dem Dogma der ältern kirchlichen Tradition ist nicht rückgängig zu machen.«[24]

Der bedeutsame Punkt des Umschlags fiel in die Lebenszeit Lessings. Und nicht zufällig wurde dieser zu dem deutschen Autor, der an der »Abrechnung« entschlossen mitwirkte. Aber wie hoch bemißt sich sein Anteil daran? Im Nachlaß gibt es einen aufschlußreichen Text, worin er nichts Geringeres als den Kern der neuprotestantischen Forschungsprogrammatik in Form einer präzisen Antithese formulierte. Hier steht die »Religion Christi« versus christliche Religion. So in der Thesenreihe unter dem Titel: »Die Religion Christi« (7,711 f.). Diese, die erste, sei in der Bibel zu finden, weil »mit den klarsten und deutlichsten Worten darin enthalten«; die zweite, die christliche Religion hingegen »so ungewiß und vieldeutig, daß es schwerlich eine einzige Stelle gibt, mit welcher zwei Menschen, so lange als die Welt steht, den nämlichen Gedanken verbunden haben«. Während die Aufklärungstheologie nun die zweite auflöste, nämlich die in der Epoche manifeste Orthodoxie in jederlei Gestalt, begab sie sich *à la recherche de la religion perdue* – nach der verschütteten ersten, der Religion Jesu (wie es besser heißen sollte, statt Religion Christi). Erst wenn man sie wieder hätte, würde man den Abstand ermessen können zwischen dem neuzeitlichen Christentum und dem Ursprung.

Als einer der Sucher nach der verschütteten ersten, der *Religion Christi*, ein emsiger Arbeiter bei ihrer Bergung, betätigte sich Gotthold Ephraim Lessing.

3. Vom Fundament einer Vernunftreligion

Dilthey besaß das richtige Gespür, als er sich weigerte, Lessings Theologie- und Religionskritik einzig als Angriff aufs Christentum zu interpretieren. Und er bemühte sich, das Eigene, Eigentümliche von dessen religiöser Konzeption aufzudecken. Er bestimmte formell: »In der wahren Tiefe des protestantischen Geistes sucht er ein neues Fundament des Protestantismus ...«. Aber welches, welches konkret? »Es ist der im Pietismus durchgebildete Gedanke, daß die *Evidenz des Glaubens auf der inneren Erfahrung* beruhe.«[25] Allerdings gewann Dilthey damit keineswegs die *differentia specifica* zurück, nach welcher er fahndete – es war erstens kein neues Fundament, denn bereits die Frauenmystik des Mittelalters hatte es gelegt; und es war eo ipso zweitens kein solitär protestantisches.

Lessing selber, worin glaubte er »das unersteiglichste Bollwerk des Christentums« zu finden? – Antwort: Dem einfachen Christen, nur ausnahmsweise den Theologen, bedeute die Religion »Trost«; er baue auf das »innere Gefühl des Christentums«, »die Religion im Herzen« (8,157). Und worauf also ziele das richtig verstandene – von Goeze und seinesgleichen, sinniert Lessing, absolut mißverstandene – Christentum? Er präsentiert zuerst eine Negation: »die letzte Absicht des Christentums« sei »nicht unsere Seligkeit, sie mag herkommen, woher sie will«. So im Anti-Goeze Nr. 4, und Goeze mag bei der Lektüre heftigst die Stirn gerunzelt haben. Der heutige Leser auch? ... Hiernach ergänzte Lessing: »die letzte Absicht des Christentums« sei »unsre *Seligkeit, vermittelst unsrer Erleuchtung*; welche Erleuchtung nicht bloß als Bedingung, sondern als Ingredienz zur Seligkeit notwendig ist, in welcher am Ende unsre ganze Seligkeit besteht« (8,227). Das könnte der Nachklang einer Erläuterung sein, die einstmals Leibniz in der Vorrede zur »Theodicee« gegeben hatte: daß »die rechte Frömmigkeit und selbst die wahre Glückseligkeit in der *Liebe Gottes* besteht, aber in einer *erleuchteten* Liebe, deren Eifer mit *Erkenntnis* verbunden sein muß.«[26] Jedenfalls stand Lessing somit bei dem Junktim: innere Erfahrung (Gefühl) – Erleuchtung (Erkenntnis).

In der Dichtungs- wie auch in der Religionsgeschichte gab es im 18. Jahrhundert allgemein die Bestrebung, das *Gefühl* zu akzentuieren; mit dem Begriff *Empfindsamkeit* wird sogar eine ganze geistige, auch dichterische Strömung des Zeitalters der Aufklärung bezeichnet. Einen Höhepunkt bildet in Goethes »Faust«, in der Katechisationsszene, das Bekenntnis des Protagonisten: »Gefühl ist alles; / Name ist Schall und Rauch ...« (V. 3456 f.) Das Substantiv »Name« tendierte im älteren Deutsch dazu, als Äquivalent für ›Begriff‹ einzutreten, und »Begriff« ist auch = ›Lehrbegriff, Dogma‹. Ist dies richtig, so wird von Faust die Dogmatik der Kirche, das Lehrsystem, beiseite geschoben, mit dem Ergebnis, daß allein das Gefühl übrig bleibt, das Organon des Numinosen, aber kein Gegenstand mehr. Entsprechend Ludwig Feuerbachs Kritik: »... daß da, wo das Gefühl zum Organ des Unendlichen, zum subjektiven Wesen der Religion gemacht wird, der *Gegenstand* derselben seinen objektiven Wert verliert. So ist, seitdem man das Gefühl zur Hauptsache der Religion gemacht, der sonst so heilige Glaubensinhalt des Christentums gleichgültig geworden«.[27] Die Konsequenz müßte hiernach lauten: Entweder man hat Religion, dann muß es eine sein, die nicht das Organon, das Gefühl zur Hauptsache, zum Glaubensinhalt macht, sondern der – außer einer Praxis – ein Lehrsystem zukommt, ein Lehrbegriff. Oder: man hat keine.

Die Frage bleibt, wie eine Vernunftreligion sich mit dem Postulat vereinbaren ließe, Religion aufs Gefühl zu bauen. So fragte Sapper: »Warum sucht nun Lessing den Beweis der Wahrheit des Christentums vor allem im Gefühl, trotzdem er doch das Wesen, den Kern desselben in ewigen Vernunftwahrheiten erblickt?«[28] Damit zog er das Fundament von Lessings Theologie überhaupt in Zweifel. Wenn Heise von okkasionell auftretender »Unreife des Inhalts« in den Schriften dieses Autors sprach[29] – könnte sie hier studiert werden? Oder war es die Unreife der Epoche, also kein individueller Mangel eines einzelnen Autors?

Eine Beantwortung setzt zuerst einmal voraus, daß Lessings Begrifflichkeit – durchaus im Einklang mit dessen eigenen Forschungsprinzipien – als historisch *geworden*, als partiell obsolet erkannt wird, aus heutiger Sicht als veraltet. Seine Lexik und Terminologie scheinen der gegenwärtigen nahe zu sein, und sicher sind sie es auch in vielen Fällen. In anderen aber sehr in die Ferne gerückt. Dazu kommt, daß er sich für verpflichtet hielt, in seiner Ideenwelt das theologische Erbe der Vergangenheit und die theologischen und philosophischen Innovationen seiner Gegenwart auszubalancieren, darunter vom Protestantismus, was er für weiterhin beständig hielt (z.B. Luthers »Geist«); Errungenschaften der Theologie seiner Zeit (z.B. Gedankengänge Semlers), die Vernunftgläubigkeit usw. Mit der Forderung, daß der Glaube im Gefühl verankert sein müsse, verwies er immerhin darauf, daß es nicht ausreiche, ihn allein in der Sphäre des Rationalen verwurzelt zu denken. ›Lebendige‹ Wahrheit mußte sich aufs innigste mit dem Leben verschmelzen, sollte (mit einem neueren Begriff) existentiell sein, in der Tiefe des Gemüts aufkeimend, in Verbindung stehen – um freudianisch zu sprechen – mit dem Primärprozeß, mit der Welt der Bilder. Kurzum: sollte heimisch sein im Seelischen. Das ist indessen nicht originär eine Forderung Lessings, sondern bereits des religiösen Denkens im Hochmittelalter. Meister Eckehart lehrte: »Der Mensch soll sich nicht genügen lassen an einem *gedachten* Gott...«.[30]

Erkenntnistheoretisch waren allerdings die Philosophie und Wissenschaft des 18. Jahrhunderts nicht so weit vorangekommen, um die Eigengesetzlichkeit des Seelischen zu verstehen und anzuerkennen. Kant definierte 1783 die Seele: »Dieses denkende Selbst«; und Denken: »Denken aber ist: Vorstellungen in einem Bewußtsein vereinigen.«[31] Daraus ergibt sich: Seele amtiert als Instanz mit der Aufgabe, die Vorstellungen »in einem Bewusstsein« zu vereinigen – und bleibt damit selber auf Bewußtsein reduziert. Indem so auf der einen Seite der Seele zu wenig zugeschrieben wurde, so auf der anderen der Vernunft zu viel. Die neuere Wissenschaft stockt einmal schon bei dem Terminus der »Vernunftreligion«; dann aber wird auch die Lehre dubios, die ja von Lessing geteilt wurde, daß Ideen wie Gott, Unsterblichkeit, Sittengesetz und etwa noch Lohn-Strafe-Gerechtigkeit von der Vernunft hervorgebracht würden, um den Kernbestand einer Vernunft*religion* auszumachen. Es ist eine irrtümliche Lokalisierung, wenn die benannten Ideen dem Sekundärprozeß einrangiert werden, weil man sie auf diese Weise dem Primärprozeß und der Welt der Bilder entfremdet. Kants Formulierung würde heute nicht mehr viele Freunde finden: »reine Verstandeswesen, z.B. Gott«.[32]

Plädierte Lessing zwar angesichts der zeitgenössischen Neologie für die prinzipielle *Ent*mischung von Theologie und Philosophie, gestattete er sich selber doch bei Grundlegung seiner eigenen Auffassung eine – von heute her gesehen: falsche – *Ver*mischung. Er gehörte einer Epoche an, die noch nicht, wie ein Scherzwort des 19. Jahrhunderts lautete, »durch den Feuerbach gegangen« war. Wie der Protestantismus insgesamt in zwei geschichtliche Abschnitte zerfällt, ließe sich nämlich auch der *Neu*protestantismus wieder in zwei unterteilen: *vor* und *nach* Feuerbach. Nirgends anders als bei Feuerbach liegt in Wirklichkeit der gravierende Einschnitt in der Religionsgeschichte, -philosophie und -psychologie.

Vor oder nach Feuerbach: Selbst die katholische Kirche unserer Tage sieht sich vor diese Frage gestellt. Quasi offiziell erging von ihr vor einigen Jahren eine doppelte Polemik: *gegen* die Linie Lessing-Goethe, aber auch, im selben Atemzug: *gegen* Feuerbach. Der »Erwachsenen-Katechismus« negierte: »Wir brauchen uns auch nicht auf ein unbestimmtes Gefühl zu berufen. Noch weniger ist unser Gottesglaube eine Projektion unserer Wünsche und Sehnsüchte.«[33] Wobei eine von niemandem beabsichtigte Ironie darin besteht, daß *die aktuell gültige* katholische Lehre mit Lessings *damaliger* Sicht in eins fällt, wonach der Vernunft metaphysische Ideen entsprängen. Katholische Lehre ist: Verstand und Vernunft (als identisch betrachtet) könnten »von der Offenbarung Gottes angerufen« werden, oder anders: gelangten ihrerseits »zu höchsten ›metaphysischen‹ Einsichten«.[34]

Hingegen zeigte Feuerbach auf, daß Gott – nämlich die *Vorstellung* des Zeitalters (im Vormärz), die es sich von Gott machte – eine von der Menschengattung an den Himmel projizierte psychische Produktion sei, und der sich – gemäß der Vorstellung der Ära – offenbarende Gott selber samt seiner Offenbarung somit ein Produkt des Menschen, der menschlichen Seele (wofür Feuerbach indessen den traditionellen Begriff der »Vernunft« beibehalten oder den der »menschlichen Natur« setzen konnte): »Also ist zwischen der göttlichen Offenbarung und der sogenannten menschlichen Vernunft oder Natur *kein anderer als ein illusorischer Unterschied* – auch *der Inhalt der göttlichen Offenbarung* ist *menschlichen Ursprungs*«.[35] ›Gott‹ ist auch das an den Himmel projizierte Sittengesetz: »Gott als *moralisch vollkommnes Wesen* ist aber nichts andres, als die *realisierte Idee*, das *personifizierte Gesetz der Moralität*, das *als absolutes Wesen gesetzte moralische Wesen des Menschen*

...«³⁶ Immerhin verkannte Lessing nicht die Gewalt des Außer-, des Unvernünftigen in den Menschen, Einsichten, die bereits auf die Forschungen in der Linie Feuerbach – Freud vorausweisen. So beschwor er »die Macht unsrer sinnlichen Begierden, unsrer dunkeln Vorstellungen über alle noch so deutliche Erkenntnis« (7,462). Der Aufklärer als Verbreiter des Irrationalismus? Nein. Es widerspricht nicht dem Wesen des Rationalismus, die Wirkungsmächtigkeit des Irrationalen zu begreifen; es zu begreifen, ist im Gegenteil eine Notwendigkeit des Rationalismus.

Ist es sicher, daß Lessing (wenigstens?) an der (christlichen?) Gottesvorstellung festhielt? In seiner Thesenreihe »Über die Entstehung der geoffenbarten Religion« definierte er, es sei »der vollständigste Begriff aller natürlichen Religion« – das ist immer auch = die Vernunftreligion –: »Einen Gott erkennen, sich die würdigsten Begriffe von ihm zu machen suchen, auf diese würdigsten Begriffe bei allen unsern Handlungen und Gedanken Rücksicht nehmen ...« (7,282). D.h., die mit der menschlichen Natur gegebene »natürliche oder Vernunftreligion« umschließt die Gottesvorstellung und das Sittengesetz.

Indessen konnten mehrere Forscher wahrscheinlich machen, daß der Gottesvorstellung Lessings die Tendenz innewohnte, sich in die Vorstellung der Natur hinein aufzulösen. Dafür sprechen zwei Fundstellen. Die erste von 1750: Ein Weltweiser steht auf. »Er lehrte uns, die Stimme der Natur in unsern Herzen lebendig empfinden. Er lehrte uns, Gott nicht nur glauben, sondern was das Vornehmste ist, lieben.« (3,689) Erinnern wir uns: Glutkern des Christentums sollte sein: »die Religion im Herzen«, oder: die Gottesvorstellung samt Sittengesetz; in dieser (frühen) Schrift aber: an der Stelle der Religion ertönt »die Stimme der Natur in unsern Herzen«. Vermöge der rhetorischen Figur der Anapher parallelisierte Lessing seine Aussagen, so daß »die Stimme der Natur« und »Gott« jeweils an analoger Stelle im Satz als Akkusativobjekt fungieren, womit beide für einander einstehen: die Stimme der Natur = Gott.

Der zweite Beleg ist der in der Forschung oft herangezogene § 84 der Erziehungsschrift, wo Lessing die Erziehung des Menschengeschlechts durch Gott als eine durch die »Natur« verwirklichte darstellt und so auch wiederum die Identifikation nahelegt.³⁷

Werden das eine Mal die Vorstellungen von Gott und Natur angenähert, ja, läßt der Autor sie ineinander verfließen bis hin zur völligen Identifikation, so scheint sich in Lessings Panentheismus umgekehrt die Vorstellung der Natur – die Wirklichkeit der Dinge außer Gott – in die Gottesvorstellung hinein aufzulösen: »... alles, was außer Gott existieren soll, existiert in Gott« (8,515).³⁸ Vielleicht auch wieder nur eine Umschreibung der Gleichsetzung Gott / Natur? Diese deutete er an, als er schrieb: »so sind beide Wirklichkeiten Eins ...« (Ebd.) Das eine Mal scheint es, als habe Lessing Gott in der Natur aufgehen lassen wollen; das andere Mal dachte er die Natur in Gott hinein projiziert – so als sei Gott damit beschäftigt, sich eine Vorstellung seiner selbst zu machen, ein Vorstellender also, der sich seine eigene Vorstellung vor Augen hält, und diese Vorstellung war: die Schöpfung. Beide Gedankengänge Lessings erweisen, wie angestrengt er sich bemühte, den Dualismus Gott / Welt oder Transzendenz / Immanenz zu überwinden.

4. Grundzüge

Die theologisch-philosophischen Schriften Lessings prägt ein ausgesprochener Individualismus. Ihn teilt der Verfasser mit dem Neuprotestantismus, zu dessen Basisprinzipien er gehört. Gründet sich Religion auf die Erfahrung des Innern, des Herzens, so wurzelt sie im Individuum und nirgend anders.

Auf den Individualismus gründete Lessing zugleich seine Ethik. In der Thesenreihe »Das Christentum der Vernunft« (spätestens 1753) definierte er als »*moralische Wesen*« solche, »welche einem Gesetze folgen können«. Hiernach bestimmt § 26, verbunden mit einer Anweisung: »Dieses Gesetz ist aus ihrer eigenen Natur genommen und kann kein anderes sein, als: *handle deinen individualischen Vollkommenheiten gemäß.*« (7,281)

Geht es anderswo um den würdigsten Begriff von Gott, so hier um den würdigsten Begriff vom Menschen, die Würde des Individuums, es geht um den Wert des einzelnen, jedes einzelnen, um den einzelnen in seiner Einzigartigkeit, und es geht um jede einzelne Seele. Lessing sagt: »Denn Weh dem menschlichen Geschlechte, wenn in dieser *Ökonomie des Heils* auch nur eine einzige Seele verloren geht. An dem Verluste dieser einzigen müssen *alle* den bittersten Anteil nehmen, weil jede von allen diese einzige hätte sein können.« (7,467) Tiefer besehen, erweist sich jedenfalls dies Teilstück der Auffassung Lessings als ein genuin *anti*christliches – weshalb? Das Christentum in seinem vollen Ernste und in seiner – gegenwärtig kaum mehr als legitim verstandenen – Erbarmungslosigkeit überantwortet die ungeheure Mehrzahl der Seelen dem ewigen Höllenfeuer, während es das Himmelreich den weniger zahlreichen Auserwählten vorbehalten sieht. Lessings Worte sind somit ein neuprotestantischer Protest gegen den augustinischen Prädestinationismus.[39]

Vor allem kommt dem Individuum in Lessings Auffassung eines zu: die Autonomie, die Souveränität, mit dieser zugleich die Freiheit der Forschung.

»Der wahre Lutheraner«, schrieb Lessing im »Anti=Goeze« Nr. 1, wolle nicht »bei Luthers Schriften, er will bei Luthers Geiste geschützt sein«. Daher solle jedem Individuum unbenommen sein, frei zu forschen und das Ergebnis mitzuteilen: »... Luthers Geist erfodert (!) schlechterdings, daß man *keinen* Menschen, in der Erkenntnis der Wahrheit nach seinem eigenen Gutdünken fortzugehen, hindern muß.« Man würde aber alle hindern, den Fortgang ihrer Erkenntnis mitzuteilen, wenn man dies auch nur einem einzigen verböte (8,162).

Die Autonomie des Menschen garantiert weiterhin die Aufhebung der Verbindlichkeit, daß er seinen Glauben auf den biblischen Kanon stütze. Wenn der Protestant als Glaubender wie als Tätiger souverän gegenüber dem Schrifttum Luthers ist, so sollten es die Christen jeder Konfession gegenüber der Bibel sein. Insofern galt Lessings theoretische Arbeit seiner Spätzeit vor allem dem Nachweis, daß es Christentum und Christsein auch vor der Bibel und ohne die Bibel gab, gebe und geben werde.[40] So wurde das »Axiom ›Christentum ohne Bibel‹, die Angel des ganzen Goezestreites ...«.[41]

Um seine Auffassungen historisch zu belegen, drang Lessing tief in die Geschichte des Christentums ein, besonders der frühesten Phasen. Mit seinen Schriften des letzten Jahrsiebents trieb er die »kritische Evangelienforschung« so energisch voran, daß die Wissenschaft der Folgezeit darauf aufbauen konnte: »Lessing ist der erste Religionsforscher in großem Stil, der in Deutschland hervortrat.«[42]

In der Frühgeschichte des Christentums suchte er die Beweise für seine Auffassung, daß dies in erster Linie Praxis sei, die Praxis im Kern Liebeshandeln. Dem christlichen Glauben entspräche der Vorrang des Tuns vor dem »Vernünfteln«. Schon Dilthey verwies darauf, daß diese Anschauung Lessings von den »Gedanken über die Herrnhuter« (1750) bis zum »Nathan« reiche.[43] Es ist dieselbe, die bereits die Vordenker der Renaissance bewegte, einen Dante zum Beispiel, der die »operatio« der »speculatio«[44] kontrastierte. Diese Entgegensetzung verband die Renaissance und Aufklärung miteinander.

Lessing schrieb: »Der Mensch ward zum Tun und nicht zum Vernünfteln erschaffen.« (7,683) Indes habe das »ausübende Christentum von Tag zu Tag abgenommen ..., da unterdessen das beschaune durch phantastische Grillen und menschliche Erweiterungen zu einer Höhe stieg, zu welcher der Aberglaube noch nie eine Religion gebracht hat.« (7,687) Er rühmte es, daß »noch hier und da ein Gottesgelehrter auf das praktische des Christentums gedenkt, zu einer Zeit, da sich die allermeisten in unfruchtbaren Streitigkeiten verlieren ...« (3,54).

Mit einem kurzen Satz wendete er sich gegen das Monopol des Glaubens in der reformatorischen Theologie und Ethik: »Was hilft es, recht zu glauben, wenn man unrecht lebt?« (3,688)

Als Hauptinhalt der christlichen wie aller religiösen Praxis betrachtete er das Liebesgebot. So empfahl er bereits 1751 die Grundlegung des Christentums »durch die Reinigung der Herzen von Bitterkeit, Zanksucht, Verleumdung, Unterdrückung, und durch die Ausbreitung derjenigen Liebe, welche allein das wesentliche Kennzeichen eines Christen ausmacht« (3,55). Wieder führt hier eine Linie vom Frühwerk zur Erziehungsschrift. In dieser wird (§ 60) Jesus u. a. der »erste *praktische* Lehrer« genannt, welcher »die Unsterblichkeit der Seele« als ethisches Prinzip gepredigt habe. Und § 61 rühmt von ihm Singuläres: »Eine innere Reinigkeit des Herzens in Hinsicht auf ein andres Leben zu empfehlen, war ihm allein vorbehalten.« (8,502 f.)

Das Liebesgebot als Wesen des Christentums: So demonstrierte Lessing es prägnant in dem kleinen Dialog »Das Testament Johannis« (1777), worin auf die Anweisung abgehoben wird: »*Kinderchen, liebt euch!*« (8,17)[45] Über die Wichtigkeit dieser Stelle könnte ihn Leibniz unterrichtet haben. Bei diesem liest man nämlich: »... der Angelpunkt der wahren Liebe zu Gott ist der, den der heilige Johannes uns gegeben hat ...«.[46]

Die ›klassische‹ Formulierung in Lessings Werk ist natürlich das berühmte Verspaar im »Nathan«: »Es eifre jeder seiner unbestochnen / Von Vorurteilen freien Liebe nach!« (3. Aufzug, V. 525 f.) Diese Mahnung, so Günter Hartung, lasse sich auch als der wesentliche Gehalt des »neuen ewigen Evangeliums« (s. »Die Erziehung des Menschengeschlechts«, § 86) erkennen.[47]

5. Lessings Neuprotestantismus

Die theologischen, oftmals theologiekritischen Grundpositionen Lessings entsprechen in der Hauptsache dem Neuprotestantismus. Diesem entspricht im wesentlichen ebenfalls das Bild, welches Lessing von der Kirchengeschichte entwarf.

Dazu gehört, daß er einige ehemals als Häretiker betrachtete Autoren in die Ahnengalerie der christlichen Religion aufnahm. Fundstelle dafür ist vorab der berühmte § 87 der Erziehungsschrift mit dem Hinweis auf »gewisse Schwärmer des dreizehnten und vierzehnten Jahrhunderts«, wozu für Lessing neben Joachim von Fiore sicher auch einige Mystiker zählten (darunter vielleicht Meister Eckehart?). Nach diesen kamen die Vorreformatoren, also Persönlichkeiten, die von der Catholica mit dem Bann belegt worden waren. Er sprach von Wiclifs Schriften, »von den Lehrsätzen dieses Vorläufers einer allgemeinern Reformation« (3,191).[48] Jan Hus rechnete er zu denjenigen, die das »Ansehen des Statthalters Christi ... zweifelhaft machten«, wenn auch nur in einigen Stücken, und die »Vorboten« waren jener,

»welche es glücklicher gänzlich über den Haufen werfen würden« (3,687), also der Reformatoren.

Eine Schlüsselfrage des Neuprotestantismus war sein Verhältnis zur Reformation und zum Altprotestantismus. Walther von Loewenich kommentierte die Position Lessings, »daß er das Problem ›Luther und der Neuprotestantismus‹ bis an eine äußerste Grenze vorgetrieben hat, bis zu der sich auch später kaum ein Vertreter des Neuprotestantismus vorwagte.«[49] Seine Apostrophe an Luther gipfelte in der Frage: »Luther, du! – Großer, verkannter Mann! ... Du hast uns von dem Joche der Tradition erlöset: wer erlöset uns von dem unerträglichern Joche des Buchstabens!« (8,125 f.) Loewenich fasste zusammen: »Lessing führte, wie er glaubte, im Namen Luthers seinen Kampf gegen den orthodoxen Hauptpastor Goeze in Hamburg. ... man darf nicht bei dem historisch beschränkten Luther, bei seinem ›Buchstaben‹ stecken bleiben, man muß nach Luthers Geist fragen ... Luthers Geist ist der Geist der Freiheit. Wo sie in der lutherischen Kirche nicht mehr gilt, ist man in das ›Papsttum‹ zurückgefallen. Lessing hat die enge Verbindung zwischen Luthers Schriftprinzip und seinem Grundsatz der Gewissensfreiheit erkannt.«

Unter den Gesichtspunkten, die gemäß von Loewenich für die neuprotestantische Luther-Deutung wesentlich sind, befinden sich auch diese:

»Das Christentum der Zukunft wird ein undogmatisches Christentum der Gesinnung und der Tat sein.

Der Protestantismus ist nicht eine Konfession, sondern eine allgemeine geistige Haltung.«[50]

Es ist leicht zu sehen, daß sich in diesen Sätzen die Religionskritik auch eines »Liebhabers der Theologie« zusammenfassen läßt, der Gotthold Ephraim Lessing hieß. Seine theologisch-theologiekritische Position wird man mit Martin Werner so definieren dürfen: »Der Christ und der kritische Theologe sind in Lessing nicht zu trennen, auch für ihn selber nicht. Aber darin repräsentiert er die beste und tiefste Intention der neuprotestantischen Theologie des Aufklärungszeitalters.«[51]

In der nachreformatorischen Geistesgeschichte setzte Lessing einen Einschnitt bei der neueren französischen Philosophie an, die in Frankreich bis heute als eine der Revolutionen des Geistes bewertet wird. Um die bis dahin anhaltende Rezeption von Platon und Aristoteles einzudämmen, sei das Erscheinen des Descartes notwendig gewesen: »Es war Zeit, daß Cartesius aufstand.« (3,684) Erich Schmidt vermutete auch den Einfluß Giordano Brunos auf Lessing, bei dem sich die Grundidee des Panentheismus finde.[52] An Philosophen der früheren Neuzeit, im Übergang von der Epoche der Konfessionskriege zur Aufklärung, waren es Spinoza und Leibniz, deren Spuren sich im Denken Lessings nachweisen lassen.

Er hatte ein klares Bewußtsein des religionsgeschichtlichen Wandlungsprozesses, der bis zu seiner eigenen Gegenwart eingetreten war: »Das Christentum dieses 18ten Jahrhunderts, wie sehr ist es von dem Christentum aller vorhergehenden siebenzehn Jahrhunderte verschieden!« Es sei eine »große Veränderung, welche zu unsern Zeiten mit der christlichen Religion geschehen ist und geschieht«.[53]

Dennoch wagte er es nicht, anders als sehr behutsam zu formulieren: »... so bald aufgeklärtere tugendhaftere Zeiten, wie wir unter einem Joseph II. sie uns immer mehr und mehr versprechen dürfen ...« (8,161). »Versprechen dürfen« – d.h., sie sind noch keineswegs Wirklichkeit! Anlaß zur Hoffnung gibt aber das Volk: »Denn auch der geringste Pöbel, wenn er nur von seiner Obrigkeit gut gelenkt wird, wird von Zeit zu Zeit erleuchteter, gesitteter, besser ...«. Rissen sich zwar gewisse Prediger nicht von ihm los, so sagte Lessing voraus: »... aber der Pöbel reißt sich endlich von ihnen los.« (8,235 f.)

Barbarische Zeiten, so deutete er an, sind Zeiten ohne Öffentlichkeit, also vor allem auch ohne die Möglichkeit, Wahrheiten zu kommunizieren. So wurden frühere Epochen »nicht darum der christlichen Religion so verderblich ..., weil niemand Zweifel hatte, sondern darum, weil sich niemand damit an das Licht getrauen durfte« (8,229).

Es zeigt sich so, daß Lessing sich mit sämtlichen Erscheinungsformen des Christentums auseinandersetzte, die den in seiner Gegenwart vorhandenen vorangegangen waren. Wie er auf die Dissidenten des Spätmittelalters zurückblickte, darunter auf die Vorreformatoren, wie er auf die Reformatoren zurückblickte, auf verschiedene Persönlichkeiten der frühen Neuzeit, die zu ›retten‹ waren oder zu rühmen, ging sein Blick auch zurück zum mittelalterlichen Christentum und, noch weiter, zum Christentum der Antike, die christliche Früh- und Urgeschichte, bis zur Person Jesu. Für ihn nicht zuletzt gilt, was Martin Werner der neuprotestantischen Geschichtsforschung nachrühmte: »Spontan richtete sich die Historie des Aufklärungsprotestantismus auf die Erhellung jenes Dunkels, das dem Altprotestantismus den Durchblick in die wahre Ursache der offenkundigen Fehlentwicklung des mittelalterlich-kirchlichen Christentums verdeckt hatte: auf das altkirchliche Christentum und dessen geschichtliche Wurzel, das Urchristentum. Ihre Hauptprobleme waren die Frage nach dem eigentlichen Gehalt der Lehre Jesu, deren Verhältnis zum Judentum und zum apostolischen Urchristentum, sodann die Frage nach Ansatz und Ursache der Veränderung der echten Lehre Jesu im Übergang zum altkirchlichen Christentum der Folgezeit.«[54]

Es kam Lessing gerade recht, daß ihm bei der Erhellung jenes Dunkels ein anderer mit scharfem Blick und wachstem historischen Verständnis vorgearbeitet hatte, Reimarus. Diesem war es geglückt, die Geschichte Jesu, die Ur- und Frühgeschichte der christlichen Religion in einer Weise zu analysieren, wie es bis dahin in Deutschland keiner gewagt hatte. Hier liegt der Grund für Lessings Tat der Veröffentlichung der Fragmente des ›Ungenannten‹. Von diesen werfen das 5. (»Über die Auferstehungsgeschichte«) und das 6. (»Von dem Zwecke Jesu und seiner Jünger«) das hellste Licht auf die Anfänge des Christentums.

Albert Schweitzer schrieb: »Von der Großartigkeit der Darstellung in dem Fragment *Vom Zwecke Jesu und seiner Jünger* kann man nicht genug sagen. Diese Schrift ist nicht nur eines der größten Ereignisse in der Geschichte des kritischen Geistes, sondern zugleich ein Meisterwerk der Weltliteratur.« Lessing sei zwar mit den Auffassungen des Reimarus nicht einverstanden gewesen, aber: »Es war Lessings Größe, daß er die Bedeutung dieser Kritik erfaßte und ahnte, daß sie zur Vernichtung oder zur Umbildung des Begriffs der Offenbarung führen müsse. Er erkannte, daß das historische Element den Rationalismus umbilden und vertiefen würde. ... innerlich selbst bangend für Dinge, die ihm heilig waren, schleuderte er die Brandfackel.«[55] So stellte er für den Älteren die Öffentlichkeit her, die dieser selber nicht hatte in Anspruch nehmen wollen.

Schweitzer wußte von der Förderung der Wissenschaft durch – den Haß. Reimarus und David Friedrich Strauß hätten Haß empfunden, weniger auf die Person Jesu als vielmehr auf deren »übernatürlichen Nimbus ... Sie wollten ihn darstellen als einen einfachen Menschen ... Weil sie haßten, sahen sie am klarsten in der Geschichte. Sie haben die Forschung mehr vorwärtsgebracht als alle andern zusammen.« (Ebd., S. 48) Des Reimarus Werk sei vielleicht »die großartigste Leistung in der Leben-Jesu-Forschung überhaupt, denn er hat zuerst die Vorstellungswelt Jesu historisch, d.h. als eschatologische Weltanschauung erfaßt ... Jesus, als historische Persönlichkeit (wirkte) nicht als Anfänger eines neuen, sondern als die Enderscheinung des eschatologisch-apokalyptischen Spätjudentums« (ebd., S. 65).[56]

Schweitzer hielt fest: Die Leben-Jesu-Forschung, eine zentrale Aufgabe der Geschichtsschreibung des Christentums, wurde mit dem stupenden Werk des Reimarus überhaupt erst eröffnet. Sie fing also im letzten Drittel des 18. an, um im ersten Jahrzehnt des 20. Jahrhunderts einen gewissen Abschluß zu erreichen.[57] Sicher kann es als eine Paradoxie erscheinen: Diese Untersuchungen, die hundert Jahre später zum eschatologischen Jesusbild führten, begannen im Zeitalter des Rationalismus durch einen kaum sehr bekannten Autor, dessen Ergebnisse ein führender deutscher Autor des Rationalismus der Epoche der Öffentlichkeit zugänglich machte.

Die Entwicklung der Leben-Jesu-Forschung – zwischen Reimarus und der eschatologischen Schule und konsequenten Eschatologie – wäre kaum möglich gewesen ohne die Leistung der liberal-kritischen Schule. Sie bildete quasi die Brücke zwischen der Aufklärung und somit auch den Erkenntnissen des Reimarus und Lessings und dem Zeitpunkt um 1900: »Aber das ist eben das Großartige an den liberal-kritischen Leben-Jesu, daß sie eine höhere geschichtliche Einsicht unbewußt herbeizwangen, die ohne sie nicht kommen konnte. ... So trat, durch das Verdienst und die großartige Wahrhaftigkeitsarbeit der liberal-kritischen Schule, an Stelle der natürlichen die eschatologische Psychologie.« (Ebd., S. 244)

Schweitzer spitzte seine Provokation noch um einen Grad zu, wenn er davon sprach, daß seiner Gegenwart, bei »allen Fortschritten historischer Einsicht«, der historische Jesus »fremder« geblieben sei »als dem Rationalismus des achtzehnten und des beginnenden neunzehnten Jahrhunderts, der ihm durch seinen begeisterten Glauben an einen sich bald verwirklichenden sittlichen Fortschritt der Menschheit nahe gekommen war« (ebd., S. 625).

Hier hätte man das entscheidende Kriterium – für die Leben-Jesu-Forschung, für den Rationalismus, für den Neuprotestantismus, im Grunde für jegliche Gedankenwelt und Praxis, die sich als Nachfolge Jesu versteht –: Es ist der Enthusiasmus für die Erfüllung der großen Aufgabe, die vor der Menschengattung liegt: den sittlichen Fortschritt zu verwirklichen.

Um zu differenzieren: das Kriterium ist ein zwiefaches, ist die universale *Deutungs-* sowohl als auch ebenso universale *Handlungs*perspektive.

Im Geistesleben der Menschheit, so Schweitzer, sei der äußerste Punkt erreicht: »... seitdem das Individuum die Totalität des Seins, die Welt überhaupt, in Betracht zieht, und als erkennendes und wollendes Subjekt über die Wechselbeziehungen leidender und tätiger Art zwischen dem All und sich selbst reflektiert«. Zur universalen, zugleich universalhistorischen Deutungsperspektive käme die universale Handlungsperspektive hinzu, das zentrale Erbe jenes spätjüdischen Lehrers, unter der Voraussetzung, es gelänge die »Übertragung des Urgedankens jener Weltanschauung in unsere Begriffe«: »Denn dies ist das Charakteristische an Jesus, daß er über die Vollendung und Seligkeit des Einzelnen hinaus auf eine Vollendung und Seligkeit der Welt und einer erwählten Menschheit ausschaut. Er ist von dem Wollen und Hoffen auf das Reich Gottes hin erfüllt und bestimmt.« (Ebd., S. 623)[58]

Schweitzer notierte: »Das geschichtliche Problem des Lebens Jesu ... darf .. durch die aus der spätjüdischen Eschatologie gewonnenen Erkenntnisse als im wesentlichen gelöst angesehen werden.« (Ebd., S. 36) Doch erweist sich nun, welche Wichtigkeit dem gerühmten erkenntnistheoretischen Satz Lessings eignet, der lautet: »*Zufällige Geschichtswahrheiten können der Beweis von notwendigen Vernunftswahrheiten nie werden.*« (8,11 f.) Schweitzer zufolge kann es nämlich »eine ›geschichtliche‹ Lösung der Frage nach der Bedeutung Jesu für die heutige Religiosität nicht geben«, da vorausgesetzt werden müsse: »daß die Religion ihrem Wesen nach von jeglicher Geschichte unabhängig ist« (ebd., S. 519).

Das moderne Christentum müsse »von vornherein und immer mit der Möglichkeit einer eventuellen Preisgabe der Geschichtlichkeit Jesu rechnen«. Es dürfe also keineswegs christozentrisch sein, und »der Herr« immer nur »ein Element der Religion«, »nie aber darf er als Fundament ausgegeben werden«. Oder: »die Religion muß über eine Metaphysik, das heißt eine Grundanschauung über das Wesen und die Bedeutung des Seins, verfügen, die von Geschichte und überlieferten Erkenntnissen vollständig unabhängig ist« (ebd., S. 513).

So sei in Wahrheit die Stellung der freisinnigen Theologie gegenüber der gebundenen – sprich: der neuprotestantischen gegenüber der orthodoxen – durch die Ergebnisse der konsequenten Eschatologie nicht im geringsten geschwächt, denn: »Für den Sieg der freieren Auffassung der Religion kommt es ... gar nicht darauf an, ob sie in der Geschichte alle Waffen findet, die sie in ihr suchte«.

Es erweise sich aber, daß die Historie dennoch nicht ein für allemal entwertet sei, so daß in der Zukunft das Denken mit ihr im Junktim wirksam werde. »Die Zeit zieht herauf, wo Denken und Geschichte, nachdem die letztere über ein Menschenalter hindurch die religiösen Geister fast allein beschäftigt, wieder beide in ihre Rechte eintreten und nach Versöhnung streben. Diese kann nur darin bestehen, daß wir uns unserer wesentlichen Beziehung auf die Vergangenheit und zugleich unserer Freiheit von ihr bewusst werden, und die Religion nicht nur auf die Überlieferung und ihre Deutung, sondern auch, und dies viel mehr als bisher, auf den Geist gründen. Nur der letztere, nicht irgendeine Geschichtsauffassung, vermag gegen die gebundene Religiosität zu streiten und den Freisinn, in seiner edelsten und tiefsten Form, durch Erkenntnis und Tat zum Siege zu führen.« (Ebd., S. 27 f.)

Was Schweitzer hier konzipierte, könnte es nicht zugleich die Ehrenrettung für den Terminus sein, den die Aufklärung und mit ihr Lessing so hoch hielt: Vernunftreligion? Es wären eine Gedankenwelt und Praxis, die ihre Wahrheit und ihre Energie aus dem Denken und der Geschichte zugleich ableiteten.

Es ist die Konzeption, mit der er, Schweitzer, seiner Gegenwart zu begegnen suchte, die im Begriff sei, »die Welt an die Herrschaft der Geister der Gedankenlosigkeit auszuliefern, sich mit dem Stillstand und dem Rückschritt der Kultur abzufinden und darauf zu verzichten, alles was Mensch heißt, auf die Höhe wahrer Humanität zu erheben« (ebd., S. 626). Daß Jesus »eine übernatürlich sich realisierende Endvollendung erwartet, während wir sie nur als Resultat der sittlichen Arbeit begreifen können, ist mit dem Wandel in dem Vorstellungsmaterial gegeben. ... Nur darauf kommt es an, daß wir den Gedanken des durch sittliche Arbeit zu schaffenden Reiches mit derselben Vehemenz denken, mit der er den von göttlicher Intervention zu erwartenden in sich bewegte, und miteinander wissen, daß wir imstande sein müssen, alles dafür dahinzugeben.« (Ebd., S. 627)

Anmerkungen

1 Emanuel Hirsch kommentierte Lessings Sicht: »Alle positive Religion muß ... als noch nicht zur Wahrheit durchgeläuterte, aus Aberglauben, Wahn, Vorurteil noch nicht herausgelöste Werde- oder Vorgestalt der natürlich-vernünftigen Religion gelten.« Das »*Positive*, d.h. das über das Natürlich-Vernünftige Hinausgehende am Christentum wie an jeder andern geschichtlichen Religion fällt unter den Begriff des *Vorurteils* oder *Wahns*, von dem frei zu werden Bestimmung des Men-

schen ist.« (Geschichte der neuern evangelischen Theologie im Zusammenhang mit den allgemeinen Bewegungen des europäischen Denkens. Bd. 4. 5. Aufl. Gütersloh 1975, S. 133.).
2   Ders., ebd., S. 137.
3   Benutzte Ausgabe: Gotthold Ephraim Lessing, Werke, hg. von Herbert G. Göpfert. Darmstadt 1996, Bd. 3, S. 687. – Im Text zitiert nur mit Bandangabe, Seitenzahl. – Wenn andere Lessing-Ausgaben heranzuziehen sind, steht die bibliographische Angabe in der Anmerkung.
4   Eine Hauptthese Franz Overbecks lautete, daß der »Antagonismus des Glaubens und des Wissens ein beständiger und durchaus unversöhnlicher sei«, womit er, wie Niklaus Peter schrieb, »ins Herz jeder, vor allem jedoch in das der liberalen Theologie« treffe. (In: Ernst Troeltsch auf der Suche nach Franz Overbeck. Das Problem des Historismus in der Perspektive zweier Theologen, in: Ernst Troeltschs »Historismus«, hg. von Friedrich Wilhelm Graf (= Troeltsch-Studien, Bd. 11). Gütersloh 2000, S. 94 – 122; hier: S. 103.) – Ersichtlich trifft diese Kritik jedenfalls nicht die Theologiekritik von Lessing, hielt doch gerade dieser an besagtem Antagonismus fest. Wie im Text noch zu zeigen sein wird, kann Unklarheit indessen seine Begriffsverwendung bewirken, etwa der Terminus *Vernunftreligion*, der die Verquickung oder Versöhnungsmöglichkeit von Vernunft und Religion anzudeuten scheint.
5   Das Erlebnis und die Dichtung. Lessing – Goethe – Novalis – Hölderlin. Leipzig 1988, S. 89 u. 95. – Die Ablehnung der katholischen Kirche als *Institution*, der *Papstkirche*, gehört zum festen Gedankenbestand Lessings; vgl. etwa seine Wendung: »*... Rom ward auf einmal zu einem verabscheuungswürdigen Tyrannen der Gewissen*« (3, 687).
6   Hirsch (wie Anm. 1), S. 133.
7   Martin Werner, Der protestantische Weg des Glaubens. 1. Bd.: Der Protestantismus als geschichtliches Problem. Bern etc. 1955, S. 245 f. (2. Bd. mit dem Untertitel: Systematische Darstellung. Ebd., 1962.).
8   Lessings Gottesgedanke und der Pantheismus, in: Thomas Höhle (Hg.), Lessing und Spinoza. (= Martin-Luther-Universität Halle-Wittenberg – Wissenschaftliche Beiträge 1982 / 1, F 35). Halle / Saale 1982, S. 36. – Wichtig sind bis heute sämtliche Beiträge der Konferenz zum Lessing-Jubiläum (1979) in Halle an der Martin-Luther-Universität – vor allem auch durch die außerordentliche Spannweite der seinerzeit behandelten Themen –: Günter Hartung (Hg.), Beiträge zur Lessing-Konferenz 1979 (= Kongreß- und Tagungsberichte der Martin-Luther-Universität Halle-Wittenberg, ohne Ziffer). Halle / Saale 1979; Hans-Georg Werner (Hg.), Lessing-Konferenz Halle 1979. 2 Teile. Halle / Saale 1980 (= Martin-Luther-Universität Halle-Wittenberg – Wissenschaftliche Beiträge 1980 / 3, F 21).
9   Jürgen Teller, Diskussionsbeitrag, in: Thomas Höhle (wie Anm. 8), S. 88. – Als spärliche verbliebene Merkmale christlicher Lehre bei Lessing zählte der Verfasser auf: die Werk- und Liebesethik, (im Anschluß an Leibniz) die Strafgerechtigkeit Gottes sowie die »Heilsgeschichtlichkeit des Menschengeschlechts«; dagegen stünden: die Absage an den Schöpfergott, die Aufkündigung des Glaubens an die Wunder Gottes; die Leugnung der geschichtlichen Offenbarung und die Irrelevanz der Lehre von der Heilsmittlerschaft Jesu (ebd., S. 88 f.).
10 Luther und der Neuprotestantismus, Witten 1963. S. 19.
11 Geschichte der religiösen Ideen. 4 Bde. Darmstadt 2002. 4. Bd.: Vom Zeitalter der Entdeckungen bis zur Gegenwart; Zitat: S. 446.
12 Schaeffler verwies auf Ludwig Feuerbachs Schrift »Das Wesen des Christentums«, Sigmund Freuds »Die Zukunft einer Illusion« und auf die »(nur in Ansätzen entwickelte) Religionstheorie von Karl Marx«, um als ihr einigendes Charakteristikum anzugeben: »Allen diesen Versuchen aber ist gemeinsam, daß sie die Religion, deren (relative) Auflösungs-Resistenz sie deuten wollen, als Folge eines Selbst-Mißverständnisses des religiösen Menschen interpretieren. Die Religion hat, dieser Interpretation gemäß, eine vorübergehende Funktion im Leben des Individuums bzw. der Gesellschaft zu erfüllen; der religiöse Mensch dagegen hält sie für etwas Endgültiges.« (Ebd., S. 430).
13 Sie könnten sich Schützenhilfe bei Karl Kraus holen, einem Autor, den sie im übrigen lieber am Rande liegen lassen, und einen Vers aus seinem Drama »Die letzten Tage der Menschheit« zitieren (Schlußszene des 5. Akts): »Und nichts wird euch erretten!« ... oder findig werden in Goethes »Faust«, wo in der Szene »Großer Vorhof des Palasts« Mephisto avisiert: »Und auf Vernichtung läuft's hinaus.« (V. 11550). – K. R. Eissler deutete die Prophezeiung Mephistos als die (krypti-

sche) Kernaussage, das eigentliche Geheimnis dieser Dichtung (Goethe. Eine psychoanalytische Studie. 1775-1786. 2 Bde. München 1987, hier: 2, 1612-1646; vor allem: 1627, 1635, 1641 u. 1646).
14 Zur sog. ›Luther-Renaissance‹ in dem Jahrzehnt nach dem 1. Weltkrieg äußerte Kurt Leese: »*Zwischen Reformation und moderner Welt*, – das war die dialektisch aufs stärkste gespannte geistesgeschichtliche Lage, in der sich der neuere Protestantismus entwickelte und die einfach zu seinem Schicksal gehört. ... Es kann wohl eine ›Lutherrenaissance‹ geben. ... Aber eine Lutherrenaisssance, die hinter jenes Schicksal zurückgeht, die so tut, als ob es nicht ernsthaft und wahrhaft existierte, sondern sich um es herumdrückt, ist keine Lutherrenaissance, die diesen Namen verdient.« (Der Protestantismus im Wandel der neueren Zeit. Texte und Charakteristiken zur deutschen Geistes- und Frömmigkeitsgeschichte seit dem 18. Jahrhundert bis zur Gegenwart. Stuttgart 1941, S. 157).
15 Geschichte der Leben-Jesu-Forschung. 9. Aufl. Tübingen 1984, S. 232. – Die in diesem Werk niedergelegte Erkenntnis »wird heute als die kopernikanische Tat der modernen Theologie von ihren nicht dogmatisch gebundenen Repräsentanten fast allgemein vertreten« (Karlheinz Deschner, Nachwort des Herausgebers. In: Jesusbilder in theologischer Sicht. Hg. von dems. München 1966, S. 459).
16 »Seine Ethik ist an sich warm und tief, bleibt aber insofern unvollständig, als sie Arbeit, Erwerb, Wirken und so viele andere Größen entweder nicht in Betracht zieht oder direkt entwertet. Überdies wird sie durch Verwendung des krassen Lohngedankens gefährdet, durch jüdisch-partikularistische Anschauungen eingeengt und durch die Annahme der Prädestination durchkreuzt. Dazu kommt der primitive Charakter der metaphysischen Vorstellungen Jesu, die sich in keiner Weise in moderne überführen lassen und nicht einmal den elementarsten Bedürfnissen des Denkens und der Spekulation entgegenkommen. ... Die religionsphilosophische Frage hat es also mit den beiden extremen Fällen zu tun, daß Jesus für die moderne Religiosität nicht existieren könnte, entweder weil er nicht gelebt hat oder aber, weil er sich als historisch erwiest.« (Ebd., S. 516 f.) »Es ist nicht schwer zu zeigen, daß Jesus neben vielem Guten auch ungeheuer viel Böses und Verwerfliches gewirkt hat und noch wirkt. Er hat mitgeholfen, das Große an der antiken Kultur zu zerstören; er hat das Mittelalter mit heraufgeführt; die schauderhaftesten Dinge sind in gutem Glauben an ihn vollbracht worden ...« (Ebd., S. 521).
17 Wolfhart Pannenberg, Reformation und Neuzeit, in: Protestantismus und Neuzeit (= Troeltsch-Studien, Bd. 3). Gütersloh 1984, S. 21-34, hier: S. 27.
18 Vgl. Trutz Rendtorff, Theologie in der Moderne. Über Religion im Prozeß der Aufklärung (= Troeltsch-Studien, Bd. 5). Gütersloh 1991, S. 157. – Das Zitat von Barth: ders., Lutherfeier 1933, München 1933 (= Theologische Existenz heute, H. 4), S. 20. – Über Barths (nicht immer konstante) Position zum Neuprotestantismus entstand im Lessing-Jahr 2004 ein Leserbriefwechsel in der FAZ. (Nr. 111, 13. Mai 2004, S. 38, sowie Nr.132, 9. Juni 2004, S. 8.).
19 Zit. bei Martin Werner (wie Anm. 7), 1,913.
20 Hinweis von Trutz Rendtorff (wie Anm. 18)., S. 307. – Das Zitat in: Paul Tillich, Ein Lebensbild in Dokumenten. Briefe, Tagebuch-Auszüge, Berichte, hg. von Renate Albrecht und Margot Hahl. Stuttgart 1980 (= Ergänzungs- und Nachlaßbände zu den Gesammelten Werken von Paul Tillich. Bd. 5), S. 316.
21 Ernst Troeltsch, Kritische Gesamtausgabe, Bd. 8: Schriften zur Bedeutung des Protestantismus für die moderne Welt (1906-1913). Berlin etc. 2001 (ohne Seitenangabe), 1. Absatz. – Vgl. aus katholischer Sicht: Norbert Witsch, Glaubensorientierung in »undogmatischer« Zeit. Ernst Troeltschs Überlegungen zu einer Wesensbestimmung des Christentums, Paderborn 1997. – Zu den Veränderungen in der Schätzung Troeltschs (von der nahezu völligen Vergessenheit nach seinem Tode fast ein halbes Jahrhundert lang bis zur intensiven »Zuwendung« seit etwa 1975) vgl. Hans-Georg Drescher: Ernst Troeltsch. Leben und Werk. Göttingen 1991, S. 15.
22 (Wie Anm. 17), S. 22, 25, 27 u. 30.
23 Dieser Abschnitt beruht auf den Forschungsergebnissen von Albert Schweitzer (wie Anm. 15, passim) und Martin Werner (wie Anm. 7, passim).
24 (Wie Anm. 7), 1,407 u. 859.
25 (Wie Anm. 5), S. 85 f. – Mit der Einschränkung: »Nur daß Lessing der Grenzen dieser Evidenz sich genau bewußt ist.« (Ebd., S. 86) – Die Frauenmystik des Mittelalters: in Deutschland mit dem

Zentrum Helfta bei Eisleben, u. a. später, im Jahrhundert der Reformationen, in Spanien: auch Theresia von Avila.
26 Zit. in: Gustav Pfannmüller, Jesus im Urteil der Jahrhunderte. Die bedeutendsten Auffassungen Jesu in Theologie, Philosophie, Literatur und Kunst bis zur Gegenwart. Leipzig etc. 1908, S. 303. – Leibniz griff damit wohl variierend eine Vorstellung der älteren Theologie auf, die ›visio beatifica‹, die ihm gut bekannt war. So legte er an anderer Stelle dar, höchstes Ziel des Christenmenschen sei es, der ›visio beatifica‹ teilhaftig zu werden: »Maßen auch die vollkommen-gemachte Erkanntnüs und Liebe Gottes zu seiner Zeit in der Visione Beatifica oder unersinnlichen Freude, die die Bespiegelung und auf gewisse Maße Konzentrierung der unendlichen Schönheit in einen kleinen Punkt unsr Seelen mit sich bringen wird, bestehen muß.« (In: Gottfried Wilhelm Leibniz, Auswahl ... von Friedrich Heer. Frankfurt / M. etc. 1958, S. 87.).
27 Das Wesen des Christentums. Stuttgart o. J. (Reclam), S. 48.
28 Der Werdegang des Protestantismus in vier Jahrhunderten. München 1917, S. 213. – Er vermutete, Lessings Antwort laute: weil man die Wahrheiten der Vernunft ebenso wie diejenigen der Offenbarung niemals als fertig gegebene Dogmen besitzen kann; es käme ihnen nur relative Bedeutung zu.
29 Vgl. den Beitrag von Heidi Beutin in diesem Band!
30 Deutsche Predigten und Traktate, hg. von Josef Quint. Zürich 1979, S. 60.
31 Prolegomena zu einer jeden künftigen Metaphysik, die als Wissenschaft wird auftreten können, § § 47 u. 22.
32 Ebd., § 53 (in der Anmerkung hierzu).
33 Deutsche Bischofskonferenz, Katholischer Erwachsenen-Katechismus. Das Glaubensbekenntnis der Kirche. 3. Aufl. Bonn etc. 1985, S. 39. – Notabene: Ein weichliches »noch weniger«; statt eines wackeren »weder – noch«. – In der Theologiegeschichte gibt es auch andere Unterteilungen des Neuprotestantismus. So etwa unterschied man dessen »zwiefache Ausprägung« im »Aufklärungschristentum« hier sowie im Pietismus dort (Horst Stephan / Martin Schmidt, Geschichte der evangelischen Theologie in Deutschland seit dem Idealismus. 3. Aufl. Berlin etc.1973, S. 6-10).
34 Herbert Vorgrimler, Neues theologisches Wörterbuch. Darmstadt 2001, S. 662 (Art. »Verstand und Vernunft«).
35 (Wie Anm. 27), S. 314.
36 Ebd., S. 97.
37 Erich Schmidt, Lessing. Geschichte seines Lebens und seiner Schriften. 2. Bd., 3. Aufl. S. 481; Thomas Höhle, in: Lessings Gottesgedanke und der Pantheismus, in: Ders. (Hg.), Lessing und Spinoza (wie Anm. 8), S. 47 f. – Eine vergleichbare Identifikation nahm Christoph Martin Wieland in seiner Schrift »Das Geheimniss des Kosmopoliten-Ordens« (1788) vor. Darin heißt es: »Die *Kosmopoliten* haben und erkennen, *als solche*, keine andern *Obern*, als die Nothwendigkeit und das Naturgesetz, oder – was im Grunde eben dasselbe sagt – als das unerforschliche ewige Urwesen, welches der Anfang und das Ende aller Dinge ist.« (C. M. Wieland, Sämmtliche Werke. Bd. 30. Leipzig 1797. ND Hamburg 1984, S. 171 f.)
38 Dazu vgl.: Dilthey (wie Anm. 5), S. 137; Erich Schmidt (wie Anm. 37), S. 517 (vermutete Beeinflussung durch Giordano Bruno, s. ebd., S. 518).
39 Vgl. jedoch schon Mt. 20,16: »Viele sind berufen, aber wenige sind auserwählt.« (»Multi enim sunt vocati, pauci vero electi.«).
40 Wobei er die Vorarbeiten Semlers u.a. ausgiebig benutzte (Dilthey, wie Anm. 5, S. 90 f.; Erich Schmidt, wie Anm. 37, S. 231 f.).
41 Erich Schmidt (wie Anm. 37), S. 297.
42 Dilthey (wie Anm. 5), S. 97 u. 99.
43 Ebd., S. 124.
44 Vgl. seine Schrift »Monarchia«, 1. Buch, Kap. II, Abs. 5.
45 Kein Vers aus dem Evangelium, sondern Lessing zitierte eine Äußerung nach Hieronymus (8,27). – Einzuwenden ist: Allerdings steht es um den Begriff der Liebe bei Johannes (dem mutmaßlichen Verfasser des Evangeliums und der ihm zumindest zugeschriebenen Briefe) doch recht prekär. Martin Werner verwies auf die »für das kirchliche Christentum der Folgezeit verhängnisvoll gewordene *Verkirchlichung des Liebesgebots*«, die darin enthalten sei, weil die Liebe zum Nächsten aufgegeben werde zugunsten des Bruders; Brüder jedoch seien ausschließlich die rechtgläubigen

Mitchristen, wohingegen Weltmenschen, Ketzer und Juden = Teufelskinder (Werner, wie Anm. 7, 2,182). Vgl. Jo. 8,44: »Vos ex patre diabolo estis ...«

46 Ed. Heer, (wie Anm. 26), S. 54 (in der Einführung, aus einem Brief an Mademoiselle de Scudéry).
47 In: Hans-Georg Werner (wie Anm. 8), S. 187. – Der Terminus »ewiges Evangelium« im NT, Apk. 14,6.
48 Hinzuzunehmen ist noch Lessings Notiz über Wiclif, in: Lessings sämtliche Werke in zwanzig Bänden, hg. von Hugo Göring. Stuttgart 1885, Bd. 18, S. 299.
49 (Wie Anm. 10), S. 21. – Der Verf. fügte hinzu: »Eben deshalb ist sein Versuch, es zu bewältigen, so instruktiv und nachdenkenswert.« (Ebd.)
50 Luthers Stellung im Neuprotestantismus, in: Die Reformation geht weiter. Ertrag eines Jahres, hg. von Ludwig Markert und Karl Heinz Stahl. Erlangen 1984, S. 186 ff.
51 (Wie Anm. 7), 1,386.
52 (Wie Anm. 37), S. 517 f.
53 Nach Görings Ausg. (wie Anm. 48), 17,82 f.
54 (Wie Anm. 7), 1,491. – Wer die religionsphilosophische Aufgabe erfüllen und die Wahrheit über das Christentum ermitteln wollte, habe als »konsequenter theologischer ›Rationalist‹« forschen müssen: »Der theologische ‚Rationalismus' ist dadurch gekennzeichnet, dass er alle geschichtlichen Gestalten des Christentums, auch jene ursprünglichste, die uns in der Botschaft und Persönlichkeit Jesu entgegentritt, aus der falschen Verabsolutierung durch den supranaturalistischen Lehroffenbarunsgbegriff herauslöst und sie vorbehaltlos einer kritischen Besinnung unterstellt, die mit den jeweils verfügbaren Mitteln der auf eigenes Erleben und Erfahren sich gründenden Philosophie und Wissenschaft arbeitet.« (Ebd., 1,567) Allerdings warf dann das kritische Verfahren, das der Aufklärungsprotestantismus bei Erfüllung der religionsphilosophischen Aufgabe wählte, ein neues Problem auf: »Er scheidet aus der Lehre Jesu aus, was in ihr mit der ›natürlichen‹, vernunftgemässen Religion nicht übereinstimmt. Als natürliche Religion gilt hier, in den wesentlichen Grundgedanken, die spätstoische, und als das, was mit ihr in der Lehre Jesu (und des Urchristentums überhaupt) nicht übereinstimmt und daher auszuscheiden ist, das Jüdische.« (Ebd., 1,568).
55 (Wie Anm. 15), S. 57 f. – Martin Werner kommentierte: Abgesehen von nur einem einzigen Fehler in den Ausführungen des Reimarus, »so ergibt sich zur Hauptsache bereits der Ansatz zur ›konsequent-eschatologischen‹ Auffassung vom Wesen des Urchristentums, die jedoch aus mannigfachen Gründen dann doch erst mehr als hundert Jahre später auf den Plan tritt. Daran ist zu ermessen, wie weit Reimarus der deutschen Aufklärungstheologie vorausgeeilt ist.« (1,420 f.).
56 Reimarus habe auch historisch richtig erkannt, »daß zwei messianische Erwartungskreise, ein altprophetischer und ein danielisch-apokalyptischer, im Spätjudentum ineinandergriffen« (ebd., S. 66). – Für Jesus mußte sich aus der »Zusammenlegung der prophetischen und der danielisch-apokalyptischen Eschatologie ... ein großes Problem hinsichtlich der Persönlichkeit des Messias« ergeben: »Wie konnte er Abkömmling Davids und zugleich der übernatürliche Menschensohn sein? ... (Es bestand) die einzig mögliche Lösung darin, daß man den Gesalbten in der letzten Menschengeneration aus dem Geschlechte Davids geboren und nachher, beim Anbruch der messianischen Zeit, in den übernatürlichen Menschensohn verwandelt werden ließ.« (Ebd., S. 404 f.)
57 Ebd., S. 29. – D.h. mit der eschatologischen Schule sowie mit der konsequenten Eschatologie (der Forschungsrichtung Schweitzers). – Freilich stießen diese wiederum auf erbitterte Kritik in ihrer Zeit. Vgl. z.B.: Gustav Pfannmüller (wie Anm. 26, S. 366), der mit Wendung gegen Schweitzer polemisierte: »Mit Recht ist diese Auffassung Jesu als durchaus übertrieben und in keiner Weise unseren Quellen entsprechend von den meisten Gelehrten scharf zurückgewiesen worden. Sie übersieht völlig, daß Jesu Größe eben darin bestand, daß er diese eschatologischen Ideen zwar nicht zurückwies, aber sie durchaus nicht zum Mittelpunkt seiner Lehre machte.« – Jedoch blieb die jüngere Feststellung Werners von 1955 seither gültig: »Man darf sagen, dass heute der Grundgedanke der neuen Lösung, die These von der eschatologischen Naherwartung Jesu und des Urchristentums, in der theologischen Wissenschaft weithin sich durchgesetzt hat.« (Wie Anm. 7), 1,104.)
58 Auch Paulus habe so auf »eine Änderung in dem Zustande der Welt und der gesamten menschlichen Kreatürlichkeit« gezielt (ebd., S. 544).

Lessing und die philosophischen Strömungen der frühen Neuzeit

Bodo Heimann

»O Jahrhundert, o Wissenschaft, es ist eine Lust zu leben!
Die Wissenschaften blühen, die Geister regen sich.«
Ulrich von Hutten

1. Philosophische Strömungen der frühen Neuzeit

Renaissance, frühe Neuzeit, es klingt wie ein Aufbruch zu neuen, besseren, glücklicheren Epochen der Menschheit, klingt aber auch nach Wiederentdeckung von etwas, das es früher schon gab und das verschüttet, verdrängt, verfälscht, vielleicht verteufelt, bekämpft und vergessen wurde. Dass die Erde eine Kugel ist, hatte man schon im Altertum erkannt, aber das christliche Abendland stellte sie sich wieder als Scheibe vor, weil solche Vorstellung besser zur Bibel passte. Geschichte ist nur insofern ein Kontinuum, als immer wieder unabsehbar viele Ursachen zu immer wieder unvorhergesehenen Wirkungen führen, sie ist dabei voller Überraschungen, Katastrophen, Rückschritten, auch Rückbesinnungen und Fortschritten.[1]

Renaissance und Humanismus gelten uns als Zeitalter der Entdeckungen und Erfindungen, der Reformation und Befreiung von religiösen verbindlichen Dogmen. Die »Humanisten« fühlten sich als Erneuerer, ihr Wille richtete sich nicht auf Erhaltung, Begründung und Systematisierung des vorhandenen Materials, sondern auf kritische Auseinandersetzung mit dem Alten, Suchen, Forschen, Neuschöpfung.

Nikolaus von Cues – Nicolaus Cusanus (1401 – 1464) – wurde mit seiner Unendlichkeitsphilosophie und der Vorstellung der coincidentia oppositorum, die er auch mathematisch begründete, wegweisend für Kepler, Newton und Leibniz und beförderte nachhaltig den »Gedanken der dynamischen Einheit des Naturganzen, dessen letzte einheitlich wirkende Kraft Gott selbst ist, und dessen Unendlichkeit (die Unendlichkeit des Naturganzen) das eigentliche Bindeglied mit der Gottheit darstellt.«[2] Dabei sei dem endlichen Menschen grundsätzlich nur ein vorläufiges, unvollkommenes Wissen vom Unendlichen möglich, ein gelehrtes Nichtwissen – docta ignorantia.

Wegweisend in Italien wurde Pietro Pomponazzi (1462 – 1525), als Lehrer in Bologna tätig. In seiner bedeutenden, auch mutigen, Schrift »Über die Unsterblichkeit der Seele« behandelte er die Frage, ob die persönliche Unsterblichkeit mit der Seelenlehre des Aristoteles vereinbar sei. Er verneint diese Frage, denn als Form des lebenden Körpers ist die Seele ebenso an den Körper gebunden wie die Erkenntnis an die sinnliche Wahrnehmung. Ebenso verwirft er in einer anderen Schrift die menschliche Willensfreiheit. Der Mensch einschließlich seiner Seele ist ein Naturwesen, eingegliedert in die Natur und ihre Notwendigkeit, den Naturgesetzen unterworfen. Eingegliedert in die *eine* Natur: Pomponazzi legt Wert auf diese Einheit der Natur. Er widerspricht damit dem christlich etablierten Dualismus und wird zum Wegbereiter neuer Denkmodelle[3] bis hin zu Giordano Bruno und zu Spinozas »deus sive natura«, von dem noch die Rede sein wird.[4] Das neue Modell ist die Vorstellung einer dynamischen Natureinheit: Wer erkennend in die Natur eindringt, müsse auf dieselben einheitlichen Grundkräfte stoßen, auf das, was die Welt im Innersten zusammenhält. Diese Kräfte gilt es zu erforschen, und zwar ohne Bevormundung durch Theologie.[5]

Sowohl mit etablierten Lehrmeinungen der Kirche als auch mit der Bibel selbst setzte man sich kritisch auseinander. Agrippa von Nettesheim (1486-1535) widersprach der christlichen Diskriminierung der Frau, die in jener Zeit pseudo-etymologisch als ›femina‹ = mindergläubig verketzert wurde. Seit Eva, so wurde aus der Bibel gefolgert, sei sie dem Manne untertan und als Gehilfin des Teufels immer wieder Verführerin. Für Agrippa von Nettesheim zeigt die Schöpfungsgeschichte, dass Gott sich immer mehr steigerte und immer höherwertige Wesen schuf. Wenn also erst der Mann und dann die Frau geschaffen wurde, dann sei sie noch vollkommener und noch wertvoller als der Mann.

Für Paracelsus (1493 – 1541) wird die Medizin der Schlüssel zur Welt, insofern als sich im Menschen, im Mikrokosmos, der kleinen Welt, der Makrokosmos spiegelt. Der Arzt erkennt im menschlichen Leib die wirksamen Kräfte der Natur, die auch im großen Ganzen der Natur, im Makrokosmos wirksam sind.[6]

Hieronymus Cardanus (1501 – 1576) war ebenfalls Arzt, Mathematiker, Astronom, Astrologe, Naturphilosoph. Seine skeptische pantheistische Philosophie wollte er nur Gelehrten zugänglich machen, um das Volk in seinem Kirchenglauben nicht zu irritieren. In seinem »Wettstreit der Religionen« lässt er einen Heiden, einen Christen, einen Juden und einen Mohammedaner disputieren. Weil er dem Christen nicht den Sieg zuerkennt, sondern den Streit offenlässt, wurde er angegriffen, auch des Atheismus bezichtigt. Über ihn schrieb Lessing eine längere Abhandlung seiner »Rettungen«.[7]

Wie lebensgefährlich es damals war, sich seines eigenen Verstandes zu bedienen und sich über die Welt eigene Gedanken zu machen, wird besonders deutlich am Schicksal von Giordano Bruno (1548 – 1600). Wilhelm Dilthey bezeichnete ihn als den »ersten monistischen Philosophen der neueren Völker«. In Brunos Hauptwerk »Della causa, principio ed uno« von 1582 entwickelte er seine Vorstellungen von der Weltseele. Leibniz übernahm von Bruno seinen Monadenbegriff, auch auf Spinoza hat Bruno stark gewirkt. Von der Inquisition wurde Bruno nach siebenjähriger Gefangenschaft zum Tode verurteilt und im Jahre 1600 in Rom auf dem Scheiterhaufen verbrannt. Lessings Bruder Karl erinnerte sich in seiner Lessing-Biographie, dass sein Bruder eine Ausgabe der Schriften Giordano Brunos geplant habe.[8]

René Descartes (1596 – 1650) wirkte bahnbrechend erstens durch das Prinzip des umfassenden methodischen Zweifels, der bis zu dem Punkt kommt, dass er an der Tatsache des Zweifelns selbst nicht mehr zweifeln kann: cogito ergo sum; zweitens durch den Dualismus von res cogitans und res extensa: Seele und Körper, Bewusstsein und Materie, Ich und mechanisch wirkende Ursachen stehen sich wesensverschieden gegenüber.

Baruch d'Espinosa – Benedictus Spinoza – (1632 – 1677) entwickelte demgegenüber ebenso streng logisch sein monistisches System, wonach Denken und Ausdehnung, Seele und Körper nicht zwei verschiedene Substanzen, sondern nur zwei verschiedene Attribute derselben einzigen Substanz sind, die er »deus sive natura« nennt.

Gottfried Wilhelm Leibniz (1646 – 1716) löste das Problem, wie sich das eine Unendliche und die vielen verschiedenen Wesen zu einander verhalten, auf die Weise, dass er eine unendliche Gottheit annimmt, die unzählig viele in sich unteilbare Einzelwesen hervorgebracht hat, die als Monaden jeweils nur ein begrenztes standortgebundenes Wissen vom Ganzen haben können, das aber grundsätzlich kompatibel ist, da hier eine von der Gottheit her prästabilierte Harmonie besteht. Die verschiedenen Seelen passen in der Weise zu einander, dass sie *eine* Körperwelt in verschiedener räumlich-zeitlicher Zentrierung darstellen, nur Gott selbst ist räumlich und zeitlich nicht zentriert, sondern allgegenwärtig und ewig.

2. Lessings Philosophie

Lessing hat sich mit der Philosophie der frühen Neuzeit immer wieder auseinandergesetzt und sie für sein eigenes Denken fruchtbar gemacht. Seine Interpreten haben sogar versucht, ihn auf eine bestimmte Linie zu verpflichten: Spinozist, Cartesianer, Leibnizianer[9]. Was war er?

Jedenfalls nahm er lebhaft teil an philosophischen Gesprächen, besonders rege und bezeugt ist zunächst die Zeit in Berlin, wo Lessing zwischen 1748-1760 mit mehreren Unterbrechungen lebte und vielfältige Anregungen hatte. Er arbeitete für die »Berlinische Privilegierte Zeitung«, bekannter unter dem Namen »Vossische Zeitung«, übersetzte und rezensierte zahlreiche ausländische Schriftsteller, schrieb lange Zeit den sogenannten »gelehrten Artikel« und stand in lebhaftem geistigen Austausch mit dem Verleger und Schriftsteller Friedrich Nicolai und dem Philosophen Moses Mendelssohn. Aufschlussreich ist, was Nicolai über diese Dreierfreundschaft schreibt: »Diese drey eng verbundene Freunde, welche wöchentlich wenigstens zwey- oder dreymal zusammenkamen, waren sich darin gleich, daß sie in der gelehrten Welt gar keinen Stand, ... keine Verbindungen, keine Aussichten auf Beförderung hatten. ... Ihre Studien und ihre Unterhaltungen hatte nichts als bloß die Erweiterung ihrer Kenntniße und die Schärfung ihrer Beurtheilungskraft zum Zwecke. Desto weniger galt bei ihnen allen irgend eine Autorität oder anderweitige Rücksicht, und Vorurtheil galt gar nicht.«[10]

In diesem Kreis – oder Dreieck – wird Lessing angeregt, sich mit Descartes und Spinoza zu beschäftigen. »Auf den Nutzen der gelehrten Geschichte ward er (Lessing) zuerst aufmerksam, / da ich einmal zufällig erwähnte, daß Spinoza von dem Cartesischen Systeme ausgegangen wäre, welches er bestätigt fand, nachdem er dies System studirt hatte.«[11]

Nicht nur das Was, auch das Wie ist für die Frage nach Lessings philosophischem Standort wichtig: »Lessing, wenn er sich in Berlin aufhielt, war sehr oft der Dritte in unsern philosophischen Unterhaltungen, und sie wurden noch lebhafter durch ihn, weil er im Disputiren die Art hatte, entweder die schwächste Partie zu nehmen, oder wenn jemand das *Dafür* vortrug, sogleich mit seltnem Scharfsinne das *Dawider* aufzusuchen. ... Diese Manier Lessings entstand nicht aus Liebe zum Widersprechen, sondern um Begriffe dadurch noch heller und bestimmter zu entwickeln, daß man sie von mehreren Seiten betrachtete; denn er war, so wie wir alle überzeugt, daß in spekulativen Dingen sehr oft die gefundene Wahrheit nicht so viel werth ist, als die Uebung des Geistes, wodurch man sie zu finden sucht.«[12]

Solche Praxis des Widersprechens äußert sich auch in einer frühen bemerkenswerten Aufsatzsammlung Lessings, die 1753 unter dem Titel »Rettungen« erschien. In diesen Aufsätzen wollte er Menschen, die wegen ihrer Veröffentlichungen ungerecht beurteilt oder zu Unrecht verfolgt wurden, »retten«, ihr Bild richtig stellen. Hier findet sich auch eine längere Darstellung des erwähnten Hieronymus Cardanus und dessen Rechtfertigung des Toleranzprinzips, die verschiedenen großen Religionen betreffend, wie es Lessing später auch mit Nathans Ringparabel ausführte.

Auch als Lessing 1760 als Sekretär des Generals Tauentzien von Berlin nach Breslau gegangen war, wurde das Gespräch über Philosophie – brieflich – weiter geführt.

Am 17. April 1763 schreibt Lessing an Moses Mendelssohn aus Breslau: »Sagen Sie mir, wenn *Spinoza* ausdrücklich behauptet, daß Leib und Seele eines und ebendasselbe einzelne Ding sind, welches man sich nur bloß bald unter der Eigenschaft des Denkens, bald unter der Ausdehnung vorstelle, (»Sittenlehre«, T. II. §. 126.) was für eine Harmonie ihm dabei hat einfallen können? Die größte, wird man sagen, welche nur sein kann; nemlich die, welche das Ding mit sich selbst hat. Aber heißt das nicht mit Worten spielen? ... *Leibnitz* will durch seine Harmonie das Rätsel der Vereinigung zweier so verschiedenen Wesen, als Leib und Seele sind, auflösen. *Spinoza* hingegen sieht nichts Verschiednes, sieht also keine Vereinigung, sieht kein Rätsel, das aufzulösen wäre.«[13]

Bei dieser Art Abwägung zwischen Spinoza und Leibniz scheint Lessing sich eher für Leibniz zu entscheiden, da er bei ihm die größere Spannung und damit mehr kreative Energie zwischen Leib und Seele sieht, während das Modell Spinoza etwas spannungsloser aussieht: »Es ist wahr, Spinoza lehrt, die Ordnung und Verknüpfung der Begriffe sei mit der Ordnung und Verknüpfung der Dinge einerlei. Und was er in diesen Worten bloß von dem einzigen selbstständigen Wesen behauptet, bejahet er anderwärts, und noch ausdrücklicher, insbesondere von der Seele. (T. V. §. 581.) So wie die Gedanken und Begriffe der Dinge in der Seele geordnet und untereinander verknüpft sind; eben so sind auch aufs genauste die Beschaffenheiten des Leibes oder die Bilder der Dinge in dem Leibe geordnet und unter einander verknüpft. –«[14]

Das argumentative Gegeneinander-Abwägen, Einräumen und Anzweifeln bei Lessing ist am Bau der Sätze genau ablesbar. Dem »Es ist wahr« muss ein »Aber« folgen, und es folgt: »Es ist wahr, so drückt sich Spinoza aus, und vollkommen so kann sich auch Leibnitz ausdrücken. Aber wenn beide sodann einerlei Worte brauchen, werden sie auch einerlei Begriffe damit verbinden? Unmöglich. Spinoza denket dabei weiter nichts, als daß alles, was aus der Natur Gottes, und der zufolge aus der Natur eines einzelnen Dinges, formaliter folge, in selbiger auch objective, nach eben der Ordnung und Verbindung, erfolgen muß. Nach ihm stimmt die Folge und Verbindung der Begriffe in der Seele, bloß deswegen mit der Folge und Verbindung der Veränderungen des Körpers überein, weil der Körper der Gegenstand der Seele ist; weil die Seele nichts als der sich denkende Körper, und der Körper nichts als die sich ausdehnende Seele ist. Aber Leibnitz? –

Ich werde abgehalten, weiter zu schreiben. Und nun wollte ich, daß ich gar nicht geschrieben hätte! Noch ist es auch nicht viel mehr als gar nichts. – Leben Sie wohl, liebster Freund, leben Sie wohl!«[15]

Es wird eine Frage gestellt: Aber Leibniz? Dann wird abgebrochen, die angedeutete Spannung zwischen Spinoza und Leibniz bleibt offen, der Widerspruch wird nicht aufgelöst, der Freund in Berlin zum Weiterdenken angeregt.

Die Formulierungen dieses Briefes kehren mit Ausnahme des letzten Satzes wörtlich wieder in Lessings Fragment »Durch Spinoza ist Leibnitz nur auf die Spur der vorherbestimmten Harmonie gekommen«,[16] von Karl Lessing im 2. Teil von »G.E. Lessings Leben«, und zwar zusammen mit dem Aufsatz »Über die Wirklichkeit der Dinge außer Gott« unter der Sammelüberschrift »Spinozisterei« erstmals 1795 veröffentlicht. Das Fragment entstand in der gleichen Breslauer Zeit. Der Wortlaut ist identisch mit dem Brief an Mendelssohn. Am Ende steht nicht die persönliche Wendung, aber auch nicht eine eindeutige begriffliche Festlegung, sondern ein Gleichnis, das zum eigenen Nachdenken anregt: »Aber *Leibnitz* – Wollen Sie mir ein Gleichnis erlauben? Zwei Wilde, welche das erstemal ihr Bildnis in einem Spiegel erblicken. Die Verwunderung ist vorbei, und nunmehr fangen sie an, über diese

Erscheinung zu philosophieren. Das Bild in dem Spiegel, sagen beide, macht eben dieselben Bewegungen, welche ein Körper macht, und macht sie in der nemlichen Ordnung. Folglich, schließen beide, muß die Folge der Bewegungen des Bildes, und die Folge der Bewegungen des Körpers sich aus einem und eben demselben Grunde erklären lassen.«[17]

Der Dichter Lessing kommt nicht zu einer begrifflichen Klärung, sondern erzählt eine Geschichte, eine Parabel, über die man nachdenken kann. Dass die Gedanken auf den Weg gebracht werden, ist offenbar wichtiger als an einem Ziel anzukommen.

Nach einem abermaligen kurzen Aufenthalt in Berlin und einem anschließenden Versuch, in Hamburg als freier Schriftsteller zu leben, was sich als problematisch erwies, übernahm Lessing die Leitung der Herzoglichen Bibliothek zu Wolfenbüttel. Dort gab er seit 1763 eine Schriftenreihe heraus unter dem Titel »Zur Geschichte und Literatur aus den Schätzen der Herzoglichen Bibliothek zu Wolfenbüttel« in numerierten »Beiträgen«. Diese »Beiträge« waren zensurfrei, eine besondere Gnade des Herzogs. Lessing publizierte in dieser Reihe als angeblichen Fund der Bibliothek auch ein Manuskript seines Hamburger Freundes Hermann Samuel Reimarus, eines Gymnasialprofessors, der 1768 verstarb, unter dem Titel »Fragmente eines Ungenannten«.[18]

Reimarus hatte die Überlieferungen und angeblichen Offenbarungen des Christentums einer strengen Kritik unterzogen. Lessing versuchte gegenüber der Ablehnung der christlichen Religion deren historische Berechtigung nachzuweisen. Im Zusammenhang von Reimarus' Kritik am Christentum entstand so Lessings Historisierung des Christentums in seiner berühmten »Erziehung des Menschengeschlechts«. Erwin Quapp hat in seinem Buch[19] versucht, mit Hilfe einer umfangreichen systematischen Analyse dieser Schrift zu beweisen, dass Lessing kein Spinozist gewesen sei. Allerdings erscheint auch Quapps Systematisierungsversuch problematisch.

Auf einige Stellen, die für das Verhältnis Menschennatur – Vernunft – Offenbarungsreligion – Geschichte besonders aufschlussreich sind, sei hier besonders verwiesen:

In § 4 heißt es: »Erziehung giebt dem Menschen nichts, was er nicht auch aus sich selbst haben könnte: sie giebt ihm das, was er aus sich selber haben könnte, nur geschwinder und leichter. Also giebt auch die Offenbarung dem Menschengeschlechte nichts, worauf die menschliche Vernunft, sich selbst überlassen, nicht auch kommen würde: sondern sie gab und giebt ihm die wichtigsten dieser Dinge nur früher.«[20]

Offenbarungen sind also immer – im doppelten Sinne – vorläufig.

Sowohl die Offenbarung als auch die Vernunft werden historisiert. Als handelndes Subjekt der Geschichte erscheint dabei nicht der Mensch, sondern Gott.

Das gilt auch für den Fortgang der Argumentation in § 6 und § 7: »Wenn auch der erste Mensch mit einem Begriffe von einem Einigen Gotte sofort ausgestattet wurde: so konnte doch dieser mitgeteilte, und nicht erworbene Begriff, unmöglich lange in seiner Lauterkeit bestehen. Sobald ihn die sich selbst überlassene menschliche Vernunft zu bearbeiten anfing, zerlegte sie den Einzigen Unermeßlichen in mehrere Ermeßlichere und gab jedem dieser Teile ein Merkzeichen.« – »So entstand natürlicher Weise Vielgötterei und Abgötterei. Und wer weiß, wie viele Millionen Jahre sich die menschliche Vernunft noch in diesen Irrwegen würde herumgetrieben haben (Lessing meint, daß es Irrwege waren)...: wenn es Gott nicht gefallen hätte, ihr durch einen neuen Stoß eine bessere Richtung zu geben.«[21]

Wieder erscheint Gott als handelndes, erziehendes Subjekt, er gibt der Entwicklung eine bessere Richtung.

Gott wählte sich – wie Lessing ausführt – das jüdische Volk aus und stattete es mit einem besseren Gottesbild aus. Aber auch dafür wählte er das Medium einer geschichtlichen Entwicklung, die durch verschiedene Lernstufen ging und an der auch andere Völker beteiligt waren, von denen die Juden lernen konnten. So heißt es in § 42: »Ohne Zweifel waren die Juden unter den Chaldäern und Persern auch mit der Lehre von der Unsterblichkeit der Seele bekannter geworden. Vertrauter mit ihr wurden sie in den Schulen der Griechischen Philosophen in Ägypten.«[22]

Insgesamt aber entsprach die alttestamentliche Religion mit ihrer Gottesfurcht und dem Muster von Lohn und Strafen noch einem kindheitlichen Menschheitszustand. So heißt es am Ende des ersten Teils in § 53:

»Ein beßrer Pädagog muß kommen, und dem Kinde das erschöpfte Elementarbuch aus den Händen reißen.- Christus kam.«[23]

Der zweite Teil der Schrift erläutert zunächst den Fortschritt des Neuen Textaments: »Dieser Teil des Menschengeschlechts war in der Ausübung seiner Vernunft so weit gekommen, daß er zu seinen moralischen Handlungen edlere, würdigere Bewegungsgründe bedurfte und brauchen konnte, als zeitliche Belohnung und Strafen waren, die ihn bisher geleitet hatten.« (§ 55) »Es war Zeit, daß ein andres, *wahres* nach diesem Leben zu gewärtigendes Leben Einfluß auf seine Handlungen gewönne.« (§ 57) »Und so ward Christus der erste *zuverlässige, praktische* Lehrer der Unsterblichkeit der Seele.« (§ 58)[24]

Auch diese neue Stufe der Menschheitsentwicklung sieht Lessing in ihrer Geschichtlichkeit. Auch über die geschichtliche Stufe des Neuen Testaments wird die Geschichte der Menschheit hinausgehen: »So wie wir zur Lehre von der Einheit Gottes nunmehr des Alten Testaments entbehren können; so wie wir allmählig, zur Lehre von der Unsterblichkeit der Seele, auch des Neuen Testaments entbehren zu können anfangen: könnten in diesem nicht noch mehr dergleichen Wahrheiten vorgespiegelt werden, die wir als Offenbarungen so lange anstaunen sollen, bis sie die Vernunft aus ihren andern ausgemachten Wahrheiten herleiten und mit ihnen verbinden lernen?« (§ 72)[25]

Was hier als Möglichkeit in Konjunktiv und Frageform erscheint, wird in § 85 zur Gewissheit: »Nein; sie wird kommen, sie wird gewiß kommen, die Zeit der Vollendung, da der Mensch, je überzeugter sein Verstand einer immer bessern Zukunft sich fühlet, von dieser Zukunft gleichwohl Bewegungsgründe zu seinen Handlungen zu erborgen, nicht nötig haben wird; da er das Gute tun wird, weil es das Gute ist...«[26]

So weit reicht die Gewißheit. Anderes wird in Frageform vorgebracht: »Aber warum könnte jeder einzelne Mensch auch nicht mehr als einmal auf dieser Welt vorhanden gewesen sein?« (§ 94)[27] »Warum sollte ich nicht so oft wiederkommen, als ich neue Kenntnisse, neue Fertigkeiten zu erlangen geschickt bin? Bringe ich auf Einmal soviel weg, daß es der Mühe wieder zu kommen etwa nicht lohnet?« (§ 98)[28]

Sind das rhetorische oder echte Fragen?

Jedenfalls ist es bemerkenswert, daß eine Schrift, die – auf den ersten Blick – in 100 Paragraphen gültige Wahrheiten zur Geschichte der Menschheit zu systematisieren scheint, so viele Fragen stellt und überhaupt in den letzten zehn Paragraphen fast nur noch aus Fragen besteht. Auch hier bewährt sich Lessing als Fragensteller und Denkanstößer, nicht als Systematisierer.

Das finden wir bestätigt durch den Autor selbst in Form eines Briefes. Am 6. April 1778 schrieb Lessing an Johann Albert Heinrich Reimarus, den Sohn: »Die *Erziehung des Menschengeschlechts* ist von einem guten Freunde, der sich gern allerlei Hypothesen und Systeme macht, um das Vergnügen zu haben, sie wieder einzureißen. Diese Hypothese nun würde freilich das Ziel gewaltig verrücken, auf welches mein Ungenannter im Anschlage gewesen. Aber was tuts? Jeder sage, was ihm Wahrheit *dünkt*, und die *Wahrheit selbst* sei Gott empfohlen!«[29]

Anders als Quapp komme ich bei näherem Hinsehen zu dem Schluss, dass sich die »Erziehung des Menschengeschlechts« weder für noch gegen die Spinozismus-These ins Feld führen lässt.

Als Kronzeuge für Lessings Spinozismus gilt immer wieder Friedrich Heinrich Jacobi (1743-1819), der berühmte Brief Jacobis an Mendelssohn über Lessings Spinozismus, geschrieben 4. November 1783 über Gespräche mit Lessing im Juli 1780. Anlass des dort mitgeteilten Gesprächs ist seltsamerweise Goethes Gedicht »Prometheus«. Lessing habe das Gedicht gelesen und Jacobi geantwortet, er habe kein Ärgernis daran genommen, er finde das Gedicht gut.»Der Gesichtspunkt, aus welchem das Gedicht genommen ist, das ist mein eigener Gesichtspunkt... Die orthodoxen Begriffe von der Gottheit sind nicht mehr für mich; ich kann sie nicht genießen. Ἓν καὶ Πᾶν! Ich weiß nichts anders. Dahin geht auch dies Gedicht; und ich muß bekennen, es gefällt mir sehr.«[30]

Jacobi:»Da wären Sie ja mit Spinoza ziemlich einverstanden.

Leßing. Wenn ich mich nach jemanden nennen soll, so weiß ich keinen andern.«[31]

Man beachte den Konditionalsatz: Wenn – so.

Am nächsten Tag wird das Gespräch fortgesetzt. Jacobi steigert sich in eine längere Argumentation gegen Spinoza hinein. Lessing provoziert:»Ich merke, Sie hätten gern Ihren Willen frey. Ich begehre keinen freyen Willen. Ueberhaupt erschreckt mich, was Sie eben sagten, nicht im mindesten. Es gehört zu den menschlichen Vorurtheilen, daß wir den Gedanken als das erste und vornehmste betrachten, und aus ihm alles herleiten wollen; da doch alles, die Vorstellungen mit einbegriffen, von höheren Prinzipien abhängt. Ausdehnung, Bewegung, Gedanke, sind offenbar in einer höheren Kraft gegründet, die noch lange nicht damit erschöpft ist. Sie muß unendlich vortrefflicher seyn, als diese oder jene Wirkung; und so kann es auch eine Art des Genusses für sie geben, der, nicht allein alle Begriffe übersteigt, sondern völlig ausser dem Begriffe liegt.«[32]

Jacobi vermisst bei Spinoza nicht nur die menschliche Willensfreiheit, sondern auch die transzendente personale Gottheit. Lessing provoziert weiter:»Gut. Aber nach was für Vorstellungen nehmen Sie denn Ihre persönliche extramundane Gottheit an? Etwa nach den Vorstellungen des Leibnitz? Ich fürchte, der war im Herzen selbst ein Spinozist.«[33]

Lessing sagte das offenbar etwas (aber auch nicht nur) scherzhaft, er führt es auch in einer Weise weiter, die nicht nur Leibniz, sondern auch ihn selber charakterisiert:»Leibnitzens Begriffe von der Wahrheit waren so beschaffen, daß er es nicht vertragen konnte, wenn man ihr zu enge Schranken setzte. Aus dieser Denkungsart sind viele seiner Behauptungen geflossen; und es ist, bey dem größten Scharfsinne, oft sehr schwer, seine eigentliche Meinung zu entdecken. Eben darum halt' ich ihn so werth; ich meine: wegen dieser großen Art zu denken; und nicht, wegen dieser oder jener Meinung, die er nur zu haben schien, oder denn auch wirklich hatte.«[34]

Anders als Quapp sehe ich keinen Grund, Jacobi der falschen Darstellung zu bezichtigen. Lessings Gesprächsstrategie ist recht unverwechselbar wiederzuerkennen, umso mehr als Jacobi gar nicht durchschaut, wie Lessing sich über seine Bedenken gegen Spinoza lustig macht und ihn herausfordert. Jacobi durchschaut auch nicht den antisystematischen Impetus von Lessings Aussagen, der die Systeme von Spinoza und Leibniz zusammenbringt, sich selbst und Leibniz als mögliche Spinozisten hinstellt und zugleich hinsichtlich des freien Willens auch noch meint, er bleibe »ein ehrlicher Lutheraner«.[35]

Auch wie Jacobi Lessings Gottesvorstellung resümiert, erscheint mir glaubhaft: »Wenn sich Leßing eine *persönliche* Gottheit vorstellen wollte, so dachte er sie als die Seele des Alls; und das Ganze, nach der Analogie des organischen Körpers. Diese Seele des Ganzen wäre also, wie es alle andren Seelen, nach allen möglichen Systemen sind, *als Seele*, nur Effekt. Der organische Umfang derselben könnte aber nach der Analogie der organischen *Theile* dieses Umfanges in so fern nicht gedacht werden, als er sich auf nichts, das ausser ihm vorhanden wäre, beziehen, von ihm nehmen und ihm wiedergeben könnte.«[36]

Dieses organische pantheistische Modell erinnert übrigens mehr an Giordano Bruno als an Spinoza, dessen Substanzbegriff und Weltvorstellung eher mathematisch-physikalisch geprägt war.

Jedenfalls ist auch bei Jacobis Brief wieder die kommunikative Situation zu bedenken: Auch hier fordert Lessing heraus, Jacobi soll es sich mit seinem Antispinozismus nicht zu leicht machen, sondern selbstkritisch nachdenken.

3. Abschließende Feststellungen

1. Lessing verficht kein bestimmtes philosophisches System, er ist weder Cartesianer noch Spinozist noch Leibnizianer. Er hat sich aber mit deren Systemen beschäftigt und sich von ihnen anregen lassen.
2. Lessing bewährt sich immer wieder durch kritisches, freies Denken. Dieses Denken ist nicht statisch und systematisch, sondern ein Prozess, eine lebhafte Auseinandersetzung mit anderen.
3. Lessings Äußerungen über Philosophen sind adressatenbezogen und situationsbezogen, sie wollen oft provozieren, Vorurteilen widersprechen, Argumente herausfordern, Partei für diejenigen ergreifen, die zu Unrecht angegriffen werden. In dieser Hinsicht sind sie im jeweiligen Kontext zu analysieren, auch hinsichtlich ihrer sprachlichen Form, z.B. Konjunktiv, rhetorische oder echte Fragen, Vergleiche.
4. Auch in Bezug auf Spinoza und Leibniz ist zu berücksichtigen, dass Lessing sich nirgends auf deren System festlegt. Mit seiner Verteidigung Spinozas wollte er Jacobi offensichtlich provozieren und schaffte das auch, wie dessen Brief beweist.
5. Sein Hinweis, dass Leibniz durch Spinoza angeregt worden sei, ist bezeichnend für Lessings eigenes Verhältnis zu anderen Philosophen. Er ließ sich ebenfalls gern anregen und wirkte anregend auch auf andere. Das Abenteuer des Geistes schätzte er höher als die Sicherheit irgend eines Systems.
6. Das gilt auch im Hinblick auf theologische Systeme und in sich geschlossene Offenbarungsreligionen, die er alle miteinander verzeitlichte und geschichtlich relativierte.
Er relativierte sie in dreifachem Sinne:
im Verhältnis auf eine allen gemeinsame natürliche Religion,
im Verhältnis der verschiedenen Religionen zu einander, von denen keine die einzig wahre ist, die einander beeinflussen und dadurch erweitern,
im Verhältnis auf die Geschichtlichkeit aller positiven Religionen, die nicht ein für alle Mal gegeben sind, sondern sich entwickeln und zur Erziehung der Menschheit in der jeweiligen Entwicklungsstufe beitragen.

7. Die Entwicklungsfähigkeit und grundsätzliche Unabgeschlossenheit des Denkens sind nicht nur für Lessing, sondern für modernes Denken generell kennzeichnend. Wir sollten das nicht als Mangel, sondern als wertvolles Erbe der Aufklärung schätzen und hochhalten, gerade heute, wo einerseits Wertezerfall beklagt wird und andererseits engstirniger Fundamentalismus um sich greift. Der gegenwärtig besonders virulente islamische Fundamentalismus lässt sich weder durch jüdischen noch durch christlichen Fundamentalismus – etwa calvinistisch-kapitalistischer Prägung – überwinden, eher durch die Prinzipien der Aufklärung, die manche der heutigen Gesellschaften offenbar noch vor sich haben.

Dass auch Lessing Kind seiner Zeit war, über die wir inzwischen hinausgekommen sind, zeigt seine abfällige Beurteilung der sogenannten »Vielgötterei«. Die poetische Schönheit, der philosophische Tiefsinn, die Wahrheit der altgriechischen, altgermanischen und keltischen Mythen wurden erst im 19. und 20. Jahrhundert entdeckt und gewürdigt: Goethe, die Romantiker, Jacob Grimm wären zu nennen bis hin zu Eckart Peterich und Walter F. Otto.

Zeitbedingt erscheint uns heute auch Lessings Frauenbild. Mit ausdrücklichem Bezug auf Emilia Galotti schrieb er an seinen Bruder Karl am 10. Februar 1772: »Die jungfräulichen Heroinen und Philosophinen sind gar nicht nach meinem Geschmacke. Wenn Aristoteles von der Güte der Sitten handelt, so schließt er die Weiber und Sklaven ausdrücklich davon aus. Ich kenne an einem unverheirateten Mädchen keine höhere Tugenden, als Frömmigkeit und Gehorsam.«[37]

Über solche Vorstellungen sind wir inzwischen hinausgegangen. Auch Emilia selbst würde das heute tun. Wenigsten in ihren Träumen lasse ich sie einige Schritte über sich hinausgehen.

Literaturhinweise

Gotthold Ephraim Lessing. Werke und Briefe in 12 Bänden. Hrsg. v. Wilfried Barner u.a., Dt. Klassiker Verlag, Frankfurt (Main) 1985 ff. (= WuB); Gotthold Ephraim Lessing, Werke. Hrsg. v. Herbert G. Göpfert, 8 Bde., Carl Hanser Verlag, München 1979; Lessings Werke. 5 Bde., Aufbau-Verlag, Berlin und Weimar 1982.

Wolfgang Albrecht: Gotthold Ephraim Lessing, J.B. Metzler, Stuttgart 1997; Ernst von Aster, Geschichte der Philosophie, Kröner, Stuttgart 1956; Wilfried Barner u.a.: Lessing. Epoche – Werk – Wirkung, C.H. Beck, München, 5. Aufl. 1987; Gerhard und Sibylle Bauer (Hrsg.): Gotthold Ephraim Lessing. Wege der Forschung CCXII, Darmstadt 1968; Gerd Biegel (Hrsg.): Lessing in Braunschweig und Wolfenbüttel, Forschungen und Berichte des Braunschweigischen Landesmuseums, Bd. 4, Braunschweig 1997; Richard Daunicht (Hrsg.): Lessing im Gespräch. Berichte und Urteile von Freunden und Zeitgenossen, Wilhelm Fink Verlag, München 1971; Christoph Delius u.a., Geschichte der Philosophie, Könemann, Köln 2000;

Monika Fick: Lessing-Handbuch. Leben – Werk – Wirkung, J.B. Metzler, Stuttgart, Weimar 2000; Wolfram Mauser u. Günter Saße (Hrsg.): Streitkultur. Strategien des Überzeugens im Werk Lessings, Max Niemeyer, Tübingen 1993; Erwin Quapp: Lessings Theologie statt Jacobis Spinozismus. Eine Interpretation der »Erziehung des Menschengeschlechts« auf der Grundlage der Formel »hen ego kai pan«, Peter Lang, Bern u.a. 1992; Paul Rilla: Lessing und sein Zeitalter, C.H. Beck, München 2. Aufl. 1977.

Anmerkungen

1 Wir erlebten inhumane Verfinsterungen im 20. Jahrhundert. Auch heute sehen wir, dass fortschrittliches freies Denken und fürchterlicher Fanatismus gleichzeitig nebeneinander bestehen in der selben Welt, dazu opportunistische Anpassungen aller Art. Es liegt eine Ermutigung darin, dass Renaissancen möglich sind und Erasmus mit Aristoteles und Platon sich verständigen konnte, Lessing mit Spinoza und Leibniz und wir mit Lessing und Goethe.
2 Ernst von Aster, Geschichte der Philosophie, Kröner, Stuttgart 1956, S. 179.
3 Hylozoistische Theorien von Telesio, Patrizzi und Paracelsus, oder Fassendi, der die antike demokritische Atomenlehre erneuert.
4 vgl. Aster, S. 173.
5 Auch die Staatslehre wurde vom Primat der Theologie befreit. Für Niccolo Machiavelli (1469 – 1527) ist der Staat weder eine religiöse noch eine moralische Anstalt, sondern ein Kunstwerk, der Politiker ein Künstler im Medium der Macht.
6 Aster, S. 174 f.
7 Vgl. Monika Fick, Lessing-Handbuch. Leben – Werk – Wirkung, J.B. Metzler, Stuttgart, Weimar 2000, S. 115 f.; zum Religionsstreit vgl. auch Karl-Josef Kuschel, Vom Streit zum Wettstreit der Religionen. Lessing und die Herausforderung des Islam, Düsseldorf 1998; Karl Lessing erinnert sich in seiner Biographie, sein Bruder plante eine Ausgabe der Schriften Girolamo Cardanos, Tommaso Campanellas und Giordano Brunos. Vgl. Monika Fick, S. 116; Lessings Leben, hrsg. v. Lachmann, 1887, S. 95.
8 Lessings Leben, hrsg. v. Lachmann, S. 95; vgl. Monika Fick, S. 116.
9 Monika Fick, S. 446 f.: Wird im ausgehenden 19. und frühen 20. Jahrhundert Lessing (vorwiegend) zum »Leibnizianer« gemacht, so sieht man seit den 60er Jahren des 20. Jahrhunderts ihn verstärkt als »Spinozisten«.
Lessings Haltung gegenüber Descartes charakterisiert sie folgendermaßen: »Descartes, so Lessing, sei als großer Neuerer aufgetreten, denn er habe an die Stelle der Tradition das Prinzip des Selbstdenkens gerückt: ›Er eröffnete allen den Eingang‹ des ›Tempels‹ der Wahrheit (B 1, 938)«. Nicht akzeptiert habe er aber die Isolation und damit Verabsolutierung des Denkens, die sich in der Trennung von *res extensa* (»Materie«) und *res cogitans* (»Geist«), von leiblicher Sinnlichkeit und Intellekt ausspricht. Damit erschien Lessing als der, der die völlige Ablösung der philosophischen Erkenntnis vom »Leben« eingeleitet habe. (S. 112).
10 Richard Daunicht (Hrsg.): Lessing im Gespräch. Berichte und Urteile von Freunden und Zeitgenossen, Wilhelm Fink Verlag, München 1971, S. 70.
11 Daunicht, S. 71 f.
12 Ebd., S. 72.
13 Gotthold Ephraim Lessing. Werke und Briefe in 12 Bänden. Hrsg. v. Wilfried Barner u.a., Dt. Klassiker Verlag, Frankfurt (Main) 1985 ff. (=WuB), Bd. 11/1 (1987), S. 385 f.
14 Ebd., S. 386.
15 Ebd., S. 386 f.
16 WuB, Bd. 5/1 (1990), S. 403 ff.
17 Ebd., S. 404 f.
18 Reimarus hatte die Bibel kritisiert, deren Offenbarungscharakter bestritten, zahlreiche Widersprüche im Neuen Testament aufgezeigt und es als reine Erfindung der Jünger und Evangelisten bezeichnet. Lessing ging nun in doppelter Weise über Reimarus hinaus:
   1. Während Reimarus seine radikale Kritik nur Eingeweihten mitgeteilt und die öffentliche Auseinandersetzung gescheut hatte, machte Lessing sie nun öffentlich.
   2. Während Reimarus das Christentum als bloßen Pfaffenbetrug abtat, versuchte Lessing es als eine wichtige historische Stufe der Menschheitsentwicklung ernstzunehmen und es geschichtlich so einzuordnen, dass man mit der nächsten Stufe der Menschheitsentwicklung darüber hinaus gehen konnte.
   Als Lessing 1777 auch die schärferen Fragmente des Ungenannten veröffentlichte, blies die Reaktion zum Gegenangriff, wobei sich besonders der Hamburger Hauptpastor Johann Melchior Goeze hervortat, dem Lessing mit seiner Schrift »Anti-Goeze« (1778) eine wohl allzu große Ehre antat. Da Lessings Gegner, auch Goeze, nicht allein auf die Waffen ihres schwachen Geistes vertrauten,

sondern auch nach einem Schreibverbot schrien, war es nun auch mit der herzoglichen »Gnade« der Zensurfreiheit vorbei.
19 Erwin Quapp: Lessings Theologie statt Jacobis Spinozismus. Eine Interpretation der »Erziehung des Menschengeschlechts« auf der Grundlage der Formel »hen ego kai pan«, Peter Lang, Bern u.a. 1992.
20 WuB, Bd. 10 (2001), S. 75.
21 Ebd., S. 76.
22 Ebd., S. 86.
23 Ebd., S. 88.
24 Ebd., S. 89.
25 Ebd., S. 92 f.
26 Ebd., S. 96.
27 Ebd., S. 98.
28 Ebd., S. 99.
29 WUB, Bd. 12 (1994), S. 143 f.
30 Daunicht, S. 498.
31 Ebd.
32 Ebd., S. 502.
33 Ebd., S. 503.
34 Ebd.
35 Ebd., S. 506.
36 Ebd., S. 509.
37 WuB, Bd. 11/2 (1988), S. 352. In solchem Kontext stimmen auch Mausers Ausführungen im doppelten Sinne bedenklich: »Das Unwägbare, das Inkommensurable der menschlichen Natur war für Lessing und für viele seiner Zeitgenossen das Unwägbare, das Inkommensurable der Frau. An ihrem Beispiel konnte man offenbar eher zulassen, was mit Tugendstrenge, Selbstdisziplinierung und Leistungsethik nur schwer vereinbar war und was im Rahmen männlich-heroischer Stilisierung keinen Platz hatte: Sinnlichkeit, Lust, Verführbarkeit.« Vgl. Wolfram Mauser: »Ich stehe für nichts«, in: Gerd Biegel (Hrsg.): Lessing in Braunschweig und Wolfenbüttel, Forschungen und Berichte des Braunschweigischen Landesmuseums, Bd. 4, Braunschweig 1997, S. 121.

Diesseitigkeit und Realismus.
Zur philosophischen Bedeutung der Lessingschen Dramaturgie

Thomas Metscher

Der folgende Beitrag setzt sich zum Ziel, die philosophisch-weltanschauliche Bedeutung der Lessingschen Dramatik und ihrer Theorie – ›Dramaturgie‹ steht für die Einheit dramatisch-theatraler Praxis, kritischer Bewertung und dramatischer Theorie – herauszuarbeiten. Dies ist kein leichtes Unterfangen, zumal im Mittelpunkt die dramatischen Texte selbst stehen sollen. Die Frage nach der philosophischen Bedeutung der Lessingschen Texte soll und darf nicht bedeuten, daß hier ästhetische Werke krude nach ihrer begrifflichen Inhaltlichkeit abgefragt werden. Ganz im Gegenteil. Die Frage nach dem philosophischen Sinn eines Kunstwerks kann auf keinem anderen Weg beantwortet werden als dem seiner ästhetischen Konstitution. Bedeutungen in der Kunst, auch philosophische Bedeutungen werden *ästhetisch* konstituiert. Es sind Bedeutungen im Modus der Form. Auch Begriffe, sofern sie in die ästhetische Konstitution einfließen, werden ästhetisch moduliert. Sie unterliegen ästhetischer Bearbeitung, werden ihr durch die ästhetische Bearbeitung eingeschmolzen, treten so in einen Prozeß der Transformation. Das gerade unterscheidet das Ästhetische – die Kunst – von jeder Theorie, den ästhetischen Begriff vom theoretischen, verbietet es, den einen unvermittelt auf den anderen zu beziehen. Die philosophische Bedeutung literarischer Kunst, so sehr auf deren Existenz zu bestehen ist, ist daher nie im direkten Zugriff begrifflich-philosophisch, sondern allein *philologisch* zugänglich. Nur auf philologische Weise, »more philologico« (Rudolf Sühnel): durch die genaue, historische und kritisch-analytische Lektüre eines Texts erschließt sich hier die logisch-weltanschauliche Bedeutung als ästhetisches Äquivalent des philosophischen Begriffs. Eine solche Auffassung wertet nicht die philosophische Bedeutung literarischer Texte ab. Eher ist das Gegenteil der Fall. Unterstellt wird, daß die Literatur, wie jede Kunst, eine besondere Organisationsform des Logos ist: der Anschauung und Deutung von Welt, im Modus unterschieden von der wissenschaftlich-begrifflichen, doch nicht geringeren Rangs.[1]

Dieser Einsicht folgt der in dieser Untersuchung eingeschlagene Weg. Ein einleitender Teil fragt nach Lessings Ort im Prozeß der Verweltlichung, der das Denken in Deutschland vom Beginn des 18. Jahrhunderts bis in die Mitte des 19. – zwischen Christian Wolff und Karl Marx – charakterisiert. Eine zweiter Teil fragt nach den ästhetisch-theoretischen Prinzipien der Lessingschen Dramaturgie. Der mittlere und Hauptteil entwirft drei philologische Miniaturen: zu »Minna von Barnhelm«, »Nathan den Weisen« und »Emilia Galotti« – den bedeutendsten Dramen, die Lessing geschrieben hat. Eine abschließende These zieht aus dem Erörterten ein pointiertes Resümee. Das Verfahren dabei ist das starker Konzentration und Verkürzung. Zwar würde das mir vorliegende Material, argumentativ entfaltet, eine ausführlichere Studie erfordern, doch wollte ich den Gestus des Essayistischen erhalten, den auch mein Braunschweiger Vortrag besaß.

Ich verrate gern, wie ich zu dem Thema gekommen bin: Es entstand im Widerspruch zu der Äußerung eines Schriftstellers, zu dem ich mich eigentlich selten im Widerspruch befinde: Heinrich Heine. Und zwar geht es um jene, von Wolfgang Beutin im Einladungsschreiben zu unserer Tagung zitierte Äußerung Heines, die da besagt, daß Lessings »philosophische und theologische Kämpfe (...) uns wichtiger« seien »als seine Dramaturgie und seine Dramata«.[2] Dem ist zu widersprechen. Im Bewußtsein der kulturellen Öffentlichkeit überlebt Lessing heute vor allem auf Grund seiner »Dramaturgie und Dramata« (wofür das gegenwärtige Theater ein Beispiel ist), seine philosophischen und theologischen Kämpfe dagegen, so wichtig sie historisch sind und so wenig sie einer weiteren Aktualität entbehren, interessieren heute doch nur Spezialisten.

Nicht allein das ist es, was meinen Einspruch begründet. Ich meine vielmehr, daß die Radikalität des Denkens, die ich für Lessing in Anspruch nehme, sich am deutlichsten und schärfsten in seinem dramatischen Werk äußert. Dafür gibt es eine Reihe von Gründen. So ist die freie Form der Kunst dem ideologischen Zugriff weniger zugänglich als die argumentative Rede und der theoretische Begriff. Die indirekte Form der Gestaltung, die Möglichkeit der Verschlüsselung macht es der Kunst leichter, die Wahrheit zu verstecken, als Konterbande ans rettende Ufer zu bringen als die direkte Form des Begriffs es vermag. Wie die Entstehungsgeschichte des »Nathan« bezeugt, war die Kunstform – hier: das Theater – für Lessing ein Refugium, wo er noch sprechen konnte, als ihm schon anderswo das Sprechen verboten war. Doch handelt es sich hier vermutlich nicht allein um eine Frage der Zensur. Oft in der Geschichte ist der ästhetische Gedanke dem theoretischen voraus. Dem Denken nach vorn scheinen die Musen gewogen. Dies, meine ich, war auch bei Lessing der Fall.

I. Die Frage nach Lessings geschichtlichem Ort

Wollen wir den Versuch unternehmen, die geistige Entwicklung Deutschlands im 18. Jahrhundert unter einen Begriff zu fassen, ihr leitendes Motiv herauszuarbeiten, so kann es nur lauten: diese Geschichte ist eine Geschichte *weltlicher Emanzipation des Bewußtseins*, einer Verweltlichung oder, mit einem pointierten Begriff, einer *Verdiesseitigung* des Denkens; eine Geschichte »von der Theologie zur Philosophie« (Friedrich Engels) und zu den Künsten.[3] Ihren Höhepunkt fand diese Entwicklung, nach verbreiteter Einsicht, in der literarischen Klassik und in der idealistischen Philosophie; Musik und Musiktheater wären hinzuzufügen. Stand am Beginn dieser Geschichte – am Anfang des Jahrhunderts und noch zu Lessings Lebzeiten – die Religion als erste, das geistige Leben beherrschende ideologische Macht, die Theologie als ihr theoretisches Bewußtsein,[4] so stehen an ihrem Ende die selbstbewußt gewordene Philosophie und die Künste als autochthone Gedankenformen, nicht neben, sondern an der Stelle der Theologie.[5]

Dabei ist festzuhalten, daß der Prozeß dieser Emanzipation – es ist nicht allein die Emanzipation von der Theologie, um die es hier geht, es ist zugleich auch die Emanzipation von den theologisch-metaphysischen Voraussetzungen philosophischen und künstlerischen Denkens – keineswegs so geradlinig und widerspruchsfrei verlief, wie es zunächst den Anschein hat. So wenig der Rang der literarischen und philosophischen Klassik, ihre Bedeutung als Höhepunkt dieser Entwicklung bestritten werden soll, so sehr muß erinnert werden, daß in deren Schlüsselfiguren – vielleicht mit der einzigen Ausnahme Goethes – Restbestände metaphysisch-theologischen Denkens, meist in der Form teleologischer Denkmuster, nach wie vor virulent sind. So holt Kant den Gottesbeweis, den er in der »Kritik der reinen Vernunft« philosophisch vernichtet hatte, in der »Kritik der praktischen Vernunft« in Form eines moralischen Postulats in die Philosophie zurück, macht die Theologie im gewissen Sinn also wieder philosophisch hoffähig, und noch Hegels »Logik« ist, wie ein jüngst erschienener

Kommentar salopp, doch zutreffend formuliert »Gottes Wort aus Hegels, als des zweiten Jesus, Feder«.[6] Erst bei Feuerbach und Marx wird, mit der Verabschiedung auch seiner idealistischen Form, dem ganzen theologisch-metaphysischen Wesen der Garaus gemacht – wird der Prozeß der weltlichen Emanzipation des Geistes an sein Ende geführt.

Als Schlüsseldaten in diesem Prozeß sind die folgenden zu nennen. Es ist *erstens* die frühe Aufklärung, die Leibniz-Wolfsche Philosophie als erste Form »säkulärer Vernunft«[7] in Deutschland. Es ist *zweitens* die Rezeption Spinozas, der mit der Gleichsetzung Gottes mit der Natur (»deus sive substantia sive natura«) diesen vom Himmel auf die Erde holt. Es sind *drittens* die drei Kritiken Kants – Heine stellte Kants »Niederreißen des alten Dogmatismus« dem Sturm auf die Bastille gleich. Es ist *viertens* Herders radikaler Historismus, in dem die europäische Kultur sich geschichtlich, ihre angemaßte Suprematie dekonstruiert wird. Und es ist *fünftens* der literarische Sturm-und-Drang als Vorbereitung der Klassik, *sechstens* der Jakobinismus.

Wie steht Lessing in diesem Zusammenhang? Das ist unsere Frage. Unstrittig dürfte sein, daß Person und Werk ein weiteres solches ›Schlüsseldatum‹ bilden. Über das Nähere gibt es Streit. Steht auf der einen Seite die Auffassung, von Wolfgang Heise in seiner Schrift »Das Sterben der Theodizee« eindrucksvoll vertreten, vom »Bruch« Lessings »mit einer bald zweitausendjährigen Geschichte westlicher Religion und Theologie«,[8] so auf der anderen die an diesem Ort von Heidi und Wolfgang Beutin vorgetragene Neuprotestantismusthese. Sicher gibt es Verbindungslinien zwischen beiden Positionen, bruchlos zusammen fügen sie sich nicht. Mein eigener Beitrag bewegt sich im Horizont dieser Problemstellung.

II. Dramaturgische Prinzipien. Aristoteles, Shakespeare, Diderot – Realismus als ästhetische und ontologische Doktrin

Die ästhetischen Prinzipien, die Lessings Auffassungen zu Drama und Theater bestimmen, können als erforscht gelten.[9] Für den hier vorliegenden Zusammenhang möchte ich einige wenige Gesichtspunkte hervorheben. So sei erinnert, daß Lessings Grundorientierung mit dem Blick auf drei Personen erfolgt: Aristoteles, Shakespeare, Diderot (den Lessing auch übersetzte): Aristoteles im Sinne einer normativen Theorie des Dramas, Shakespeare als Muster praktischer theatralischer Kunst, Diderot als Vertreter des avancierten zeitgenössischen Dramas und seiner Theorie. Die drei Namen stehen für das, was im ästhetischen und ontologischen Sinn das *Prinzip des Realismus* heißen kann: Realismus als philosophische Orientierung an der diesseitigen Welt und Realismus im Sinne einer die Historizität und soziale Singularität des Wirklichen erfassenden Theaterkunst.[10] Kriterien dafür sind die Wirklichkeitstreue von Handlung, Charakter und Sprache und die Wirklichkeitsorientierung des theatralischen Effekts. Zum eigentlichen Ort der Wahrheit wird der Charakter. Das meint, der konkrete Mensch, das Individuum im Kontext seiner gesellschaftlichen Welt tritt in den Mittelpunkt des theatralischen Geschehens. Lessings Theorie entfaltet, was er in seiner literarischen Praxis, in Komödie, Tragödie und geschichtsphilosophischem Lehrstück einlöst. Das Publikum, »als werdende bürgerliche Gesellschaft verstanden, repräsentiert in ihren Gebildeten«, soll das Theater als »sein Theater gebrauchen«. Die Bühne soll Menschen darstellen, »in denen das Publikum sich, seine Wirklichkeit und Möglichkeit erkennt«.[11] Die Theorie und Praxis dieses Dramas läßt sich, pointiert auf den Begriff gebracht, als durchgeführter Anthropozentrismus der dramatischen Form und theatralischen Aktion charakterisieren. Damit ist die Position einer radikalen Diesseitigkeit, die das antike und frühneuzeitliche Drama in seinen avanciertesten Formen besessen hat, wiedergewonnen, der Anschluß an Euripides und Shakespeare hergestellt. Zugleich rückt Lessing an die Front der bürgerlichen Moderne in europäischem Maßstab vor.

Dramaturgisch und theoriegeschichtlich wird diese von Diderot vertreten. Mit Diderot teilt Lessing die Orientierung an einem Begriff von Natur, der

»die Einheit und Gesetzmäßigkeit des Allzusammenhangs«, »zugleich die menschliche Natur in Gleichheit und Tugend, das schlechthin Bejahte und Bejahenswerte gegenüber der (...) höfischfeudalen Unnatur« in sich schließt.[12] »Diderot ist revolutionär nicht nur in seinem Entwurf der bürgerlichen Gattungen, eines Theaters als Organ der bürgerlichen Gesellschaft, speziell des dritten Standes, durch die Orientierung auf das ›häusliche‹ Leben, die Forderung, die Stände auf die Bühne zu bringen, und den Maßstab der Tugend. (...)Rebellischer (...) wird er dadurch, daß er die Poesie und deren Produzenten, das Genie, als Organ und Aktion des Aufbrechens versteinter, ›geordneter‹ gesellschaftlicher Zustände und Verhältnisse faßt: (...) so auch in der Bestimmung der höchsten Wirkung der Tragödie.«[13]

An diesem Punkt genau knüpft Lessing an, im vollem Umfang nicht so sehr als Theoretiker denn als Praktiker des Dramas. Möglich wurde dies und der damit verbundene neue Realismus des Theaters aber nur auf Grund der gleichzeitig erfolgenden Orientierung an Shakespeare – die ihn in seiner Praxis noch über Diderot hinausführt.

Um dies im vollen Umfang verstehen zu können, sei in Erinnerung gebracht, daß Shakespeare von der deutschen literarischen Intelligenz des späten 18. Jahrhunderts als der große Dichter der diesseitigen Welt, der Spinozist unter den Dramatikern rezipiert, gewissermaßen mit den Augen Spinozas entdeckt wird. Das ist die tiefere Bedeutung dafür, daß er »Dichter der Natur«, »Dolmetscher der Natur in all ihren Zungen« genannt wird[14] – als Autor, wie wir heute sagen würden, eines Dramas des ontologischen Realismus. »Eine Welt dramatischer Geschichte, so groß und tief wie die Natur«, schreibt Herder, dem »Riesengott des Spinoza, Pan! Universum!« vergleichbar. Sicher: solche Gedanken sind von Lessing noch nicht niedergelegt, und wenn er sie geäußert hätte, dann hätte er sie in eine kühlere Prosa gefaßt. Und doch ist die geheime, unterirdische Verbindung zu seinem spinozistischen Credo – »Hen Kai Pan« – unabweisbar.[15] Er selbst begründet Rang und Bedeutung Shakespeares mit historisch-kulturellen Argumenten, dem Hinweis darauf, daß »wir mehr in den Geschmack der Engländer, als der Franzosen einschlagen«[16] (er denkt hier an den französischen Klassizismus, vor allem an Corneille). Weiter begründet er sie wirkungsästhetisch (Shakespeare habe »Gewalt über unsere Leidenschaften« wie kein zweiter), und er begründet sie schließlich mit der Autorität der Alten und des Aristoteles. Shakespeare sei diesen »in dem Wesentlichen näher«, er erreiche den »Zweck der Tragödie«, die »Übung der Seele in Mitleid« »fast immer«, der Franzose »fast niemals«.[17] Auch hier müssen wir auf die Implikate achten, nicht nur den unmittelbaren Wortlaut. Wir müssen wissen, was er über Euripides sagt – er hielt ihn für den »tragischsten von allen tragischen Dichtern«.[18] Damit ist indirekt das Programm eines psychologischen Realismus gemeint.[19] Auch Lessings Aristotelesrezeption gibt Zeugnis für sein realistisches Credo. Zwar stehen auch hier wirkungsgeschichtliche Gesichtspunkte im Mittelpunkt, doch damit ist sie keineswegs erschöpft. So wird im 19. Stück der »Hamburgischen Dramaturgie« jener Passus aus der »Poetik« zitiert, der als Basissatz des ästhetischen Realismus zu gelten hat: »Aristoteles (hat) längst entschieden, wie weit sich der tragische Dichter um die historische Wahrheit zu bekümmern habe (...). Auf dem Theater sollen wir nicht lernen, was dieser oder jener einzelne Mensch getan hat, sondern was ein jeder Mensch von einem gewissen Charakter unter gewissen gegebenen Umständen tun werde. Die Absicht der Tragödie ist weit philosophischer als die Absicht der Geschichte.« Mit diesem Zitat stößt die Theorie in eine Programmatik vor, die Entwicklungen des kommenden Jahrhunderts vorwegnimmt. Die Tragödie, das Theater, die Kunst, so lautet das hier ausgesprochen ästhetische Prinzip, haben es nicht mit der empirischen Welt bloßer Fakten zu tun – nicht mit dem, »was der Fall ist« (Ludwig Wittgenstein) –, sondern mit der *Möglichkeitsform des Wirklichen*. Nicht die Wirklichkeit ›an sich‹, sondern die »Wirklichkeit des Möglichen« (Wolfgang Heise) ist der Gegenstand realistischer Kunst. Dies, in der Tat, ist ein auch heute noch nicht abgegoltener Gedanke. Er trifft im vollen Umfang auf Lessings eigene Kunst zu.

III. Philologische Miniaturen

Erste Miniatur. Die Blutspur in der Komödie: »Minna von Barnhelm«

»Ihr Lachen tötet mich, Tellheim!«
(»Minna von Barnhelm«, IV, 6)

»Minna von Barnhelm« ist keineswegs die unbeschwert-leichte, heitere Komödie, als die sie meist inszeniert und interpretiert wird.[20] Lesen wir genau, so ist ihre Heiterkeit von einer Blutspur unterlegt. Die verborgene Hand des Kriegs hat an dem Text mitgeschrieben. Der Hinweis findet sich in dem meist übersehenen Untertitel: »oder das Soldatenglück«.[21] Das Stück spielt kurz nach dem Ende eines Kriegs, von dem alle seine Personen betroffen, manche bis in die Seele hinein gezeichnet sind. Vom Krieg getroffen, mehr oder weniger deformiert sind – ausnahmslos – alle männlichen Personen des Stücks. Just und Werner sind fraglos ehrliche Häute und die Besten in Tellheims Truppe[22] – und doch hat auch bei ihnen der Krieg eine psychotische Wirkung gezeigt. Werner ist der ewige Krieger, der Soldat, der vom Krieg nicht loskommen kann. Er hofft, »daß noch irgendwo in der Welt Krieg ist«. Als »ehrlicher Kerl« und »guter Christ« will er »fleißig wider den Türken« ziehen, was zwar nicht »halb so lustig sein kann« als ein Feldzug »wider den Franzosen«, dafür aber »desto verdienstlicher (...) in diesem und in jenem Leben« (I, 12). Just, der sich völlig zu Recht einen »ehrlichen Kerl« nennt (III, 2), will dem Wirt »einen Possen spielen«, weil dieser »nicht mehr anschreiben will« (was man dem Wirt kaum verdenken kann). Er schlägt vor, ihn abends einmal »brav durchzuprügeln«, »das Haus über den Kopf anzustecken« und »seine Tochter zur Hure zu machen«, auch wenn diese häßlich sei (I, 12). Werner will nicht ganz mitziehen, spricht bei anderer Gelegenheit aber davon, daß der Wirt »ein Freund von meinem Major« sei, »den der Major sollte totschlagen lassen« (III, 4). Werner hat dem Major zweimal das Leben gerettet, er ist ein selbstloser Freund, der ihm großzügig sein Geld und Gut zur Unterstützung anbietet, doch trifft Tellheims Vorwurf zu: er sei Soldat »wie ein Fleischerknecht« (III,7). In solchen Widersprüchen bewegen sich die meisten Figuren des Stücks.

Die Witwe – »Dame in Trauer« – in I, 5 verkörpert den Schrecken des Kriegs im erlittenen Verlust. Ihre Begegnung mit Tellheim hat eine Schlüsselfunktion in dem Stück, nicht umsonst steht sie an entscheidender Stelle in der Exposition. Sie bewegt sich jenseits des heiteren Spiels. Sie ruft in die Erinnerung, was der Krieg ist. Sie spricht im Namen der Opfer. Zugleich zeigt sich an ihr Tellheims Integrität. Er ist die Ausnahme von der Regel, in diesem Punkt fungiert sein Handeln als ethische Norm. Er verkörpert, was die Katharsis bewirken soll: »tugendhafte Fertigkeit«.[23] Eine Linie zum »Nathan« ist hier angelegt.

Dabei ist Tellheim selbst ist ein Opfer des Kriegs, vom Krieg deformiert. Wenn er sagt, er habe »heute keine Tränen« (I, 6), so meint dies, er ist erstarrt. Die Aussage verweist auf seine Verkrüppelung. Diese hat einen symbolischen Sinn. Sie meint nicht nur physische, auch psychische Deformation. Dies, nicht ein preußischer Begriff von ›Ehre‹,[24] ist das Hindernis, das ihn von Minna trennt. Er ist mehr als nur der »widerborstige Mann«.[25] Er versteht sich – und das keineswegs zu Unrecht – als einen physisch, psychisch und moralisch verletzten Kriegskrüppel. Seine Worte dazu sind tief ernst zu nehmen, wozu Minna, wenn überhaupt, erst am Ende fähig wird – sie mißversteht zunächst Tellheims Verletzung als »Stolz« (III, 12): »Ich bin Tellheim, der verabschiedete, der an seiner Ehre gekränkte, der Krüppel, der Bettler« (II, 9). Diese Kränkung führt ihn an den Rand des »Menschenhasses« (IV, 6).

An der Erkenntnis, daß Minna eine der positivsten, progressivsten Frauengestalten der deutschen Literatur ist, führt kein Weg vorbei. Sie ist alles andere als ein närrisch-verliebtes Mädchen. Sie zeigt eine Selbsttätigkeit, die die bürgerliche Frauenrolle weit hinter sich läßt. So ist sie es, die von Beginn an im Verhältnis zu Tellheim die Initiative ergreift, die ihn aufsucht, ihm nachreist, ihn sucht. Ihr einziger Fehler ist es – im exakten Aristotelischen Sinn: ihre Hamartia –, daß sie den Charakter der Deformation nicht erkennt, die Tellheim erleidet (vgl. IV, 6). In der Zeichnung der Minna verfährt Lessing mit der Genauigkeit des analytischen Realisten. So ist es Ausdruck höchster Präzision – historisch-soziologisch wie psychologisch –, wenn sie als adlig, vermögend, sozial ungebunden beschrieben wird. Dies sind exakt die Bedingungen für ihre Selbsttätigkeit in der geschichtlichen Welt des Stücks. Eine Bürgerliche wäre in der dargestellten Zeit zu solcher Selbständkeit gar nicht in der Lage gewesen. Minnas Pendant, auf der Ebene der Tragödie, könnte daher nie Emilia, es kann allein die Gräfin Orsina sein.

Eine solche psychisch-soziale Zuordnung erklärt einiges, doch nicht alles. Nie sind in Lessings Dramen die objektiven Determinationen absolut. Immer ist den Figuren ein Spielraum für Individualität und Freiheit, auch Zufall eingeräumt, in dem sie handeln. So agiert Minna zusammen mit Franziska. In ihrer Gemeinsamkeit bilden sie ein unschlagbares Paar, verkörpern die historisch avancierteste Position in dem Stück. Beide sind über den Krieg hinaus, Minna freilich in einer Form, die dessen Erfahrung nicht gründlich genug verarbeitet hat. Dies ist der Grund ihres Mangels: ihres fehlenden Verständnisses für Tellheims Verletzung. Franziska ist in diesem Punkt weiter als sie. So will sie Minnas Spiel mit Tellheim Einhalt gebieten. In Franziska leben, psychologisch verfeinert, die selbstbewußten Dienerinnen Moliéres nach. Fast ist ihr Verhältnis zu Minna das einer Gleichen. Vergleichbar ist sie der Susanna in Mozarts »Hochzeit des Figaro«, auch sie die intelligenteste Person im ganzen Stück. In diesen Figuren erhalten die Unteren, das Volk die erste Stimme. Darin liegt bereits ein utopisches Moment.

Der Konflikt zwischen Tellheim und Minna ist von solcher Art, die Hegel der echt tragischen Kollision vorbehält. Nicht Recht und Unrecht treten in Konflikt, sondern die Kollision ist eine solche positiver Werte, von Tugenden, die sich durch Einseitigkeit bedrohen. Teil dieser Einseitigkeit, ja ihre Bedingung ist die Blindheit, mit der die Protagonisten ihren Standpunkt vertreten, die sie hindert, die Berechtigung des Standpunkts des Anderen wahrzunehmen.[26] Die Grundkollision der »Minna« läßt also sowohl eine Tragödie wie eine Komödie zu. Dieser Tatbestand allein gibt dem Stück auch zum Ende hin den Tiefgang. Bis zuletzt ist der Ausgang nicht ungefährdet, erscheint das gute Ende als Problem. Die Auflösung erfolgt im Medium eines Spiels, dessen Turbulenzen die Problematik akzentuieren, das Scheinhafte der komischen Lösung ins Licht stellen. So ist das Ende für Tellheim wie das »Erwachen aus einem schrecklichen Traum« (V, 13) – erst an dieser Stelle wird die reine Heiterkeit des Spiels erreicht, die man irrtümlich dem ganzen Drama zuzuschreiben pflegt. Die Spielform fungiert als komödisch-utopisches Medium, der Brief des Königs als deus-ex-machina-Variante, vielleicht auch als verborgene Seria-Parodie. Im guten Onkel ist Brechts rettender Bote vorgebildet.

An Brecht erinnert hier vieles. Nicht zuletzt die Grundfrage, wie man in einer schlechten Welt einem guten Menschen zu einem guten Ende verhelfen kann. Daß man es kann, so sicher ist sich Lessing darin nicht. Daher vielleicht die Turbulenzen des Schlusses, die die Blutspur des Krieges fast vergessen machen. Im letzten Satz des Texts sind sie plötzlich wieder da. »Über zehn Jahr ist Sie Frau Generalin oder Witwe« (V, 15). Die Witwe hatten wir schon. Sie war am Beginn des Stücks als »Dame in Trauer« aufgetreten. Die Generalin können wir uns schenken. Bei solchen Aussichten für die kluge Franziska sollten dem Zuschauer, versteht er den Text und stimmt die Regie, das Lachen im Halse stecken bleiben.

Zweite Miniatur. Eliminatorischer Antisemitismus versus praktische Vernunft: »Nathan der Weise«

> »Tut nichts! Der Jude wird verbrannt.«
> (»Nathan der Weise«, IV, 2)

In der »Süddeutschen Zeitung« vom 10. September 2004 hat Christine Dössel, eine der tonangebenden Stimmen des deutschen theaterkritischen Feuilletons, ihren Verriß einer jüngst erfolgten Inszenierung des »Nathan« an der Wiener Burg (Regie Lukas Hemleb) mit einem Argumentationsgang begründet, der einen aufschlußreichen Einblick in den Zustand der literarisch-historischen Bildung heutiger Eliten gewährt. Das Vergehen der Wiener Inszenierung bestünde darin, daß sie nichts »wagt (...) und (...) nichts zu sagen (hat), was über den Text hinausweise auf unsere Welt des 21. Jahrhunderts, in der religiöser Haß und fundamentalistischer Tenor Lessings Humanitätsbotschaft zur Makulatur erklären, zum naiv-sentimentalen Wunsch eines Märchenonkels.« »Aufklärungsmärchen aus dem Jahr 1779« und »Schulbuchpflichtklassiker mit dem ewig gültigen, nie erfüllten Toleranz- und Versöhnungsappell« – das ist alles, was die Dame Dössel sonst noch zu Lessings Text zu sagen weiß. Dümmlicher geht es kaum, um schlagend für das Elend der gegenwärtigen deutschen Theaterkritik den Beweis zu liefern. Es besteht in zweierlei: einem Zerfall ästhetischer Normen sowie der Unfähigkeit, die überlieferten Texte der Theaterliteratur anders als in ihrer oberflächlichsten und konventionellsten Bedeutung zur Kenntnis zu nehmen (wobei das eine das andere bedingt). Dabei will ich gar nicht in Abrede stellen, daß der »Nathan« in der bürgerlichen Rezeption zum Dekor liberaler Feierstunden verkam, als Ausrede mißbraucht, mit der sich deutsche Spießer billig ein gutes Gewissen servieren. Zwischen Rezeption und Textsinn zu unterscheiden aber, gehört zu den ersten Aufgaben literarischer Kritik. So behaupte ich, daß sich der genauen Lektüre des »Nathan« (und eine solche gehört selbstverständlich zu den Grundaufgaben kritischer Arbeit) eine seiner Rezeption gegenläufige, äußerst radikale und höchst aktuelle Bedeutung erschließt.

Die Welt dieses Textes, das ist das Erste, ist strukturell von Terror geprägt – um den zu sehen, bedarf es nicht des 21. Jahrhunderts. Nicht weniger als »Emilia Galotti«, so Heise, zeigt der »Nathan« eine »zerrissene Welt«.[27] Gewalt – ausgeübte und zu erwartende – erscheint in ihr geradezu als Normalzustand. Das Stück spielt in der Zeit eines bedrohten Friedens, eines prekären Waffenstillstands zwischen Sarazenen und Christen (in der Regel wird ignoriert, daß die Welt des »Nathan« keine ›Märchenwelt‹ ist, sondern sich auf eine historisch-reale bezieht: Jerusalem nach dem Ende des dritten Kreuzzugs). Den Schrecken äußerster Gewalt hat Nathan am eigenen Leib erfahren. Seine ganze Familie ist einem christlichen Pogrom zum Opfer gefallen: seine Frau »mit sieben hoffnungsvollen Söhnen« verbrannte in seines Bruders Haus, »zu dem ich sie geflüchtet«. Bezeichnend ist, daß Nathan diese Erfahrung geheim hält, er vertraut sie allein der »frommen Einfalt« des Klosterbruders an, als er dessen integre Menschlichkeit erkennt (IV, 7).

Das Motiv des Verbrennens besitzt in Lessings Text den Charakter eines Leitmotivs. In der Eröffnungsszene wird Nathan, bei seiner Heimkehr, mit der Nachricht vom Brand seines Hauses empfangen, dem seine Ziehtochter Recha mit knapper Not – gerettet durch die beherzte Tat des Tempelherrn – entkam. »Verbrannt? Wer? Meine Recha? Sie? – / Das hab' ich nicht gehört. – Nun denn, so hätte / Ich keines Hauses mehr bedurft«. (I, 1) Diese Sätze sind mit größter Erschütterung gesprochen. Aus ihr erklärt sich Nathans Hinwendung zum Retter des Mädchens. Dem Akt der Rettung kommt im symbolisch-semantischen Gefüge des Texts eine zentrale Bedeutung zu. Rettung ist der genaue Gegensatz zu Gewalt.

Nathans Existenz ist nicht sicher, sondern gefährdet. Der fundamentalistische Terror, den Frau Dössel wie andere ihr geistesverwandte Rezipienten erst in unserer Gegenwart wahrzunehmen vermag, besitzt eine bedrohliche Verkörperung in Lessings Text, und zwar in der Gestalt des christlichen Patriarchen. Der will die Vernichtung des Juden um jeden Preis, hat dieser doch einen »Christen / Zur Apostasie verführt«, zum Abfall des Glaubens. Er beruft sich dabei auf einen Rechtstitel – der Terror ist geltendes Gesetz. Nach päpstlichem und kaiserlichem Recht, argumentiert der Patriarch, stünde auf solche »Frechheit« nur eins – der »Scheiterhaufen«, der »Holzstoß«. Das drei Mal erfolgte »Tut nichts! der Jude wird verbrannt« (IV, 2) – auf Einwände, die rechtlich als mildernde Umstände gewertet werden könnten – macht hinlänglich deutlich, daß solcher Antisemitismus eliminatorisch ist. Er läuft auf die physische Vernichtung des Juden hinaus.[28]

Nathan weiß von dieser Gefahr, und er weiß sie einzuschätzen. Zwar weiß er sich bei Saladin sicher (wofür es nicht nur märchenhafte, sondern gute historische Gründe gibt), doch ist diese Sicherheit sehr relativ. Denn so sehr Saladin, im Gegensatz zu dem Patriarchen, als tolerant und liebenswürdig geschildert wird, gewaltfrei ist sein Regiment beileibe nicht. Zudem ist er, wie der Patriarch (vermutlich zu recht) erklärt, »vermöge der Kapitulation, / Die er beschworen«, verpflichtet, das Recht der Christen auszuführen, und dieses verlangt Nathans Tod (IV, 2).

Zum Text, lesen wir ihn als die geschichtsphilosophische Parabel, die er seinem ästhetischen Status nach unabweisbar ist,[29] gehört die historische Situation, in der er spielt, auf den sich die Handlung stofflich bezieht und auf den sie in manchen Teilen auch explizit verweist: eine kurze Zwischenzeit des Friedens in einem mörderischen Krieg. Das Stück spielt nach dem Ende des dritten Kreuzzugs. Saladin, eigentlich Jussuf, Sultan von Syrien und Ägypten (1137 – 1193), ist die bedeutendste historische Figur im islamischen Widerstand gegen die christliche Okkupation des islamischen Orient, die unter dem Namen der Kreuzzüge in der europäischen Tradition überliefert ist. Er befreite 1187 Jerusalem. Der dritte Kreuzzug

(1189 – 1192), zur Wiedereroberung der verlorenen Territorien, insbesondere Jerusalems unternommen,[30] schloß mit einen Waffenstillstand, der Saladin Jerusalem beließ, doch die christliche Präsenz als Pilgerstätte gestattete (dies erklärt die Anwesenheit des Patriarchen in Lessings Stück). Nach heutigem historischen Wissen war Saladin in der Tat der Vertreter einer aufgeklärten islamischen Hochkultur, als den ihn Lessing zeichnet (so sehr selbstverständlich Einzelheiten erfunden sind) – ein »Verbesserer der Welt und des Gesetzes« (III, 3), »tapfer, gerecht, edelmütig«,[31] wie ihn übrigens bereits Voltaire gepriesen hatte. Auch die Toleranz gegenüber Juden (die unter ihm führende Staatsfunktionen einnehmen konnten) ist historisch verbürgt.[32] Den Komplex dieses Wissens, das der Aufklärung in den Grundzügen zur Verfügung stand, nimmt Lessing in seinen Text auf. Sein Nathan weiß, daß seine Existenz ein Kampf ums Überleben ist, seine Sicherheit einzig bei Saladin liegt. Fällt dieser, so ist er auch verloren. Er hat also gute Gründe, ihm für den bevorstehenden Feldzug sein Geld zu überlassen.

Die Ringparabel erzählt Nathan also in einer Situation der Gefahr – ja das Bewußtsein der Gefährdung erst veranlaßt ihn zur Erfindung seines »Märchens«.

»Hm! Hm! – wunderlich! – Wie ist
Mir denn? – Was will der Sultan, was? Ich bin
Auf Geld gefaßt und er will – Wahrheit. Wahrheit!
(...)
Das war's! Das kann
Mich retten! – Nicht die Kinder bloß speist man
Mit Märchen ab.« (III, 7)

Die Ringparabel (III, 7) ist das Exposé einer Kritik der praktischen Vernunft, neun Jahre bevor Kant sein zweites Hauptwerk verfaßte. Hier wie dort geht es um das Praktischwerden der Vernunft – die Praxis ihrer Prinzipien. Lessings Ausgangspunkt ist die Wahrheitsfrage der Religionen. Dieser wird eine praktisch-ethische Antwort erteilt. Deren erste Prämisse ist, daß von einer Apriori-Wahrheit der Religionen – einer oder aller – nicht die Rede sein kann. Die Religionen »gründen alle (...) auf Geschichte«. Sie sind geschichtlich entstanden und entfalten ihre Wirkung in der Form geschichtlicher Mächte.[33] Nirgendwo sonst als in der praktisch-ethischen Wirkung liegt also das Kriterium für ihre Wahrheit oder Unwahrheit. Dies ist der Sinn des Ausspruchs des Gründervaters aller drei Religionen: daß der Ring die »Wunderkraft« besäße »beliebt zu machen«, »vor Gott und Menschen angenehm«. Solange die Ringe »nur zurück« und nicht »nach außen« wirken, »jeder sich selber nur am meisten liebt« (sich selbst für die einzige Wahrheit hält), sind alle drei »betrogene Betrüger« – ist ihre Existenz eine solche der Unwahrheit. Erst in der praktischen Wirkung auf Andere, in der Verbesserung menschlicher Daseinsbedingungen, der »Beförderung der Humanität« (wie Herder es nennen wird) konstituiert sich die Wahrheit einer Religion. Die dieser Einsicht entsprechende ethische Haltung ist, mit Lessings eigenem Begriff, »tugendhafte Fertigkeit«: eine ethische Haltung, die in der Praxis ihre Bewährung findet.[34] Aus diesem Gedanken folgt, was in Lessings Text als Äquivalent des Kantschen kategorischen Imperativs fungiert. Bei Lessing freilich ist es als Rat, nicht als Spruch des weisen Richters formuliert:

»Wohlan!
Es eifre jeder seiner unbestochnen,
Von Vorurtheilen freyen Liebe nach!«

»Unbestochen«, ein praktisch-ethischer, aber auch ein juristischer Begriff, meint, daß einer nicht käuflich ist, seine Handlung, von Selbst- wie Fremdinteresse frei, sich allein an der Durchsetzung der als recht erkannten Sache orientiert, meint die Ausübung der Menschlichkeit ›um ihrer selbst willen‹.[35] »Von Vorurteilen frei« ist ein Schlüsselwort der Aufklärung seit Bacon: von der vernünftigen Einsicht, nicht der bloßen Meinung, dem von ›Idolen‹ (= Ideologien) bestimmten Alltagsbewußtsein geleitet. »Unbestochen« und »von Vorurteilen frei« zielen auf einen Begriff von Aufklärung, der diese als »Ausgang des Menschen aus selbstverschuldeter Unmündigkeit« (Kant) versteht, die Autonomie des Willens als Bedingung realer Freiheit. *Liebe* freilich ist bei Lessing das Schlüsselwort: Menschenliebe, Liebe zwischen Einzelnen und Völkern, reale Gleichheit, Solidarität, Freundschaft. Der Begriff hat hier eine vielschichtige Konnotation, er ist konkret, nicht abstrakt zu denken, das Pathos des späteren Idealismus ist ihm noch fern.

Des Richters *Rat* der unbestochnen, von Vorurteilen freien Liebe, formuliert als Postulat der praktischen Vernunft, entspricht sehr genau dem, was Kants Begriff des kategorischen Imperativs zum Inhalt hat: »Handle so, daß die Maxime deines Willens jederzeit zugleich als Prinzip einer allgemeinen Gesetzgebung gelten könne«.[36] Gemeint ist ein praktisches Handeln, das einer allgemeinen Gesetzgebung zugrunde gelegt, universale Gültigkeit beanspruchen kann. Im Besitz des Steins – im Besitz der Wahrheit – ist nun der, der dieser Forderung am weitesten entspricht, ist die Religion – sagen wir erweitert: die Weltanschauung –, die sie am besten einzulösen vermag – in »über tausend tausend Jahren«, also im Verlauf der geschichtlichen Zeit, an keinen abgeschlossenen Zeitraum ist hier gedacht. Mit anderen Worten: die Religion oder Weltanschauung ist die ›wahrste‹, die die Aufgabe der Humanisierung der Welt am nachhaltigsten erfüllt (eine Linie ist hier zu ziehen zur Erziehung des Menschengeschlechts), der es am besten gelingt, wie Brecht sagt, »die Mühseligkeiten der menschlichen Existenz zu erleichtern«.[37] Theologie hier wird, auch dies eine Parallele zu Kants »Kritik der praktischen Vernunft«, in Ethik aufgelöst – eine Ethik praktischen Handelns freilich, nicht der bloßen Reflexion und ohne Neuauflage eines Gottesbeweises. Damit aber ist Lessing, so scheint mir, radikaler als Kant. In der entschiedenen Orientierung auf ethisch-gesellschaftliche Praxis weist er über diesen hinaus – geht zu auf den kategorischen Imperativ von Marx, der fordert, »alle Verhältnisse umzuwerfen, in denen der Mensch ein erniedrigtes, ein geknechtetes, ein verlassenes, ein verächtliches Wesen ist«,[38] auf dessen elfte Feuerbachthese, die besagt, daß nicht die Interpretation der Welt das Entscheidende sei, sondern ihre praktische, menschenwürdige Veränderung. »Die Philosophen haben die Welt nur verschieden interpretiert, es kömmt darauf an, sie zu verändern.«[39] Wo bei Marx die Philosophie steht, steht in Lessings »Nathan« freilich noch die Religion.

Der Text schließt mit einem Ende, das allein als utopisches Moment ästhetisch und geschichtsphilosophisch gerettet werden kann: als an Brecht erinnernde Forderung, daß das gute Ende als Prinzip nicht aufzugeben sei.[40] Der Wall von Umarmungen, mit denen das Stück schließt, verdeckt die Risse der von ihm gezeigten Welt. Die Probleme, die es ans Licht brachte, bleiben ungelöst: der Frieden bedroht, die Macht des Patriarchen ungebrochen, die Liebenden um ein Glück gebracht, das nur in einem inzestiösen Verhältnis hätte Erfüllung finden können; für eine Wälsungenliebe mußte noch ein Jahrhundert ins Land gehen. Doch bereitet Recha den Weg, wenn sie – auch hier eine Antizipation Brechts[41] – bestreitet, daß nur das »Blut« den Vater mache.

»Jawohl; das Blut, das Blut allein
Macht lange noch den Vater nicht! macht kaum
Den Vater eines Tiers!« (V, 7)

Hier wird das biologische Moment als Faktor der Konstitution menschlicher Beziehungen gründlich in Frage gestellt. Was an seine Stelle treten soll, wird nicht ausgesprochen, ist aber durch das erzählte Geschehen klar genug: Es ist die gesamte Geschichte einer Beziehung zwischen Menschen, in der erfahrene Wohltat und Liebe eine privilegierte Position einnehmen. Ihnen gegenüber tritt das biologische Moment zurück. Sollte dies vielleicht auch für Rechas Beziehung zu ihrem Retter gelten? Die Frage wird nicht ausgesprochen, doch wartet sie im Hintergrund.

Dritte Miniatur. Autonomie und Selbstzerstörung: zum Dilemma des bürgerlichen Subjekts: »Emilia Galotti«

»Stecken Sie beiseite! geschwind beiseite! – Mir wird die Gelegenheit versagt, Gebrauch davon zu machen. Ihnen wird sie nicht fehlen, diese Gelegenheit: und Sie werden sie ergreifen, die erste, die beste, – wenn Sie ein Mann sind.«

(»Emilia Galotti«, IV, 7)

»Emilia Galotti« behandle ich als letztes der drei großen Dramen. Der Grund dafür ist, daß ich sie für Lessings radikalstes Werk halte, seinen kühnsten und illusionslosesten dramatischen Entwurf. Mit ihm gewinnt die europäische Tragödie die Position totaler Diesseitigkeit zurück, die sie seit Shakespeare nicht mehr besessen hat, die sie erst in den Gipfelleistungen des späteren europäischen Dramas, bei Schiller, Goethe, Kleist, Büchner, Ibsen und Tschechow wieder erreicht.[42]

In der »Emilia« ist das tragische Geschehen ein Geschehen ganz unter Menschen geworden. Sie spielt in einer Welt ohne Gott, ist frei, auch terminologisch frei, von jedem Restbestand an Teleologie, der noch im Drama des deutschen Idealismus, auch übrigens bei Beethoven[43], ihre nicht unbedeutende Rolle spielt. Der »Gott«, auf den sich Galotti am Ende des Dramas als »Richter unser aller« beruft, ist nicht mehr als sein bürgerlicher, privater Gott. Er hat keine Existenz außerhalb eines Bewußtseins, dessen dilemmatisches Scheitern das Stück erschütternd vorführt.

Dilthey hat die Emilia eine »Trägodie des höfischen Lebens« genannt,

»Musterbeispiel der in sich geschlossenen, in allen Gliedern psychologisch determinierten Handlung«, »so einfach konstruiert wie eine Uhr mit ihren Rädern und Gewichten«. »Das Stück ist aufgebaut auf dem Gegensatz zwischen dem Hof mit seinen Kreaturen und den unabhängigen Leuten, die ihre Freiheit, ihre Sitte, ihre selbständige Art der Lebensführung behaupten wollen. Das Tragische liegt in der Hilflosigkeit dieser rechtlosen Untertanen gegenüber der Selbstherrschaft. Indem dieselben von der Intrige umgarnt und gleichsam erdrosselt werden, kommt ihre Ohnmacht von Szene zu Szene an den Tag – und damit die Misere der politischen Verhältnisse, in der sie leben.«[44]

Diese Charakterisierung, so zutreffend sie ist, trifft freilich nur eine Seite des tragischen Konflikts. Die bürgerlichen Gegenfiguren sind mehr als nur passive Opfer. Sie wirken mit an der Form des tragischen Geschehens – an dem Modus, in dem es sich vollzieht.

Daß die »Emilia« eine »antityrannische Tragödie« ist,[45] daran kann nicht die Spur eines Zweifels bestehen. Der Prinz und sein ausführendes alter ego Marinelli – sie agieren im Grunde als Paar: Prinz *und* Marinelli – sind die treibenden Kräfte des Geschehens und voll verantwortlich – *schuldig* – an seinem tödlichen Ausgang. Zugleich fungieren sie als soziale Charaktermasken: Verkörperungen gesellschaftlicher Verhältnisse, die solche Gewalt erst hervorbringen und möglich machen. Teil des Ensembles dieser Verhältnisse aber ist ein Bürgertum, das der politischen Tat weder willens noch fähig ist, das seine Emanzipation als rein privaten Akt betreibt. Symbolisch dafür: die ›Welt außerhalb‹ – außerhalb der Sphäre des Hofs und der Stadt –, in der Galotti wie Appiani die Selbstverwirklichung ihres Lebens suchen. Es ist deutlich genug: Lessing porträtiert *deutsche* Zustände. Er hat, wie Heise schreibt, in der »Emilia« »den deutschen Verhältnissen in leicht verfremdendem italienischen Gewand die eigene politisch-moralische Melodie vorgesungen«.[46] Zu diesen gehört die unangefochtene Geltung der Religion. Es ist die Kirche, in der der Prinz Emilia trifft und verfolgt, diese beschwichtigt ihre aufkeimende Sinnlichkeit, mit »Übungen der Religion« (V, 7), und es ist ›Gott‹, dem Galotti die Ausführung einer Tat überläßt, zu der er selbst nicht die Kraft hat: die Bestrafung des Prinzen. So ist die »Emilia Galotti« nicht nur eine antityrannische Tragödie, sie ist zugleich die Tragödie bürgerlicher Selbstzerstörung, seiner privaten, nicht politischen Autonomie – einer Autonomie unter dem ideologischen Diktat der Religion. Die eigentliche Alternative zu solcher Selbstzerstörung verkörpert die Gräfin Orsina – wiederum ist die emanzipatorische Stimme einer adligen Frau vorbehalten. Was die Orsina vertritt, ist Rebellion und Aufstand – Gerichtstaghalten der Erniedrigten, Geknechteten, Verlassenen und Verächtlichen über die, die am Zustand der Erniedrigung die Schuld tragen. Und ganz im Unterschied zu Galotti und den Seinen nimmt sie die Sphäre der Öffentlichkeit für solche Gerichtsbarkeit in Anspruch, überläßt sie nicht der Religion.

»Morgen will ich es auf dem Markte ausrufen. – Und wer mir widerspricht – wer mir widerspricht, der war des Mordes Spießgeselle.« (IV, 5)

So sehr die Orsina, psychologisch verständlich, aus der Lage der verlassenen, gekränkten Frau heraus spricht, sie spricht doch im Namen aller Verlassenen und Mißbrauchten, ist zu einer Solidarität imstande, die über ihre eigene Lage hinaus reicht.[47]

»Wenn wir einmal alle, – wir, das ganze Heer der Verlassenen, wir alle, in Bacchantinnen, in Furien verwandelt, wenn wir alle ihn unter uns hätten, ihn unter uns zerrissen, zerfleischten, sein Eingeweide durchwühlten, – um das Herz zu finden, das der Verräter einer jeden versprach und keiner gab! Ha! das sollte ein Tanz werden! das sollte.« (IV, 7)

Die Orsina als »Machtweib« zu verstehen, »das dann auch als Lady Milford das gesetzte bürgerliche Publikum mit fremdartigen Schauern erfüllt«,[48] wie Dilthey es tut, ist ein Mißverständnis, wie es bürgerlicher nicht sein kann. Herder hat ihre Bedeutung vorurteilsfrei und hellsichtig erkannt, wenn er schreibt: »Als eine Beleidigte, Verachtete muß sie anjetzt übertreiben und bleibt in der größten Tollheit die redende Vernunft selbst, ein Meisterwerk der Erfindung«.[49] Die Orsina ist, so läßt sich sagen, die tragische Schwester der Minna – eine Minna, die Orsinas Erfahrung hat. Sie ist selbstbewußt, selbsttätig und besitzt einen scharfen analytischen Verstand. Sie leidet nicht nur, sondern durchschaut die Verhältnisse und den Prinzen. Ihre Worte »Und glauben Sie, glauben Sie mir: wer über gewisse Dinge den Verstand nicht verliert, der hat keinen zu verlieren« (IV, 72) sind der genaueste Kommentar zu dem Geschehen, dessen Zeuge sie ist. Wenn sie Odoardo den Dolch gibt, so ist dies ein höchst bewußter Akt: der Hinweis auf eine Alternative, die auch in der Virginia-Überlieferung angelegt ist: antityrannischer Widerstand.

»Stecken Sie beiseite! geschwind beiseite! – Mir wird die Gelegenheit versagt, Gebrauch davon zu machen. Ihnen wird sie nicht fehlen, diese Gelegenheit: und Sie werden sie ergreifen, die erste, die beste, – wenn Sie ein Mann sind.« (IV, 7)

Odoardo ist fraglos ein Mann, und an Mut wird es ihm sicher nicht gebrechen. Doch zuallererst ist er eins: ein deutscher Bürger, der seine Autonomie einzig in der Region einer religionsgeschützten Privatheit zu verwirklichen vermag. Den Dolch auf den Tyrannen zu richten, politischer Widerstand ist ihm undenkbar: Lessing hat hier den Finger auf die Wunde deutscher Bürgerlichkeit, das historische Dilemma des deutschen Bürgertums gelegt. Um so erschütternder das Ende: Emilia ist es, die agiert, Odoardo vermag allein, ihren Entschluß auszuführen. Was ihm unter den Möglichkeiten zu handeln verbleibt, ist die Tötung der eigenen Tochter. Heise hat Emilias Dilemma eindringlich beschrieben:

»Emilia sieht sich in einen für sie unlösbaren Widerspruch gestellt (...). Ihre Hilflosigkeit gegenüber der Verführung entspricht der Hilflosigkeit gegenüber der eigenen Sinnlichkeit, die Teil ihres selbst ist und die sie zugleich – als Ergebnis einer Erziehung, der Unterdrückung, Regulierung und bürgerlich-christlichen Bewertung von Sinnlichkeit – als fremde Naturgewalt erfährt. Ihr Tod ist das Nein zur feudalen Korruption, mehr noch, Bewahren ihrer moralischen Subjektivität vor der vorgeschriebenen Objektrolle. (...) Ihr Tod ist heroische Aktion – aus Aktionsunfähigkeit«.[50]

Mit aller Theologie, auch Teleologie ist in der »Emilia Galotti« jeder Restbestand an anthropologischem Optimismus aufgelöst. Das Bild des Menschen, das zurückbleibt, zeugt von einem scharfen, harten, analytischen Realismus: Menschen erscheinen ausgestattet mit produktiven wie destruktiven Potentialen, der Fähigkeit zu Tugenden und zu Lastern, als Agierende gestellt in konkrete gesellschaftliche Lagen, von denen sie bestimmt, in denen sie zugleich aber auch handelnd tätig sind. Die Menschen erscheinen als von der Gesellschaft produziert, zugleich aber erscheinen sie als Produzenten ihres eigenen Geschicks. Mit der simplen Alternative von Optimismus und Pessimismus hat ein solches Menschenbild nichts mehr zu schaffen. Das menschliche Wesen ist hier kein über den Dingen hausendes Abstraktum mehr, sondern ganz und gar hineingestellt in das Ensemble der gesellschaftlichen Verhältnisse, die das Stück zeigt, den Dünger der Widersprüche, die es zum Tanzen bringt. Wie Orsinas Dolch in die Hände Galottis, ist ihnen die Verfügung über ihr Schicksal zur Entscheidung übertragen. Damit aber löst Lessing ein ihn Zeit seines Lebens umtreibendes Dilemma: das Verhältnis von Determination und Freiheit als Problem ethischen Handelns.

Das Verhältnis von Determination und Freiheit, wie es sich im Text der »Emilia« zeigt, ist im strengen Sinn ein dialektisches. Auf der einen Seite sind die Figuren sozial und psychisch von den Verhältnissen geprägt, in denen sie leben und agieren, die ihnen auch Spielraum und Grenzen ihres Handelns vorgeben, zu denen übrigens auch ihre psychische Verfaßtheit gehört. Odoardo stößt an solche Grenze: die Tötung des Prinzen, die der Orsina durchaus möglich wäre, ist ihm verwehrt; es ist dies keine Frage moralischen Mangels oder subjektiven Versagens. Und doch, dies ist das scheinbare Paradox, sind die Menschen verantwortlich für die Entscheidungen, die sie treffen und für die Handlungen, die sie begehen – der Prinz und Marinelli zuerst, doch auch Galotti und seine Tochter. Der Text macht dies in

108   Diesseitigkeit und Realismus

einer Reihe von Szenen unmißverständlich klar; erinnert sei allein an I, 8, wo der Prinz
»recht gern« ein Todesurteil zu unterzeichnen bereits ist, seinen leichtfertigen Umgang mit
den Bittschriften im einführenden Bild. Immer wieder gibt es Alternativen, spielen sich Entscheidungen im Spielraum möglicher Handlungen ab. Auf den Begriff gebracht, läßt sich bei
dieser Dialektik von einer *determinierten Freiheit* sprechen: von der Freiheit des Subjekts in
Situationen, die objektiv determiniert sind. Es gibt also die Freiheit des Willens und der
Handlung, doch allein in einem Gefüge geschichtlicher Determination, im Rahmen eines gegebenen Ensembles gesellschaftlicher Verhältnisse, zu denen das handelnde Subjekt als psychisch geformtes selber gehört. Marx' Wort: »So wie die Gesellschaft den Menschen produziert, ist sie von ihm produziert« – es gilt auch in der umgekehrten Form: *wie der Mensch
die Gesellschaft produziert, ist er von ihr produziert* – enthält den Schlüssel für die weitere
theoretische Arbeit an diesem Problem. Erst der Gedanke der Freiheit aber, gleich, wie die
Freiheit gedacht wird, gibt den Menschen eine Würde zurück, der sie als total determinierte
entbehren müßten. Er ist zudem auch die anthropologische Voraussetzung, ja die Bedingung
der Möglichkeit des tragischen Dramas.

IV. Radikale Diesseitigkeit. Notiz zum philosophischen Status

»Keinem System sich verschreibend, demontiert er die religiösen Gewißheiten, unruhig spekulierend,
relativiert er seine Spekulation, setzt auf Vernunft, Naturdeterminismus und Zukunft (...).Als Dichter
sah er menschliche Realität, die abstrakte Begriffe verdecken, als Denker gab er seinen Gestalten die
wache Bewußtheit ihres Tuns. Und weil er den Grund der Epochenprobleme in den Beziehungen zwischen den Menschen zu finden suchte, stieß er auf die Spuren der Zukunft. Seinen Stoffen – und darin
liegt sein Realismus – gewann er die äußerste Möglichkeit ab, die Zuschauer zur Konfrontation ihres
Lebens und gelebten Systems mit dem verborgenen, gesuchten, ersehnten Humanum ihrer menschlichen Gemeinsamkeit zu zwingen.«[51]

Die Sätze, mit denen Wolfgang Heise seine große Studie zu Lessing schließt, können
sehr wohl als Resümee meines eigenen Nachdenkens über Lessing genommen werden. Dabei
hatte der hier vorgestellte Beitrag ein begrenztes Ziel. Nicht um den ›ganzen Lessing‹ ging
es, und auch nicht um den Verfasser philosophischer und theologischer Schriften. Versucht
habe ich allein, die gedankliche Radikalität Lessings sichtbar werden zu lassen, wie sie sich
von seinen großen Dramen her darstellt und von dieser Seite ein Licht zu werfen auf das,
was man seinen philosophischen Status nennen kann, damit auch eine Antwort zu geben auf
die Frage nach seinem historischen Ort.

»Radikal sein«, steht bei Marx, »heißt, eine Sache an der Wurzel packen. Die Wurzel der
Menschen aber ist der Mensch selbst«.[52] Dieser Anthropozentrismus ist es, der Mensch als
Wurzel des Menschen, der uns in den Dramen Lessings entgegentritt: der Mensch in seiner
historischen Konkretion als vernunftbegabtes gesellschaftliches Naturwesen, agierender Teil
eines historischen Ensembles gesellschaftlicher Verhältnisse, ohne weltjenseitige Abstraktion. Von dieser Sicht her erscheint die spinozistische Entscheidung Lessings, wie sie uns von
Jacobi berichtet wird, nicht nur plausibel, sondern im hohen Maße konsequent. Die Neuprotestantismusthese dagegen vermag diese Seite seines Werks mit Sicherheit nicht zu erfassen.
Im Gegenteil: aus der Sicht der Dramen ist Lessings Denken nicht nur der Theologie seiner
Zeit, es ist auch in anderer Hinsicht seiner Zeit voraus, bewegt sich deutlich jenseits der Positionen des deutschen Idealismus – damit auch denen Kants und Schillers –, läuft in der

Konsequenz auf den Materialismus von Feuerbach und Marx zu. In der Verweltlichung des Denkens in Deutschland, von der ich eingangs sprach, hat Lessing eine solitäre Schlüsselposition. »Niemand vielleicht in Deutschland, auch Goethe nicht, hatte diesen Geierblick, Welt und Menschen zu durchschauen, der Lessing eigen war.«[53] Diltheys emphatisches Urteil, nehmen wir seine dramatischen Dichtungen beim Wort, kann hier seine Bestätigung finden.

Anmerkungen

1 Vgl. dazu Thomas Metscher, Pariser Meditationen. Zu einer Ästhetik der Befreiung. Siebenter Teil: Form des Gedankens und Form der Kunst. Wien 1992, S. 303 – 332; ders., Ästhetik und Mimesis. In: Mimesis und Ausdruck. Hrsg. von Thomas Metscher u.a. Köln 1999, S. 9 – 110.
2 Heinrich Heine, Zur Geschichte der Religion und Philosophie in Deutschland. In: Sämtliche Schriften, dritter Bd., 3. Aufl., München 1971, S. 589.
3 Die Begriffe Verdiesseitigung und Diesseits werden hier in einem präzisen philosophischen Sinn gebraucht. Vgl. Artikel Jenseits/Diesseits in: Historisch-kritisches Wörterbuch des Marxismus. Hrsg. Von Wolfgang Fritz Haug. Bd. 6/II, Hamburg 2004, S. 1642 – 1665. In dieser Bedeutung ist das Diesseits »der positive Gegenbegriff zur Vorstellung einer Welt hinter oder über dieser Welt«. Es meint »die den Sinnen und auch der Wissenschaft zugängliche Wirklichkeit als einzig real existierende. Der Ablehnung des Jenseits liegt die Erkenntnis zugrunde, dass die Welt der Ordnungen und Institutionen von den Menschen selbst geschaffen ist, sowie der Glaube, dass diese grundsätzlich fähig sind, aus eigener Kraft ihr `Heil` zu verwirklichen« (ebd., S. 1643).
4 Auch Wilhelm Dilthey spricht von »einer ganz einzigen Herrschaft des theologischen Interesses« um die Mitte des 18. Jahrhunderts in Deutschland, als Lessing »die literarischen Verhältnisse um sich zu beobachten begann«, bei »Abwesenheit all der anderen Motive, welche in England und Frankreich Elemente und Interessen der Aufklärung mitbestimmten« (Das Erlebnis und die Dichtung. 8. Auflage, Leipzig 1922, S. 23).
5 Es ist zu erkennen wie auch bei jeder Interpretation und Wertung dieses Prozesses in Rechnung zu stellen, daß diese Entwicklung Deutschlands von den anderen europäischen Kernländern nicht geteilt wird, die geistige Entwicklung in diesen in mancher Hinsicht anders verlief (grundlegend für eine komparatistische Erforschung dieses Prozesses ist Hans Heinz Holz, Einheit und Widerspruch. Problemgeschichte der Dialektik in der Neuzeit. Stuttgart 1998). So liegen in England mit dem Drama Shakespeares, dem Denken von Bacon und Hobbes bereits hochentwickelte Gestalten eines nicht- oder sogar antitheologischen Bewußtseins vor, werden in vorgeschobenen Positionen des französischen Materialismus bereits explizit atheistische Positionen entwickelt. Spinoza, so sehr er in seiner eigenen Gesellschaft ein Ausgestoßener war, wäre in Deutschland nicht möglich gewesen.
6 Andreas Hüllinghorst, Lenins Hegel-Interpretation. Ausblick auf eine materialistisch-dialektische Interpretationstheorie. In: Topos. Internationale Beiträge zur dialektischen Theorie. Heft 22, 2003. S. 77 f.
7 Hans Heinz Holz, Säkulare Vernunft. Philosophie und Wissenschaft am Anfang der Neuzeit. Köln 2003, S. 103 – 128.
8 Wolfgang Heise, Die Wirklichkeit des Möglichen. Dichtung und Ästhetik in Deutschland 1750 – 1850. Berlin 1990, S. 178.
9 Marx Kommerells große Studie zu Lessing und Aristoteles (Lessing und Aristoteles. Untersuchungen zur Theorie der Tragödie. Frankfurt a. M. 1940) steht dafür als ein auch heute nicht überholtes Grundlagenwerk.
10 Konsequent deshalb die Ablehnung der »christlichen Tragödie« in der »Hamburgischen Dramaturgie« und der dort erteilte Rat, »man ließe alle bisherige christliche Trauerspiele unaufgeführt« (Zweites Stück).
11 Jürgen Kuczynski/Wolfgang Heise, Bild und Begriff. Berlin 1975, S. 21.
12 Heise, Wirklichkeit (wie Anm. 8), S. 250.
13 Ebd., S. 161 f.

14 So von Gerstenberg, Herder, Goethe, vgl. Thomas Metscher, Lessings Stellung in der Geschichte des Dramas und der Dramentheorie. In: Der Friedensgedanke in der europäischen Literatur. Fischerhude 1984, S. 74 – 77.
15 Dazu des Näheren Heise, Wirklichkeit (wie Anm. 8).
16 So in den »Briefen, die neueste Literatur betreffend«. Siebzehnter Brief, vom 16. Februar 1759.
17 Ebd.
18 »Hamburgische Dramaturgie«, 48. Stück.
19 Zu Euripides vgl. meine Ausführungen in Thomas Metscher, Anti-Mythos und apokalyptische Vision: der Trojanische Krieg bei Euripides und Shakespeare. In: Europäische Mythen von Liebe, Leidenschaft, Untergang und Tod im (Musik-)Theater: der Trojanische Krieg. Hrsg. von Peter Csobádi u.a. Salzburg 2002, S. 208 – 224.
20 »Der Krieg ist vorüber, die Wunden sind geheilt«, man erlebe nun »von innen« das Wesen der großen friderizianischen Armee (so Dilthey, Erlebnis [wie Anm. 4], S. 71). Solche Blindheit gegenüber den Tiefendimensionen des Texts ist für große Teile der traditionellen Rezeption höchst charakteristisch.
21 Ich zitiere nach Lessings Werke in sechs Bänden. Mit einer Einleitung von Robert Petsch. Dritter Bd. Berlin, Leipzig o. J.
22 Vgl. den Bericht Justs über die anderen Bediensteten Tellheims in III, 2.
23 Vgl.»Hamburgische Dramaturgie«, 78. Stück.
24 Dieser Gesichtspunkt ist in der Sekundärliteratur weit verbreitet (vgl. Dilthey, Erlebnis, [wie Anm. 4], S. 70; Hans-Georg Werner, Komödie der Rationalität. In: Weimarer Beiträge, 1979/2). Er ist nicht falsch, doch wird er meist überbetont. ›Ehre‹ ist nur ein Moment in der mentalen Disposition Tellheims.
25 Werner, Komödie (wie Anm. 4), S. 43.
26 Diese Blindheit ist der Kern dessen, was Aristoteles unter Hamartia versteht (vgl. Poetik, 13. Kapitel). Der Begriff, obwohl in der Tragödientheorie entwickelt, ist keineswegs auf diese zu beschränken.
27 Heise, Wirklichkeit (wie Anm. 4), S. 295.
28 Bereits in seinem Frühwerk »Die Juden« behandelt Lessing einen Antisemitismus mit eindeutig eliminatorischen Zügen. Dies beweist unmißverständlich die Schärfe, mit der sich Lessing des Problems bewußt war.
29 Die erste übrigens ihrer Art in der Geschichte der deutschen Literatur.
30 An ihm nahmen Kaiser Friedrich I., Philipp August von Frankreich und Richard Löwenherz von England teil. Dies zeigt seine historische Dimension: er war eine Angelegenheit der europäischen Großmächte
31 Meyers Lexikon. Bd. 10. 7. Aufl., Leipzig 1929, S. 867.
32 Ich verweise für diesen Zusammenhang auch auf den bedeutenden historischen Roman von Tariq Ali, The Book of Saladin, London 2001. Er ist meines Wissens noch nicht ins Deutsche übersetzt.
33 Die marxistische Theorie spricht von der Religion als ideologischer Macht – damit ist ein Tatbestand gemeint, der dem, was Lessing hier im Sinn hat, sehr nahe steht.
34 Lessing diskutiert den Begriff als Effekt der Katharsis in der »Hamburgischen Dramaturgie«, 78. Stück.
35 Dazu die vorzügliche Deutung von Günter Hartung, »Nathan der Weise« und die Toleranz. In: Lessing-Konferenz Halle 1972, Teil I. Hrsg. von Hans-Georg Werner. Halle 1980, S. 183 – 188.
36 Kritik der praktischen Vernunft, § 7.
37 »Leben des Galilei«.
38 Kritik der Hegelschen Rechtsphilosophie. Einleitung. In: Karl Marx/Friedrich Engels, Werke (MEW). Bd. 1. Berlin 1970, S. 385.
39 Thesen ad Feuerbach. MEW, Bd. 3. S. 6 f.
40 Vgl. den Schluß von »Der gute Mensch von Sezuan«.
41 Ich denke an den »Kaukasischen Kreidekreis«.
42 Zu dieser hohen Wertschätzung der »Emilia« hat die große Inszenierung von Andrea Breth am Wiener Akademietheater aus dem Jahre 2002 nicht unwesentlich beitragen.
43 Man denke an die »Neunte Sinfonie«, an die kantianische Pflichtmetaphysik des »Fidelio«.
44 Dilthey, Erlebnis (wie Anm. 4), S. 77 f.

45 Der Begriff wird von Lessing selbst verwendet im Zusammenhang mit Prosanotizen zu einem »Spartacus«, über den er Ramler berichtet. Er wird von Paul Wiegler in dessen großer, zu Unrecht vergessener Literaturgeschichte für die »Emilia« reklamiert, vgl. Paul Wiegler, Geschichte der deutschen Literatur, Bd. I. Berlin 1930, S. 306.
46 Heise, Wirklichkeit (wie Anm. 8), S. 161.
47 In diesem Punkt, doch nicht nur in diesem, gibt es auffallende Parallelen zu Mozarts »Don Giovanni«. Auch die Donna Elvira will ›Rache‹ nicht nur für sich, sondern für alle Betrogenen und zeigt sich zu solidarischem Handeln fähig.
48 Dilthey, Erlebnis (wie Anm. 4), S. 81.
49 Johann Gottfried Herder, Briefe zur Beförderung der Humanität. 2 Bde. Berlin 1971. Bd. 1, S. 193.
50 Heise, Wirklichkeit (wie Anm. 4), S. 157.
51 Heise, Wirklichkeit(wie Anm. 8), S. 306.
52 Kritik der Hegelschen Rechtsphilosophie. Einleitung (wie Anm. 38), S. 385.
53 Dilthey, Erlebnis (wie Anm. 4), S. 146.

Beantwortung der Frage: Was ist Kunst der Aufklärung? Lessings »Laokoon«

Gerhard Wagner

Mit Lessings »Laokoon«-Schrift von 1766 stehen vor allem der welt- und selbstaufkläreri-sche Anspruch, die Notwendigkeit und die Verfahrensweisen von bildender Kunst und Literatur zur Debatte. Und damit ihre Unterschiede im Realitätsverhältnis, in den Perspektiven, darstellerischen Möglichkeiten und Wirkungsweisen. Der Bezug vor allem auf die »Grenzen der Malerei und Poesie«, wie ihn der Untertitel der Lessingschen Schrift und die vorherrschenden Deutungsmuster ihrer langen Rezeptionsgeschichte nahelegen, erscheint allerdings als zu eng, um die bis in die Gegenwart wirksamen Potentiale dieses Grundlagenwerkes aufklärerisch-ästhetischen Denkens hinreichend zu erfassen. Suchte man diese Potentiale allein in und zwischen Malerei und Poesie, so wären sie nicht zu finden; ebenso nicht, wenn man sie allein mit ästhetischen Rastern aufzuspüren unternähme, die in der sogenannten bürgerlichen »Aufstiegsperiode« und ihrer Traditionswahl entwickelt wurden. Zu finden sind sie nur, wenn sie auch gesucht werden in den wirklichen sozialen und ästhetisch-kulturellen Prozessen sowie in der Weise, wie diese zu Erfahrungen, zu erfahrenen Problemen werden, die in der bürgerlich-aufklärerischen Realitätsanalyse und -kritik ihre Artikulation finden.

Ein Werk im Fortschreiten

Das Aufklärerische in Lessings »Laokoon«-Schrift beginnt schon bei ihrer Form, die, natürlich, Inhalt ist. Hier sind früh entwickelte Idealvorstellungen des Autors wirksam: die vom selbstbestimmten, vernünftigen Menschen; die vom klaren, wahrhaftigen und natürlichen Stil; die vom kommunikationsfreudigen, leidenschaftlichen Polemiker. Denn »Laokoon«, vom Autor als Folge »unordentlicher Collectanea«, die in »zufälliger Weise entstanden«,[1] bezeichnet, ist eine persönlich-souveräne, oft mehrdeutig und mit polemischer Note angelegte Schrift des Fragens und Suchens, der Selbstreflexion: Sie verdeutlicht stets ihre Quellen – von Homer bis Winckelmann –, führt ihren widersprüchlichen Enstehungs- und Erkenntnisprozeß vor, verbindet wissenschaftliche und künstlerische Erkenntnisse und Bekenntnisse durch Poetisieren, durch Erzählen von Gedanken mit ästhetischem Reiz, spricht die Lesenden als Dialogpartner an. Der Zeitgenosse Johann Gottfried Herder bezeichnete sie im ersten Teil seiner »Kritischen Wälder oder Betrachtungen, die Wissenschaft und Kunst des Schönen betreffend« (1769) in diesem Sinne als »ein fortlaufendes Poem, mit Einsprüngen und Episoden, aber immer unstät [sic!], immer in Arbeit, im Fortschritt, im Werden«.[2] Das »Laokoon«-Buch steht darum auch in einem produktiven Wechselspiel mit anderen Formen wie der Rezension und der Streitschrift, enthält Komponenten des Historischen, Künstlerischen, Philosophischen und Politischen, des Memorativen, Narrativen und Visionären. All das führt zu vielen Schleifenbildungen und Überlagerungen; aber auch zu Wertungswidersprüchen, Schwankungen – etwa zwischen »Wahrheit« und »Vergnügen«,[3] zwischen »Not« und »Schönheit«[4] in der Kunst – sowie zu Materiallücken.

So ist die »Laokoon«-Gruppenplastik als Ausgangspunkt, als kunstgeschichtliches Beispiel für Lessings Thesen nicht optimal. Nicht nur, weil der dargestellte Kampf bereits verloren, der Höhepunkt der Handlung überschritten ist; vor allem läßt sie außer antiklassizistischer Polemik keine hinreichenden Schlußfolgerungen für moderne Kunst zu. Ferner unterscheidet Lessing nicht exakt zwischen Malerei und Plastik sowie zwischen Lyrik und Epik, wie Herder ebenfalls in den »Kritischen Wäldern« vermerkte. Auch die historische Vielfalt des Bildhaften, wie sie sich in Bildern als Szenenfolgen und Bildererzählungen manifestiert, berücksichtigte Lessing hier im »Laokoon« nicht, obwohl er sich zum Beispiel mit William Hogarth beschäftigte, mit dessen grafischen Zyklen, Szenenfolgen, dessen Bildserien mit ihrem deutlichen Handlungszusammenhang.[5] Wichtiger aber ist: Lessings Form der Gedankenerzählung im »Laokoon« – wie auch in seinen kunsthistorischen Schriften »Wie die Alten den Tod gebildet« (1769) und »Ehemalige Fenstergemälde im Kloster Hirschau« (1777)[6] – bietet gerade zahllose Anregungen zur Erkenntnis des aufklärerischen Kunstprogramms, darüber hinaus zum Weiterdenken mit epochengeschichtlichem Bewußtsein: hinsichtlich der künstlerischen Produktions- und Rezeptionsgesetzmäßigkeiten, der Gattungs- und Genrebeziehungen und der philosophisch-ästhetischen, der weltanschaulichen Relevanz des Bildhaften überhaupt.

Kunst als Prozeß

Lessing entdeckt schon Kristalle eines späteren ästhetisch-kulturellen Totalgeschehens im Einflußfeld der englischen industriellen Revolution und der Französischen Revolution, der »Doppelrevolution«.[7] Um nur einen Aspekt der Prozeßhaftigkeit der Künste des 18. Jahrhunderts, die bürgerliche Demokratisierung und Identitätsbildung über die Kommerzialisierung der Künste und Wissenschaften, herauszugreifen: Zwischen 1740 und 1800 steigt die Zahl der Verlagstitel zur Philosophie von 44 auf 94, zu Geschichte und Geographie von 85 auf 272, zu den sogenannten Schönen Künsten von 44 auf 551.[8] Den führenden Kunstmarkt zwischen 1770 und 1800 gab es in Hamburg; allein dort wurden damals auf 140 Auktionen rund 18.000 Gemälde versteigert.[9] Ab 1745 wuchs das Interesse an der niederländischen Malerei des 17. Jahrhunderts mit ihrer Naturnähe, Alltäglichkeit und Arbeitsweltbezogenheit, mit ihren Wahrnehmungsweisen, welche auf den Grundsätzen von Gleichheit und Toleranz fußten; es entstanden neue Niederländer-Sammlungen mit Landschaften, Genrebildern und Porträts in Kassel, Karlsruhe und Schwerin.[10] Enorm ist zu Lessings Zeiten auch die Vielfalt der Historienbilder – zu Weltgeschichte, Heilsgeschichte, Mythologie, in Form zum Beispiel der Heroen-Geschichtserzählung und der Herrscherallegorie. Die Gattungs- und Genrehierarchie wurde bis in das 19. Jahrhundert hinein maßgeblich bestimmt durch die Historia, die Historienmalerei als der – wie einst Leon Battista Alberti in seiner 1540 veröffentlichten Abhandlung »Über die freie Malerei« postulierte – höchstrangigen bildhaften Kunstform. Hinzu kommen die zahllosen Illustrationen zu Texten, die Bild-Text-Kombinationen der Emblematik, die textbezogenen Memoria und die freien bildnerischen Paraphrasen zu Visionsberichten.[11]

Kunstformen wie diese führten allesamt auch zu Weiterungen des literarischen Horizonts. Und sie führten zu einer neuartigen Opulenz des Sichtbaren – einer Opulenz, die auch darauf verweist, daß neue Dimensionen des Unsichtbaren hergestellt wurden. Denn wo Licht ist, ist auch Schatten; bleibt materiell Existierendes wie Strahlungen unsichtbar, alles, was unterdrückt, versteckt, bewacht ist; bleiben unsichtbar Abstraktionen wie Gewalt, die nur in Form bestimmter Ursachen, Handlungen und Folgen an die Oberfläche treten, sowie verdrängte Tatsachen und Regeln.[12]

Diese kunst- und wahrnehmungsgeschichtlichen Vorgänge ließen die Gattungshierarchie und die von ihr beeinflußten Rezeptionsstandards in Bewegung geraten, darum auch ihre philosophisch-ästhetischen Schatten werfen. Im Zuge dieser Entwicklung wurde zum Beispiel der »Geschmack« zu einem sozialen Phänomen, entstanden in zunehmend kommerzialisierten Kommunikationsprozessen: In den Auktionskatalogen der Zeit zwischen 1760 und 1790 erscheint dieser zunächst allein im Kontext der literarischen Produktion, von Poetik und Rhetorik gebrauchte Begriff nun als Bezeichnung für die Malweise, den Stil eines bildenden Künstlers sowie für die Kunsterfahrung und Kennerschaft der Kunsthändler und -sammler. Später kennzeichnet Immanuel Kant in seiner »Anthropologie in pragmatischer Hinsicht abgefaßt« (1798/1800) mit ihm ein gesellschaftliches Urteilsvermögen.[13]

Lessing verweist darum auf ästhetisch-kulturelle Basisprozesse, wenn er sagt, daß die Kunst »in den neuern Zeiten ungleich weitere Grenzen« erhalten habe, ihre »Nachahmung« sich »auf die ganze sichtbare Natur« erstrecke.[14] Das erinnert an Leonardo da Vincis 1651 veröffentlichte »Abhandlung über die Malerei«, in der die Naturbeobachtung Vorrang gegenüber der Nachahmung der Antike erhält.[15] Lessing vermag zwar im »Laokoon« noch keine umfassenden Konsequenzen aus dem zunehmenden Warencharakter künstlerischer Kultur, ihrer wachsenden Abhängigkeit von Marktgesetzen und frühen Massenbedürfnissen für sein ästhetisches Denken zu ziehen. Aber er ist sensibel schon für Vorgänge, die später, im 20. Jahrhundert, mit dem Begriff der »Massenkunst« zusammengefaßt werden: Da ist zum Beispiel, von der Antike ausgehend, von »gladiatorischen Spielen« die Rede, vom »blutigen Amphitheater«, von »Bombast«, Prahlerei, naturalistischen Sterbeszenen und falschem »Heldenmut«[16] in minderwertiger Kunstproduktion, zu der er hier allerdings auch die Buchillustration zählt.[17] Mit seinem aufklärerisch-nationalpädagogischen Realismus-Konzept will er sich, wie es in der »Hamburgischen Dramaturgie« heißt, zwar zum »Pöbel« herablassen, »um ihn zu erleuchten und zu bessern, nicht aber ihn in seinen Vorurteilen, ihn in seiner unedeln Denkungsart zu bestärken«.[18]

Hier gibt es einen Zusammenhang unter anderem mit der Problematik der Darstellung des Häßlichen im »Laokoon«: »(...) dem Auge das Äußerste zeigen, heißt der Phantasie die Flügel binden und sie nötigen, da sie über den sinnlichen Eindruck nicht hinaus kann, sich unter ihm mit schwächern Bildern zu beschäftigen, über die sie die sichtbare Fülle des Ausdrucks als ihre Grenze scheuet.«[19] Lessing wendet sich gegen die Okkupation der Rezipienten durch visuelle Bilder des Häßlichen, des Individuell-Abweichenden, des nicht Konventionalisierten. Das Häßliche soll distanziert, verzeitlichend und relativierend dargestellt werden – eine Aufgabe, die er der Literatur zuschreibt. Wohl ahnte er im Keim jene Gefahr, wie sie fast genau 200 Jahre später, 1965, Susan Sontag in ihrem Essay »Die Katastrophenphantasie« benannte: die der Verstörung der Distanzierungs- und Kritikfähigkeit der Rezipienten, durch die sie in ein genießerisches oder zumindest duldsames »Komplizenverhältnis«[20] zum dargestellten Häßlichen – oder »Bösen«[21] – geraten, obwohl dieses womöglich gerade als ästhetisches Dekonstruktionsprinzip fungieren soll.

Weltbilder und Bilderwelten

Lessing antwortet im »Laokoon« einer im Entstehen befindlichen neuen ästhetisch-künstlerischen Epoche – und zwar weniger durch Grenzziehungen zwischen »Malerei und Poesie«, sondern durch Zusammenführen der *Leistungen* von Malerei, Plastik, Epik und Lyrik. Und er antwortet mit Ansätzen zu einer modernen Gattungstheorie der Künste, auch zu einer modernen Zeichentheorie, einer semiotischen, das Nachahmungsprinzip ablösenden Differenzierung, entwickelt auf aufklärerischer Plattform. Die Grenzziehungen sind nur Teil seiner Methode; die »Laokoon«-Schrift erschöpft sich aber nicht in ihnen – ebensowenig, wie sich sein Gesamtkonzept in der Gegnerschaft zur barocken bildhaften Simulation, zum französischen Klassizismus, zum modernen höfischen Theater erschöpft. Lessing ist als Künstler wie als Theoretiker – mit einem Begriff aus Theodor W. Adornos Aufsatz »Über einige Relationen zwischen Malerei und Musik« – ein »synthetisierendes Ich«.[22] Er betrachtet die Kunstgattungen, ihren »materiellen«[23] Charakter, ihre Gegenstände, Traditionsbeziehungen, Methoden, Funktionen und Rezeptionsweisen übergreifend.

Der Aufklärer diskutiert darum auch die Innenseite der sozialen und nationalpädagogischen Zwecksetzung, wie sie an den Vorstellungen zum aktiv mitvollziehenden, sich identifizierendem »Mitleid«[24] – als Sprache der leidenden Menschheit – und zum »menschlichen«, Natur, Kultur und Moral vereinenden »Helden«[25] zum Ausdruck kommen. Er plädiert für die Mobilisierung, das »freie Spiel«[26] der Einbildungskraft, der »Imagination«,[27] im Zusammenhang der realistisch-emanzipatorischen Weltbilder und Bilderwelten, plädiert für die Verbindung von äußeren mit inneren Eindrücken, für das Hinzudenken als dem entscheidenden Wirkungskriterium. Und der Aufklärer wendet sich gegen die Unterordnung von Kunst unter staatliche und kirchliche Zwecke, gegen die barocke Verklärung von bestehenden Verhältnissen in der Koexistenz ihrer einzelnen Zustände, in der lichtvollen Feier der höheren Gewalten; er betont das dynamische Schöne im »fruchtbaren«,[28] das Transitorische der Zustände und Dinge imaginierenden Augenblick, das sich so dem Statischen verweigert.

Dergestalt werden Faktoren der Geschichtlichkeit der Künste und Kunstformen artikuliert. Lessings »Laokoon« belegt, wie die Diskussion der Beziehungen von Literatur und Malerei beziehungsweise bildender Kunst zu der Frage führt, was die einzelnen Gattungen, Medien, visuellen und sprachlichen Zeichensysteme, ihr Konkurrenzverhältnis für die aufklärerische Welterkenntnis und Weltorientierung des Menschen zu leisten vermögen. Und »Laokoon« belegt, wie neue Referenzpunkte für die Historizität künstlerischer Phantasie entstehen, ihre Neubewertung erfolgt.

Die Kunstgattungen sind für Lessing deutlich umrissene, geschichtlich überlieferte Modelle. Sie vereinen in sich Lebensgehalte, Traditionen, Schönheitsauffassungen, sinnliche Gestaltungen, »natürliche« und »willkürliche« Zeichen.[29] Sie sind gleichsam Rahmen, innerhalb derer sich die Werkausführungen konkretisieren. Die Gattung entwirft die Welt, in der sich eine Geschichte ereignen, ein Bild entstehen kann, sie gewährleistet die räumlich-zeitliche Ordnung, das nachhaltige Gestaltungsschema, nach dem sich die Eigen-Ordnung des Einzelexemplars zu bilden vermag. Es ist die Gattung, deren Horizont den möglichen Sinn der Werke umschreibt und insofern deren ersten Interpretationsansatz darstellt. Während das konkrete Einzelstück die Illusion eines einmaligen, neuen Ereignisses erzeugt, macht die Gattung die beständigen Elemente bewußt, auf die Lessing besonderen Wert legt. Oder, mit José Ortega y Gasset gesprochen: Die Gattungen sind für ihn im jeweiligen Zeitalter vorherrschende »Themen« und »Funktionen«, sind »Richtungen, in denen sich das künstlerische Schaffen bewegt«; sie bieten »weite Ausblicke auf die Grundpositionen des Menschlichen«.[30]

Das Zeitliche im Raum

Zu den wichtigsten und anregendsten Problemstellungen der »Laokoon«-Schrift und ihres Gattungskonzepts gehört deshalb die des Verhältnisses von Raum- und Zeitdarstellungen in den Künsten. Der Aufklärer Lessing, dem die Poesie vor diesem Hintergrund als die »weitere Kunst« gilt,[31] räumt der Malerei nur eine einzige Möglichkeit ein, Zeit darzustellen, nämlich die Auswahl eines »Augenblicks«, der »so prägnant wie möglich« ist.[32] Und: »(...) die Zeitfolge ist das Gebiet des Dichters, so wie der Raum das Gebiete des Malers.«[33] Zu den ›Raumkünsten‹ zählt er alle Künste, deren Zeichen und Figuren *simultan* gegenwärtig sind, also Malerei, Plastik, Architektur; zu den ›Zeitkünsten‹ jene, die ihr Thema in einer zeitlichen Folge entwickeln, also Literatur und Musik.

Lessing wendet sich sowohl gegen »Schilderungssucht« in der Literatur als auch gegen »Allegoristerei«[34] in der bildenden Kunst, gegen wechselseitige bloße Kopie. Seine Definition setzt darum starre Grenzen, deren Überschreitung er für unzulässig hielt. Aber: Keine dieser ›Zeitkünste‹ ist raumlos, und keine der ›Raumkünste‹ kommt ohne Zeitkomponente aus. Immerhin sind Raum und Zeit grundlegende Anschauungs- und Vermittlungsformen kultureller Prozesse. So ist die eine Kunst in der Lage, die andere nicht nur selektiv abzubilden, sondern auch abbildlich zu interpretieren. Das war stets der Fall, auch deshalb, weil die räumliche Erfahrung – und damit die Bild-Erfahrung – als Erfahrung eine zeitliche Struktur hat. Die Simultaneität eines Bildes oder eines anderen Zeichensystems bedeutet nicht, daß die Betrachtenden das Dargestellte auch gleichzeitig wahrnehmen. Ein einzelnes Bild hat keinen Anfang und kein Ende, da alle Indexe, Ikonen und Symbole zugleich präsent sind; seine Rezeption erfolgt nicht zwangsläufig kontinuierlich. Darin verhalten sich Bilder zum Betrachter anders als Seiten einer gedruckten Erzählung oder ein Gedicht zum Leser. Nach ihrer Gesamt-Lektüre erst erschließt sich – im Idealfall – das Ganze, sein Zusammenhang und sein Sinn.[35]

Die von Lessing für die Malerei apostrophierte Simultaneität ist daher eine bloße Bestandsbeschreibung, die keinen brauchbaren, weil wirklich differenzierenden Interpretationsansatz bietet. Bilder werden in der Geschichte der Künste immer wieder zu Abbild und Schrift, Bilder und Texte entwerfen immer wieder Raumbilder und Bildkomplexe; zudem beruhen sie auf historischen Erfahrungen und Wahrnehmungen, wohnt ihnen allen die Zeit ihrer Erarbeitung inne. Ebenso wie historisch die Autonomisierung der Zeichensysteme erfolgt, so erfolgt ihre stete Transformation und Vermischung, erkennbar zum Beispiel auch am Architektonischen im Drama, dem Musikalischen in der Lyrik, dem Malerischen in der prosaischen Schilderung.

Die »Grenzen«, die Lessing zwischen Raum- und Zeitdarstellung, zwischen Malerei und Poesie setzte, wurden deshalb immer wieder überschritten: Aus dieser Perspektive stellen sich die um 1745 entstandenen Architekturphantasien des Zeitgenossen Giovanni Battista Piranesi mit ihren drastischen Raum- und Lichtwechseln, ihrer übersteigerten Plastizität,[36] die späteren Lebenswerke von Caspar David Friedrich (1774 – 1840) und William Turner (1775 – 1851) mit ihrer bildhaften Artikulation des Zeitlichen im Raum, mit ihrem neuen, transitorischen Natur- und Welterleben dar.[37]

In den späteren neuartigen Synthesen von Raum, Bildraum und Idee der Avantgardebewegungen manifestiert sich dann das Streben nach kreativer Grenzüberschreitung, kritischer Traditionsverbundenheit, Unabgeschlossenheit des Sinns und Entdeckung des Kunstwerts des sozial Abseitigen, auch des Unsichtbaren hinter dem Sichtbaren. Und all das führt zum Beispiel die französischen Kubisten, unter ihnen Georges Braque (1882 – 1963), zu einer spezifischen Schachtelungs-, Schichtungs- und Schwellenstruktur: mit scheinbar schwankenden Räumen, kühnen Kreuzungen und Rotationen von Gegenständen, einander überlagernden Perspektiven, facettierten Flächen, Verschmelzungen und Zersplitterungen von quasi lebenden Objekten, mit Kombinationen von Bruchstücken, die überall im Bildraum Resonanz finden.[38]

Der französische Fotograf Jean-Eugène-Auguste Atget (1857 – 1927), ein Vorläufer der französischen Surrealisten, wie zu Hause im Düsteren und Öden, im Anspruchslosen und Nichtigen, im Gebrechlichen und Verschlissenen, im fast schon Verschollenen der Großstadt, verlieh schließlich, quasi durch Doppelbelichtung, jedem Bild räumliche und zeitliche Zweidimensionalität in einem besonderen Sinne: Fernes und Gestriges wurde naheliegend und vertraut; Nahes und Heutiges erschien als exotische Trophäe. So markierte er im fixierten Augenblick die beweglichen Schwellen zwischen Vergangenheit und Gegenwart, mit ihnen die überall präsente Unabgeschlossenheit und Vorläufigkeit der Verhältnisse. Genau das, worüber die geschäftigen Zeitgenossen leichtfertig hinweglebten, wovor sie in verfestigte Idyllen, melancholische Reminiszenzen mit hohem Charmespiegel, versöhnliche Kopien nostalgischer Stereotype flüchteten, war ihm sehr wichtig.[39] Das gilt auch für die Bilder Edward Hoppers (1882 – 1967). Sie bilden Komplexe aus Abbildungen, Situationsschilderungen, Erzählungen, Emblemen, Metaphern und Zeichen. Der Maler spielt in seinen scheinbar mimetisch-realistischen Darstellungen von profanen amerikanischen Alltagsszenen mit dem Unsichtbaren und Abstrakten hinter den kulissenhaften Milieus, mit dem unerbittlichen Zeitenlauf als Inhalt.[40] Er belegt: Die sogenannte nackte, die sichtbare Wahrheit ist nicht die ganze. Und er belegt: Die sichtbare Welt ist nicht die ganze – und also auch nicht der ganze Gegenstand der Kunst.[41]

Ein letzter Exkurs zu den sogenannten Raum- und Zeitkünsten: In Lessings Zeiten deutet sich der Zusammenschluß von Entdeckungen und Erfindungen der Chemie, Optik und Feinmechanik schon an, der später die Fotografie ermöglichen wird. Vor allem aber der gegen Ende des 19. Jahrhunderts aufkommende Film ist mit seiner intermedialen, multiplen Expressivität der entscheidende Durchbruch bei dem Bemühen, die Widersprüche zwischen Raum- und Zeitdarstellung, Lebensfülle und dynamischer Schönheit, zwischen sinnlichem Scheinen und Abstraktion im dialektischen Sinne aufzuheben, also ›fruchtbar‹ zu machen.[42] Schon Friedrich Wilhelm Murnaus »Faust«-Film von 1926 zum Beispiel zeichnet sich gerade durch eine besondere Verknüpfungskompetenz aus: hinsichtlich der Zeitebenen, der vielschichtigen Expressivität in der Szenenkomposition, der dynamischen Raumübergänge. Deutet Lessing nicht schon geradezu visionär auf solche ästhetischen Bedürfnisse? Zum Beispiel wenn er, unter anderem im Zusammenhang mit Homers »malerischer« Prosa,[43] davon spricht, daß Reiz »Schönheit in Bewegung« sei, vom »transitorischen Schönen, das wir wiederholt zu sehen wünschen«, da »wir uns überhaupt einer Bewegung leichter und lebhafter erinnern können als bloßer Formen oder Farben«?[44]

Jedoch: Die apologetische mediale Simulation hat rund 250 Jahre später die Übermacht gewonnen. Das nachvollziehende, aktiv identifizierende »Mitleid« ist zum Betroffenheitskult von talk-shows degeneriert. Der »menschliche Held« ist zu Arnold *Terminator* Schwarzenegger mutiert. Die antike Plastik ist in die Kosmetikwerbung abgerutscht. Vorerst fördert die geschichtliche Lage die Flucht in den falschen Reichtum und den leeren Eklektizismus eines Zitatenspiels mit konfektionierten Motiven, semantischen Wiederbelebungsversuchen, in die Strategien forcierter synthetischer Re-Mythologisierungen und wiedererweckter Kunstreligionen, darunter der Eventfolklore, des Mode- und Schönheits-Darwinismus.[45]

Trotzdem: Unverkennbar lassen Lessings Antworten auf die Frage, wie die adäquaten Künste der Aufklärung beschaffen sein müßten, Räume für eine Hoffnung. Nämlich für die, daß mit solchen philosophisch-literarischen Speichern sich – entgegen der sich ausbreitenden Denk- und Sprach-Invalidität – doch wieder neue, lebendige Symbole, phantasiereiche Bilder und authentische Begriffe verbinden könnten. Symbole, Bilder und Begriffe, die das Potential der Aufklärung und ihrer Antikerezeption nicht zur müden Erinnerung, Ideen wie die der Toleranz und der Gerechtigkeit nicht zu dîner-Witzen, die Philosophie des Wahren, Guten, Schönen nicht restlos zur »Unternehmensphilosophie« der fetischisierten Waren, vergötzten Güter und prostituierten Schönheit verkommen lassen. Glücklicherweise gibt es immer wieder Versuche, die aufklärerischen Erfahrungsspeicher trotz aller historischen Distanz, aller Hindernisse und Vorbehalte in die Entwicklung gegenwärtiger ästhetisch-künstlerischer Kultur einzubringen, mit gegenwärtiger Erfahrung zu vermitteln.[46] Sie sind notwendige Antworten auf jene Grundfrage, die Walter Benjamin schon im Jahre 1933, während einer extremen Krise der Moderne, stellte: »Denn was ist das ganze Bildungsgut wert, wenn uns nicht eben Erfahrung mit ihm verbindet?«[47]

Anmerkungen

1 Gotthold Ephraim Lessing, Laokoon oder über die Grenzen der Malerei und Poesie. Mit beiläufigen Erläuterungen verschiedener Punkte der alten Kunstgeschichte, in: ders., Werke in drei Bänden. München 2004 (im folgenden: LW, römische Band-, arabische Seitenzahl; zusätzlich römische Abschnittsziffer). Bd. III, S. 12 (Vorrede).
2 Johann Gottfried Herder, Sämtliche Werke, hg. von Bernhard Suphan. Bd. 3. Berlin 1878, S. 12.
3 Ebd., S. 20 (Abschnitt II), S. 74 (IX).
4 Ebd., S. 52 (V).
5 Siehe die zweiteilige Rezension zur deutschen Ausgabe von William Hogarths Schrift »The Analysis of Beauty« (1753): »Zergliederung der Schönheit« [...] übersetzt von Christlob Mylius (1754), in: LW II, S. 549-553.
6 Vgl. LW III, S. 189-245, 247-268.
7 Siehe dazu Verf., Von der Galanten zur Eleganten Welt. Das Weimarer »Journal des Luxus und der Moden« (1786 – 1827) im Einflußfeld der englischen industriellen Revolution und der Französischen Revolution. Hamburg 1994. Zum Begriff »Doppelrevolution« siehe Eric J. Hobsbawm, The Age of Revolution. London 1962; dass. deutsch: Europäische Revolutionen, Zürich 1962.
8 Vgl. Michael North, Genuß und Glück des Lebens. Kulturkonsum im Zeitalter der Aufklärung. Köln, dass. Darmstadt 2003, S. 10.
9 Vgl. ebd., S. 134.
10 Vgl. ebd., S. 142.
11 Vgl. Hans Holländer, Literatur, Malerei und Graphik. Wechselwirkungen, Funktionen und Konkurrenzen, in: Peter V. Zima (Hg.), Literatur intermedial. Musik – Malerei – Photographie – Film. Darmstadt 1995, S. 142 – 154.
12 Vgl. Ludwig Seyfarth, Wo die Augen schwach werden. Konturen des Unsichtbaren in Fotografie und Kunst, in: Kunst & Kultur (Stuttgart). 7 (2000) 2, S. 4 – 6.
13 Vgl. Immanuel Kant, Werke, hg. von Wilhelm Weischedel. 7. Aufl. Frankfurt a. M. 1988. Bd. 12, S. 565.

14 LW III, S. 26 (III).
15 Siehe dazu Martin Fontius: Das Ende einer Denkform. Zur Ablösung des Nachahmungsprinzips im 18. Jahrhundert, in: Dieter Schlenstedt u. a., Literarische Widerspiegelung. Geschichtliche und theoretische Dimensionen eines Problems. Berlin/Weimar 1981, S. 189 – 238.
16 LW III, S. 39 (IV).
17 Ebd., S. 49, Fußnote i (V).
18 LW II, S. 37 f. (1. Stück).
19 LW III, S. 27 (III).
20 Susan Sontag, Geist als Leidenschaft. Ausgewählte Essays zur modernen Kunst und Kultur, hg. von Eva Manske. Leipzig/Weimar 1989, S. 174.
21 Siehe dazu Karl-Heinz Bohrer, Imaginationen des Bösen. Zur Begründung einer ästhetischen Kategorie. München 2004 (Edition Hanser).
22 Theodor W. Adorno, Gesammelte Schriften. Bd. 16: Musikalische Schriften I-III. Frankfurt a. M. 1978, S. 634.
23 LW III, S. 99 (XIII), S. 101 (XIV).
24 Ebd., S. 24 (II), S. 155 (XXIV).
25 Ebd., S. 39, 41 (IV).
26 Ebd., S. 27 (III), S. 91 (XII).
27 Ebd., S. 117 (XVIII). – Zur Begriffsgeschichte siehe Karlheinz Barck, Poesie und Imagination. Studien zu ihrer Reflexionsgeschichte zwischen Aufklärung und Moderne. Stuttgart/Weimar 1993.
28 Ebd., S. 26 f. (III).
29 Ebd., S. 97 (XII).
30 José Ortega y Gasset, Meditationen über Don Quijote, in: ders., Ästhetik in der Straßenbahn, hg. von Karlheinz Barck und Steffen Dietzsch. Berlin 1987, S. 54 f.
31 LW III, S. 69 (VIII).
32 Ebd., S. 125 (XIX).
33 Ebd., S. 117 (XVIII).
34 Ebd., S. 11 (Vorrede).
35 Siehe dazu Winfried Nöth, Zur Komplementarität von Sprache und Bild aus semiotischer Sicht, in: Mitteilungen des Deutschen Germanistenverbandes (Bielefeld), 51 (2004) 1, S. 8 – 22.
36 Siehe dazu H. Holländer, (wie Anm. 11), S. 158 – 165.
37 Siehe dazu Hilmar Frank, Aussichten ins Unermeßliche. Raumimagination und Sinnoffenheit bei Caspar David Friedrich. Berlin 2004, und Ronald Paulson, Literary Landscape. Turner and Constable. New Haven/London 1982.
38 Siehe dazu: Cubisme – Kubism – Kubismus. Ein künstlerischer Aufbruch in Europa 1906 – 1926. Hannover 2003 (Ausstellungskatalog Sprengel Museum Hannover/Staatliche Tretjakow-Galerie Moskau; dt.-russ.).
39 Siehe dazu Hans Christian Adam (Hg.), Eugène Atget's Paris. Köln 2001.
40 Siehe dazu Ivo Kranzfelder, Edward Hopper. Vision der Wirklichkeit. Köln 2002.
41 Vgl. Hermann Schweppenhäuser: Dialektischer Bildbegriff und »dialektisches Bild« in der Kritischen Theorie, in: Zeitschrift für kritische [sic!] Theorie (Lüneburg), H. 16 (2003), S. 25.
42 Siehe dazu Verf., Walter Benjamin. Die Medien der Moderne, Berlin 1992, S. 61 – 112.
43 LW III, S. 146 (XXII).
44 LW III, S. 140 (XXI).
45 Siehe dazu Julian Nida-Rümelin, Der schöne Mensch – Ideal seiner Zeit, in: Susanne Bäumler (Hg.), Die Kunst zu werben. Das Jahrhundert der Reklame. Köln 1996, S. 353 – 356 (Ausstellungskatalog Münchner Stadtmuseum/Altonaer Museum in Hamburg); Nils Borstnar, Männlichkeit und Werbung. Inszenierung – Typologie – Bedeutung. Kiel 2002, S. 183 – 207.
46 Siehe die Beispiele aus der Gegenwartskunst in: Peter Arlt u.a., Mythos und Figur. »Doch das Antike find' ich zu lebendig«. Gotha 2001. (Ausstellungskatalog Schloßmuseum Gotha.)
47 Walter Benjamin, Erfahrung und Armut, in: Gesammelte Schriften, hg. von Rolf Tiedemann und Hermann Schweppenhäuser. Frankfurt a. M. 1980-1989. Bd. II. 1, S. 215. – Zum Kontext der Benjaminschen »Erfahrung« siehe Verf., Walter Benjamin – Moderne und Faschismus. Berlin 2004 (Pankower Vorträge, H. 61).

Idee und Konstruktion der dramatischen Dichtung »Nathan der Weise«

Günter Hartung

Über sein letztes, am Ende der Kontroverse mit Pastor Goeze entstehendes Drama hat Lessing nach seiner Art nur wenige Äußerungen getan, die jedoch das zugrundeliegende Konzept deutlich hervortreten lassen. Zusammen mit einigen Partien der »Hamburgischen Dramaturgie« reichen sie aus, daß man die Idee des Werkes und die zu ihrer Verwirklichung aufgebotene Technik fast von Arbeitsbeginn an einsehen und nachzeichnen kann. Mein Versuch dazu wird die Richtigkeit jener Selbsteinschätzung im Epilog der »Dramaturgie« bestätigen, wonach der Stückeschreiber das »erträgliche« in seinen »neuerern« Versuchen

»einzig und allein der Critik zu verdanken habe. [...] Sie soll das Genie ersticken: und ich schmeichelte mir, etwas von ihr zu erhalten, was dem Genie sehr nahe kömmt.« (10, 210)[1]

I

An den Bruder Karl Gotthelf in Berlin schrieb Lessing am 11. August 1778:

»... und da habe ich diese vergangene Nacht einen närrischen Einfall gehabt. Ich habe vor vielen Jahren einmal ein Schauspiel entworfen, dessen Inhalt eine Art von Analogie mit meinen gegenwärtigen Streitigkeiten hat, die ich mir damals wohl nicht träumen ließ. Wenn Du und Moses es für gut finden, so will ich das Ding auf Subscription drucken lassen, und Du kannst nachstehende Ankündigung nur je eher je lieber ein Paar hundertmal auf einem Octavblatte abdrucken lassen, und ausstreuen, so viel und so weit Du es für nöthig hältst. Ich möchte zwar nicht gern, daß der eigentliche Inhalt meines anzukündigenden Stücks allzufrüh bekannt würde; aber doch, wenn Ihr, Du oder Moses, ihn wissen wollt, so schlagt den Decamerone des Boccaccio auf: Giornata I. Nov. III. Melchisedech Giudeo. Ich glaube, eine sehr interessante Episode dazu erfunden zu haben, daß sich alles sehr gut soll lesen lassen, und ich gewiß den Theologen einen ärgern Possen damit spielen will, als noch mit zehn Fragmenten.« (18, 286 f.)

Um Mißverständnisse ob der »Possen« auszuräumen, folgte am 20. Oktober – nachdem das Braunschweigische Ministerium alle Schriften Lessings unter Zensur gestellt hatte, er aber trotzdem die »Nöthige Antwort auf eine sehr unnöthige Frage des Herrn Hauptpastors Goeze« unzensiert in Berlin erscheinen ließ – seine erklärende Bemerkung, daß das Schauspiel »nichts weniger, als ein satirisches Stück« werden solle, »um den Kampfplatz mit Hohngelächter zu verlassen«, sondern im Gegenteil »ein so rührendes Stück, als ich nur immer gemacht habe« (18, 289 f.); und zweieinhalb Wochen darauf die Versicherung, daß

»ich [es] schon vor drey Jahren, gleich nach meiner Zurückkunft von der Reise, vollends aufs Reine bringen und drucken lassen wollen. Ich habe es jetzt nur wieder vorgesucht, weil mir auf einmal beyfiel, daß ich, nach einigen kleinen Veränderungen des Plans, dem Feinde auf einer andern Seite damit in die Flanke fallen könne.«

Als der zu erwartende Feind wurden »die Theologen aller geoffenbarten Religionen« angesehen, auch wenn sie gegen das Stück keine öffentlichen Erklärungen wagen sollten (18, 292); dazu stimmt völlig der Kernsatz im Entwurf einer Vorrede zum Drama:

»Nathans Gesinnung gegen [= in Richtung, in Hinsicht auf] *alle* positive Religion ist von jeher *die meinige* gewesen.« (16, 444)

Aus den Selbstäußerungen geht klar hervor, daß den »eigentlichen Inhalt« des Dramas, seine Kern- und Keimzelle, die Geschichte von den drei Ringen in der Novellenfassung des Boccaccio gebildet hatte. Um festzustellen, wie die Dramatisierung die aktuellen Anlässe verarbeitet, wie sie »Possen« oder sogar einen Flankenangriff gegen die Theologen in sich aufgenommen hat, müssen die entsprechenden Auftritte III.4 bis III.7 sorgfältig mit der Vorlage verglichen und alle Abweichungen untersucht werden. Ein nächster Schritt wird dann die Analyse jener hinzu erfundenen Dramenhandlung sein, die Lessing sehr untertreibend eine »Episode« nannte.

II

Boccaccios Novelle im »Decamerone« wird ausdrücklich als ein Exempel dafür erzählt, daß Klugheit den Bedrängten aus größten Gefahren befreien und ihm die »vollkommenste Sicherheit« verschaffen kann. Sultan Saladin, infolge seiner Kriege und seiner Hofhaltung in Geldnöten, läßt einen reichen, aber geizigen Juden kommen, um ihm mit kaum bemäntelter Gewalt eine Anleihe abzupressen. Der Jude Melchisedech, vor die Wahl gestellt, entweder den muslimischen Herrscher gegen sich aufzubringen oder den angestammten Glauben zu verraten, umgeht beides, indem er die Frage nach der »wahren« Religion für unentscheidbar erklärt, sie verdeckt jedoch für sich und seine Religion entscheidet. Denn in seiner Parabel, die ausdrücklich auf Gott und die drei Offenbarungsreligionen bezogen ist – »jede hält ihre Gesetze für wahr und glaubt ihre Gebote unmittelbar von ihm zu haben« – bezeichnet der »echte« Ring, der längere Zeit allein existiert, ohne Zweifel die mosaische als die älteste monotheistische Religion. Der Wunsch des »Vaters«, den Ring »in seiner Familie« zu belassen, weist auf die göttliche Auserwähltheit »seines«, d. h. des jüdischen Volkes; die väterliche Vererbungsfreiheit läßt sich auf die Weitergabe des Segens durch die Patriarchen, von Abraham an Isaak, von Isaak an Jakob usw. beziehen; und schließlich bestätigt sich die Prädilektion darin, daß neben den zwei Ringen, die der Drei-Söhne-Vater nach dem Vorbild des »echten« anfertigen läßt, eben dieser echte, wenn auch ohne öffentliche Anerkennung, im Besitz des Erkorenen fortexistiert. ›Echtheit‹ ist in der »Decamerone«-Parabel nur eine historische Kategorie, keine des Geistes oder der Moral.

Eben an diesem Punkt setzt die neue Bearbeitung an, die gerade den Gleichniskern religiöser Exklusivität angreift. Vielleicht unter Rückgriff auf einen Text der »Gesta Romanorum« hat Lessing zunächst dem Ring einen »Stein« beigegeben, einen »Opal, der hundert schöne Farben spielte« und der die »geheime Kraft« hatte,

»vor Gott
Und Menschen angenehm zu machen, *wer
In dieser Zuversicht ihn trug*« (III.7; 90)

Dadurch erhebt sich das Gleichnis über die Sphäre des bloßen Besitzes und der Ancienität und ermöglicht einen späteren Echtheitsentscheid nach ethisch vertretbaren Kriterien.

Weiter faßt Nathan das von ihm Erzählte als ein »Mährchen« auf (III.6; 89), vermeidet sorgfältig jede eindeutige Auslegung und trägt das Ring-»Geschichtchen« sehr distanziert vor, sogar mit spöttischen Tönen (»... den er denn auch einem jeden / Die fromme Schwachheit hatte, zu versprechen ...« [III.7; 91] usw.), offenbar um gleich die Unwürdigkeiten zu markieren, die die anthropomorphe Gottesvorstellung ihrem Höchsten Wesen beilegt. Immanente Kritik richtet sich also auf das Gottesbild der überlieferten Parabel. Der Hauptpunkt dabei ist die patriarchalische Willkür, die einen »Sohn« vor allen anderen bevorzugt und ihn zum »Haupt«, zum »Fürsten«, ja zum Herrscher über seinesgleichen erhebt. Die unvermeidlichen Folgen solcher Auserwählung werden von Nathan-Lessing weit über das bei Boccaccio Erzählte hinaus dargestellt:

»jeder will der Fürst
Des Hauses seyn. Man untersucht, man zankt,
Man klagt.«

An dieser Stelle, wo der durch Boccaccio überlieferte Stoff aufgebraucht ist und die Auskunft seines Juden Melchisedech erscheint

»Umsonst; der rechte Ring war nicht
Erweislich«. (III.7; 92)

wo Lessing jedoch mit dem Satz »Man klagt« sich einen Neuanfang gesichert hat, schiebt er einen Kommentar ein, der die Realität des Streites in Erinnerung bringt. Sein Saladin nämlich läßt sich, anders als der bei Boccaccio, mit dem alten »Geschichtchen« nicht abspeisen, sondern geht auf die ursprüngliche Bedeutungsebene zurück und beharrt darauf, daß die drei von ihm genannten Religionen sehr wohl zu unterscheiden sind: bis hin zur Kleidung, bis zu Speis und Trank. Darauf erfolgt Nathans schlagende Antwort:

»Und nur von Seiten ihrer Gründe nicht. –
Denn gründen alle sich nicht auf Geschichte?
Geschrieben oder überliefert! – Und
Geschichte muß doch wohl allein auf Treu
Und Glauben angenommen werden? – Nicht? –
Nun wessen Treu und Glauben zieht man denn
Am wenigsten in Zweifel? Doch der Seinen?« (III.7; 92 f.)

Der darin verborgene Angriff geht vornehmlich gegen die neuere lutherische Orthodoxie, wie sie etwa der hallesche Professor Siegmund Jakob Baumgarten (1706 – 1757) vertreten hatte, derzufolge die neutestamentlichen Berichte von den Wundern Jesu und von seiner Auferstehung »historische Beweise« für die alleinige Wahrheit der christlichen Dogmatik (»daß Gott einen Sohn habe, der mit ihm gleiches Wesens sey« [13, 6] usw.) bedeuteten. Gegen den so versuchten »Beweis des Geistes und der Kraft« hatte Lessing mit Energie eingewendet, daß alle diese Nachrichten und auch die von der göttlichen Inspiriertheit ihrer Verkünder immer nur »historisch gewiß« seien, aber niemals innere, vernunftgemäße Wahrheit beanspruchen könnten. »Das ist: *zufällige Geschichtswahrheiten können der Beweis von nothwendigen Vernunftwahrheiten nie werden.*« (13, 5)

Zugleich erhält auch, mit Nathans Gleichordnung von »Geschichte, geschrieben oder überliefert«, Hauptpastor Goeze eine Abfuhr, der »nach dem höchst neuen und bis auf diesen Tag unerwiesenen Lehrsatze der strengern Lutheraner« die Religion »einzig und allein« auf die biblischen Schriften und in keinem Betracht auf die Tradition hatte zurückführen wollen

(13, 372). Er hatte sogar Lessing wegen dessen abweichender, schon 1774 dargelegter Auffassung – »Kurz: der Buchstabe ist nicht der Geist; und die Bibel ist nicht die Religion. [...] Denn die Bibel enthält offenbar Mehr als zur Religion göriges: und es ist bloße Hypothes, daß sie in diesem Mehrern gleich unfehlbar seyn müsse. Auch war die Religion, ehe eine Bibel war. Das Christenthum war, ehe Evangelisten und Apostel geschrieben hatten« (12, 428 f.) – als einen Gegner des Christentums von der Kanzel herab »ausgeschrien«. Nathans beiläufige Bemerkung faßt die Polemik der antigoezischen Schriften zu einer knappen Erledigung zusammen.

Nach dem Kommentarteil, der den Sultan »verstummen« läßt, lenkt Nathan in eine Fortsetzung seines »Geschichtchens« ein, die er dadurch ermöglicht hat, daß der immer heftiger gewordene Echtheits- und Vorrangstreit der »Söhne« zu Rachedrohungen und gegenseitiger Verklagung geführt hat und nun vor Gericht kommt. Der Lessingsche »Richter«, für den im ursprünglichen »Geschichtchen« oder »Märchen« natürlich kein Platz war, ist eine hochbedeutsame Erfindung. Mit ihm wird innerhalb der Parabel die Zeit patriarchalischer Willkür verlassen und eine noch dauernde Epoche betreten, in der Recht, Gerechtigkeit, begründetes Urteil ausschlaggebende Instanzen sind. Vor diesem Richter muß die ganze Vorgeschichte der Ringe unbeweisbar bleiben. Indem Nathan ihn sprechen läßt, trennt er gleichsam in sich den Mann der Vernunft von dem Juden ab, der vorher die Überlieferung der Väter wiedergab und der sich nun selber dem Spruch der ratio unterstellt. Denn dieser »Richter« steht über den drei Parteien und ist von keiner abhängig; sein Urteil über die Echtheit der Ringe kann er nur im Namen der Vernunft fällen; er vertritt, ja verkörpert die Vernunft in der neuen Parabel. Indem diese die ursprüngliche als ein »Märchen« zum Nachdenken in sich aufgenommen hat, kann sie sich zu einer Parabel höherer Ordnung gestalten, welche nicht mehr das Verhältnis der drei positiven Religionen zueinander, sondern das Verhältnis der Vernunft zu ihnen allen zum Gegenstand hat. »Ob eine Offenbarung seyn kann, und seyn muß, und welche von so vielen, die darauf Anspruch machen, es wahrscheinlich sey, kann nur die Vernunft entscheiden«, hatte Lessing schon 1777 in seinen »Gegensätzen« zu Reimarus erklärt (12, 432).

Der »Spruch« des Richters zu dem vorgetragenen Streitfall lautet daher streng negativ. Über die größere oder geringere Wahrheit der Offenbarungsreligionen kann die Vernunft nichts ausmachen, da sie alle nur auf Überliefertes zurückgehen; sie kann höchstens konstatieren, daß jetzt die »Ringe« allesamt keine »Wunderkraft« mehr bewähren, daß sie mithin, nach den Prämissen des »Märchens«, alle »nicht echt« sind. (Das richterliche, die alte Formel von den ›tribus impostoribus‹ variierende Urteil »so seyd ihr alle drey / Betrogene Betrieger« [III.7; 94] ist wohl so zu verstehen, daß neben dem erzählten Betrug des Vaters auch der Söhneglaube an Prädilektion und Herrschaftsrecht nicht wenig Betrug, nämlich Selbstbetrug, in sich barg.) Über den Urteilsbefund hinaus können alle weiteren Aussagen der Vernunft nur mehr hypothetischen oder empfehlenden Charakter haben.

Nathan legt dem Richter drei solcher Hypothesen in den Mund, wobei die des »Decamerone« wegen ihrer Unwürdigkeit – Gott hätte Christentum und Islam zur frommen Täuschung ihrer Bekenner geschaffen – von vornherein ausscheidet. Die erste und wahrscheinlichste lautet:

»Der echte Ring
Vermuthlich ging verloren. Den Verlust
Zu bergen, zu ersetzen, ließ der Vater
Die drey für einen machen.«

Das entspricht nun völlig der zuerst von Edward Herbert Lord Cherbury (1582 – 1648) im 17. Jahrhundert aufgestellten, dann durch den englischen und kontinentalen Deismus weiter verbreiteten These von einer uranfänglichen »natürlichen« oder vernunftgemäßen Religion des reinen Monotheismus, die in den späteren positiven Religionen mit menschlichen Zusätzen vermischt worden sei. Lessing teilte diese Ansicht, jedenfalls was den geistigen Vorrang der Vernunftreligion und ihre Unentbehrlichkeit für die positive anlangt. (»Die geoffenbarte Religion setzt im geringsten nicht eine vernünftige Religion voraus: sondern schließt sie in sich« [12, 434].)

Doch scheint er auch den zeitlichen Vorrang für eine Denknotwendigkeit gehalten zu haben, wie die Paragraphen 6 und 7 der »Erziehung des Menschengeschlechts« belegen. Eben die Schwierigkeit, diese Ansicht mit der Vernunftidee eines einzigen, allmächtigen und allgerechten Gottes in Übereinstimmung zu bringen, hat ihn ja auf die Annahme einer in mehreren Schritten, in mehreren Offenbarungen historisch verlaufenden Offenbarung geführt, welche mit derjenigen an Moses auf dem Sinai nur begonnen habe.

Zugleich verbindet sich damit ein wichtiger geschichtsphilosophischer Gedanke, nämlich die Rechtfertigung der positiven Religionen als eigentümlicher, für das Ganze unverzichtbarer historischer Individualitäten, die jeweils aus spezifischen Bedingungen erwachsen seien.

»Warum wollen wir in allen positiven Religionen nicht lieber weiter nichts, als den Gang erblicken, nach welchem sich der menschliche Verstand jedes Orts einzig und allein entwickeln können, und noch ferner entwickeln soll; als über eine derselben entweder lächeln, oder zürnen?« (13, 415)

Eben dies, den Gedanken einer von göttlicher Vernunft geleiteten »Erziehung des Menschengeschlechts« in Stufen, trägt die zweite Hypothese des »Richters« vor:

»Möglich; daß der Vater nun
Die Tyranney des Einen Rings nicht länger
In seinem Hause dulden wollen!« (III.7; 94)

Der »Vater« steht hier für den Gott Leibniz' oder Spinozas, verstanden als die weltbestimmende unendliche Vernunft; »Tyranney« bezeichnet scharf den Ausschließlichkeitsaspekt der »einen« Religion, auch wenn es die ursprüngliche, aber nicht selbständig angeeignete Vernunftreligion war; »nicht länger« verweist auf eine zeitliche Folge von Offenbarungen; und die Fügung »dulden wollen« deutet Planhaftigkeit an. Das »Haus« ist dabei unmerklich von der altjüdischen Vorstellung des Hauses Isaak oder Jakob auf die ganze Menschheit ausgedehnt worden.

»Und gewiß« muß jedenfalls sein – dies die dritte Hypothese –

»Daß er euch alle drey geliebt, und gleich
Geliebt: indem er zwey nicht drücken mögen,
Um einen zu begünstigen« (III.7; 94)

daß mithin jede *allein*seligmachende Religion mit der Idee göttlicher Vollkommenheit nicht zu vereinbaren ist. Mittlerweile ist die Rede des »Richters« von den bloß »historischen Gewißheiten« zu »Vernunftwahrheiten« übergewechselt: Zu ihnen gehört die dem Lessingschen Gottesbegriff entsprechende Überzeugung von der unbedingten Gleichwertigkeit und Gleichberechtigung aller einzelnen Menschen.

126   Idee und Konstruktion der dramatischen Dichtung »Nathan der Weise«

Die Weisheit Nathan-Lessings drückt sich nun weiter darin aus, daß der »Richter« deutlich zwischen »Spruch« und »Rat« unterscheidet und den letzteren anbietet, wo der erstere aufhört. Sein Rat an die Parteien, der von den religionsphilosophischen Hypothesen gestützt wird, geht vom ruhigen Befund des Vorhandenen aus:

»Mein Rath ist aber der: ihr nehmt
Die Sache völlig wie sie liegt: Hat von
Euch jeder seinen Ring von seinem Vater:
So glaube jeder sicher seinen Ring
Den echten.«

Damit wird kein Relativismus oder Skeptizismus vertreten, sondern jenes in den theologischen Streitigkeiten bewährte Verständnis für die Positivität historisch gewachsener Religionsgemeinschaften, deren seligmachendes Gefühl der »inneren Wahrheit« mit den Wahrheitsbeweisen oder -demonstrationen der Theologen sehr wenig zu tun hat.

Die Quintessenz dessen, was den Parteien geraten werden kann, hat Lessing in wenige gewichtige Blankverse gedrängt:

»Wohlan:
Es eifre jeder seiner unbestochnen
Von Vorurtheilen freien Liebe nach!
Es strebe von euch jeder um die Wette,
Die Kraft des Steins in seinem Ring' an Tag
Zu legen! komme dieser Kraft mit Sanftmuth,
Mit herzlicher Verträglichkeit, mit Wohlthun,
Mit innigster Ergebenheit in Gott,
zu Hülf'! ...« (III.7; 94 f.)

Wie das meist übersehene Wort zeigt, jeder möge »*seiner*« Liebe nacheifern, soll die individuelle Sittlichkeit der Religionen keineswegs unterdrückt, vielmehr gerade entfaltet werden; ausgeschlossen sollen bloß »Vorurteile« sein, d. h. wertende Urteile vor Erwerb der zu einem gerechten Urteil nötigen Sachkenntnis, und »Bestochenheit«, das heißt Eingenommenheit durch exklusive Heils- und Lohnverheißungen, also alle bloß ichbezogenen Motive. In dem richterlichen Rat ist Toleranz (»mit herzlicher Verträglichkeit«) einbegriffen, doch ohne daß er sich darin erschöpft; überhaupt geht es nicht um ethisch-religiöse Gebote und auch nicht um das Evangelium einer neuen Religion. Die weite Perspektive, in welche die richterliche Rede und mit ihr Lessings Parabel ausgeht, läßt sogar offen, ob es »über tausend tausend Jahre« noch positive Religionen geben wird.

»Und wenn sich dann der Steine Kräfte«
– man achte auf die Pluralform ›die Steine‹! –
»Bey euern Kindes=Kindeskindern äussern«

dann mag die Vernunft ein neues Urteil fällen; ihr oberstes Kriterium bleibt aber auch dann die durch Taten erwiesene Sittlichkeit der Glaubensgemeinschaften.

III

Schon bei den ersten Gedanken an eine Dramatisierung der »Decamerone«-Novelle I.3 muß dem Dichter klar gewesen sein, daß diese für sich niemals ein Drama ergeben würde, daß vielmehr zu ihrer Ergänzung eine sie umfangende, doch in sich selber sinnvolle und schlüssige dramatische Handlung gebraucht wurde – jene, die er dann stark untertreibend eine »Episode« nennen wird. Sie war mit der gegebenen Konstellation – zwischen einem reichen, doch machtlosen Juden und einem mächtigen, doch geldbedürftigen Alleinherrscher – genau abzustimmen; und sie mußte den Juden, ganz wie Boccaccio in seiner Novelle, als Hauptfigur behandeln, weil nur so die Einheit der Handlung, die erste und wichtigste aller dramatischen Einheiten, herzustellen war. Da die ursprüngliche Kollision zwischen Sultan und Jude in den Parabelszenen bereits gelöst wird, war eine dritte Partei mit eigenem Machtpotential ins Spiel zu bringen, kollisionsfähig sowohl mit Muslimen als auch mit Juden, und dafür kam, nach den Vorgaben der Novelle, nur das Christentum in Frage. Der Ausgang des Ganzen mußte dem der Parabelszenen entsprechen, durfte also weder der eines Trauer- noch der eines reinen Lustspiels sein. Aus diesen unverzichtbaren, durch die Sache bedingten Forderungen können alle wesentlichen Konstituenten der »Episode« glaubhaft abgeleitet werden.

Die Notwendigkeit einer stimmigen dramatischen Handlung erklärt schon Lessings auffälligste Änderung an der Vorlage: die Verlegung des Schauplatzes in das von Saladin 1187 eroberte Jerusalem und in die Zeit des Waffenstillstandes, der nach dem Tode der staufischen Heerführer abgeschlossen wurde. Die »Capitulation«, wie sie im Drama heißt (IV.2; 118), sicherte den Christen den eroberten Küstenstreifen von Tyrus bis Jaffa, erlaubte auch Pilgerfahrten nach Jerusalem oder auf den Sinai, mußte jedoch spätestens seit Saladins Tod 1193 hinfällig werden; im Drama hat sie der Templerorden mit einem Sturm auf die Burg Tebnin »schon so brav gebrochen«, wie der Klosterbruder sagt (I.5; 32). Lessings Notiz, er habe sich bei dem »Historischen was in dem Stücke zu Grunde liegt, [...] über alle Chronologie hinweg gesetzt« (3, 491), meint den Sachverhalt, daß der verkommene christliche Patriarch Heraklius – der »in meinem Stücke noch bei weitem so schlecht nicht erscheint, als in der Geschichte« (3, 492) – trotz Saladins Sieg in der Stadt geblieben ist und dort die ihm dank der »Capitulation« zustehenden Rechte wahrnimmt, also ein Faktum, das der Plan des Dramas erforderte. Im ganzen hat Lessing jedoch die »historische Wahrheit«, welche ihm vor allem, ja ausschließlich, die der historischen »Charaktere« war (»Hamburgische Dramaturgie«, 23. Stück; 9, S. 280 f.), so strikt wie möglich eingehalten. Von den Fakten wurde gerade so weit abgewichen, als nötig war, ein dramatisches Gefüge mit spürbaren Analogien zur Situation um 1770 aufzubauen: einen gesellschaftlichen Zustand, welcher verschiedene Religionsparteien unter staatlicher Toleranz vereint, garantiert vom herrschenden Fürsten und unterhöhlt von militanten Kräften der Christen.

Die so angelegte allgemeine Konstellation mußte künstlerische Realität erhalten in einem Geschehen um Nathan und Saladin, das von einem Christen ausging und den Juden in ernste Gefahr brachte, ohne jedoch den untragischen Ausgang, den die Ring-Geschichte vorgab, entscheidend zu gefährden.

Ein Stück mit solcher Anlage, die zwischen Tragödie und Komödie ›schöpferisch indifferent‹ die Mitte hält, dieser »Versuch [...] von einer etwas ungewöhnlichen Art« (13, 337), stellte ein Novum im großen Drama des 18. Jahrhunderts dar. Allerdings gab es schon seit 1757 und 1758 zwei entsprechende Versuche mitsamt einer begleitenden Theorie. Lessing wußte das sehr gut, seitdem er 1759/60 »Das Theater des Herrn Diderot« übersetzt und anonym herausgegeben hatte. Von dem großen Aufklärer Denis Diderot war 1757 ein Drama »Le Fils naturel« (»Der natürliche Sohn«) zusammen mit drei »entretiens« (Unterredungen) erschienen, in denen er erstmals sein neuartiges »dramatisches System« (»système dramatique«) vorgestellt hatte. Dieses System, das 1758 durch ein weiteres Drama »Le Père de famille« (»Der Hausvater«) und einen Essay »De la Poésie dramatique« weiter ausgebaut wurde, sah zwischen der herkömmlichen (Lach-)Komödie und der hohen Tragödie ein »genre intermédiaire« oder »sérieux« vor, eine vermittelnde, weder lächerliche noch traurige Gattung, gewidmet den »ernsten Angelegenheiten, den allerhäufigsten in dem gemeinen Leben«. Weniger durch Diderots Dramen als durch seine Theorien, die er für höchst zeitgemäß hielt, war Lessing stark angeregt worden, wie bereits seine ›ernsthafte Komödie‹ »Minna von Barnhelm« (1764) und sein ›bürgerliches Trauerspiel‹ »Emilia Galotti« (1772) bezeugt hatten.

Mit dem »Nathan«-Drama sollte nun zentral die neue, ›ernsthafte‹, Gattung besetzt werden. Deshalb wurde auch das Stück nach der Fertigstellung weder ›Komödie‹ noch ›Tragödie‹ benannt, wie bisher üblich, sondern »Ein Dramatisches Gedicht, in fünf Aufzügen« (3, 1), was lediglich ›dramatische Dichtung‹ bedeutete, also einen Oberbegriff heranzog. Wie hoch Lessing den Vorgänger schätzte, bekundete er noch 1781, wenige Wochen vor seinem Tode, als er, diesmal mit Namensnennung, die »zweite, verbesserte Ausgabe« des »Theaters des Herrn Diderot« erscheinen ließ und im Vorwort dazu über seinen »Geschmack« bemerkte:

»Denn es mag mit diesem auch beschaffen seyn, wie es will: so bin ich mir doch zuwohl [sic] bewußt, daß er, ohne Diderots Muster und Lehren, eine ganz andere Richtung würde bekommen haben. Vielleicht eine eigenere: aber doch schwerlich eine, mit der am Ende mein Verstand zufriedener gewesen wäre.« (8, 287 f.)

Über die Gattungs- und Formfragen hinaus erstreckten sich Diderots Anregungen aber auch auf Inhaltsmotive, so auf die Anlage des christlichen Gegenspielers zu Nathan in der Haupthandlung. – Im 84. Stück der »Dramaturgie«, das mitsamt den anschließenden erst im Frühjahr 1769 entstand, kam Lessing auf den lange zuvor aufgeführten »Hausvater« von Diderot zu sprechen und verhieß »alles auszukramen«, was er »sowohl über das Stück selbst, als über das ganze dramatische System des Verfassers« von Zeit zu Zeit bemerkt habe (10, 140). Allerdings beschäftigte er sich dann in den folgenden zehn Stücken so ausschließlich mit dem Helden von Diderots erstem Drama, dem ›natürlichen Sohn‹ Dorval, und mit der Eignung solcher Charaktere für das Drama, daß ein starkes produktives Interesse gar nicht zu verkennen ist. Es sprach sich um so deutlicher aus, als die Untersuchung mit einer eingehenden Kritik des Dorvalschen Charakters sowie der Konfliktanlage und -lösung bei Diderot verbunden war.

Im »Fils naturel« liegen die Dinge wie folgt: Der über dreißigjährige Dorval, unehelicher Sohn eines nach Amerika vertriebenen Kaufmanns, nach dem frühen Tod der Mutter in menschlicher Einsamkeit aufgewachsen, verliebt sich bei einem befreundeten Geschwisterpaar tief in ein dort aufgezogenes Mädchen; er entsagt aber seiner Liebe freiwillig aus Tugendpflicht, noch bevor der aus Amerika zurückkehrende Vater ihm das Mädchen als seine Halbschwester vorstellt. Nach diesem Dorval und seinem Konflikt ist sichtlich der junge Tempelherr Curd von Staufen gebildet worden. Nur hat Lessing durch die Verlegung des Ganzen in das Palästina der Kreuzzugszeit das Romanhafte der Vorlage abgeschwächt und ins Orient-Romantische verwandelt; weiter hat er dem Charakter seines ›natürlichen Sohns‹ wesentlich mehr Zwiespältigkeit und innere Wahrheit mitgeteilt, als dem Dorval eigen ist; und endlich hat er ihn in eine viel härtere Konfliktsituation gebracht, als sie Diderot nach seinem Natürlichkeitsprinzip aufbauen wollte. Denn die den mönchisch Erzogenen erstmals überfallende Liebe, das heiße südländische Temperament, nicht zuletzt die standesgemäßen antijüdischen Vorurteile – alles dies führt den blutjungen Templer sehr dicht an ein unwürdiges Handeln und das Drama an ein Trauerspiel heran – bis endlich doch ritterliche Anständigkeit und günstige Zufälle das Ganze zum Guten lenken.

Auch die übrige Vorgeschichte, welche die Existenz einer jüngeren Schwester in Jerusalem und den Grund des Nathanschen Verhaltens zu ihr erklären muß, entfernt Lessings Dichtung vom Drama des 18. Jahrhunderts, stellt es eher der antiken Tragödie nahe. Für Trennung und unverhofftes Wiedersehen von Geschwistern hatte ja das alte Griechenland mit seinen mittelmeerischen Kolonien, den vielen kleinen Stadtstaaten und deren Kämpfen nach innen und außen sehr natürliche Voraussetzungen geboten; die Zustände der Mittelmeerländer zur Kreuzzugszeit wiesen dazu entschieden mehr Analogien auf als der französisch-englische Machtkampf in vier Erdteilen, den Diderot zum Hintergrund genommen hatte. Es ist daher begreiflich, daß Lessing bei der Konstruktion seiner »Episode« nicht dem Franzosen folgte, sondern mit voller Bewußtheit auf die Tragiker und vor allem Aristoteles zurückgegriffen hat. – »Nichts empfiehlt Aristoteles dem tragischen Dichter mehr, als die gute Abfassung der Fabel« (9, 343), lautete der Kernsatz im 38. Stück der »Hamburgischen Dramaturgie«. Um diesem die Arbeit zu erleichtern, bringe Aristoteles die wichtigsten dramatischen Begebenheiten auf drei Hauptstücke: den Glückswechsel (die Peripetie) »aus dem Bessern in das Schlimmere« oder umgekehrt; die Erkennung (Anagnorisis) einer Blutsverwandtschaft mit oder ohne Katastrophe; das »verderbliche und schmerzliche« Leiden (Pathos). Ein Pathos, »Tod, Wunden, Martern und dergleichen«, sei als Stoff, als materialer Inhalt für die Tragödie unverzichtbar (auch bei untödlichem Ausgang), Glückswechsel oder Erkennung hingegen nicht: »sie machen die Handlung nur mannichfaltiger und dadurch schöner und interessanter«. Durchaus ohne sie könne eine Handlung »ihre völlige Einheit und Rundung und Größe haben«, wie umgekehrt ›Glückswechsel‹ und ›Erkennung‹ auch eine Stückfabel bereichern können, die ohne tragisches ›Leiden‹ ist, die mithin nicht »auf die Absicht des Trauerspiels, auf die Erregung des Schreckens und Mitleids« ausgeht (9, 343 f.).

Genau nach diesen Vorgaben ist die von Lessing »erfundene« »Episode« des Nathan-Dramas gebaut. Wäre in ihr ein tragisches ›Pathos‹ unvermeidbar gewesen – das ja nur die Hauptfigur, also Nathan, hätte treffen dürfen –, hätte sie alle Lessingschen Verdikte über das Märtyrerdrama (»Hamburgische Dramaturgie« 1. u. 2. Stck.) auf sich gezogen und wäre gar nicht erst in Betracht gekommen. Die ausgeführte Haupthandlung (um Nathan, Recha und den Tempelherrn) beginnt im 1. Auftritt mit der Nachricht von dem Hausbrand und der Rettung Rechas durch den kurz zuvor wunderbar begnadigten Ritter, umgreift die Nebenhandlung um Nathan und Saladin (die ihrerseits in I.3 anlief, in III.7 den Höhepunkt hatte und dann bis in den letzten Auftritt hinein verebbt), kommt auf ihren eigenen Höhepunkt in der Szene IV.2 (zwischen Tempelherr und Patriarch), hat ihre Peripetie, ihren »Glückswechsel«, und zwar vom Schlimmeren in das Bessere, im Auftritt IV.7 (zwischen Klosterbruder und Nathan), und endet schließlich mit der »Erkennung« Curds und Rechas als Geschwister »noch zur rechten Zeit«, ohne äußere Katastrophe.

IV

Um wenigstens einmal im Detail die außerordentliche Einheit von künstlerischer und philosophischer Weisheit des Werkes zu zeigen, soll abschließend die Peripetie-Szene IV.7 etwas näher betrachtet werden. Es ist jene Szene, in welcher der Klosterbruder, früherer Eremit und noch früherer Reitknecht bei Assad bzw. Wolf von Filnek, den Juden Nathan aufsucht, um ihn vor dem Patriarchen, auch dem Tempelherrn, zu warnen und um ihn daran zu erinnern, daß er, der Reitknecht, vor 18 Jahren ihm »Ein Töchterchen gebracht von wenig Wochen«. Ihm – und nur ihm – enthüllt Nathan, warum und mit welchem Recht er das Töchterchen als *sein* Kind aufgezogen habe: Wenige Tage zuvor war bei einem christlichen Pogrom in Gath Nathans Frau mit sieben Kindern, die er dorthin geflüchtet hatte, ermordet worden, und Nathan hatte verzweifelt drei Tag' und Nächt' in Asch und Staub gelegen, »mit Gott auch wohl gerechtet, / Gezürnt, getobt, mich und die Welt verwünscht, / Der Christenheit den unversöhnlichsten / Haß zugeschworen« – bis er langsam aus eigener Kraft sich wieder aufzurichten begann.

»Doch nun kam die Vernunft allmählig wieder.
Die sprach mit sanfter Stimm': ›und doch ist Gott!
Doch war auch Gottes Rathschluß das! Wohlan!
Komm! übe, was du längst begriffen hast;
Was sicherlich zu üben schwerer nicht,
Als zu begreifen ist, wenn du nur willst.
Steh auf!‹ – Ich stand! und rief zu Gott: ich will!
Willst du nur, daß ich will! – «(IV.7; 139)

Gleich danach erschien der Reitknecht mit dem Kinde, das Nathan weinend auf seinem Lager empfing: »Gott! auf sieben / Doch nun schon eines wieder!« Derselbe Reitknecht, jetzt Klosterbruder, besitzt von seinem gefallenen Herrn ein Brevier, worin auf arabisch dessen Verwandtschaft, also auch Rechas Herkunft, steht, das mithin den Knoten auflösen, Nathan rechtfertigen und die Geschwisterheirat verhindern kann, das also, technisch gesehen, die Peripetie des Geschehens herauführt.

Jene exponierte Stelle über Gott und Vernunft nannte Franz Rosenzweig »einzig in unserer klassischen Literatur. Nicht Schiller, nicht Goethe hätte diese Erfahrung aussprechen können; sie ist das Herz, aus dem die großen Gedanken des Stücks kommen ...«.[2]

Sogar die tragende philosophische Konstruktion ruht auf ihr. Denn alle wunderbaren Zufälle im Drama, die das Geschehen zum guten Ende führen, sind in einem tieferen Sinn nur gerechtfertigt, weil ihnen jenes selbstüberwindende Wollen und Tun Nathans vorausging, als unscheinbares Exempel dessen, »was sich der gottergebne Mensch / Für Thaten abgewinnen kann« (IV.7; 138). In der unerklärlichen, aber überzeugenden, künstlerisch stimmigen Entsprechung von Tun und Geschehen erfüllt sich die höchste Forderung der Lessingschen Ästhetik nach einem dichterischen Ganzen, »das völlig sich rundet, wo eins aus dem andern sich völlig erkläret, wo keine Schwierigkeit aufstößt, derenwegen wir die Befriedigung nicht in seinem Plane finden ...«:

»... das Ganze dieses sterblichen Schöpfers sollte ein Schattenriß von dem Ganzen des ewigen Schöpfers seyn; sollte uns an den Gedanken gewöhnen, wie sich in ihm alles zum Besten auflöse, werde es auch in jenem geschehen. « (»Hamburgische Dramaturgie«, 79. Stck.; 10, 120)

Am sichtbarsten freilich tritt aus jener Stelle der Lessingsche Gottes- und Religionsgedanke hervor. Franz Rosenzweig sprach von der »Fast-Übersetzung« eines markanten Augustinus-Wortes, bezog die Stelle jedoch in seinen »Nathan«-Vorträgen 1929 auch auf den Midrasch, die frühe jüdische Auslegung des Schriftwortes.[3] Da sich nun ebenso große Übereinstimmungen mit dem Mystiker Meister Eckehart oder mit Spinoza finden lassen,[4] muß wohl jede Zuordnung zu nur einer positiven Religion in die Irre führen. Angemessener dürfte es sein, wenn man zur Deutung auf Nathan-Lessings »Lehre« sich besinnt:

»... daß Ergebenheit
In Gott von unserm Wähnen über Gott
So ganz und gar nicht abhängt.« (III.1; 76)

Nach allem legt die Stelle ein unwidersprechliches Zeugnis dafür ab, welcher spirituellen Vertiefung der vor-Kantische Rationalismus, derjenige Spinozas oder Leibniz', fähig war; selten ist das Wort »Vernunft«, von dem hier alles ausgeht, mit solch metaphysischem und sittlichem Gehalt beladen worden. Dem Ausbruch des Klosterbruders: »Nathan! / Ihr seyd ein Christ!« entgegnet eine freundliche, doch unnachgiebige Verweisung auf jenes entscheidende Moment, das der metaphysische Rationalismus mit den positiven monotheistischen Religionen gemein hat: die verpflichtende Gottesidee und das von ihr gebotene Tun. »Denn was / Mich Euch zum Christen macht«, entgegnet Nathan dem Klosterbruder, »das macht Euch mir / Zum Juden!« (IV.7; 139).

Anmerkungen

1 Alle Lessing-Zitate werden, unter Angabe von Band- und Seitenzahl, nach der historisch-kritischen Edition ausgewiesen: Sämtliche Schriften. Hrsg. v. Karl Lachmann, 3., neu durchgesehene Ausgabe von Franz Muncker, 23 Bde., Stuttgart u. a. 1886 – 1924; Zitate aus dem »Nathan«-Drama im 3. Band erscheinen nur mit Seitenzahl sowie mit vorangestellter Akt- und Auftrittsangabe. – Das »Decameron« zitiere ich nach der von Johannes v. Günther neubearbeiteten Übersetzung August Gottlieb Meißners, Berlin 1938.
2 Brief vom 19.12.1926 an R. A. Fritzsche, in: Franz Rosenzweig, Briefe. Unter Mitwirkung v. Ernst Simon ausgew. u. hrsg. von Edith Rosenzweig, Berlin 1935, S. 568.
3 Brief an die Mutter vom 26.1.1929, ebd. S. 623.
4 Vgl. Hans Leisegang, Lessings Weltanschauung, Leipzig 1931, S. 143 ff.

Der »ehrbare Ketzer«.
Berengar von Tours im Urteil Lessings

Raimund Kemper

> *Enim Deus odit nimios scrutatores.*
> **Adelmann von Lüttich**

> *Errat Kantius.*
> **Papa Pius IX.**

> *Die Herren, die in der Welt um Anderer Seligkeit willen beſoldet und beamtet werden, gleichen ſich ſo ſehr in ihrem Betragen.*
> **Karl Lessing**, an seinen Bruder Gotthold Ephraim, Juli 1778

Die *Nachwelt*, heißt es bei Lessing am Anfang seiner *Rettungen des Horaz*, werde auf die Dauer *alles Zufällige* vom *Ruhme* der Gelehrten *abſondern*, und: *über ihre Fehler zu lachen*, davon werde *keine Ehrerbietigkeit* sie *zurückhalten*. Dieser Aphorismus schlägt ein wichtiges Thema an: Zwar schulde man der Wissenschaft Respekt, jedoch unterliege das Renommée eines Forschers der Kritik, und ob seine Autorität ihr standhalte, werde sich im Laufe der Zeit, vor der *Nachwelt*, erweisen müssen. Lessing führt diesen Gedanken weiter, indem er schreibt:

> *Anfangs zwar pflanzt ſie L o b und T a d e l fort, wie ſie es bekömmt; nach und nach aber bringt ſie beydes auf ihren r e c h t e n Punkt.*

Auf dieser Warte angelangt, hätte man, seiner Meinung nach, erst den „richtigen" Blickwinkel gewonnen und sehe jetzt, was die Tradition, mit manchem *Lob* und manchem *Tadel*, vor uns hinstellt: ein verzerrtes Bild. In den Augen Lessings ist die *Nachwelt* also eine k r i t i s c h e Instanz, sie waltet eines hehren Richteramtes; ihre Sentenzen, meint er, sorgten für Klarheit. Zuversichtlich fährt er daher fort: *Auch Tugenden und Laſter wird die Nachwelt nicht ewig verkennen.*

Nicht ewig, vielleicht; aber wer weiß? Der skeptische Zeitgenosse hegt hier seine Zweifel. Wie? Lessing ein Optimist? Und ausgerechnet die *Nachwelt*? Gerade sie soll zu so subtilen Unterscheidungen fähig sein, *Tugenden und Laſter* trennen können, uns verdeutlichen, was schlecht, demgegenüber verteidigen, was gut und wert ist, daß man es auch würdigt? Jedermann kennt doch *die Nachwelt* als *ewig* blinde! Ist sie nicht auch manchmal ganz und gar vergeßlich? Welch ein absurder Gedanke, daß durch sie allmählich doch noch das ‚Richtige' zum Vorschein käme!

Aber so einfach hat es Lessing nicht gemeint. In seiner Aussage ist *Nachwelt* vielmehr die Chiffre für ein Programm, welches er an dieser Stelle, aus gegebenem Anlaß, vor seinen Lesern noch einmal umreißt. Er will nicht, daß einfach nur der Schein gewahrt bleibt. Ihn zu verewigen, dazu sei die Geschichtsschreibung nicht da. Man soll den Legenden mißtrauen. Ihm geht es um Demaskierung. Er fragt: Was steckt hinter der Fratze, die die Überlieferung uns zeigt? Wie ist die Tradition verbürgt? Wer sind die Zeugen? Sind sie überhaupt glaubwürdig? So zielt er mit seinem ‚kritischen' Vorhaben direkt auf einen überkommenen und, wie sich dann herausstellt, letztlich dubiosen Kultus zeittypischer Gelehrsamkeit. Er zieht dazu bestimmte Glanzlichter der Wissenschaft heran, untersucht Entstehung, Umkreis, Wirkung und soziale Reichweite ihres Glorienscheins, geht, im je einzelnen Falle, den Bedingungen dieser Erscheinungen auf den Grund. Er untersucht die Quellen, stellt fest, inwieweit Wertschätzung und öffentliches Ansehen gerechtfertigt seien, d.h. ob am bewunderten Werk nicht etwa doch gravierende *Fehler* auszumachen sind, oder ob gar die Person seines Schöpfers mit solchen behaftet ist. Denn wahre Kritik, lautet seine Botschaft, läßt keine falsche Ehrfurcht aufkommen, sie kennt kein Erbarmen. Unterwürfigkeit wird erst recht nicht geduldet. Wer Autorität beansprucht, muß sich legitimieren; kann er das nicht, verfällt er der Lächerlichkeit. In dieser Art von klärender Arbeit an dem, was eine zufällige, also keineswegs einhellige Tradition als *Lob* oder *Tadel* so *fortgepflanzt* hat, oft leichtfertig, *wie fie es* gerade *bekam*, sieht Lessing eine wichtige Aufgabe der *Nachwelt*, ja ihre P f l i c h t : daß sie nämlich, nach bestem Können, mit vorschnell gefaßten Meinungen und unzulänglich begründeten Urteilen aufräumt, die ja vielfach nur aus dem Ungefähr momentaner Konjunkturen entstanden sind.

Mit einer solchen ‚kritischen' Methode, wie sie Lessing hier vorschwebt, bekäme die *Nachwelt* sozusagen eine feine Spürnase. Lessing denkt da gewiß auch an die vielen, seit dem Humanismus bekanntgewordenen, doch in der Überlieferung *fortgepflanzten* absichtlichen Fälschungen und an die böswilligen Verunglimpfungen, die noch aufzudecken wären. Angesichts einer dermaßen auf historische Kritik eingestellten *Nachwelt* könnte allerdings den Skribenten die Lust, mal eben *eine Verleumdung aus der Luft zu fangen* (obwohl dies, wie Lessing beiläufig feststellt, manchem Gelehrten *leichter* fiele, als brav *eine Regel aus dem Donat anzuführen*), am Ende vergehen. Dann wäre es aus und vorbei mit dem *Pasquillmachen*, auf das man sonst in der wissenschaftlichen Literatur so häufig stößt. Mit der großen Folge seiner mit dem programmatischen Titel *Rettungen* versehenen kritischen Essays ist Lessing diesen Phänomenen dann wirklich kräftig-drastisch zu Leibe gerückt.

Als ein Geschichtsforscher, der mit der Vergangenheit abrechnet, weiß der Schriftsteller Gotthold Ephraim Lessing sich selbst der von ihm hier apostrophierten ‚richterlichen' Instanz unmittelbar zugehörig. Darum schreibt er: [...] *auch i c h bin in Anfehung derer, die mir vorangegangen, e i n T h e i l d e r N a c h w e l t*. Will sagen, er wolle, während zum Beispiel eine ‚Verhandlung' über Geschehenes wie über die, *die mir vorangegangen*, öffentlich stattfindet, dieser Veranstaltung nicht lediglich unter dem gaffenden Publikum beiwohnen, sondern er sehe sich mit einem *Theil* seines Selbst – *und wann es auch nur ein Trilliontheilchen wäre* – in den jeweiligen Kasus involviert, ja betrachte sich als über die Rechtssache gleichsam mit zu Gericht sitzend. Denn die Geschichtswissenschaft ist ihm ein (permanentes) Wiederaufnahmeverfahren, in welchem die Zeugen immer noch einmal vernommen werden müssen. Und dann tritt er, indem er die Wahrheitsfindung als einen Akt der Erkenntnis organisiert, *mit eigenen Augen* sehend, wie er schreibt, suchend, recherchierend, inquirierend, selbst vor und in den Zeugenstand. Zuletzt wird der H i s t o r i k e r in ihm zum R i c h t e r. Mit seinem ‚Urteil', welchem er zuvor die investigativen Techniken der „Aufklärung" dienstbar gemacht hat, hält er dann nicht mehr hinterm Berg. Und entschlossen „ich" sagend, äußert er sich am Ende des ‚Prozesses' ganz entschieden auch im eigenen Namen! Was alles eine große Provokation war, und nicht nur s e i n e Epoche hat es so empfunden, sondern auch noch, und erst recht, seine *Nachwelt*. Bekanntlich geht es in der Fröhlichen Wissenschaft immer fein sachlich zu, so sehr, daß die Kümmelspalter dort eher noch das Urteilen verurteilen. Also hat sich „der letzte Humanist von Format", wie man Lessing genannt hat, in den Dienst der von ihm behaupteten Autorität einer ‚richtenden' *Nachwelt* begeben, und derart wurde diese ihm zur Garantin einer – jedenfalls von ihm geltend gemachten, engagiert vertretenen und postulierten – historischen G e r e c h t i g k e i t.

Auffallend, daß er, steht Vergangenheit in Rede, weniger die Ereignisse als vielmehr P e r s o n e n im Visier hat, die entweder direkt daran beteiligt waren, oder es geht um ihre Berichte. Gerade die Erfahrung aber, daß philologische Kunst, welche man, wie er selbst sie vorbildlich ausübte, in der Geschichtswissenschaft anwenden muß, historisch im Sinne der W a h r h e i t, die es zu erforschen gilt, dann als forensische Tugend wirken kann und funktioniert, dies scheint ihm auch ein Ausdruck jener *Weisheit* zu sein, von der er behauptet, daß sie *den Zuſammenhang aller Dinge geordnet hat*. Diese *Weisheit* – die nach Erkenntnis eines solchen *Zuſammenhangs* strebende Vernunft gewinnt in ihr gewissermaßen ihre divinatorische Rechtfertigung – *e r w e c k t*, so schreibt Lessing, *von Zeit zu Zeit*

Leute, die ſich ein Vergnügen daraus machen, den Vorurtheilen die Stirne zu biethen, und alles in ſeiner w a h r e n Geſtalt zu zeigen.

In dieser paratheologischen Metapher sucht Lessing zu verdeutlichen: Es ist an besagte *Leute* ein R u f ergangen, und sie haben die Stimme vernommen. Spirituell aufgerüttelt, widmet sich der Historiker, kämpfend gegen *die Vorurtheile*, dabei also selber wertend, ein Wahr-Sager, aus einem speziellen Sendungsbewußtsein heraus seiner Aufgabe und verrichtet seine Arbeit. Und die hat er zu verantworten. Die möglichen Folgen seines retrospektiv-prophetischen Tuns sind ihm dabei klar: *ſollte auch ein vermeinter Heiliger dadurch zum Böſewichte, und ein vermeinter Böſewicht zum Heiligen werden*. Das ist ein generell und bündig formuliertes Bekenntnis. Daneben aber auch ein wichtiger Programmpunkt, den Lessing in seiner *Berengar*-Studie, geleitet durch seinen untrüglichen philologischen Instinkt, am Beispiel der Gestalt des „Heiligen Lanfrancus" getreulich absolviert: Die Überlieferung, mit der er sich dermaßen nahe abgibt, macht eben den Historiker und Philologen unweigerlich zum nachträglichen Mitwisser aller Verbrechen, die die Weltgeschichte kennt.

Lessing zählte sich persönlich zu jenen *Leuten*, von denen er hier redet, deren Ziel es sein müsse, das im Überlieferten Verkehrte *ex post* wieder zu ‚richten':

Ich ſelbſt kann mir keine angenehmere Beſchäftigung machen, als die Namen berühmter Männer zu muſtern, ihr R e c h t auf die Ewigkeit zu unterſuchen, unverdiente Flecken ihnen abzuwiſchen, die falſchen Verkleiſterungen ihrer Schwächen aufzulöſen.

Daß diese *Beſchäftigung* ihm immer eine höchst *angenehme* gewesen sei, wollen wir nicht glauben. Sie erscheint uns mühsam genug – moralisches Asservatenentstauben im ‚Museum' der *Nachwelt*. Der Historiker, der in seiner Rückschau *ad fontes!* die erhaltenen Quellen philologisch erforscht, gleicht dem „rückwärts gekehrten Propheten", von dem Gervinus sprach, jenem danteskem Seher mit verkehrt aufgesetztem Kopf im Inferno der Geschichte. Lessing klagt über diese *Beſchäftigung*, auf die er sich doch immer wieder von neuem einläßt, gelegentlich selbst heftig: *theologiſcher Unſinn, Quisquilien und Ungereimtheiten, thörichte Arbeit, Lumpereyen, Bettel* – solches äußert er sogar mit Bezug auf seine *Berengar*-Schrift. Doch diese absprechenden Urteile sagen rein gar nichts aus über Lessings Verhältnis zu der in seinem Essay untersuchten Materie. In dem betreffenden textlichen Zusammenhang ist vielmehr von einer schlimmen Krankheit die Rede, die er damals durchlitt, und von einer dadurch bedingten Indisposition, welche ihn am Schreiben verhindert habe. Allerdings, was für ein *Vergnügen* es ihm zeitlebens bereitete, *den Vorurtheilen die Stirne zu biethen*, davon zeugen beredt seine historischen, philologischen, kunst- und theologiekritischen Aufsätze, und der Begriff der *Rettungen*, unter dem er die lange Folge all dieser verschiedenen Abhandlungen subsumierte, betont die ethischen Ziele, die er mit ihnen (wie überhaupt mit seinem philologisch-historischen Schaffen, als Kritiker wie als Bibliothekar) verband, mit großer Entschiedenheit, kennzeichnet den soteriologischen Impuls, der ihn zu diesen *Beschäftigungen* trieb. Er nahm leidenschaftlich Partei, er bewies, daß die Arbeit eines Bibliothekars eben doch nicht *mit dem Staubabkehren in einer Claſſe ſteht*, wie er einmal, sich selbst persiflierend, schrieb. Vielmehr waren Bibliotheken stets „e i n e g e f ä h r l i c h e B r u t s t ä t t e d e s G e i s t e s", und die mangelnde Fürsorge, die man ihnen heutzutage angedeihen läßt, nährt wohl den Verdacht, daß sie es noch immer sind. (Es ist inständig zu hoffen.) Für sein schweres und in bestimmter Hinsicht auch riskantes Unterfangen erkor Lessing jedesmal Persönlichkeiten, die in der öffentlichen Beurteilung, der Meinung eben der *Nachwelt*, namentlich auf religiösem Gebiet, als diffamiert galten, und betrieb, so er fand, daß sie es verdienten und warum, energisch ihre Rehabilitation.

Ein ganz außerordentliches *Vergnügen* hat ihm gewißlich, nach eigenem Bekunden, die Arbeit an dem berühmten Buche gemacht, das er im Jahre 1770 zur Michaelismesse unter dem Titel: *Berengarius Turonenſis* im Verlag der Buchhandlung des Waisenhauses in Braunschweig veröffentlichte. Indem er mit seiner Studie das bis dahin verschollene Werk des Berengar von Tours, eines Philosophen und Theologen des 11. Jahrhunderts, einer wissenschaftlichen Welt bekannt machte, der man es bis dahin, wofür er den Beweis antrat, absichtlich und gezielt vorenthalten hatte, handelte er erneut nach seiner Maxime, die auch schon für seine früheren Untersuchungen maßgebend gewesen war und die da lautete, in seinen Worten:

Ungerecht wird die Nachwelt nie ſeyn.

Dieses Apophthegma sticht hervor: ‚Richtigkeit' im Faktischen, ‚Gerechtigkeit' in der Bewertung und – wiederum die *Nachwelt*. Das war ein lebenslanges Versprechen, und Lessing hat es gehalten. In s e i n e r Arbeit machte gewissermaßen diese *Nachwelt* selbst den hochmögenden Faktores der Überlieferung und den starrköpfigen Traditions-Paladinen, die sie unkritisch weitertragen, den Prozeß. Hier war Lessing der Anwalt der Verfemten, in der Geschichtsdarstellung der Sieger Geächteten, Unterdrückten, aus der Kultur der Erinnerung Eliminierten, und fungierte, sozusagen ausgestattet mit einer Vollmacht der untergegangenen (und vermutlich besseren) Alternativen zu dem (schlechten) Bestehenden, als der Prokurator einer *post factum* vorzunehmenden *rectificatio historico-critica*.

Welche Bedeutung hatte nun in diesem Zusammenhang der seither berühmte „Fall" des B e r e n g a r i u s v o n T o u r s ? Was wissen wir darüber? Die verbreitete, in gewissen Kreisen gehätschelte Theorie einer sogenannten *sancta simplicitas* schreibt dem Menschen zum Beispiel vor, gefälligst seinen Wissensdurst zu zügeln. Erkenntnis und Wissen können ja so gefährlich werden fürs seelische Gleichgewicht. Also Vorsicht! Bloß keine intellektuelle Anstrengung, die macht nämlich zuweilen krank. Die notorischen Pinsel jener vielgelobten Tugend – *Daß doch / Die Einfalt immer Recht behält!*, wundert sich der Tempelherr in Lessings *Nathan der Weise* – werden nicht müde, die „zersetzende" Fäulnis des Denkens und Studierens mit dicken Strichen an die Wand zu malen. Doch *W i s s e n i s t M a c h t*, wie wir wissen. Sollte man daher nicht diejenigen kennen, bei denen, womöglich, noch ein Rest davon vorhanden ist? Anderseits gilt, und das ist natürlich superkommod: „Nichts Wissen macht nichts!" Mit den heutzutage über unsere Bildungseinrichtungen verhängten „Sparmaßnahmen" huldigen unsere Regierungen offenbar dieser eindrucksvollen Devise. Sie halten es für ihre Pflicht, uns und alle anderen vor dem ‚Wissen' zu schützen. Und in der ‚Wissensgesellschaft' wird denn auch deutlich, und immer öfter, vor zu viel „unnützem Wissen" gewarnt. Wußte man doch schon im Mittelalter: *Superata est igitur sapientia Platonis a discipulo piscatoris*. Mönche, denen es nach einer wissenschaftlichen Ausbildung verlangte, wurden heftig beschimpft und getadelt, sie begäben sich in den Orden der anrüchigen Vaganten: *De sancta simplicitate scientiae inflanti anteponenda*, lautet der Titel eines in diesem Zusammenhang kurrenten Pamphlets. Besonders das Studium der artistischen Fächer, glaubte man, bedrohe das fromme Gemüt. Das Seelenheil steht auf dem Spiel. Denn der Teufel ist ein Grammatiker, er habe die Menschheit das Unterscheiden gelehrt: *Eritis sicut dii!* Er habe den Sterblichen nämlich den Plural des Begriffs „Gott" beigebracht und jeden einzelnen ermuntert: *Disce Deum pluraliter declinare!* Der Versucher habe all ihren Lastern den Erkenntnisdrang als Heerführer vorangestellt: *Porro, qui vitiorum omnium catervas moliebatur inducere, cupiditatem scientiae quasi ducem exercitus posuit*. Wer die einfache Regel des heiligen Benedikt vernachlässige, um sich den Regeln des Donatus zu weihen, schrieb der heilige Petrus Damiani, begehe eine Art Ehebruch. Jedoch um den Menschen an sich zu ziehen, bedürfe Gott keiner Grammatik. Von Lanfranc, dem Prior von Le Bec in der Normandie, verlautete: *At vir sapiens sciens magis obedientiam Christo debere quam Donato*. Dem verbreiteten Typus des *stulte peritus* wird deshalb das Ideal des *sapienter indoctus* entgegengehalten, nach dem Motto: „Was einer nicht weiß, macht ihn nicht heiß". Also hat denn auch später Sebastian Brant in seinem Hauptwerk, dem berühmten *Narrenschiff*, und zwar sogleich im ersten Kapitel, dem er die Überschrift gab: *Von vnnutzeq buchern*, den populären Prototypen seiner Helden so vorgestellt und charakterisiert:

Jch hab vil bůcher ouch des glich
Vnd lyſ doch gantz wenig dar jnn
Worvmb wolt ich brechen myn ſynn
Vnd mit der ler mich bkümmren faſt
Wer vil ſtudiert / würt ein fantaſt

Der Basler Professor, wie man sieht, macht von dieser ‚alt-cluniacensischen' Phrasierung lustvoll ironischen Gebrauch. Hier benutzt er sie zu einer hintersinnigen Kollegenschelte. Das war also herausgekommen beim von der Kirchenreform weiland verordneten Asketismus!

Die „heilige Einfalt" hatte sich gewandelt zu einer Art *sancta stultitia*, die man nur noch loben konnte. Der alte Partisan dieses Reformgeistes, Petrus Damiani, hatte immerhin behauptet: Alle, die in den „freien Künsten" instruiert wurden, Dichter, Philosophen, Magier, Astronomen, seien einem dämonischen Kultus verfallen: *Per hanc itaque vesanae sapientiae vanitatem poetae, philosophi, magi, siderum rimatores, omniumque disciplinarum liberalium instructi peritia, prodigiosa daemoniorum solebant adorare figmenta*. Studierte seien es gewesen, die, gewissermaßen, den Götzendienst eingerichtet hätten:

Idolatriae ritus velut a sapientibus institutus.

Kurz: Wenn einen die Versuchung quäle, die der Welt zugewandten Menschen ob ihrer wissenschaftlichen Studien zu beneiden, so sei das ein Pfeil aus vergiftetem Köcher. Mit einem gnomischen Spruch: Wahrlich, „wenn du dich bewahren willst vor Irrtum, darfst du nicht forschen!", klärte ein Prediger namens Radulfus Ardens – zu Deutsch: der „funkelnde" Rolf – die Schar seiner Zuhörer auf, und diese (sogar noch gereimte) Losung:

Noli investigare,
si non vis errare!

klingt wie ein sarkastischer Kommentar zum Schicksal seines Lehrers Gilbert de la Porrée (1076-1154), der eine der Zierden der Schule von Chartres, später Direktor der Kathedralschule von Poitiers und dann sogar Bischof dieser Stadt war, aber wegen seines Universalienrealismus, bezogen auf das kirchliche Trinitätsdogma, unter Häresieverdacht geraten war und dieserhalb von keinem Geringeren als dem heiligen Bernhard mit Prozessen überzogen wurde. Dagegen beklagte sich der ebenfalls von orthodoxer Seite angegriffene Wilhelm von Conches: Die Leute „bleiben lieber unwissend, als daß sie andere befragen, und wenn sie merken, daß einer forscht, schreien sie, er sei ein Häretiker". Der große Peter Abaelard gibt schließlich zu Protokoll: „Durch Zweifel kommen wir nämlich zur Forschung und forschend finden wir die Wahrheit".

Begreiflich, daß Wissen, exemplarisch gelernt, Gewalthaber schon beunruhigen kann. Sollte man es da nicht lieber für sich behalten? Die elitären Zirkel der Philosophen und Theologen, unter denen solche Ansichten kursierten, wie wir sie soeben angeführt haben, leisteten sich da einen Diskurs, der die Kaste der *magistri nostri* in feindliche Lager spaltete. Die Berengar-Affaire zog weite Kreise. Sie markiert ideengeschichtlich einen Höhepunkt in einer über ihre Veranlassung und eigentliche Thematik, die kirchliche Abendmahlslehre, hinausreichenden Auseinandersetzung. Diese war geeignet, die herkömmlichen Autoritäten allmählich zu unterminieren, die von der einen Seite aufgeboten wurden und auf deren Kernsprüche man sich dort berief, um das Bestehende als die Trostlosigkeit, als die es sich darbot, theologisch zu rechtfertigen, während auf der anderen Seite die philosophische Kritik an diesen Zuständen in Gedanken experimentierte, um dies alles vor dem Hintergrund der von der Kirche dazu angebotenen Glaubensmuster überhaupt noch zu verstehen. Die von dem zelotischen Kardinal Humbert verfaßte brutale Formel, die man Berengar von Tours 1059 im Lateran zu bekennen zwang, der zufolge nun geglaubt werden mußte, daß der „wahre" Leib Christi

„von den Händen des Priesters am Altar zerbrochen und von den Zähnen der Gläubigen zerkaut werde"

– um von den weiteren Stationen zu schweigen, die die konsekrierten Opfergaben im Metabolismus des Körpers der Kommunizierenden dann passieren müssen, bis sie schließlich als *stercora* hinten und vorne wieder ausgeschieden werden –, diese sonderbare, autoritär und gegebenenfalls dann in der Kirche auch gewaltsam durchgesetzte sensualistische („kaphernaistische") Doktrin ist selber wie ein Abbild der Zerstörung des Zusammenhangs zwischen Wesen und Erscheinung: *aliud videtur, aliud intelligitur.*

Die Entscheidung in dieser theologischen Kontroverse fiel also, mit dem unflätigen apostolischen Erguß des Kardinals, zugunsten der klerikal verwalteten göttlichen Allmacht aus und gegen Berengar, mochte dieser auch beharrlich für das Recht des einzelnen und die Legitimität einer von der individuellen Vernunft geleiteten Glaubenserkenntnis kämpfen, also nicht für den Grundsatz: *Credo ut intelligam*, den Anselm, der Schüler des Lanfrancus, später aufstellte, sondern für das umgekehrte Prinzip. Und die vom Kardinalbischof Humbert von Silva Candida, dem gefährlichsten Doktrinär der papalen Idee, der jede geistige Kraft unter die priesterliche Herrschergewalt des apostolischen Stuhls gebeugt sehen wollte, aufgesetzte *confessio Berengarii* ging mit vollem Wortlaut in die kirchlichen Gesetzbücher ein. Sie wurde als lehramtliche Verlautbarung des Laterankonzils ins *Decretum Gratiani* aufgenommen und findet sich im Korpus des Kanonischen Rechts. Auch ist bekannt, daß man noch Jahrhunderte später Beschuldigte, obgleich diese wegen ganz anderer „Ketzereien" als in der Eucharistiefrage angeklagt waren, gezwungen hat, das „Berengarische Bekenntnis" zu beschwören, wohl um ihre „Rechtgläubigkeit" dem Umfange nach zu testen und diese elenden Sünder überhaupt unter Druck zu setzen. Berengar selbst hat, wie man weiß, in einer eigenen Schrift, von der sich bedauerlicherweise nur noch etliche Bruchstücke als Zitate in der gegen ihn abgefeuerten Polemik des Lanfrancus erhalten haben (als sog. *Scriptum contra synodum*), die ihm von Humbert, dem vierschrötigen Feind jedes freien Gedankens, zugemutete Glaubenslehre, die schlimmste Demütigung, die ihm auf einer Synode widerfahren, Satz für Satz einer schneidenden Kritik unterzogen.

Das weitere, bis dahin unbekannte Werk Berengars, das Lessing 1770 in Wolfenbüttel fand, illustriert den bitteren Verlauf dieses Kampfes. Was als Zusammenstoß zweier Schulhäupter, um das Jahr 1050, begann, bei dem sich Berengars früherer Alumne Lanfrancus, nun Prior in Le Bec und Günstling des Normannenherzogs Wilhelm, welcher ihn nachmals zum Erzbischof von Canterbury avancieren ließ, auf wahrlich unedle Art hervortat – vermutlich hat er sich durch seine Feindseligkeiten gegen Berengar für seine künftige Karriere qualifiziert, denn dieser war ein leitender Mitarbeiter eines Magnaten, der in der damaligen politischen Konstellation als Gegner des Normannenfürsten auftrat –, wurde zwischen den Kontrahenten mit dem Wissen der Grammatik und den geistigen Waffen der Dialektik ausgetragen. Doch am Ende war das alles von oben herab beschnitten, das Sakrament vom Glauben des einzelnen in der Gemeinde abgetrennt, die heilige *ecclesia* in eine ziemlich unheilige *curia* transformiert, Rom hatte die Sache an sich gezogen, so daß die regionalen Bischofssynoden nicht mehr ausschlaggebend, praktisch entmachtet waren, die Theologie war nicht mehr bloß ein Vorwand für den Krieg, sondern selber zur Waffe geworden, mit der man ihn ausfocht, die Hierarchie hatte sich salviert, die Päpste mit ihrem „reformierten" Sendungsbewußtsein *adversus simoniacos* waren klar auf Weltherrschaft aus, unterstützten die europäischen Randmächte gegen das Kaiserreich, begünstigten die Normannen in Unteritalien, befürworteten die Invasion Englands, betrieben die feudale Konsolidierung des *Patrimonium Petri*, und manchmal schien es, als sei die Machtergreifung durch das *Credo* ihnen gelungen.

Gleichzeitig konnte man das Spiel zwischen den weltlichen Granden beobachten, den französischen Königen, den treulosen Vasallen der Krone, den feudalen Dynastien und lokalen *warlords*, die einander in wechselnden Koalitionen Schwierigkeiten bereiteten; dazu das Aufkommen der Städte, die durch ihren Handel an Bedeutung gewonnen hatten, mit ihren Bischöfen und geistlichen Hirten, mit neuen kommunalen Einrichtungen, der Verfassungsmäßigkeit ihrer diesen Stadtherren abgerungenen republikanischen Organe, mit besonderen Statuten, Privilegien, Gilden, den eigenen Rechtsformen und Rechtsbezirken *intra muros*, den libertären Bestrebungen ihrer zunehmend selbstbewußten „Bürger", mit ihren Bauten und den architektonischen Ausdrucksformen ihres Stolzes; und dann noch die Geschicke der großen religiösen Korporationen – der Orden und Klöster. Überall wurden mehr tüchtige

Verwaltungsspezialisten gebraucht, und da die traditionsbewußten Klosterschulen diesen Bedarf nicht mehr decken konnten, gerieten sie gegenüber den „moderner" ausgerichteten Kathedralschulen wie auch den von einzelnen Lehrerpersönlichkeiten individuell gegründeten oder betriebenen Ausbildungsstätten mit ihren verbesserten Lehrprogrammen ins Hintertreffen.

„Neues" zu bringen, es dem Curriculum einzuverleiben, galt den Traditionalisten jedoch als bedenklich, zumal es von Zeit zu Zeit ihrer strikten Kontrolle entglitt. Überhaupt war schwer zu entscheiden, ob eine „vernünftige" Beurteilung der im irdischen „Jammertal" herrschenden Verhältnisse noch in Einklang zu bringen wäre mit den himmlischen Verheißungen des religiösen Glaubens. Den kirchenväterlichen Grundsatz: *oportet et haereses esse*, die darin formulierte Einsicht, daß der Dissens für die klärende Erkenntnis nützlich und notwendig sei, hatte die *Una Sancta* offenbar abgetan. Ihre Schreiberlinge waren gehalten und emsig bemüht, das Vernunftprinzip zu denunzieren und – wir haben es oben dargelegt – die Forschungsanstrengungen der Intellektuellen zu verunglimpfen, wie jener Lanfrancus, der mit der Behauptung umherging:

mysterium fidei credi salubriter potest, vestigari non potest.

Diese Dunciade zielte geradewegs auf die Beseitigung der Möglichkeit, Dogmen und Doktrinen noch rational zu überprüfen. Kontroversen über „Mysterien" sollten überhaupt verboten und erstickt werden – wie ein Kirchenhistoriker (zufällig 1933) über das Verhältnis von „Authority and Reason", ausdrücklich mit Bezug auf den Streit um die Eucharistie in der Frühscholastik, paraphrasierend schrieb: „A mystery cannot be fathomed by reason, and the content of faith is not for discussion.". Die heilige Kirche zog wieder einmal (schon in diesen alten Zeiten) gegen den „Modernismus" zu Felde.

Als Lessing im Frühjahr 1770 sich nach Wolfenbüttel aufmachte, um sein neues Amt als Leiter der berühmten Bibliothek anzutreten, unterbrach er, am 21. April, seine Reise in Braunschweig. Er wollte in der Residenzstadt noch eine kurze Zeit mit seinen dortigen Freunden verbringen. Unter diesen befand sich auch der Professor am Braunschweigischen Collegium Carolinum, Conrad Arnold Schmid. Dieser hatte soeben die Arbeiten an einem Buch beendet, das aber wohl noch nicht in der Auslieferung war, denn Lessing erhielt erst vier Wochen später sein Belegexemplar nach Wolfenbüttel nachgeschickt. Es handelt sich dabei um die Ausgabe von Texten eines gewissen Adelmann, eines Theologen des 11. Jahrhunderts aus Lüttich, Lehrers an der dortigen Domschule, zeitweilig *Scholasticus* in Speyer, der dann später zur Würde eines Bischofs von Brescia erhoben wurde. Lessing interessierte sich für diese Arbeit so sehr, daß er, noch bevor er sein Exemplar in Händen hielt, Friedrich Nicolai in Berlin brieflich das Angebot unterbreitete, das Buch für dessen ‚Allgemeine Deutsche Bibliothek' zu rezensieren. Zwar wurde diese Rezension nie geschrieben, aber ihr Plan wurde offensichtlich zur Keimzelle der Abhandlung Lessings, die hier näher beleuchtet werden soll.

Kernstück der Veröffentlichung Schmids ist ein Brief jenes Adelmann, dem Umfange nach eine Art Sendschreiben, an Berengar von Tours. Wie gründlich sich Lessing und Schmid bei ihrem Treffen mit diesem Schriftstück und der Person seines Adressaten auseinandergesetzt haben, zeigt eine Mitteilung Lessings. Nach Erhalt seines Exemplars schrieb dieser zurück an seinen Freund: *Ich gebe meine Hofnung nicht auf, noch etwas von Adelmannen ſelbſt, oder von Berengarius aufzutreiben, um einmal eine anſehnliche Ausgabe zu veranstalten.* Er trug sich also schon jetzt mit dem Gedanken, sich mit dem „Fall" des Ketzers Berengar näher zu beschäftigen. Seine in den Gesprächen mit Schmid über den Adelmann-Brief erneuerte und erweiterte Kenntnis dieser Geschichte hat ihn dann, als er bei einer seiner ersten Amtshandlungen in der Bibliothek die Handschrift mit der Signatur *Weissenburg Nr. 101* entdeckte, in den Stand gesetzt, in Berengar von Tours den Autor des in dem Manuskript überlieferten, wichtigen Textes zu identifizieren. Ein Verfassername fehlte nämlich in dem Codex. Lessing vermutete sogleich, daß vor langer Zeit ein Bibliothekar für die Anonymisierung gesorgt hatte, um dieses bedeutende Werk des Häretikers vor der frommen Vernichtung zu bewahren.

Im Spätherbst des Jahres 1770 war dann Lessings *von der Hand weg geschriebene* Abhandlung *Berengarius Turonensis* fertig, mit der er jetzt selbst seinen Beitrag leistete zur „Rettung" eines verfemten „Abweichlers". Der „letzte Humanist von Format" stellte sich wieder einmal in den Dienst der historischen Gerechtigkeit, für die zu sorgen er als die Aufgabe jener *Nachwelt* ansah, der er sich, wie gesagt, zugehörig fühlte. Übrigens zählt die Wolfenbütteler Berengar-Handschrift entgegen dem, was mit ihrer Bibliothekssignatur suggeriert wird, nicht zu denjenigen Manuskripten, die gegen Ende des 17. Jahrhunderts aus dem elsässischen Kloster Weißenburg nach Wolfenbüttel gelangten, sondern sie wurde viel früher, nämlich bereits am Ende des 16. Jahrhunderts, aus dem Nachlaß des Gnesiolutheraners Matthias Flacius Illyricus, des Kontroverstheologen, Kirchenhistorikers und Initiators der sog. *Magdeburger Centurien*, von der Bibliothek erworben und dann erst später in Wolfenbüttel einfach in die dortigen ehemals Weißenburger Bücherbestände eingereiht.

Nur am Rande sei hier vermerkt, daß in der biographischen Darstellung von Gerhard W. Menzel, die 1980 im Mitteldeutschen Verlag, Halle-Leipzig, unter dem Titel: *Wolfenbütteler Jahre. Eine Erzählung um Lessing* erschienen ist, der Vorgang der Entdeckung der Berengar-Handschrift der Reihenfolge der Ereignisse nach, die zu ihr geführt haben, und in der Sequenz der Begebenheiten, die sich daran anschlossen, ganz anders vergegenwärtigt wird; hiernach hätte Lessing, nachdem er den Fund gemacht, vergeblich versucht, mit den Braunschweigischen Gelehrten, Ebert, Zachariä, Eschenburg, vor allem aber Schmid, bei einem Treffen im ‚Großen Weghaus' an der Chaussee auf halber Strecke zwischen Wolfenbüttel und der Residenzstadt erstmals über den „Fall" Berengar in ein Gespräch zu kommen. In der geschilderten Szene hätten, für Lessing enttäuschend, die versammelten Professoren übereinstimmend ihre Zweifel kundgetan an der Nützlichkeit einer Veröffentlichung der Polemik, mit der sich der *Scholasticus* von Tours gegen die „niederdonnernden" Angriffe des Erzbischofs Lanfranc auf seine Integrität zur Wehr setzte, und überhaupt ihr mangelndes Verständnis für den Plan Lessings erkennen lassen. Damit habe sich Lessing zurückgestoßen gefühlt in die Rolle des einsamen Kämpfers. Aus den Quellen ist diese Version aber nicht zu belegen.

Was hat es nun mit dem Brief Adelmanns für eine Bewandtnis? Wer war der Empfänger dieses Schreibens? Was macht die Affaire dieses „Ketzers" für Lessing eigentlich so wichtig?

Berengarius, geboren um die Jahrtausendwende oder kurz danach, war *Scholasticus* in Tours, Leiter der Domschule beim Kollegiatstift Saint-Martin. Angehörige seiner in der Touraine begüterten Familie hatten sich seit einigen Generationen als Sponsoren des Stifts hervorgetan; von daher wohl standen Berengar die mit dieser Institution verbundenen Ämter offen. Vermutlich gehörte er zu den ‚nicht-regulierten' Chorherren dieser Einrichtung, war also kein „Mönch", kein auf die Regel St. Benedikts verpflichteter Insasse eines „Klosters".

Auch war Berengar weder ein „Bischof" noch ein „Abt", entgegen dem, was in einigen neueren Arbeiten, in denen Lessings Abhandlung über ihn erörtert wird, zu lesen steht, deren Verfasser den Kanoniker mit dergleichen Titulaturen schmücken. Er war, mit unseren Begriffen zu reden, „Hochschullehrer", Professor an einer Elite-Schule; und als Mitglied des Stiftskollegiums war er Inhaber einer eigenständigen Stiftsdignität mit entsprechender Präbende. Später übertrug ihm der Bischof von Angers, Hubert, wichtige Aufgaben in der Diözesan-Verwaltung. Unter dessen Nachfolger Eusebius Bruno wurde er dann zu Angers *Archidiaconus* an der St.-Mauritius-Kathedrale und erhielt auch noch den Posten eines *Tresorarius*. Noch später, als Tours wieder mehr zu seinem Lebensmittelpunkt geworden war, bekleidete er dort zudem noch das Amt eines *Camerarius*. Solche Stellen waren mit beträchtlichen Einkünften aus Liegenschaften verbunden. Einen großen Teil davon verwendete Berengar für Stipendien, die er an mittellose Studenten vergab, was ihm später von einem arglistigen Gegner den verleumderischen Vorwurf eintrug, er habe sich auf diese Weise die Anhänger seiner „ketzerischen" Lehre erkauft. Der Graf Geoffroy Martell von Anjou holte Berengar zeitweilig zur Mitarbeit in seine Kanzlei; dort durfte er die diplomatische Korrespondenz des Grafen stilisieren und wurde sein außenpolitischer Berater. Als Berengar gegen Ende der vierziger Jahre, spätestens 1050, in große Schwierigkeiten geriet, hielt dieser mächtige Fürst, solange er lebte, also bis 1060, seine schützende Hand über den so vielseitig Verfolgten. Erst mit dem Tode Geoffroys änderte sich für Berengar die Lage drastisch. Die Sukzessoren des Grafen ließen ihn fallen. Er zog sich jetzt ganz auf seinen Lehrstuhl in Tours zurück.

Berengar hatte die Schule in Tours zu einer der besten Erziehungsanstalten in Frankreich entwickelt. Sie konnte ihre gelehrte Tradition bis auf Alcuin zurückführen und sogar noch weiter. Seit der Karolingischen Renaissance spielten hier die Autoren des klassischen Altertums noch immer eine bedeutende, wenn auch umstrittene Rolle im Lehrplan. Rigoristen hielten sie für schädlich. Jedenfalls war der grammatische Grundkurs stets auch mit Dichterlektüre verbunden. Manches Werk der antiken Poeten hat man in Tours wie einen heiligen Text kommentiert. Klar auch war man der Meinung, daß zum Beispiel Vergil unter dem Einfluß des Heiligen Geistes geschrieben habe. Berengar selbst hat den römischen Dichter Horaz wohl besonders geschätzt, denn er zitiert ihn oft.

Bei der Erklärung der kanonischen Texte konnte es, bei dem in den Geisteswissenschaften inzwischen erzielten Fortschritt, nicht ausbleiben, daß der Interpret in seinen Überlegungen, mit denen er die Studenten in seinen Vorlesungen bekanntmachte, zu Ergebnissen kam, die mit gewissen herrschenden Lehrmeinungen nicht mehr konform waren. Die Gefahr, zu etablierten Dogmen in Widerspruch zu geraten, wurde desto größer, je sorgfältiger und genauer die Textanalyse vorangetrieben wurde. Berengar, dessen gedankliche Schärfe und analytische Begabung – er galt als ein *vir acutissimus* – auch von seinen Gegnern anerkannt wurde, schon weil diese sich immerfort über sie ärgerten, kam in eine prekäre Situation. Wie das im einzelnen geschah und welche Folgen sich dabei schon in einem frühen Stadium abzeichneten, dafür liefert eben der von Conrad Arnold Schmid veröffentlichte Brief des Adelmann von Lüttich an Berengar von Tours deutliche Hinweise. Um so mehr dann der Text der von Lessing entdeckten Wolfenbütteler Handschrift, der so etwas wie eine Abrechnung Berengars mit seinen gefährlichsten Feinden, mit Kardinal Humbertus, diesem *ſtolzen häßlichen Mann* (Lessing), und vor allem mit Lanfranc von Le Bec, darstellt. Lessing behandelt in seiner Schrift über *Berengarius Turonenſis* die grundsätzlichen Probleme dieser hitzigen Fehde.

Der *Scholasticus* von Tours stützte sich im Grammatikunterricht nicht nur auf die bewährten Autoritäten, sondern erprobte in seinen Lehrveranstaltungen auch eigene pädagogische Methoden. Deswegen bezichtigten ihn seine Feinde, „neuerungssüchtig" zu sein, wie man zum Beispiel dem Brief Adelmanns entnehmen kann: *Aiunt te novitatum captatorem, veteres accusare atque probatissimos scriptores artium exauctorare.* Die Sprüche der Alten, warf man ihm vor, seien ihm fast verächtlich. Man beschimpfte ihn wegen seiner Lust an *novis saltem verborum interpretationibus, quibus etiam nunc nimirium gaudet.* Auch hat er anscheinend immer auf eine korrekte Aussprache des Lateinischen besonderen Wert gelegt. Am ausgeprägten „Berengarischen Akzent" erkannte man seine Schüler. Nicht selten erregten diese damit Ärgernis, und einigen erging es so, daß sie, wenn sie in ihr Stammkloster zurückgekehrt waren und dann dort, bei liturgischen Deklamationen etwa, die „Berengarische Artikulation" anwandten und diese verteidigten, von ihren Vorgesetzten „regelrecht" durchgeprügelt wurden, wie ausdrücklich überliefert wird: *a praelatis eorum regulariter pulsatos.* Unter Anwendung einer polizeilichen Auslegung der Benediktinerregel, vermutlich.

Berengar war zu Chartres bei dem gelehrten Bischof Fulbert ausgebildet worden. Die europaweite Bedeutung der Schule zu Chartres mit der Möglichkeit eines breit angelegten Studiums in vielen Fächern muß hier nicht betont werden; Berengar erhielt dort sogar auch eine Ausbildung in Medizin. Er hatte einen gewissen Ruf als Arzt; seine Kalumniatoren machten ihn daher zum „Magier" und beschuldigten ihn der „Zauberei". Adelmann von Lüttich aber hatte einst mit Berengar zusammen in Chartres studiert. In seinem Brief erinnert er den (etwas jüngeren) Schulfreund an diese Zeiten, den vertrauten Umgang mit dem Prinzipal, Fulbert, den sie ihren „Sokrates" nannten, wie er in den Abendstunden in dem Gärtchen bei der Kapelle zu ihnen redete und sie eindringlich ermahnte: nur ja „immer treu [!] in den Fußstapfen der Alten zu wandeln". Eine Warnung war das vor der Gefahr sündhafter Devianz und Apostasie. Darin steckt also, kaum verklausuliert, ein Tadel Adelmanns, an Freund Berengar gerichtet. Adelmann legt diese Kritik an seinem Schulkameraden dem Direktor Fulbert in den Mund, so als hätte dieser seinerzeit schon Grund gehabt zu befürchten, daß es mit Berengar einmal ein solches Ende nehmen würde.

Von dem wird überliefert, daß er sich in seiner vorwiegenden Beschäftigung mit dem Trivium – Grammatik, Rhetorik, Dialektik – und den Schriftstellern der klassischen Antike angewöhnt hatte, alles und jedes genau zu prüfen, keine Autorität unhinterfragt zu lassen. Wie seine Kollegen berichteten, schreckte er nicht einmal davor zurück, sogar die Sentenzen ihres „Sokrates" zu kritisieren.

Und der war sauer. Es scheint so, als habe es in Chartres einen Eklat gegeben, so daß man Berengar relegierte. William von Malmesbury kolportiert, Fulbert habe auf seinem Sterbebette, 1028, da er seine Schüler um sich versammelt hatte, um von ihnen Abschied zu nehmen, in einer Vision einen greulichen Dämon über Berengars Haupte schweben sehen. Und plötzlich habe sich der Sterbende aufgerichtet, laut geschrieen, mit den Armen gefuchtelt und dabei mit dem Finger auf Berengar gedeutet und verlangt, man möge diesen abtrünnigen Menschen sofort aus seiner Nähe entfernen. Dieses schauderhafte *vaticinium ex post* ist sicher eine bösartige Schmähung, die aus der anglonormannischen Umgebung des Erzfeindes Berengars, des Erzbischofs Lanfranc von Canterbury, herrührt. Dort muß ein Herd des Hasses auf den *Scholasticus* von Tours geglüht haben. Ebenda, wenn nicht schon vor der Invasion Englands, jedenfalls aber in diesem Personenkreis entstand auch das „tonante", das „niederdonnernde" Buch, das Lanfranc in den sechziger Jahren gegen Berengar verfaßt hat. Anscheinend konnte man sich in der Kirche und bei bestimmten Despoten eine Nummer damit verdienen, daß man ihn angriff. Wilhelm „der Eroberer" bot einem Schüler des Lanfranc, dem Mönch Guitmund von La Croix-St-Leufroy (Normandie), der sich in den siebziger Jahren mit einer Schrift gegen Berengar hervortat, sogar ein Bischofsamt in England an. Das politische Motiv für solche Attacken auf Berengar erklärt sich, wie schon angedeutet, gewiß auch aus der Tatsache, daß dieser der Günstling des Grafen Geoffroy Martell war, der immer wieder die Feindseligkeit des Normannenherzogs oder auch des Königs von Frankreich herausgefordert hatte, und zwar in einer Lage, in der diese Mächte sowohl kirchlicherseits, durch die Ambitionen der papalistischen Reformer, als auch reichspolitisch, durch den Kaiser, in ihren Interessen gestört und gegeneinander ausgespielt werden konnten. Berengar geriet also in den Sog dieser Verhältnisse. Die Wolfenbütteler Handschrift enthält seine Erwiderung auf das „tonante" geistliche Pamphlet.

Dessen Verfasser Lanfranc spielte eine gar unrühmliche Rolle in dem Berengarischen Ketzerspektakel. Nach Lessings Auffassung war er der Schurke in dem Stück. Jedenfalls brachte er durch seine Initiative in Rom im Jahre 1050 den Prozeß gegen Berengar in Gang. Nach dem, was die Quellen darüber wissen, geschah das so:

Der *Scholasticus* von Tours hatte an seinen „lieben Bruder", wie er ihn anredete, und ehemaligen Schüler, jetzt Prior im normannischen Le Bec, einen freundlichen Brief gesandt, in dem er sich darüber verwundert zeigte, daß Lanfranc, wie ihm zu Ohren gekommen sei, den Johannes Scottus Eriugena – einen Philosophen, den Berengar zum Kronzeugen für seine eigene Lehre gemacht hatte – einen „Häretiker" genannt habe. Wenn Du das tust, schrieb Berengar, dann mußt Du auch den heiligen Ambrosius, den heiligen Augustinus und den heiligen Hieronymus als „Ketzer" beschimpfen. Denn sie vertreten in der betreffenden Sache einen ganz ähnlichen Standpunkt wie der Johannes Scottus. Doch ich sehe daraus, daß Du deren Schriften eigentlich gar nicht kennst. Was hältst Du also von dem Vorschlag, daß wir beide uns zusammensetzen und die Sache miteinander klären? Wenn Du willst, kann das auch in einer öffentlichen Disputation geschehen. – Das Mittelalter liebte diese akademischen Schaukämpfe.

Lanfranc hingegen stellt in seiner „tonanten" Schrift gegen Berengar den Vorgang so dar: Er sei bereits nach Rom zur Kirchenversammlung unterwegs gewesen, so daß ihn dieser Brief Berengars nicht mehr erreicht habe. Mönche seines Klosters hätten ihn entgegengenommen, geöffnet und gelesen und seien darüber hell entsetzt gewesen, daß ihr Prior anscheinend mit einem so verrufenen Ketzer derart freundschaftlichen Kontakt unterhalte. Man habe ihm den Brief nach Rom hinterhergesandt. Dort sei das Ganze aber schon bald publik geworden, man habe ihn selbst der Ketzerei verdächtigt, so daß er sich genötigt gesehen hätte, sich über sein Verhältnis zu Berengar und seiner Lehre öffentlich zu erklären. Papst Leo IX. habe nämlich befohlen, den Brief Berengars *coram publico* laut vorzulesen, habe gesehen und gehört, daß dieser sich zu der Lehre der Kirche über die Eucharistie im Widerspruch befinde, und habe deshalb das Verdammungsurteil über ihn ausgesprochen.

Lessing hinwiederum sieht die Sache anders: Niemand habe aus dem Schreiben einen solchen Verdacht ausgerechnet gegen Lanfranc ableiten können, es beweise doch fast überdeutlich, daß dieser eben n i c h t auf seiten Berengars stehe! Lessing kommt in seiner Analyse sogar zu dem Schluß, Lanfranc sei in Wirklichkeit mit dem besagten Brief in der Tasche nach Rom gereist, habe dort selber die Gerüchte ausgestreut, um dadurch eine Situation herbeizuführen, die es ihm ermöglichen würde, sich in öffentlichem Verhör von seinem „ketzerisch" gewordenen Lehrer theatralisch loszusagen und auf diese Weise seine eigene „Rechtgläubigkeit" darzutun. Und seine Reise nach Rom sei zu gar keinem anderen Zweck unternommen worden. Und die Historiker haben, außer vagen Vermutungen, bis heute auch noch keinen anderen Anlaß gefunden. Ein für Lanfranc und die Schule, die er in Le Bec unterhielt und die sich einen gewissen Ruf erworben hatte, erfreuliches Nebenresultat seiner Intrige in Rom, ein ‚Kollateralnutzen' sozusagen, sei allerdings noch gewesen, daß der mit seinem Unternehmen in Konkurrenz befindlichen, berühmten Schule von Tours durch die Verketzerung ihres Direktors ein großer Schaden zugefügt worden sei. Lessing gelang mit seiner Untersuchung des „Falles" Berengar die Aufdeckung eines förmlichen Komplotts. Fazit: Ein Erzbischof von Canterbury als Denunziant! Und heilig gesprochen haben sie den Kerl auch noch! Lessing kommentiert: Ein Heiliger, der sich das erlauben konnte – da will ich doch lieber beten: *Heiliger Lanfrancus, bitte für mich nicht!*

Lessing konnte noch nichts von den gefälschten Papsturkunden (zehn Papstbriefe, eine Legende und drei Konzilskanones) wissen, unter Berufung auf die nach der Eroberung Englands bei der Reorganisation der kirchlichen Verhältnisse im Königtum die Bistümer des Landes dem Cantabrigiensischen Erzstuhl als künftig bloß noch suffragane Bischofssitze untergeordnet wurden. Die gefälschten Edikte mit den Privilegien für Canterbury wurden offenbar unter der Ägide des neuen Metropoliten Lanfrancus verfertigt. Und Eadmer, Anselms von Canterbury späterer Biograph, der zeitweilig zum Haushalt des Erzbistums gehörte, scheint auch in die Fabrikation der falschen Dokumente verwickelt gewesen zu sein. Lessing hätte in diesem erst 1902 von einem deutschen Forscher aufgedeckten Skandal gewiß eine Bestätigung für seine Einschätzung des doch recht zwielichtigen Charakters Lanfrancs gesehen.

Berengar hatte sich jedoch schon, bevor das „tonante" Buch Lanfrancs herauskam, gegen seine ersten päpstlichen Verurteilungen, zu Ostern 1050 in Rom und dann, im Herbst desselben Jahres, zu Vercelli, in einer heute verlorenen Schrift heftig zur Wehr gesetzt, von der leider nur noch die Zitate übrig sind, die Lanfranc in sein „tonantes" Buch inseriert hat. Was Lessing, als er in dem Wolfenbütteler Manuskript ein weiteres Verteidigungswerk Berengars entdeckt hatte, besonders empörte, war die Sage, die von interessiertem Klerus lanciert worden war, der verurteilte „Ketzer" habe, „niedergedonnert" von dem „tonanten" Buch des Lanfranc, endlich nachgegeben, sich bald darauf zu einem letztmaligen und nun endgültigen Widerruf seiner Lehre entschlossen und sei dann, reuig, für den Rest seines Lebens verstummt. Der Wolfenbütteler Fund, die fulminante Polemik gegen eben dieses „tonante" Machwerk, belegte das genaue Gegenteil. Die nur zu durchsichtige Erfindung einer solchen Geschichtslüge, wie sie Lessing hier aufdeckte, die dem Menschen durch Herabsetzungen übelster Art, Ehrabschneidung, Drohung, Einschüchterung, durch Schmälerung seiner Rechte, Aberkennung seines Verstandes, seiner Würde, mittels Zerstörung seiner wissenschaftlichen Leistung (denn auf dem Laterankonzil 1059 mußte Berengar gezwungenermaßen seine eigenen Schriften und die des Johannes Scottus ins Feuer werfen) zusetzte, war in Lessings Augen eine einzige Schurkerei. Der Kirche aber war das alles noch nicht genug: Der „Ketzer" sollte auch noch aus dem Gedächtnis der Menschheit verschwinden und die Stelle, an der er gestanden, aus der Erinnerung getilgt werden. Durch aus niedrigsten Motiven eingefädelte Machinationen. Nichts sollte von ihm bleiben, außer einer B e k e h r u n g s l e g e n d e ! Lessing, der geschrieben hatte: *Ungerecht wird die Nachwelt nie feyn*, nahm diese Devise zumindest für sich selbst ganz ernst. Aus seiner Sicht, wie wir schon ausgeführt haben, bezeichnete sie ein Arbeitsprogramm für die Geschichtswissenschaft. Und die historische Gerechtigkeit für diesen armen Verfolgten forderte er jetzt von der *Nachwelt* ein, auch von sich selbst als einem *Theil der Nachwelt*, als der er sich, wie schon erwähnt, ja bezeichnet hatte. Was aber der „Fall" Berengar auch wieder lehrt? Die Geschichtsbücher sind die Strafregister-Auszüge der Menschheit!

Als Berengar seine Interpretationskunst an der Sakramentenlehre der Kirche erprobte und das Abendmahlsdogma unter die Lupe nahm, das zentrale Mysterium des katholischen Kultus, rief er die Orthodoxie auf den Plan. Er wird wohl gewußt haben, mit wem er sich da anlegte. Zwar gab es noch keine zentrale Behörde zur lückenlosen Überwachung der Einhaltung der Dogmen nach dem Gesetzbuch *de puritate fidei*, noch nicht die Ausschüsse für Unkatholische Umtriebe, alles bürokratisch auf den schlechthin theokratischen Nenner zu bringen, war noch nicht restlos gelungen, aber es gab doch schon eine Anzahl von Verfahren in den Regionen. Die Ketzerverbrennung in Orléans 1022, die erste große Veranstaltung dieser Art in Frankreich, mußte Berengar beispielsweise noch in Erinnerung sein. Kanoniker der größten Kirche der Stadt, Lehrer wie Berengar selbst, Denker, Intellektuelle, hatte man nach einer Denunziation durch einen in den Kreis ihrer Schüler eingeschleusten *under-cover-agent-provocateur*, der übrigens ausgerechnet in Chartres bei Fulbert von dessen Stellvertreter eigens auf diese Aufgabe vorbereitet und abgerichtet worden war, in die Falle gelockt. Der Spitzel hatte dann den Verfolgern, wie von diesen gewünscht, die notorischen Greuelberichte über sakrilegische Äußerungen, blasphemische Kulthandlungen, perverse Abendmähler und satanische nächtliche Promiskuität auf den Altären an geweihtem Ort geliefert. Robert le Pieux, wie er bezeichnenderweise genannt wird, König von Frankreich, durfte nun die allzu selbständig philosophierenden Kleriker seiner Königsstadt ins Feuer schicken und durch gehorsame Kreaturen ersetzen. Drei Jahre später kam es zu einem ähnlichen Ereignis in Arras. Auch hier loderten die Flammen.

Berengar muß erkannt haben, worin drei Jahrzehnte nach dem Autodafé von Orléans die Lage, in der er selbst sich befand, derjenigen seiner 1022 hingerichteten Kollegen vergleichbar war. König Heinrich I. von Frankreich dürfte freilich an den theologischen Subtilitäten der Transsubstantiationslehre nur mäßig interessiert gewesen sein, dieser mißtrauische Capetinger war viel zu sehr damit beschäftigt, gegen die (aus vermutlich nicht nur seiner Sicht) „habgierigen" und „treulosen" großen Vasallen seiner Krone vorzugehen; doch genau deshalb war ihm die „Berengarische Häresie" namentlich in der Grafschaft Anjou als Vorwand höchst willkommen, um ihretwegen eine Synode nach Paris einzuberufen, auf der dann beschlossen wurde, gegen das Territorium militärisch aufzurüsten und, unterstützt von den orthodoxen Prälaten, welche durch Privatbriefe Berengars, die ein willfähriger Knecht Gottes und des Königs, der Erzbischof ausgerechnet von Orléans, aufgefangen und dem Briefboten gewaltsam abgenommen hatte und in der kirchlichen Versammlung öffentlich verlas, noch zusätzlich angestachelt wurden, dem unbotmäßigen Fürsten Geoffroy Martell damit zu drohen, sein Land mit Krieg zu überziehen. Unter Vortritt der Geistlichkeit, den der König ihr und ihrer Gerichtsbarkeit gestattete, sollte das „gesamte Heer der Franzosen", wie man verlauten ließ, die Grafschaft mit Waffengewalt bedrängen, bis der Urheber der dortigen Ketzerei und seine Gefolgsleute jener häretischen Pest abgesagt hätten: *Nisi resipisceret ejusmodi perversitatis auctor cum sequacibus suis, ab omni exercitu Francorum praeeuntibus clericis cum omni ecclesiastico apparatu, ubicunque convenissent, eo usque obsiderentur, donec aut consentirent catholicae fidei aut mortis poenas luituri caperentur.* Die Gelegenheit erschien dem König über die Maßen günstig, den mächtigen Grafen Geoffroy auf diese Weise zu demütigen.

In der Abendmahlsfrage bezog der „verpestete" Berengar sich zurück auf den sog. ‚Ersten Eucharistiestreit', welcher im 9. Jahrhundert im Frankenreich ausgetragen worden war.

Ausgelöst hatte ihn damals ein Mönch von Corbie, Paschasius Radbertus, durch einen Traktat, in dem er die Realpräsenz des Gottessohnes in den vom Priester konsekrierten Opfergaben Brot und Wein verfocht. Aus dieser Abhandlung stammten die meisten der Argumente, die gegen Berengar vorgebracht wurden.

Der in Fulda erzogene Lehrer und Dichter Gottschalk von Orbais („Gottschalk der Sachse") war schon gegen Paschasius Radbertus aufgetreten. Man hatte Gottschalk dafür wie für andere seiner „Irrtümer" – sie betrafen das Trinitätsdogma und dann vor allem seine aus den von ihm besonders gründlich rezipierten Schriften des Augustinus entwickelte Lehre einer *gemina praedestinatio* des Menschen, von Anfang an zum Heil oder zur Verdammnis, eine Doktrin, die in gewisser Weise schon die Auffassung Calvins vorwegnimmt – zur Strafe öffentlich, im Dom zu Mainz, auspeitschen und dann, nachdem man ihn an seinen schlimmsten Feind, den Metropoliten Hincmar von Reims, ausgeliefert hatte, bis an sein Lebensende in Klosterhaft verschwinden lassen. Das geschah auf Veranlassung des berühmten Abtes von Fulda und Mainzer Erzbischofs, Hrabanus Maurus.

Kaiser Karl der Kahle aber hatte seinerzeit ein Gutachten seines Hofphilosophen Ratramnus über die Eucharistiefrage in Auftrag gegeben. In dieser Expertise wurde die „Wandlung" in der Messe als ein g e i s t i g e r Vorgang gedeutet und als ein s e e l i s c h e s Geschehen besonderer Art im Innern des Gläubigen beim Empfang des Sakramentes, als ein symbolischer, tropologischer, „figurativer" Akt.

Auf dieses Gutachten des Ratramnus, der sich also gegen die Behauptung einer körperlichen ‚Realpräsenz' des Gottessohnes in den konsekrierten Opfergaben Brot und Wein äußerte, stützte sich Berengar in seiner Argumentation. Und natürlich auch, wie schon Ratramnus, auf Ambrosius, Augustinus und Hieronymus und andere Verkünder der Väterlehre. Das Mysterium der Kommunion war ihm etwas Innerliches, Spirituelles, von bloß äußerlicher (Sinnes-)Wahrnehmung Unterschiedenes. Wie oben schon angeführt, formulierte er seine Einwände so:

> *aliud videtur, aliud intelligitur. Quod videtur, speciem habet corporalem, quod intelligitur, fructum habet spiritualem.*

Er bestritt gar nicht, wie man sieht – zu diesem Urteil kommt übrigens auch Lessing –, die „wirkliche" Gegenwart des Christus beim Abendmahl, und seine Feinde taten ihm in der Hinsicht bitter unrecht, zumal sie ihn dadurch in große Gefahr brachten, wenn sie immerzu behaupteten, er leugne die Anwesenheit des Gottessohnes in der Kommunion; nur faßte er dieses „Wirkliche" anders auf als sie, eben nicht als „dinglich vorhandene" Körperlichkeit, sondern „real" war für ihn: die verwandelnde, im Sakrament wirkende K r a f t. Was Berengar in diesem Punkte aber jetzt entgegengehalten wurde, war sogar gereimt:

> *Constat in altari   carnem de pane creari.*
> *Ipsa caro Deus est;   qui negat hoc   reus est.*

Man könnte meinen, dieser Spruch sei von Berengar selbst. Das Eifern und Geifern der Theologenmeute, die sich an seine Fersen geheftet hatte, kitzelte seinen Hang zur Satire. In Glaubensdingen so brutal auf den Buchstaben festgelegt zu werden, trieb Berengar, wie seine Wolfenbütteler Schrift ausweist, in helle Empörung. Und Lessing konnte ihm das nachfühlen. Es gibt in der *Heiligen Schrift* einen Buchstaben, der, wenn man ihn wörtlich –

„fleischlich" – nimmt, tötet, hatte Hieronymus gesagt. Tatsächlich stammt dieses Aperçu nicht von Hieronymus, sondern von Origenes. Lessing stellte dazu fest:

> *Der Buchſtabe iſt nicht der Geiſt, und die Bibel iſt nicht die Religion.*

Allerdings hatte sich in der Kirche Paschasius Radbertus mit seiner Auffassung durchgesetzt, der verschrobene Mönch, den Berengarius jetzt als einen wunderseligen Spinner bezeichnete, als einen Sonderling, einen Fabelhans. Jenes Gutachten des Ratramnus dagegen war zwischenzeitlich in Vergessenheit geraten. Jedoch wurde es wieder hervorgeholt und kursierte dann im 11. Jahrhundert, wie auch immer es dazu kam, unter dem irrtümlichen Verfassernamen des Johannes Scottus Eriugena; so hat auch Berengar es kennengelernt. Johannes Scottus aber stand bereits zu seinen Lebzeiten im Ruch der Ketzerei, und dies war auch noch zu Zeiten Berengars der Fall, schon weil der irische Philosoph des Griechischen mächtig gewesen war, die Überlieferung des Ostens kannte und für seine Lehre auch herangezogen hatte. So kam es dazu, daß man auf den vielen Synoden, auf denen die Kirche gegen den *homo periculosus* und „Ketzer" Berengar verhandelte, meistens auch den Johannes Scottus mit jenem zusammen in schöner Eintracht, in einem Aufwasch sozusagen, verdammte und daß mit den Schriften Berengars manchmal auch die des Johannes ins Feuer flogen, zum Beispiel auf der Synode zu Paris am 16. Oktober 1051 und dann, wie gesagt, auf dem berühmten Laterankonzil 1059.

Berengar aber ging es um eine Glaubenswahrheit, die sich mit der V e r n u n f t würde erfassen und begründen lassen. Er war, wie berichtet wird und wir schon angedeutet haben, ein scharfer Denker: *Neque enim homo ita acutus erat,* wurde ihm nachgerühmt. Zugleich wurden aber auch seine *dulces sermones*, seine „süßen" (gefälligen, beeindruckenden) Predigten, gelobt. In seiner Gnadenlehre bestand er jedoch darauf:

> *Non quid esset, sed quid significaret, sacramentum intendit.*

Und mit dem Kirchenvater Aurelius Augustinus, mit dessen Schriften er wohl besser vertraut war als manch einer aus dem Kreis seiner Feinde, drückte er seine Ansicht so aus:

> *Sacramentum est invisibilis gratiae visibilis forma.*

Er ist übrigens der erste, der diese prägnante Losung in die scholastische Diskussion herübernimmt. Jedoch, geben die Gegner Berengars zu bedenken, habe sich Augustinus oft sehr ungenau ausgedrückt, dadurch den Häresien Vorschub geleistet, und insofern sei auch er, der ehemalige *auditor* der Manichäer und nachmalige Bischof von Hippo Regius, selbst ein *seminarium erroris* – auf Deutsch: eine richtige „Samenbank des Irrtums".

Berengar ließ sich von solchen Anwürfen jedoch nicht beeindrucken. In seinem Antwortschreiben an den Schulfreund Adelmann, welches der Braunschweiger Professor Conrad Arnold Schmid ebenfalls in sein Adelmann-Buch aufgenommen hat, entwickelt Berengar auf der Basis von Augustinus-Zitaten nicht weniger als 6 Definitionen des Sacramentalen. Eine, wie ich finde, recht interessante unter diesen Erklärungen lautet:

> *sacrificia visibilia signa sunt invisibilium, sicut verba sonantia signa sunt rerum.*

Über die in diesem Diskurs verwendeten semiotischen Begriffe hat übrigens, was hier nebenbei erwähnt sei, der Romanist Erich Auerbach während seines Exils, das er, nach seiner Flucht vor der Verfolgung durch das Nazi-Regime, an der Universität in Istanbul zubrachte, seine berühmte Studie mit dem Titel *Figura* verfaßt, in der eine schier übergroße Fülle hier einschlägiger Belege analysiert wird.

Das eigentliche Problem, um das hier gerungen wird, und da beginnt aus der Perspektive der Hierarchie die „ketzerische" Gefahr, stellt sich mit der Frage, ob von dem spiritualisierten Kirchenbegriff aus die empirische Sakramentskirche als gnadenvermittelnde Behörde überhaupt noch zu rechtfertigen wäre. Daß die Sbirren des Heiligen Vaters hier scharf aufzupassen hatten und die Soldaten der beleidigten Majestät Christi auf der Hut sein mußten, daß die theologischen Grenzwächter an der Demarkationslinie zu den Gefilden der „Ketzerei" ihren Hinterhalt aufbauten und Posto standen, um die „Füchse im Weinberg des Herrn" zu fangen, darüber darf man sich nicht wundern.

Der kritische Rationalismus und die akute Dialektik Berengars versetzten diese Hüter der Orthodoxie in nicht geringe Aufregung. Woher kommen eigentlich die „Ketzer"? Lessing hat diese Frage gestellt und sie in einer Anmerkung zum Paragraphen 43 seiner Notizen zu einem *Werk, an welchem ich seit vielen Jahren arbeite* und von dem diese *erſten Linien* schon einmal einen *Vorſchmack* geben sollten, beantwortet. Verschiedene Aufzeichnungen dazu fanden sich im „Theologiſchen Nachlaß" des Autors; das *Werk* selbst ist jedoch nicht zuende geschrieben worden. Die Notizen tragen den Titel: *Neue Hypotheſe über die Evangeliſten als blos menſchliche Geſchichtſchreiber betrachtet.* An der betreffenden Stelle heißt es:

Man macht ſich eine ganz unrichtige Vorſtellung, wenn man glaubt, die Ketzer hätten falſche Evangelia geſchmiedet. Umgekehrt, weil es ſo vielerley Evangelia gab, die alle a u s d e r e i n e n N a z a r e n i ſ c h e n Q u e l l e e n t ſ t a n d e n waren, gab es ſo viele Ketzer, deren jeder gerade eben ſo viel für ſich hatte als der andere.

Lessing beruft sich hier auf den Kirchenvater Hieronymus, welcher, gestützt auf eine gleichlautende Aussage schon des Evangelisten Lukas (*Luk.* 1,1), sich ganz ähnlich darüber ausgelassen hatte: *Plures fuisse, qui Evangelia scripserunt, et Lucas Evangelista testatur dicens: quandoquidem – et perseverantia usque in praesens tempus monimenta declarant, quae a diversis autoribus edita, diversarum haereseon fuere principia.* Lessing folgert, nach diesem Zitat:

Alſo die verſchiedenen Evangelia waren nicht ein Werk der Ketzer, ſondern daß ſo vielerley Evangelia waren, machte, daß ſo viel Ketzereyen entſtunden.

Das heißt aktuell auch in Bezug auf Lessings Urteil über Berengarius und seinen „Fall": Die Tradition, wie sie uns vorkommt, ist dynamisch, der ihr zugrundeliegende Text, wie auch immer präzise festgelegt, hat nicht nur einen einzigen Sinn, die Wahrheit, die man daraus entwickelt, ist diskursiv, vieldimensional, polyvalent: *Eines hat Gott gesagt, zweierlei habe ich gehört* (*Ps.* 62,12) – das rabbinische Lehrgespräch hat das immer gewußt und entsprechend berücksichtigt.

Lessing erläutert im zweiten Band seiner nachgelassenen, 1790 von Johann Joachim Eschenburg herausgegebenen *Kollektaneen zur Literatur* unter dem Stichwort *Rabbinen*: Wenn diese sagten, *daß von verſchiedenen Auslegungen einer undeutlichen Schriftſtelle die eine eben ſo wahr ſey, wie die andre,* so bedeute dies gerade nicht, daß sie etwa den Satz leugneten, *daß von zwei widersprechenden Dingen nur Eins wahr seyn könne*, vielmehr: *Sie wollen weiter nichts sagen, als, daß man sie alle beide könne gelten lassen, wenn sie nichts enthalten, was andern unleugbaren Wahrheiten zuwider ist*. Die in der überlieferten Textfassung festgelegte Folge graphischer Lautzeichen ist nicht alles, sondern muß erst ‚gelesen' werden, das heißt: verbunden und mit Sinn „gefüllt". Daß in der Schreibweise des im nordwestlichen Mesopotamien über ein Jahrtausend als Schriftsprache vorherrschenden Syrisch-Aramäischen die Vokale nicht durch eigene Zeichen repräsentiert sind, mußte natürlich zu einer Quelle der Unsicherheit und der Mißdeutungen bei der Entzifferung der (von Lessing so bezeichneten) „nazarenischen" Vorlagen der diversen Redaktionen der Evangelien werden. Dem hatten auch die um Eindeutigkeit der Lesungen bemühten Masoreten nicht abhelfen können. Lessing beruft sich an dieser Stelle abermals auf die Meinung des Kirchenvaters Augustinus, auf den auch Berengarius ständig rekurriert:

In hac diversitate sententiarum verarum (verae enim sunt omnes, quia verum dicunt, etsi non omnes secundum mentem scriptoris esse possunt) concordiam pariat ipsa veritas

– so lautet hier, bei diesem Gewährsmann, das nun von Lessing geltend gemachte **T o l e r a n z a x i o m** gegenüber der Vielfalt **m ö g l i c h e r** Meinungen in Religionsfragen, die konkurrierend müssen nebeneinander stehen können, damit man sie allesamt in Erwägung zu ziehen in der Lage ist. Lessing schlägt gar vor, anstatt *veritas* hier an dieser Stelle *varietas* zu lesen! Weiter habe ich mir die Frage vorgelegt, ob die in obigem Zitat in Klammern eingeschlossene Passage nicht gar ein erläuternder Zusatz Lessings zum Augustinischen Text sei? Vermutlich ist dies der Fall. In meinen Augustinus-Ausgaben findet sich die Parenthese jedenfalls nicht! Genau aus diesen verschiedenen Beobachtungen und Überlegungen ergibt sich – und dies ist das eigentliche Thema auch der Berengar-Studie Lessings und ihr wahres Ziel, also das, was mit ihr erarbeitet, entwickelt und etabliert werden soll – geradezu **e i n e H e r m e n e u t i k d e s h ä r e t i s c h e n D e n k e n s .**

Die *veritas* selbst kommt just zum Vorschein als die *varietas* ihrer Sinnbezüge – Lessing war nicht entgangen, daß Berengar offensichtlich genau dies auch erfaßt hatte und deswegen die Bibel und die Väterquellen eben „anders" las, als es ihm die Hierarchie gestatten wollte. Denn diese gründet sich auf die Einfalt und fühlt sich durch die Vielfalt bedroht. Deshalb die schnöden Unterdrückungsversuche.

Veritas und *varietas* aber stehen in einem **d i a l e k t i s c h e n** Verhältnis. „Dialektik" als die Kunst des Argumentierens könnte einer „Vielfalt" darum durchaus gerecht werden. Sie könnte sogar, als ‚kritische' Wissenschaft verstanden, als ein wirksames Antidot gegen „Häresien" angewandt werden. Wie, selbstverständlich, auch gegen die „Einfalt" der Ketzerriecher. Für Lessing war das sicher kein fremder Gedanke. Was der pestilenzialische „Ketzer" Berengar darüber gedacht hat, dürfte dieser Vorstellung ebenfalls nahekommen, wenn er zum Beispiel, um seine dialektische Vorgehensweise zu rechtfertigen, wiederum die Autorität des Augustinus bemüht:

Dialecticam beatus Augustinus tanta definitione dignatus, ut dicat: dialectica ars est artium, disciplina disciplinarum, novit discere, novit docere, scientes facere non solum vult, sed etiam facit.

Einen beredteren Verteidiger der Vernunft und ihrer grundsätzlichen Bedeutung für die Forschung, ihrer Unverzichtbarkeit als eines Mediums oder Instrumentes der wissenschaftlichen Erkenntnis, als den *Scholasticus* von Tours, der diese Position in allen Konflikten behauptet hat und von ihr nicht abging, konnte sich Lessing für die Darlegung seiner eigenen Überzeugungen gar nicht aussuchen.

Berengar war ein unbequemer Mann, temperamentvoll, streitbar. Obgleich hoch angesehen und als Lehrer und Erzieher berühmt, so daß gar ein Papst (Alexander II.) seinen Neffen zu ihm in die Schule tat, mußte er jahrzehntelang die amtskirchliche Feindschaft über sich ergehen lassen, bis er schließlich, hochbetagt, im Jahre 1088 starb, nach seinen vielen Kämpfen zuletzt doch, wenngleich unfreiwillig, zurückgezogen in eine Einsiedelei auf der Insel St. Cosmas in der Loire nahe Tours.

Es gehörte wohl keine hohe „Kunst" dazu, ihn zum *apôtre de Satan* zu stempeln. Man benötigte dazu nur die heilige Einfalt. Im Verlaufe von drei Jahrzehnten, zwischen 1050 und 1079, ist der „greuliche Häresiarch" und verpestete „Satansbote" Berengarius, *huius erroris magister*, auf nicht weniger als 13 kirchlichen Konzilien anathematisiert worden: auf vieren in Rom, auf zweien in Tours und auf jeweils einem in Brionne, in Vercelli, in Paris, in Florenz, in Rouen, in Angers und in Poitiers; hinzu kam dann, als er auch nach dem dramatischen Abschluß dieser grandiosen Serie mit seinem Kniefall 1079 in Rom, durch welchen er, zum großen Ärger seiner Feinde, wieder einmal den Kopf aus der Schlinge gezogen hatte, noch immer keine Ruhe gab, als 14. und letzte Station auf seinem ‚Kreuzweg' nochmals eine Provinzialsynode, welche in Bordeaux im Jahr 1080 stattfand, auf der sich Berengar vor zwei päpstlichen Legaten und in Gegenwart zweier Erzbischöfe erneut wegen seines Glaubens verantworten mußte.

Die prekäre Existenz der Philosophie in einer von religiösem Fundamentalismus geprägten Zivilisation wird an dem Streit um die Eucharistie, der von Berengar ausgelöst wurde, einer jahrzehntelang europaweit geführten Debatte, exemplarisch deutlich. Adelmann von Lüttich hatte seinen alten Mitschüler in dem Brief, den Lessings Freund, der Braunschweiger Professor Schmid, dann im Jahre 1770 herausgab, gewarnt, hatte ihn eindringlich ermahnt, er solle doch um Gottes willen ablassen von seinen gefährlichen, „fremdartigen" Theorien, die sich ja schon bis nach Deutschland herumgesprochen hätten. Er hatte ihm den seiner Meinung nach einzig „richtigen" Ausweg gewiesen: Er solle seinen reichen Verstand anstatt auf „neue" Erkenntnisse lieber auf den „Glauben" konzentrieren, meinte Adelmann. Und dann ab mit dir in den Gehorsamspark! Und keine Frage mehr!

enim Deus odit nimios scrutatores.

Will sagen: Der liebe Gott der Liebe „liebt" nicht nur nicht, vielmehr h a ß t er geradezu diejenigen, die allzu gründliche Nachforschungen anstellen und sich in ihrem Denken und Wissen zu weit vorwagen. Diese prophetische Drohung Adelmanns mit dem „Haß" Gottes hat sich an Berengar erfüllt. Viele Jahre der oberhirtlichen Verfolgung zog er sich zu. Der Despotiegott der Priesterkaste, der von starken Kräften, auch wenn dies ihnen natürlich letztlich doch nicht gelingen konnte, als eine Art ideeller hierarchischer Gesamtabsolutist etabliert werden sollte, bewies in der Wut, mit der er Andersdenkenden nachstellte, furchtbar göttliche Ausdauer. Der so kategorisch geforderte „Glaube" aber – *fides quaerit intellectum*, was die Welt leider noch immer nicht recht schien begreifen zu wollen – war, auf Empfehlung einer fürsorglichen Hierarchie, die „göttliche" Tugend, in deren ‚Reich' alle denkbaren Störungen, die etwa von unzeitigem „Wissen" und „Studieren" ihren Ausgang nehmen könnten, sich auf denkbar bequeme Art unter Gottes liebender Fürsorge fürsorglich entsorgen ließen.

Berengar war, wie seine Schriften zeigen, manchmal auch von derber Spottlust beseelt. So quittierte er, was Adelmann ihm geschickt hatte, seinerseits brieflich mit dem Dictum des Horaz: *Respondit Beringerius: Nascitur ridiculus mus.* Und er fügte noch hinzu: *Finit Beringerius contra Adelmannum quem yronice vocat A u l u m   M a n n u m .* Das bedeutet e r s t e n s : Du, Adelmann, bist ein „Höfling", treibst Dich viel zu oft bei den Herrschenden herum und in der *aula*, in ihren Zentren; z w e i t e n s aber bezeichnet *aulus* (αὐλός) ein bukolisches Blasinstrument, bestehend aus einer doppelten Röhre, eine Hirtenflöte [sic!, auch „Pansflöte" genannt] – und so sagt Berengar zu seinem Freund, indem er ihn, seinen Namen „Adel-Mann" verbalhornend, *Aulus Mannus* nennt, durch die Blume etwa dies: ‚Guter Hirte Du mit Deinem Hirten-Instrument', und das könnte man als Reaktion auf die salbungsvollen Töne erklären, mit denen Berengarius sich von dem ‚Adel-Mann' in dessen Brief seelsorgerisch traktiert fühlte – mit andern Worten: „Adelmann, Du bist eine Pfeife"; doch *yronice* transferiert aus dem fränkischen Dialekt der Gegend um Lüttich ins Lateinische, ist es wohl dies, was mit dem Spitznamen *aulus mannus* gemeint ist: „Flötemänneke, du kanns mech jet blose!"

Die Abhängigkeit von den herrschenden Gewalten hat Berengar in einer melancholisch anmutenden, ironisch-skeptischen, ja sarkastischen Reflexion formuliert, indem er an den Abt Ansfried von Préaux, der ihn einmal zu einer Disputation bei sich in seiner Zelle empfangen hatte, später aber von ihm abgerückt war, schrieb: „Was auch immer wir vorbringen mögen, sei es noch so herrlich und göttlich, es wird, weil uns das Ansehen, die Würde und die Verdienste fehlen, für nichts geachtet, so lange nicht ihr mit eurem Ansehen uns stützt, d i e i h r z u t h r o n e n s c h e i n e t i n d e r H ö h e ."

Auch wenn Berengar die Nachstellungen seiner Feinde überlebt hat und selber nicht auf dem Scheiterhaufen endete, die Methoden seiner Verfolger waren dennoch übel genug. In Poitiers, wo er auf einer der erwähnten Kirchenversammlungen Rede und Antwort stehen mußte, entging er nur knapp einem Lynchmord-Attentat, als der von gehässigen Predigern gegen ihn aufgestachelte fundamentalistische katholische Mob auf ihn losfuhr. Er hatte die Unvorsichtigkeit begangen, bei der Verteidigung seiner ‚symbolischen' Abendmahlslehre Stellen aus Schriften des St. Hilarius, des Stadtpatrons von Poitiers, zu zitieren. Jetzt warf man ihm vor, er habe diesen heiligen Mann in seine „Ketzerei" hineinziehen wollen. Man beschuldigte ihn, bei anderer Gelegenheit (1051 zu Paris auf einer wiederum seinetwegen einberufenen Synode), auch, übrigens ganz zu unrecht, er wolle die Kindertaufe abschaffen und lehne das Ehesakrament ab. Das suchte man ihm anzuhängen (Bischof Dietwin von Lüttich in einem denunziatorischen Brief an den König von Frankreich, dann wurde alles gerüchtweise ausgestreut, *fama omnium nostrum replevit aures*, und jener Guitmund von La Croix-St-Leufroy nahm es in seine Polemik gegen Berengar herüber aus dem Schreiben des Dietwin; und dieser hatte sich noch zu der Behauptung verstiegen, der *Scholasticus* von Tours habe, *rediviva pestis*, die „alte Häresie" der 1025 in Arras verbrannten „Manichäer" erneuert; besagter Guitmund, ein Schüler des Lanfrancus, wurde im Zuge der papalen Personalpolitik später zum Bischof von Aversa gemacht). Man wußte genau, wie man es anzustellen hatte, damit die Kunde von solchen „pestilenzialischen" Verbrechen in Umlauf kam. Wie man zum Beispiel den Pöbel gegen „incontinente" Kleriker, also gegen solche, die sich nicht der „Unzucht" enthielten, vielmehr im Konkubinat lebten oder auch, wie damals noch weitgehend üblich, verheiratet waren, in Rage bringen konnte; wie zum Beispiel die allgemeine Ranküne zu manipulieren war gegen die „Simonisten", Priester, die mit Hilfe weltlicher Instanzen und ohne vorheriges Einverständnis oder die Mitwirkung der geistlichen

Zentralgewalt zu ihrem Amt gekommen waren; und wie die kirchlichen Hetzprediger in ihren Sermonen mit denen umgehen sollten, um sie auch sicher der *debita ultio* auszuliefern, die sich als „Dissidenten" verdächtig gemacht hatten. Druckmittel dieser Art wurden in den epochalen Wirren des Investiturstreites von hochheiliger Stelle häufig und effektiv benutzt, um – *dictatus papae* – mit der sog. Reform gegen den säkularen Widerstand politisch voranzukommen.

Als Berengar 1050 vor ein päpstliches Gericht, das auf dem (eigens seinetwegen für den Herbst anberaumten) Konzil zu Vercelli stattfinden sollte, geladen war, reiste er zum französischen König, welcher als Titularabt von St. Martin in Tours formal gesehen sein Vorgesetzter war, der ‚Dienstherr' sozusagen über der Institution, als deren Beamter Berengar seinen Beruf ausübte. Möglicherweise wollte er sich dort den ‚Urlaub' (d.h. die Erlaubnis) für seine Reise nach Italien zum Konzil erbitten und sich, vielleicht, in Hinblick auf seinen bevorstehenden Prozeß auch noch etwas Rückendeckung verschaffen. Doch König Heinrich I. ließ den Berengar kurzerhand verhaften, setzte ihn für einige Monate fest und erpreßte Geldzahlungen in beträchtlicher Höhe von den angevinischen Gütern des Gefangenen, welche diesem dann auch noch weggenommen oder teilweise verwüstet wurden. Die Gefangenschaft war eine merkwürdige und nicht leicht zu erklärende polizeiliche Maßnahme, die Berengar allerdings das Erscheinen vor den Auditoren der Rota Romana unmöglich machte und ihm die Reise nach Vercelli ersparte. Freilich war damit auch seine erneute kirchliche Verurteilung so gut wie sicher und stand jetzt von vornherein fest, denn er hatte ja keine Möglichkeit, sich an Ort und Stelle zu verteidigen und die Schuldvorwürfe zu entkräften. Auch wurde das Anathem, das bereits auf der Ostersynode desselben Jahres in Rom gegen ihn ausgesprochen worden war, nun folgerichtig nicht annulliert.

Seine Feinde indes, Lanfrancus und auch Guitmund von Aversa, der später voll giftiger Bosheit gegen ihn schrieb, legten ihm, obwohl sie es besser wissen mußten, sein Nichterscheinen vor dem päpstlichen Tribunal als „Feigheit" aus – er hätte sich nicht stellen wollen [!], behaupteten sie frank. In Wirklichkeit aber war es so, daß er es gar nicht hätte müssen. Denn die römische Kurie wäre eigentlich erst als letzte Instanz für ihn in Frage gekommen. Er war darauf aufmerksam gemacht worden, daß in einer solchen Streitsache der reguläre Verfahrensweg über die zuständigen Diözesanbehörden einzuschlagen sei und zuerst einmal die Sprüche der regionalen bischöflichen Gerichte eingeholt werden müßten: *Nullus extra provinciam ad iudicium ire cogendus est.* So lautete eine kirchenrechtliche Bestimmung. Er gebraucht dieses Argument dann zu seiner Verteidigung gegen die Vorwürfe. Vielleicht geriet er dadurch aber erst recht in Verdacht. Sah es denn nicht so aus, als sei er ein Parteigänger derer, die die Selbständigkeit der Kirchenprovinzen gegen den römischen Zentralismus, der seine überregionale Organisation verstärkte, zu verteidigen gesonnen waren und die lokale Freiheit und Unabhängigkeit der Bistumsverwaltungen vor der zunehmenden Kontrollgewalt der Päpste bewahren wollten? Doch mangelt solchem Argwohn hier die Berechtigung. Denn der *Scholasticus* beteuerte, daß er, des Instanzenzuges ungeachtet, trotzdem (*tamen*) freiwillig (*nullam papae debebam oboedientiam*) habe nach Italien reisen wollen, um sich vor dem Papst, dem er vertraut habe, zu verantworten, und es besteht kein Grund, ihm das nicht zu glauben. In seinem Vertrauen sah er sich dann allerdings furchtbar getäuscht. Leo IX. hat ihn, *sacrilega voce*, auf Betreiben bestimmter Kleriker (Lanfrancs natürlich und vor allem eines römischen Kardinaldiakons Petrus, der auf Beschleunigung der Entscheidung drängte, während diejenigen, die in der Verhandlung zugunsten Berengars das Wort ergriffen, *stante pede* eingekerkert wurden unter dem Vorwand, das sei nur eine „Schutzhaft"), *in absentia* einfach ungehört verdammt.

In so eine Grenzsituation geriet Berengar immer wieder. Wurde die Lage für ihn ganz brenzlig, so daß er damit rechnen mußte, daß man ihn umbringen würde, wenn er nicht widerriefe, dann hat er sich zwar jedesmal dazu entschlossen, rein äußerlich das von ihm verlangte „Bekenntnis" abzulegen; nie jedoch hat er sich innerlich mit einer solchen Niederlage abgefunden. Vielmehr kaum heraus aus der unmittelbaren Reichweite seiner Verfolger, griff er seine früheren Thesen wieder auf und lehrte sie weiter wie zuvor.

Nicht nur zeitgenössische Berichterstatter, sondern auch jüngere Schriftgelehrte haben Berengar wegen seiner mehrmaligen theatralischen Kniefälle, obwohl doch gar nicht er für dieses Inszenierungsdesign verantwortlich zeichnete, einen „Heuchler" gescholten, sich wiederholt zu wüsten Polemiken gegen ihn hinreißen lassen und es ihm mit aller Verachtung, deren ein Katholik fähig ist, eingetränkt, daß er sich n i c h t zum Märtyrer seiner Überzeugung machen ließ. Hier darf der Historiker fragen, wie es wohl diese Herren Kritikusse gehalten hätten, wären sie selber in der Lage Berengars gewesen. Ob sie etwa freudig den Scheiterhaufen bestiegen hätten oder, mit einem *Te Deum* auf den Lippen, fröhlich in die Flammen marschiert wären? Schließlich ist ein abgepreßter Widerruf kein gültiger, und der unter „Notzwang" geleistete Eid zählt für nichts – diesen Standpunkt, der unserm modernen Rechtsempfinden ganz gemäß ist, hat, wenn er die circensischen Umstände der erduldeten Erpressungen schilderte, jeweils kurz, nachdem er die erniedrigenden Rituale der öffentlichen Prostration hatte über sich ergehen lassen müssen, Berengar immer eingenommen. Weshalb hätte er also den Feuertod wählen sollen?

Die ihm das angetan hatten, Päpste, Kardinäle, Bischöfe, Sendlinge Roms, lammfromme Publizisten, Kirchenpolitiker, die in der Ewigen Stadt die Zwangsmaßnahmen gegen ihn forcierten, hat Berengar wacker verflucht und kunstgerecht geschmäht: Der Papst (Leo IX.), der ihn wider das Gebot der Liebe, dem er doch verpflichtet sei, ungehört verdammte, sei kein „Pontifex" sondern ein „Pompifex", schrieb er, und er sei sogar – mit diesem anzüglichen Witz zielte Berengar auf die buchstabengläubige Riege seiner Gegner und deren in der römischen *pulp fiction* vertretene Lehre, im konsekrierten Brot auf dem Altar sei das „Fleisch" des dergestalt „inkarnierten" Gottessohnes nicht etwa bloß „geistig", metaphorisch, „figurativ" und mystisch, sondern realiter, materialiter, *substantialiter*, ganz direkt, und zwar „fleischhaft" anwesend, denn mit der heiligen Zauber-Handlung auf dem Altartisch „macht" der Priester ja aus Brot „Fleisch". Und das nehmen sie wörtlich! Konsequent naturalistisch. Ganz „ungeistig"! Diese *homines nichil scientes*, gehen sie zur Kommunion, frönen sie kannibalistischen Riten und Gelüsten! –, der Papst sei also, schrieb er, ein „Pulpifex", d.h. ein „Fleischmacher", fürwahr ein sonderbarer Metzger, der mit mirakulös pulpifizierten Getreideprodukten hökert. Der *Scholasticus* geht noch weiter in seiner Kritik am Papst: Er habe Leo IX., so wörtlich, „in keinster Weise als einen ‚Heiligen' kennengelernt, in keinster Weise als den berühmten ‚Löwen von Juda', und, wenn es noch auf eine Aussage weiter darüberhinaus ankommt, ganz im Stile der Rede dessen, der von anderen <sc. den „Ketzern" nämlich, also auch von Berengar selbst> gesagt hat: ‚Ihr seid die Brut des Teufels, der Euer Vater ist!' – mit dem habe ich mitnichten die Erfahrung gemacht, daß er ein rechtschaffener Mann wäre". Offenbar empfand Berengar die Formel: *vos ex diabolo patre estis*, als besonderen Schimpf, entwürdigend, persönlich verletzend, der ihm angetan wurde, als der römische „Papa" den Fluch der Verdammnis über ihn öffentlich aussprach. Stand der Papst bei diesem Aktus etwa feierlich, „pompös", auf der *cathedra*? Vermutlich gab er seiner Sentenz noch durch eine solche Inszenierung, *coram publico* von diesem Möbelstück herab, den lehramtlichen Nachdruck seiner Unfehlbarkeit.

Die Versammlung, sagt Berengar, sei ein *concilium vanitatis* gewesen, „tumultuös", eine *turba erratica* habe sich dort ausgetobt, die Kirche, die sich so manifestiere, sei eine *ecclesia malignantium*, und die *sedes apostolica* in Wirklichkeit eine *sedes apostatica* – und damit lenkte er den „Ketzer"-Vorwurf auf den Papst zurück. Die „Irrlehre" ist nicht bei ihm, Berengar, dem Verdammten, erklärt er, sondern grassiert in der Zentrale. Das war nun ein juristisch höchst bedeutsames Argument. Denn – wie sich noch zu Berengars Lebzeiten an Gregor VII. bewahrheiten sollte – kommt ein Papst in den Ruch der „Ketzerei", so kann das zum Hebel werden, mit dem man ihn vom Thron absetzt. So geschehen im Jahre 1080.

Und überhaupt diese „Konzilien", schreibt Berengar an anderer Stelle, was seien das bloß für Veranstaltungen? Zu infalliblen Erklärungen ermächtigte Behörden? Nein, so steht es wörtlich in seinem Pamphlet (und, nebenbei gesagt, auf wieviele unserer heutigen politischen Gremien träfe dieses Urteil nicht ebenfalls zu, uneingeschränkt!): Eine zufällige Majorität von zusammengelaufenen Idioten nennt sich „Synode", faßt einen Beschluß, von dem sie dann behauptet, daß darin die Wahrheit enthalten sei, während doch das, was die Herren da „beschlossen" hätten, in Wirklichkeit niemals an dem gemessen werde, was tatsächlich die W a h r h e i t ist. Denn wie er zuvor schon gesagt habe: *iam dixi superius, ineptorum in ecclesia turbas non esse ecclesiam*, die Schwärme der Toren in der Kirche machen doch nicht die wahre Kirche aus, und: Mehrheit und Wahrheit gehen nicht zusammen, sie fliehen einander, *de multitudine quantacunque quorumcunque superius iam respondi, eam veritati nunquam praeiudicare*. Vielmehr gesellen sich M e n g e und I r r t u m zueinander. Er sagt: *multitudinem non esse idoneam satis ad diligentiorem veritatis inquisitionem atque perceptionem*. Zur Wahrheit, schreibt Berengar, gelange man nur durch die Vernunft. Es sei die *ratio, c u i s o l i a d v e r i t a t e m i p s a m p a t e t a c c e s s u s*.

Den Gebrauch der Vernunft hat der *Scholasticus* selbst auf bemerkenswerte Art demonstriert. Ihm war klar, wie sich in der Epoche nach den Jahrzehnten der Agonie des Karolingerreiches und der Verwüstungen durch die Einfälle der Normannen die gesellschaftliche Rolle des Wissens verändert hatte. Die soziale Expansion stellte auf den verschiedenen administrativen Ebenen die Regierenden vor neue organisatorische Aufgaben, die auf lange Sicht nur zu bewältigen waren, wenn man Konzepte nicht mehr bloß gläubig hinnahm, sondern sich darum bemühte, zum Wissen um deren innere Begründung vorzudringen. Die R a t i o n a l i t ä t verlangte so jetzt ihren Tribut. Die von Berengar formulierten Erkenntnisse illustrieren auch, wie energisch die Philosophie auf ihrem Weg zur Befreiung aus den Fesseln ihres Daseins als einer ewigen *ancilla theologiae* voranschritt. Ein neuer Begriff von wissenschaftlicher Prozedur und immanenter Kohärenz, von logischer Präzision und philologischer Sorgfalt, entstanden durch die Schulung des Denkens im Zusammenhang mit der Rezeption der Kategorienlehre des Aristoteles, die in der Überlieferung durch Porphyrios und in der Bearbeitung durch Boethius zum Pensum gehörte, das in den artistischen Fächern absolviert wurde, die jeder Gelehrte zuerst durchlaufen mußte, und entwickelt aus dem Interesse an der profanen antiken Literatur, das, in einem komplizierten Prozeß der Vermischung mit dem Studium der Bibel und der Väterschriften, die Methoden des Umgangs mit den Texten, die jetzt nicht mehr nur ‚gelesen' und gelernt, sondern ‚ausgelegt' und verstanden werden mußten, beeinflußte und veränderte, vermittelte eine Ahnung davon, daß auf die Dauer nicht mehr *par ordre de mufti* einfach dekretiert werden konnte, was unter „Wissenschaft" zu verstehen sei. Daß der bloße Autoritätsstandpunkt nicht mehr als solcher haltbar war, suchte Berengar in eben den zahlreichen Ausfällen gegen seine Feinde zu verdeutlichen, die ihm schon deswegen, weil sie „unbelesen" und intellektuell Beschnittene waren, nicht folgen konnten, ihn mit ihren Denunziationen aber immer wieder lebensgefährlich bedrohten, besonders gegen Lanfrancus, von dem der Spruch überliefert wird, mit dem er gegen das Vernunftprinzip zu Felde zog:

> *Et quidem de mysterio fidei auditurus ac responsurus quae ad rem debeant pertinere, mallem audire ac respondere sacras auctoritates quam dialecticas rationes.*

Das Konzept der Vernunft, wie es Berengar gegen die *regula fidei* vertrat, enthielt eine methodische Anleitung zur Kritik der Religion und der Moral. Seine Überzeugung, daß man als denkendes Wesen nicht auf die Gesetze des Denkens selbst verzichten könne und dürfe, sondern sich innerhalb ihrer bewegen und sie anwenden müsse auf die zu analysierenden Texte und deren Aussagen, denn: man ehre Gott nicht, wenn man den menschlichen Geist enthront, dessen Regeln in Logik und Grammatik erfaßt seien, sie seien schließlich so gültig wie die Regeln der Mathematik, diese Auffassung des *Scholasticus* stellte das Deutungsmonopol des kirchlichen Lehramtes direkt in Frage. Mit ihr befand sich Berengar in schroffstem Gegensatz zu der in der XXII. Proposition des *Dictatus Papae* Gregors VII. formulierten Anmaßung:

> *Quod Romana Ecclesia nunquam erravit, nec in perpetuum, Scriptura testante, errabit.*

Und daß er, ein einzelner, schwacher Mensch, ein „Sünder", ein Gefangener, sich unter Zuhilfenahme der Dialektik sogar noch gegenüber diesem strafbewehrten Dogma der allerhöchsten Unfehlbarkeit, mit dem der Papst die Freiheit des Denkens einzuschüchtern unternahm, zu behaupten vermochte, beweisen die uns vorliegenden Quellenschriften und lehrt der eigene Bericht, den Berengar über die betreffenden Vorkommnisse angefertigt hat. Wir interpretieren diese Reportagen natürlich anders als das Gros der Kirchenhistoriker und folgen dabei der Spur, die Lessing markiert hat. Denn wie der gesagt hat: *Ungerecht wird die Nachwelt nie seyn.*

Auf der in Tours 1054 abgehaltenen Synode kam es zu folgender Szene: Auf Beschluß der versammelten Prälaten wurde Berengar vor einen mit dem Thema der ‚Eucharistie' befaßten Ausschuß, bestehend aus den Bischöfen von Orléans und von Auxerre mit dem Bischof von Tours, zum Verhör bestellt, das separat, doch in Anwesenheit des Stabs von Klerikern dieser drei Oberhirten (also nicht im Plenum des Konzils) stattfinden sollte. Nachdem sie ihn hereingerufen hatten, erhoben zwei der Bischöfe Klage gegen ihn, es sei seine Schuld, daß sie jetzt an der Erledigung der für ihre eigenen Kirchen wichtigen Geschäfte gehindert würden. Gefragt, was sie denn genau als seine „Schuld" bezeichneten, antworteten sie, daß er ja lehre, das geheiligte Brot auf dem Altar sei „nur" Brot und unterscheide sich überhaupt nicht von dem nichtkonsekrierten Brot auf einem gemeinen Essenstisch. Wen sie denn als seinen Ankläger in dieser Sache hätten, fragte Berengar, und da konnten sie keinen vorweisen. Sie antworteten, daß er halt so in Verruf gekommen sei, und daß sie jetzt hören wollten, was er zu sagen hätte, wenn er dies bestreite. „Das sage ich", fährt Berengar in seinem Protokoll fort:

> *Certissimum habete dicere me panem atque uinum altaris post consecrationem Christi esse* **reuera** *corpus et sanguinem.*

„Als sie das gehört hatten, sagten sie, daß die anderen Bischöfe, die in der Mauritiuskirche tagten, nunmehr nichts anderes von mir verlangten, als daß ich dies auch in ihrer Gegenwart noch einmal wiederholte". Dies geschah, doch es waren etliche, die sich damit nicht zufriedengeben wollten, sondern behaupteten, daß er etwas anderes in seinem Herzen verberge und etwas anderes mit der Sprache herausließe, und so möge man ihn vereidigen (*iuramentum esse a me exigendum*). Auch dies geschah, obgleich es sich um einen flagranten Rechtsbruch (*summa iniuria*) handelte, wie der Beklagte ausführte, da die Ankläger ja gar keinen Zeugen beibringen konnten, der gehört hatte, was Berengar angeblich geäußert hatte. Überdies wurde von ihm auch eine schriftliche Bestätigung seiner eidlichen Aussage verlangt, und dann mußte er sogar noch schwören, in seinem „Herzen" genau das zu haben und zu halten, was er mit dem „Munde" ausspreche.

Die meisten Kirchenhistoriker halten dieses ganze Vorgehen, das der *Scholasticus* als „höchst ungerecht" empfand, hingegen für zu „milde" und kritisieren, daß Berengar hier wieder gelogen habe. Doch sie irren sich. Allerdings hatte man ihn erheblich unter Druck gesetzt, indem man ihn warnte, nur ja keinen „Volkstumult" (*tumultum popularem*) zu provozieren. Doch Berengar brauchte nicht zu lügen. Er hat bei seiner Eidesleistung in Hinblick auf Brot und Wein auf dem Altar, *reuera*, „fürwahr", gar nichts anderes ‚gedacht' als ‚gesagt'; er geriet zu seiner eigenen Auffassung dessen, was er *reuera* für „wahr" und „wirklich" ansah, nicht innerlich in einen Widerspruch mit sich selbst, das Problem war nur, daß seine Gegner, während sie vernahmen, was er ‚sagte', nicht ‚denken' konnten, daß es genau dies war, was er ‚dachte'. Die sakramentale Kraft nämlich, *res sacramenti*, wie er mit Augustinus formulierte, war für ihn, als eine ‚geistige' Wirkung, *reuera* etwas „Wahres" und „Reales", eine echte und wirkliche Gegebenheit. Berengar mußte sich also nicht erst „bekehren", um unter Eid all die „Bekenntnisse" zur „realen" Gegenwart des Gottessohnes im Sakrament abzulegen, die von ihm überliefert sind und die man ihm gemeinhin als „unehrlich" verlautbart ankreidet. Er „glaubte" nämlich wirklich an die „Realität" der von ihm beschworenen, seiner Überzeugung nach metaphysischen „Tatsache" der eucharistischen Wandlung, und auf diese von ihm verkündete „Wirklichkeit" konzentrierte er sich innerlich, während er die Eidesformel nachsprach. Nach seiner Erkenntnis kontrastierte diese Aussage nicht mit dem Mysterium, wie er es gedanklich erfaßt und gedeutet hatte. Die Äquivokation *verum* oder *reuera* war ihm natürlich bewußt, seinen Gegnern offenbar nicht. In dem Sinne hat er hier den Rat beherzigt, den er selbst erteilt hatte, daß man „zur D i a l e k t i k seine Zuflucht nehmen" solle.

Wer ihm hierin folgt, erkennt, was mit dieser „Kunst", die wahrlich große Geistesgegenwart voraussetzte, damals zu erreichen war, und man begreift auch, weshalb die Theologie, deren Grenzen solches Denken überschritten hatte und deren eigentliches Gebiet es verließ, sie „verteufelte". Daß seine verständnislosen Kontrahenten, der düstere Humbert, der fanatische Lanfranc, Dietwin und Guitmund und Konsorten, gerade in Hinblick auf geistige Beweglichkeit an ziemlichen Mangelerscheinungen litten, hat Berengar mit satirischer Genugtuung ihnen und der Öffentlichkeit immer wieder vorgehalten. Vollends beschämend aber war, daß sich die starre Orthodoxie der *ineptia vulgi* glaubte bedienen zu dürfen, um ihre Dissidenten zu entmutigen, empörend, daß sie die *multitudo ineptorum* für solche Zwecke einspannte, die „Volkshaufen, deren höchstes Lebensziel nur darin sich erfüllt, daß sie immerdar schreien: Kreuzige ihn! Kreuzige ihn!" (*quae ad illud maxime valent, ut clament: crucifige, crucifige*). Und weiter protestierte er gegen die grandios unwissenden Theologen, Leute, „streitsüchtig und exzessiv", die „von einer gelehrten Untersuchung nichts wissen wollen", die nicht „Leser, sondern Verdreher der Heiligen Schrift" zu nennen wären – sie seien es „gar nicht wert, daß man sich mit ihnen in wissenschaftliche Erörterungen einläßt". Dafür seien sie voller Stolz, seien boshaft und neidisch, „Finsterlinge, die die Nacht mehr lieben als das Licht", die „beim hellen Tage nicht sehen wollen". Er, Berengar, wolle sich vielmehr an die „Freunde der Wahrheit wenden, die lieber bei deren gründlicher Untersuchung schwitzen als sich etwa aus Faulheit länger in einem Irrtum ausruhen wollen". Und Drogo von Paris, einer derjenigen, die noch zu ihm hielten, entschuldigte sich ihm gegenüber brieflich dafür, daß er in einer kritischen Situation auf einer der Synoden zur Sache geschwiegen habe, und erklärte ihm: deswegen nämlich, weil er glaube, daß man – und damit ist Berengars Lehre gemeint, der er treu geblieben sei – „das Heilige nicht den Hunden ausliefern" dürfe und „Perlen nicht den Schweinen vorwerfen" (*Matth*. 7,6). Unerschütterlich hält Berengar an der Überzeugung fest, daß die Obergewalt ihre Legitimation nur aus der W a h r h e i t gewinne, und er ist nicht gewillt, diesen Satz umzukehren. Die Auffassung, eine Macht, die von sich behaupte, daß sie in der Autorität wurzele, könne über das Kriterium der Erkennbarkeit der Wahrheit bestimmen, fände niemals seine Billigung.

Die Vorgänge auf dem Laterankonzil im April 1059 sind ein weiteres Beispiel für die Art, wie dem Berengar in schwerer Bedrängnis die Vernunft zum Rettungsanker wird. Daß er die unappetitliche Formel des Kardinals Humbert beschwor, war offenbar für seinen Seelenfrieden letztlich doch weniger gravierend als die auf ihn ausgeübte Erniedrigung als solche. Hämisch hielt ihm Lanfranc später seine scheinbare „Schwachheit" vor, freute sich richtig, daß den *Scholasticus* seine sonstige Courage hier, wo er der Autorität ins Antlitz schaute, im Stiche ließ, beschuldigte ihn des Meineids und fragte voller Hohn:

nonne praestabat, si veram fidem te habere putabas, vitam honesta morte finire quam perjurium facere, perfidiam jurare, fidem abjurare?

Solche Mitleidslosigkeit – Lessing fand die dreiste Einrede *grauſam* – veranlaßte den also Verhöhnten zu der Bemerkung, Lanfrancus verhalte sich wie jener Priester im biblischen Gleichnis vom barmherzigen Samaritan (*Luk*. 10,30); er sehe den Mann, der wund, ausgeplündert, halb totgeschlagen dort am Weg von Jerusalem hinab nach Jericho in seinem Blute liege, und er kümmere sich nicht um ihn, sondern lasse ihn liegen und gehe ungerührt von dannen.

Tatsächlich gesteht Berengar die Todesfurcht ein, die er in dieser Lage eines Geschlagenen empfand. Er wandte sich persönlich an den Papst. Dieser, ein willenloses Werkzeug in der Hand Humberts, verwies ihn an die Kardinäle. Doch die Konzilsväter waren in ihrer Mehrheit nicht aufgeklärter als die Bischöfe auf den Regionalsynoden in Frankreich, die ihn ja auch immerzu verurteilt hatten. Wenn sie das Wort *spiritualitas* vernahmen, verstopften sie sich die Ohren, schreibt er. Hätte er jetzt den „Widerruf" verweigert, dann hätten ihn die Kardinäle dem Feuer übergeben. Seine Aussage ist glaubwürdig. Lanfrancs Bericht über die Ereignisse enthält hingegen, da er selbst damals nicht in Rom weilte, eine Anzahl gehässiger Erfindungen.

Aber war Berengars Nachgeben ein Widerruf? Darüber scheint bei den Historikern Einigkeit zu herrschen. Auch Lessing setzt sich mit dieser Frage auseinander, und die Argumente, auf die er bei seiner Beurteilung der rohen Einschüchterung, die man dem Beschuldigten zufügte, verfällt, sind interessant genug. Doch hören wir zunächst Berengar selbst.

In Bezug auf Humbert und seine Schwurformel erklärt er in dem nur fragmentarisch, in den Zitaten des Lanfrancus, erhaltenen *Scriptum contra synodum*: Das Geschreibsel des Burgunders, den man in Rom zum Kardinalbischof gemacht habe (damit ist Humbert gemeint), das habe der, und solches werde später noch klar zutage treten, g e g e n d i e k a t h o l i s c h e W a h r h e i t geschrieben, auf daß er, Berengarius, dazu gezwungen werde, ein Bekenntnis auf etwas abzulegen, was doch eigentlich eine Irrlehre dieses läppischen Humbert sei! Also, mit kurzen Worten: Man habe ihn zur Rezitation einer häretischen Ausgeburt des fanatischen Humbert genötigt. Zu Lanfranc gewandt, erklärt er weiter: Er habe nur unter dem Diktat der Todesfurcht, da man nicht mit christlicher Sanftmut mit ihm verfahren sei, nicht jedoch im Namen des lebendigen Gottes gegen Recht und Gesetz so etwas beschwören k ö n n e n [!] – d.h. der Akt sei „unmöglich" gewesen, als Schwur ungültig, da objektiv nicht zustandegekommen.

Die demütigende Prozedur sollte das Zeichen sein, daß der verstockte „Ketzer" sich nun endlich von seinen bisherigen Lehrmeinungen verabschiedet hätte. Und so wurde der Vorgang in der Öffentlichkeit dargestellt. Doch nur ein Theologe, gedrillt in christlicher Humilität, der jederzeit auf ein Strafmandat der Allerhöchsten Barmherzigkeit gefaßt ist, kann so denken. Berengar rettete der Ritus der Erniedrigung immerhin vorerst die Existenz. Aber es zählte doch in erster Linie bloß sein äußeres Zeremoniell. Die „Nachhaltigkeit" einer solchen „Bekehrung" durfte man getrost künftigen Zerknirschungen anheimstellen. War diese Unterwerfung unter das orthodoxe Diktat aber wirklich ein „Widerruf"? Nur wenn man F o r m a l i t ä t e n derart hoch bewertet. In der i n h a l t l i c h e n Revision wären Berengars Argumente nur schwerlich abzuweisen. Und er fuhr noch fort mit seinen analytischen Glossen. Den Lanfrancus machte er zum Beispiel darauf aufmerksam, daß es dringend nötig sei, alle Beschlüsse der Konzilien einem kritisch-historischen Vergleich zu unterziehen. Man würde dann sofort der Widersprüche gewahr, die bei den genehmigten Dekreten untereinander augenfällig seien. Das gelte oft sogar für die Abschiede ein und derselben Versammlung. Und so solle die „katholische W a h r h e i t" beschaffen sein? Eine derartige Synode hebe sich doch selbst auf. Und wenn ein späteres Konzil die Sentenzen eines früheren aufhöbe, welche doch auch einmal als „die" katholische Wahrheit verkündet worden seien, dann müsse man notwendig auf den unvollziehbaren Gedanken einer ‚wechselnden' Wahrheit kommen! Lanfranc, wenn er sich nur auf Autoritäten stütze, solle dabei nur ja aufpassen, es könne ihm nämlich passieren, daß er eines Tages selbst zu einem „Ketzer" erklärt werde. Auch dem Kardinal Humbert warf er vor, sich in Widersprüchen verfangen zu haben. Er bewege seine Riesengestalt wie der biblische Goliath, der seine eigenen Gliedmaßen nicht habe im Takt halten können, immerfort über seine langen Beine gestolpert sei, und schließlich habe man ihn mit seinem eigenen Schwerte geköpft.

Das historische Studium hatte dem Autor ein anderes Verständnis eröffnet, und von da aus konfrontierte er die Theologie mit Problemen, die diese noch nicht wahrhaben wollte. Berengar hatte den katholischen Kirchenglauben, so wie er sich ihm darstellte in den Sentenzen der Väter, den Dekreten der Päpste und Bischöfe, den Beschlüssen der Konzilien, als einen sich verändernden, wandelbaren entdeckt, und die Konzilien wertete er als Organe, durch die die „katholische Wahrheit" m ö g l i c h e r w e i s e einmal gefunden würde, doch nur eventuell; im besten Sinne seien die Synoden Veranstaltungen, um jene gemeinsam zu s u c h e n. Dies ist eine Sicht der Dinge, die auch der Auffassung eines Gotthold Ephraim Lessing verwandt ist, wie dieser sie bei verschiedenen Anlässen deutlich gemacht hat.

Der römischen *curia*, die ihre Autorität auf das Fundament der Orthodoxie stützte, kam der durch Berengar ausgelöste sog. ‚Zweite Abendmahlsstreit' höchst ungelegen. Philologische Arbeit war dem Schulmeister nicht fremd, und so verfiel hin und wieder ein sprachliches Spitzenerzeugnis aus der kurialen Kanzlei seiner herben Kritik. Die eine oder andere gedankliche Fehlleistung seiner Feinde wußte er an der grammatischen Form ihrer Edikte gut sichtbar zu machen. Die dialogische Fasson seines Werkes gibt zu erkennen: Der *Scholasticus* von Tours suchte die Disputation. Auf sie war er immer eingestellt, eine Spielernatur. Aber er mußte erfahren, daß das theokratische Regiment sich erhaben dünkte über den Einspruch der Vernunft. Und vor der brutalen Gewalt stößt die sittliche Pflicht an ihre Grenzen.

Berengar zeigt sich uns hier als einen Helden jener Kunst, von der man bisher annahm, daß ihre spitzfindige Technik erst von den Jesuiten systematisch entwickelt und zur Blüte gebracht worden sei: der *reservatio mentalis*. Sie dient zweifellos der Verbreitung einer weltlichen Aufklärung. Die Inquisitoren hatten in diesem Punkte schon die richtige Witterung. Natürlich stellt sich hier die moralische Frage des „intellektuellen Verrats". Doch wenn die Unvernunft die Gewalt in Händen hat, darf man sich gegen sie schützen, indem man „ein Anderes mit dem Herzen bekennt, ein Anderes mit dem Munde".

Das klassische Beispiel hierfür ist das immer wieder behandelte Ereignis vom April 1059 im Lateran vor 113 Bischöfen, unter denen sich übrigens auch Berengars Freund Adelmann, mittlerweile Bischof von Brescia, eingefunden hatte. Wir lesen in dem von Lessing entdeckten Wolfenbütteler Manuskript sogleich auf der ersten Seite als Stellungnahme Berengars den uns schon vertrauten Gedanken:

quia Humbertus auctor scripti e r r o n e i fuit, ego in corde errori non adsensi.

Das *scriptum erroneum* bezeichnet jenes Stück Pergament, auf dem die Humbertsche Formel aufgeschrieben war. Wiederum wird dem Kardinal, wie schon im *Scriptum contra synodum*, die „Ketzerei" der von ihm erdachten Eidesformel vorgehalten. Und gemeint ist, um es mit einer Umschreibung zu verdeutlichen, hier: „Weil ja Humbert der Erfinder dieses häretischen Schriftstücks ist, das mir da in die Hand gedrückt wurde, so daß ich es wohl oder übel entgegennehmen mußte, und weil also diese Lehre nicht die meine ist, ich demnach gar nichts damit zu tun habe und auch nicht haben will, darum habe ich, Berengar, bei meiner mit diesem Dokument erzwungenen *confessio* tief in meinem Herzen der Ketzerdoktrin nicht zugestimmt". Also i n n e r l i c h : Nicht nur eine Zurücknahme der Formel, sondern von vornherein nichts als ihre strikte Ablehnung, d.h. keine echte Beteiligung an der erzwungenen ä u ß e r l i c h e n Reuebekundung! Er wehrt sich gegen die an ihm verübte Notzucht mit der einzigen Waffe, die er noch hat und die man ihm nicht entwinden kann: dem ‚Inneren Vorbehalt'.

Im nahen Kontext dieser Manifestation geht Berengar sogar noch weiter über seine Feststellung hinaus, indem er darauf hinweist, daß der Papst Nikolaus mit dem Kardinal Humbert zusammen in den Abgrund gefallen sei, denn er habe dessen Ketzerei ja nicht nur genehmigt, sondern ihr auch innerlich zugestimmt; und noch schlimmer: Beigepflichtet hätten ihr auch die versammelten Väter, das heilige Konzil sei also in dem fraglichen Punkt eines Sinnes gewesen, mithin die ganze Kirche im Konsens! Verflucht seien beide, wer häretisch sei und wer andere in die Häresie hineinführe, aber wer beides tue, verdiene noch tödlicher die Verdammnis als einer, der einfach nur irrt, nachdem man ihn in den Irrtum hineingelotst habe. Berengar, selber verurteilt, zwar formal und äußerlich durch seine formgerechte Unterwerfungsgeste soeben wieder einmal entlastet vom Vorwurf der Apostasie, jedoch noch immer und weiterhin als „getarnter" Häresiarch beargwöhnt, bezichtigt hier, schlüssig argumentierend, die offizielle Kirche der oben angegebenen Verbrechen: Die Römische Kirche, nicht mehr und nicht weniger behauptet er mit diesen Sätzen, sei ketzerisch und, schlimmer, sie verführe nicht nur, nein, sie z w i n g e die Menschen zu der von ihr mit der Autorität des Lehramtes willkürlich dekretierten Ketzerei. So Berengar. Und diesen Mann, der das alles durchgestanden hat, der den Mut zum Protest fand und die Kraft behielt, ihn aufzuschreiben, durfte die ekklesiastische Propaganda einer geistig verstümmelten Orthodoxie nicht nur auf Jahrzehnte, sondern auf Jahrhunderte hinaus zum feigen Schwächling stempeln! Eine dann doch perfid zu nennende Fälschung der Geschichte. Aber die *Nachwelt* bleibt nicht ewig *ungerecht*. Daß Lessing sofort Partei ergriff, als er sich mit dem „Fall" konfrontiert sah, entsprach völlig seinem Temperament.

Die Liturgien der Unterwerfung besiegeln mit ihrem zeichenhaften Gepränge einen scheinhaften Pakt mit der Macht. Doch unter dem Schutz dieser äußeren Selbstverleugnung bekommt die unterdrückte innere Vernunft glücklicherweise auch wieder eine gewisse Chance zumindest ihres zeitweiligen Überlebens. So ist der Kollaborateur aus List ein heimlicher Partisan. Der ‚double-think' der Dialektik wird zu seinem Verbündeten. Schweigt er über das, was wirklich in seinem Kopfe vorgeht, während er das Zeichen setzt, das seinen imbezillen Kontrahenten für die Sache selbst gilt, so kann er das allemal rechtfertigen. Es wäre doch närrisch gewesen, wenn er unter der Herde der Narren hätte wie ein Weiser dastehen wollen, erklärte Berengar mit Bezug auf das Laterankonzil:

compressus indoctorum grege conticui, veritus, ne merito haberer insanus, si sapiens inter insanos videri contenderem,

und das kann man ihm nachfühlen. Ob es also wahr ist, daß im Himmel der Orthodoxie die Freude über einen Sünder, der sich bekehrt, größer ist als über hundert Gerechte, die der Bekehrung nicht bedürfen, läßt sich jedenfalls an diesem Beispiel nicht verifizieren. Denn auch nach der Schmach seiner Herabwürdigung vor Papst Nikolaus II. im Lateran begleitete den Berengar, wie gesagt, weiter das Mißtrauen der kurialen Konfidenten gegen seine Rechtgläubigkeit.

Es war durchaus berechtigt. Das Ergebnis unserer Untersuchung läßt uns noch stärker, als Lessing es tat, worauf wir noch kommen, betonen, daß Berengars „Widerruf" keiner war. Kirchenhistoriker und Theologen sehen es zwar so, daß der vermaledeite „Ketzer" jedesmal den – leider stets rechtzeitig von ihm getätigten – rettenden „Widerruf" nachträglich wieder „widerrief", aber sie irren selbst in diesem Glauben. Wer ihm „Heuchelei" vorwirft, kann nicht zugeben, daß die Kirche hier mit ihren eigenen Waffen geschlagen wurde. Es hat sich nichts mit „nachträglich". Daß Berengarius sich auf die ihm immer wieder abgenötigten *confessiones* einließ, entsprach jedesmal bloß einer spektakelhaften Formalität, die zwar der Kirche viel, Berengar aber, außer, daß man ihn damit persönlich demütigte, in Hinblick auf seine Lehre nichts bedeutete: Zeremonieller Hokupokus mit Mentalreservation. Nur der Veranstalter fühlte sich – nachträglich – hereingelegt, da er sah: Der Widerspenstige war nicht gezähmt. Die *ars dialectica* hat das Spiel entschieden, die *Nachwelt* urteilt jetzt *gerecht*, und die Kirche ärgert sich sich noch immer über den ihr entgangenen Braten.

Aber es wurden, aus Anlaß der vollstreckten „Formalität", freudige Briefe in die Welt verschickt. Chronisten fingen die Frohbotschaft auf und jubelten, daß der trotzige Abweichling, der so lange unbelehrbar, hartnäckig und verstockt gewesen sei, durch eine öffentliche *confessio* jetzt endlich vorschriftsmäßig die „Genugtuung", auf der Basis des XV. Kanons der Synode von Ephesos, geleistet habe; sie überlieferten die Berengarische Abschwörungsformel im Wortlaut, und das war ein Politikum, nämlich eine Anweisung an die bischöflichen Gerichte, die hiermit auf das in allen ähnlichen Fällen künftig einzuhaltende Verfahren verpflichtet werden sollten; und was die Schreiber sonst noch für die *Nachwelt* kommentierend festhielten, war dies:

Hanc iuratorium professionem Berengarii domnus papa Nicolaus statim per diversa transmisit regna, ut omnes deo gratias agerent pro eius conversione, qui pridem multum scandalizati sunt de eius aversione.

Auf diese Art, mit solchen Depeschen, sorgte die römische Zentrale selbst für die Verbreitung der Kunde, daß der verirrte Bock in den Schafstall des Glaubens zurückgekehrt sei. Vermutlich wurden in den verschiedenen *regna*, in die hinein die Nachricht von der „Bekehrung" des bis dato ausgemachten Satansknechts gesandt worden war, aus diesem Anlaß feierlich die Kirchenglocken geläutet! Vergeblich, denn Gotthold Ephraim Lessing sollte siebenhundert Jahre darauf, nach sorgfältiger Prüfung der noch vorfindbaren Archivalien, durch seine Arbeit die Wiederaufnahme des Prozesses erzwingen.

Bevor wir hierauf näher eingehen, müssen wir den letzten Höhepunkt im Drama dieses Lebens betrachten: die Ereignisse auf dem Konzil im Lateran im Jahre 1079. Wieder ist Berengar selbst der Hauptzeuge seiner eigenen Bedrängnis. Lessings Rekonstruktionsarbeit und Findergeist haben großen Anteil daran, daß der Gequälte heute zu uns spricht.

Er schildert seine Not, wie stets, ohne Scheu. Es war so häufig um seine Person zu tumultuarischen Szenen gekommen. In Chartres zum Beispiel schon 1050: *Venit autem caecus ille, dux caecorum* – ein „Heerführer der Blinden, selber blind", nähert sich ihm. Und: *Venit ad me cum turba ineruditorum* – die Schar der Dummköpfe in seinem Gefolge. Und sie dringen auf ihn ein *cum gladiis et fustibus* – „mit Schwertern und Knütteln". Mir ist bei der Lektüre aufgefallen, daß dieses Bild von den gezückten Schwertern und den geschwungenen Prügeln in Berengars Wolfenbütteler Text an vielen Stellen, beinahe stereotyp, wiederholt wird. Die Schilderung, kein Phantasma, bezieht sich auf Vorgänge, die auf den Synoden regelmäßig wiederkehren, es ist stets derselbe schreckenerregende Aufruhr. Die Bibelkonkordanz verweist dazu auf *Matth. 26,47: ecce Judas, unus de duodecim, venit et cum turba multa cum gladiis et fustibus.* Diese Phrasierung, in ihrer metaphorischen Form brutal ‚realistisch', macht deutlich, wie einem „Ketzer" so zumute ist, wenn ihm die Verfolger zusetzen: In seiner traumatisierten Verfassung fühlt er sich am Anfang einer Passion. *Passio Berengarii* wäre ein treffender Titel für das in der Wolfenbütteler Handschrift überlieferte Werk. Das Buch ist eine veritable *historia calamitatum*. Der Verfasser befindet sich, geplagt von seinen Erinnerungen an die durchlebten Szenen, gleichsam im Garten Gethsemaneh. Dort kniet er, und da kommt der Rottenführer Judas mit seiner Bande ruppiger Schläger und Mörder auf ihn zu. Dieser „Judas" wird als historische Person von Berengar nicht identifiziert. Man ahnt: Es verkörpern sich in dieser Gestalt bildhaft all die ehemaligen Freunde, die von Berengar, dem *excommunicatus vitandus*, abgerückt sind und ihn „verraten" haben (Lanfrancus, Adelmann, der Bischof Eusebius Bruno und andere – ein Kollektivjudas also, das wäre meine Deutung dieser Textfigur).

1079 konnte man seinen „Widerruf" offenbar nur dadurch erzwingen, daß ihm die Probe des ‚glühenden Eisens' auferlegt wurde. Eine solche Prozedur wird uns, wie folgt, geschildert:

> „Das Eisen, das der Rechtsprechung dient, ist etwa vier Fuß lang, so daß die Person, die ihre Unschuld zu beweisen hat, ihre Hand darauf legen kann; es ist eine Hand breit und zwei Finger dick. Die Person, die das Eisen nehmen soll, geht dabei folgendermaßen vor: Sie geht neun Schritte und hält dabei das Eisen; dann legt sie es vorsichtig zu Boden; doch zuvor muß die besagte Person von einem Priester gesegnet werden.
> Der Richter und die Priester erhitzen das Eisen, und während dies geschieht, nähert sich niemand dem Feuer aus Furcht vor einer Behexung. Derjenige, der das Eisen zu nehmen hat, wird als erstes sorgfältig untersucht, um sicherzugehen, daß er keinerlei Zaubermittel bei sich trägt; danach wäscht er sich die Hände in Anwesenheit der Zeugen, und er nimmt das Eisen mit trockenen Händen. Sobald er das Eisen abgelegt hat, bedeckt der Richter die Hand, die das Eisen gehalten hat, mit Wachs und umwickelt sie mit Werg oder Leinen, das er mit Stoff umgibt. Ist dies geschehen, so geleitet der Richter die Person nach Hause zurück, und nach drei Tagen untersucht er die Hand; trägt sie die Spuren von Verbrennungen, so wird derjenige, der sich der Probe zu unterwerfen hatte, bei lebendigem Leibe verbrannt, oder aber er bekommt eine entsprechende zu bestimmende Strafe auferlegt."

Die Probe blieb Berengar dann doch erspart. Vorausgegangen war, daß er auf einer Versammlung schon im Herbst 1078, zum Zeitpunkt des Festes Allerheiligen, in Rom weilend in der Umgebung Papst Gregors VII., sich bereit erklärt hatte, ein von diesem aufgesetztes Formular zu beschwören. Der Akt wurde auch vollzogen, aber den Konzilsradikalen ging diese Erklärung nicht weit genug, und sie drangen auf Verschärfung. Die Angelegenheit wurde daraufhin bis zur Fastensynode 1079 vertagt. Berengar kannte den Papst persönlich aus der Zeit, da dieser, noch Kardinal Hildebrand, als Legat in Frankreich tätig war; es war damals zu mehreren Begegnungen und Gesprächen zwischen ihnen gekommen, einige sagen sogar, Hildebrand sei früher einmal Schüler Berengars gewesen. Jedenfalls fühlte dieser sich von Gregor verstanden, auch intellektuell geachtet. Allerdings hatte Hildebrand 1059 Berengar nicht vor der Gewalt Humberts schützen können (oder wollen?). Berengars Patron, Graf Geoffroy Martell von Anjou, hatte dem Kardinal Hildebrand daraufhin in einem, wohl von Berengar geschriebenen (Theologen behaupten: gefälschten!) Brief schwere Vorwürfe gemacht, sich in der Sache seines Schützlings wie Pilatus verhalten zu haben: *Ecce homo!* Und: „Ich finde keine Schuld an ihm", und dann habe er sich „die Hände gewaschen". Trotzdem glaubte sich Berengar, als Hildebrand Papst geworden war, noch immer von diesem geschätzt und geschützt.

Er war deshalb auch schon vor Monaten seinem Ruf nach Rom gefolgt. Aber jetzt setzte man ihn unter Druck. Eine Redaktions-Kommission wurde eingerichtet, Theologen aus dem Kloster Monte-Cassino mußten bis zur Fastensynode 1079 eine neue, schärfere Bekenntnisformel erdenken. Als Berengar auf diese dann nicht eingehen wollte, warf man ihn in den Kerker. Jetzt erpreßte man ihn mit dem Ordal. Offen erklärte der Papst: Er sei sich sicher, Berengar sei kein Ketzer, denn er sei ja wohl bereit, die Feuerprobe auf sich zu nehmen! Den aufgehetzten Lynch-Mob hielt er vorerst noch hin mit dem Versprechen, er erwarte eine Offenbarung der Heiligen Jungfrau, daß der *Scholasticus* kein Ketzer sei. Rund um die Uhr wurden auf seine Veranlassung hin tagelang Marienmessen gelesen. Wollte Gregor die Entscheidung einfach nur hinauszuzögern, bis Berengar einwilligen würde? Das scheint dieser endlich getan zu haben, und – es rettete ihn.

Vorher jedoch, im Gefängnis, als Berengar sich auf das Spektakel des ‚Gottesurteils' vorbereitete, das am folgenden Tage stattfinden sollte, fastete er und betete in der Nacht. In seiner Gebetsmeditation entstand ein rhythmisches Gedicht, das sich unter seinem Namen erhalten hat: *Ad Dominum Iesum Christum Oratio.* Das Gedicht „ist der Aufschrei einer Seele, die sich von Gegnern bedrängt fühlt, und trägt so auch innerlich alle Zeichen der Echtheit", urteilen die Herausgeber der Sammlung: *Ein Jahrtausend Lateinischer Hymnendichtung,* Guido Maria Dreves und Clemens Blume, über diesen Text, den sie in ihr 1909 erschienenes Buch aufgenommen haben.

Falls meine These stimmt, daß die Situation, die Berengar hier wieder aufs neue durchlebt, mit „Zittern und Zagen" die Marter vor Augen, die „Seele betrübt bis in den Tod", Vorabend seiner ‚Passion', durch die biblische Szene in Gethsemaneh am Ölberg typologisch vorgeprägt ist, dann kommt dem Text seines Gebetes ganz besondere Bedeutung zu. Wir stellen fest, daß der Betende in seiner Not sich aber n i c h t an den „Gott-Vater" wendet im Himmel, sondern an C h r i s t u s, den Herrn des Jüngsten Gerichts, der am Ende der Tage kommen wird. Er beugt nicht ergeben sein Haupt und er spricht nicht: „Vater, wenn es möglich ist, laß diesen Kelch an mir vorübergehen, doch nicht mein, sondern Dein Wille geschehe!", vielmehr fleht er Jesum als den g e r e c h t e n R i c h t e r an: „Hilf mir, der Du die Pforten der Hölle gesprengt hast, ich bitte Dich, zerschmettere [!] jetzt meine Feinde!" Meinte er vielleicht, dialektisch-allegorisch, die Hölle der Einfalt, in der die Orthodoxie sich häuslich eingerichet hatte? Wir sehen, daß er auch hier wieder aufbegehrt gegen alle Schikanen, er will nicht leiden, sondern kämpfen, und das ist das Entscheidende: keine Ergebenheitsadresse, keine Hinnahme eines zum „Gotteswillen" verklärten Schicksals, sondern eine inbrünstige Bitte an den R a c h e g o t t um Beistand im Streit und Handgemenge – vergessen wir nicht, daß er jetzt fast 80 Jahre alt ist! – und um den endlichen T r i u m p h über seine Widersacher! Damit hat er die eigentliche Botschaft Christi am Ölberg in einer polemischen Kontrafaktur in ihr glattes Gegenteil verkehrt.

Hier nur zur kurzen Probe einige Strophen in der (leider lückenhaften) Übersetzung des Theologen Schnitzer (dessen Auslassungen, soweit ich sie ermitteln konnte, habe ich mit ekkigen Klammern markiert; die hier beigegebene Strophenzählung entspricht der, mit der ich die unten wiedergegebene lateinische Version versehen habe):

I   Jesu Christ, gerechter Richter,   Du, der Fürsten Fürst und Herr,
     Herrschend mit dem Vater immer   Und dem heiligen Geiste hehr;
     Meinen flehentlichen Bitten   Schenke gnädiglich Gehör!
[...]
III   Möge, Herr, Dein glorreich Leiden   Mich beschützen immerdar,
     Mich beschirmen und behüten   Vor der drohenden Gefahr,
     Mich, zu leben Deinem Dienste,   Retten aus der Feinde Schar!

IV   Steh mir bei mit Deinem Arme,   Schirme mich mit Deiner Macht,
     Daß der Feinde Arglist nimmer   Stürze mich in Geistesnacht,
     Meinen Leib im Fallstrick nimmer   Schleudere in Todesschacht.

V   Der Du einstens hast zerschmettert   Starker Hand der Hölle Thor,
     Schmett're nieder meine Feinde,   Züchtige der Argen Chor,
     Mein Verderben ist ihr Sinnen,   Beuge ihrer Tücke vor!
[...]

VII Zittern mögen sie und beben,   Deren Herz nur Bosheit spricht,
     Die mich hassen, die mich neiden,   Geh' mit ihnen ins Gericht!
     Guter Jesu, süßer Jesu,   O verlaß', verlaß' mich nicht!

VIII Du, der Unschuld Hort und Schützer,   Du sei meine Starke Wehr',
     Daß ich siegreich widerstehe   Meiner Feinde grimmem Heer',
     Daß ihr schmählich Unterliegen   Mich erfreue mehr und mehr!
[...]

Und hier folgt nun die ganze Oration in ihrem originalen, lateinischen Wortlaut nach der Ausgabe von Dreves und Blume (dort Bd I, S. 175f.), von mir allerdings noch ergänzt um zwei Strophen, um die ich den Abdruck des Gedichtes in einer Veröffentlichung von Ebersolt bereichert gefunden habe.

Berengar von Tours:

Ad Dominum Iesum Christum Oratio.

I   *Iuste iudex, Iesu Christe,   regum rex et Domine,*
     Qui cum patre regnas semper   et cum sancto flamine,
     Nunc digneris preces meas   dignanter suscipere.

II   *Tu de caelis descendisti   virginis in uterum,*
     Unde sumens veram carnem   visitasti saeculum
     Tuum plasma redimendo   sanguinem per proprium.

III *Tua, quaeso, Deus meus,   gloriosa passio*
     Me defendat incessanter   ab omni periculo,
     Ut valeam permanere   in tuo servitio.

IV   *Assit mihi tua virtus   semper et defensio,*
     Mentem meam ne perturbet   hostium incursio,
     Ne damnetur corpus meum   fraudulenti laqueo.

V   *Dextra forti, qua fregisti   Acherontis ianuas,*
     Frange meos inimicos   nec non et insidias,
     Quibus volunt occupare   cordis mei semitas.

VI   *Audi Christe, me clamantem   in peccatis miserum,*
     Et quaerenti pietatem   porrige solatium,
     Ne insurgant inimici   mecum ad opprobrium.

VII *Destruantur et tabescant   qui me volunt perdere,*
     Fiat illis in ruinam   laqueus invidiae.
     Iesu bone, Iesu pie,   noli me relinquere.

VIII *Tu protector et defensor,   tu sis mihi clipeus,*
     Ut resistam te rectore   mihi detrahentibus
     Et iisdem superatis   gaudeam diutius.

IX   *Sanctae crucis tuae signum   sensus meos muniat*
     Et vexillo triumphali   me victorem faciat,
     Ut devictus inimicus   viribus deficiat.

X   *Mitte sanctum de supernis   sedibus paraclitum,*
     Suo meum qui illustret   splendore consilium,
     Odientes me repellat   et eorum odium.

XI *Miserere mei, Iesu,*   *vivi Dei genite,*
    Miserere deprecanti, *angelorum domine,*
    Esto semper memor mei, *dator indulgentiae.*

XII *Deus pater, Deus fili,* *Deus alme spiritus,*
    Qui semper es unus Deus *dicerisque Dominus,*
    Tibi virtus sit perennis *honorque perpetuus.*

Daß Berengar wirklich der Verfasser dieses Hymnus ist, unterliegt keinem Zweifel. Er bezeugt es selbst in seinem Bericht, wie er den Tag vor dem verfügten Ordal zugebracht hat, und dabei fällt das Initium des Gedichtes als Stichwort:

*Ita, veniente die constituto, quantum poteram, jejuniis et orationibus rei exitum apud **justum judicem** praemunitum me habere praesumebam.*

Ohne noch im einzelnen auf die zahlreichen in dem Gebet verarbeiteten Motive einzugehen, seien hier nur diese Linien hervorgehoben: Der Verfasser betet zum gewaltigen C h r i s t k ö n i g, bittet um gnädiges Gehör (I), erinnert an die Menschwerdung und das Opfer (II), nennt die Passion aber eine „glorreiche", d.h. betont den S i e g e s c h a r a k t e r des Leidens und des Erlösungsmysteriums; er verspricht sich davon den S c h u t z des „Herrn" vor „allen" [!] Gefahren und Stärkung für die eigene im D i e n s t Gottes zu erbringende Gegenleistung – das Verhältnis des Sprechers zum Adressaten ist also ein Pakt, der gegenseitige Verpflichtungen beinhaltet, das zeitgenössische soziale Modell des Vasallentums bildet dafür das ‚verfassungsrechtliche' Muster, und dieses Vertragswerk wird in dem Gebet, *quasi* einem wiederholten ‚Homagium', nämlich dem Treueversprechen des *fidelis* in die ‚Hand des Herrn', gewissermaßen in seiner Rechtsbindung erneuert (III); insbesondere fleht der Sprecher um Stärkung und Unterstützung seiner g e i s t i g e n Kräfte, damit ihm, sozusagen, auch die richtige Strategie einfällt, mit der er sich gegen die G e f a h r, die seinem L e b e n durch b e t r ü g e r i s c h e Machenschaften seiner Feinde droht, wirksam verteidigen kann (IV); dann folgt die direkte Aufforderung von seiten des Sprechers, im Imperativ, wohlgemerkt, zur Z e r s t ö r u n g d e r M a c h t s e i n e r F e i n d e – diese Strophe (V) ist das Zentrum des Gebets-Appells überhaupt; in den nächsten beiden Strophen (VI-VII) wird der Gedanke lediglich variiert, mündet aber ein in die Wunschvorstellung, daß den Feinden genau das geschehen solle, was sie dem Sprecher, wie dieser befürchtet, zugedacht haben, also in eine R a c h e p h a n t a s i e; dann folgt ein Appell an den göttlichen Schirmherrn, der die Schutzwaffe, den Schild, verleihen soll – das entsprach den l e h n s h e r r l i c h e n Leistungen, auf die der Gefolgsmann einen Anspruch hat, wenn er kämpfen soll, und dann werden diejenigen, gegen die der *vassus*, und zwar unter der strategischen Leitung seines *senior* und mit den von diesem erhaltenen Schutz- und Trutzwaffen in den Kampf zieht, als Leute bezeichnet, durch die sich der Sprecher persönlich „detrahiert", herabgesetzt, diffamiert, verunglimpft, e r n i e d r i g t u n d v e r l e u m d e t fühlt (hat man ihm doch Abfall von der Majestät, also „Hochverrat", angekreidet – Häresie ist Felonie, d.h. ein politisches Delikt!), und er genießt schon im voraus die dann länger dauernde F r e u d e, wenn jene Ehrabschneider endlich überwunden sind (VIII); das Zeichen des K r e u z e s solle seine Gesinnung befestigen und als Feldsignal i h n z u m S i e g e r m a c h e n, damit dem besiegten Feinde die Kräfte ausgehen (IX); er bittet dann, daß der „Tröster" (der Heilige Geist) herabgesandt werde, s e i n e n V e r s t a n d z u e r l e u c h t e n [!] und die, die ihn hassen, samt ihrem Haß zu verscheuchen – das soll also, heißt das, wohl vor allem durch ‚geistige' Auseinandersetzung geschehen, mit den Methoden des Verstehens, der Erkenntnis, mit der rationalen Kraft der Philosophie gegen die beharrliche Glaubensdoktrin einer im Feindbild erstarrten Theologie (X); in der nächsten Strophe fleht er nicht zu „Gott", sondern zu dem streitbaren „Gottessohn", zum kriegerischen „Herrn der Engel", also des himmlischen Gefolges, um Erbarmen und um Vergebung (XI); und dann endet der Text in einer bekenntnishaften Anrufung der D r e i f a l t i g k e i t, einer Bekräftigung ihres Dogmas (XII) – er will offenbar nicht auch noch, wegen dieses Textes, in welchem die Zweite Göttliche Person so entschieden in den Vordergrund gerückt ist, eine Anklage vor dem Ketzergericht riskieren wegen mutmaßlicher oder angeblicher Abweichung von der Trinitätslehre der Katholischen Kirche.

Seiner Thematik nach paßt dieses rhythmische Poem in die oben geschilderte Situation Berengars von Tours während seines letzten römischen Aufenthaltes. Es ist wirklich sehr persönlich gehalten, also n i c h t n u r a u f d e r s y m b o l i s c h e n E b e n e zu verstehen, sondern einzelne Metaphern, die der Verfasser verwendet, gewähren dem Leser oder Zuhörer auch durchaus Einblick in k o n k r e t e Umstände seiner momentanen Befindlichkeit: die Lebensgefahr, in der er schwebt; die drohende „Verwirrung", die ihm die geistige Bewältigung seiner Krise erschwert – hier denke man nur an die wahrlich labyrinthisch anmutenden Tropen und das beinahe schon obszöne Hin-und-Her der disputativen Rede-Figuren der exegetischen *altercatio* um die dogmatischen Präskriptionen einer bisweilen echt hirnrissigen Gottesgelahrtheit; die Heftigkeit der feindlichen Anwürfe, „Inkursionen", Invektiven; die hinterhältigen Anschläge, daß man ihm tödliche „Fallen" stellt; die Tücke des Verrats, mit der man den Zugang zu seinem Innern, zu seinem „Herzen", gleichsam „okkupieren" (in Besitz nehmen, ihm sein Eigenstes entfremden) will – gegen all diese Leiden und drohenden Schrecken benötigt der Sprecher dringend Hilfe, fühlt sich offenbar allein. Aber er will den Kampf nicht aufgeben, so betet er um die Kraft, auf seinem schweren Posten durchzuhalten, bittet um entsprechende seelische Stärkung. In der vierten Strophe ist direkt von einer „Verdammung" die Rede, die seinen „Körper", offenbar als Strafe, treffen solle, aber ebenso offensichtlich nur dann wirklich träfe, wenn arglistiger Betrug das Spiel gewönne. Die schöne Aussicht aufs Ordal? Aber, wie sehr er auch klagt, er ist kein Leidensapostel, sondern möchte unbedingt als triumphaler S i e g e r aus dem Streit hervorgehen. Kein sehr ‚christliches' Gedicht, dünkt mich. Er scheint das Gebot: *Liebet Eure Feinde!*, gar nicht zu kennen, beherzigt es jedenfalls mitnichten. Und der *Sir*, bei dem er um Hilfe nachsucht, wird wie ein großer Feudalherr geschildert, ein strafender *warlord*, ein richtiger Großkönig („König der Könige").

Bei der fünften Strophe fallen mir an dem, was er sagt, besonders auf: daß ausgerechnet das Dogma der ‚Höllenfahrt Christi' aus dem apostolischen und dem athanasianischen Symbolum hier als Beispiel herangezogen wird, um dem Vermaledeiten, dem die selbstgerechten Ketzermacher ein Schicksal im *Acheron* bereiten wollen, die Gewißheit einzuimpfen, daß die starke rechte Faust, die einstmals die Verriegelung des Abgrunds, in dem d i e S e e l e n g e f a n g e n g e h a l t e n wurden, gesprengt hat, auch ihn aus seiner ‚Vorhölle' befreien werde. In seiner Verzagtheit soll sich der Verfolgte also daran erinnern, daß der Erlöser schon einmal in den Limbus hinabgestiegen ist, und soll wieder Hoffnung fassen auf das Ende seiner Pein. Die Befreiung steht also in Aussicht, so ermutigt sich der Geplagte selbst. Die Allein-Seligmachende erscheint in diesem Vergleich aber nicht in rosigem Licht. Und dann kommt die wichtigste Zeile:

F r a n g e meos inimicos

– die Aufforderung, ja der förmliche B e f e h l, Kommandosprache, diese feindlichen Typen zu „zerschmettern". Doch die oben zitierte Übersetzung des Theologen Schnitzer ist nicht exakt. Das Verb *frangere* ist nämlich genau dasselbe Wort, das in der H u m b e r t s c h e n   F o r m e l zur Bezeichnung der rituellen Handlung am Altar verwendet wird, wenn der Priester das konsekrierte „Brot", also jetzt das veritable *corpus Christi*, „zerbricht" und „zerstückelt" – *reuera*, wir erinnern uns, daß Berengar eben dieses hat bekennen sollen (*quia veraciter corpus Christi manibus frangitur sacerdotis*) auf Verlangen seiner Feinde. Die waren ja immer der Meinung, man müsse glauben, daß dies „wirklich" und wahrhaftig, *substantialiter, realiter, materialiter* mit dem Erlöserleib passiere. Nun wünscht Berengar diesen seinen Feinden genau dasselbe, daß es (das, woran sie „glauben" nämlich) jetzt endlich auch ihnen passiere! „Zerbrochen" zu werden, in Stücke. *Realiter*, „leibhaftig". Wahrlich ein frommer Wunsch. Daß sie ‚dran glauben' sollen, damit sie erkennen, woran sie da glauben. Sollte der Verfasser hier in diesem Zusammenhang auf dieses Wort, *frangere*, nur zufällig verfallen sein? Und noch etwas: *frangere* erinnert *qua* Assonanz auch an den Namen des Hauptgegners: an den des von Berengar als ‚Judas' ausgemachten Lanf r a n c u s von Canterbury – Zufall? Doch wohl kaum. Festzuhalten bleibt, daß auch dieser Text beweist, daß der Selbstbehauptungswille Berengars ungebrochen ist – auch in dieser schwierigen Situation, in der er mit der Drohung eines atavistischen sog. „Gottesurteils" direkt konfrontiert ist.

Bevor wir beschreiben, wie die Sache dann ausging, ist noch zu erwähnen, daß der Neid der kirchlichen Skribenten sich auch an diesem Gedicht zu schaffen gemacht hat. Sie ruhten nicht, bis ihnen ein Einfall kam, wie sie es anzustellen hätten, daß der Dichter des Rhythmus *Iuste iudex Iesu Christe* und zugleich auch diese *Oratio* selbst in finstern Verdacht kämen, so daß am Ende beide diskreditiert wären. Alberich von Troisfontaines überliefert die Legende, die zu diesem Zweck zusammengeschustert wurde, in seinem Chronikwerk. Die älteren Quellen, die er ausgeschrieben hat, kennt man soweit. Es sind mehrere, darunter zum Beispiel auch belgische – muß man hier etwa an Lüttich denken, daß die Sage von Berengars dortigen Feinden ausgebrütet oder ausgekocht ward? Aber wo auch immer das Machwerk tatsächlich entstanden ist – wer weiß heute schon, daß der Lügensack, der die zweifelhafte Geschichte seinerzeit als erster ausplauderte, damit aus der Gestalt des *Scholasticus* von Tours das mittelalterliche Urbild des *alten Hexenmeisters* aus Goethes Ballade *Der Zauberlehrling* erschaffen hat? Goethe kannte diese Quelle freilich nicht; er benutzte 1797 vielmehr eine Stelle aus den Werken des Lukian von Samosata in der Übersetzung Christoph Martin Wielands als Vorlage.

Die Legende von Berengar erzählt von ihm als einem weitbeschreyten, gewaltigen Schwarzkünstler. (Wir sagten schon, daß vielleicht seine ärztlichen Kenntnisse ihn in diesen Ruch gebracht haben.) Eine vornehme Familie habe ihm einen Verwandten, einen jungen Kleriker, zur Erziehung anvertraut. Als Berengar einmal ausgegangen war, da habe dieser junge Mensch, neugierig, in die Bücher seines Meisters hineingeschaut. Im Mittelalter pflegte man bekanntlich mit lauter Stimme zu lesen. Also habe der Schüler gewisse Beschwörungsformeln aus Berengars Zauberbüchern laut deklamiert. Prompt sei ihm der Teufel erschienen und habe ihm den Hals umgedreht. Als Berengar bei seiner Heimkehr die Bescherung sah, habe er durch einen Höllenzwang den Bösen veranlaßt, in den Leib des Getöteten zu fahren. Dadurch sei der Knabe zwar wieder zum Leben auferstanden, aber als ein Besessener. Eine zeitlang sei er noch umhergegangen, habe sich sogar zu den Chorknaben gesellt zum liturgischen Gesang. Schließlich sei ein anderer Zauberer, ein Rivale Berengars, hinzugekommen, habe den schändlichen, blasphemischen Betrug aufgedeckt und mit einem

Großen Exorzismus den Bösen gezwungen, aus dem Körper des Jungen wieder auszufahren. Der war dann allerdings ganz tot und blieb es auch. Den Berengar aber habe man darauf zum Tode verurteilt. Er habe sich jedoch in eine Kirche flüchten können. In dieser Situation habe er das berühmte Gebet *Iuste iudex Iesu Christe* verfaßt. Und er soll durch unablässiges Absingen dieses Liedes Mitleid erregt haben, so sehr, daß man ihn, auf einen Wink des Himmels natürlich, endlich doch wieder freiließ.

In einer Variante dieser ätiologischen Legende, die um das Entstehen des Hymnus *Iuste iudex* herumgesponnen wurde, wird berichtet, wie der Teufel den Berengar nach Rom geflogen habe, und so, wie hier referiert, habe sich die ganze übrige Geschichte dann in der Heiligen Stadt abgespielt.

Die Lage, in der Berengar sich 1079 befand, als das römische Konzil am 11. Februar in der Salvatorkirche mit über 150 Bischöfen und Äbten und ihrem Troß von Klerisei eröffnet wurde, war für ihn sehr gefährlich. Aber das vom Papst bestellte ‚Wunder' traf ein: Das Orakel der Heiligen Jungfrau, berichtet Berengar selbst, habe Papst gesagt, hätte gesprochen und geboten, man solle sich **einzig an die Worte der Bibel** halten, gegen die habe Berengar nicht verstoßen. Dies war richtig, er hat die *Heilige Schrift* ja nicht im Wortlaut verfälscht, sondern hat diesen nur ausgelegt, freilich ‚spirituell'. Vielleicht lag in der Botschaft des Papstes auch ein Wink, wie Berengar sich hinsichtlich des verlangten Bekenntnisses zu verhalten (und woran er sich zu halten) habe – *sola scriptura* sei die verbindliche Norm. Jedenfalls benachrichtigte man den Berengar, daß der Papst das Ordal aufgehoben habe, er möge das Gefängnis verlassen und sich in seine Unterkunft begeben. Der *Scholasticus* hatte sich wohl mit einem ihm vorgelegten Text einverstanden erklärt. Den Kardinälen war dazumal ein Fasten auferlegt worden – keine ungewöhnliche Prozedur, wenn schwerwiegende Entscheidungen der Zentrale bevorstanden, aber vielleicht auch ein Mittel, das der Papst gebrauchte, um die Extremisten unter den Konzilsvätern etwas besser im Zaum zu halten.

Die Anordnung des Papstes jedoch, daß die Probe des ‚glühenden Eisens' zu unterbleiben habe, ist, bedingt durch Widersprüche in den darüber vorliegenden Berichten, auf ein gewisses Unverständnis gestoßen. Wieso hat er dem notorischen „Ketzer" die Gelegenheit, sich mutig zu bewähren, erlassen? Gregors Gegner im Kardinalskollegium, deren es, nach dem Ereignis von Canossa, nicht wenige gab, die späterhin sog. „schismatischen Kardinäle", argwöhnten (beziehungsweise benutzten als Argument, um seine Absetzung zu betreiben): der Papst habe die Sache Berengars zu seiner eigenen gemacht. Doch wäre die Untersagung der Feuerprobe kein überzeugendes Indiz für eine solche These. Denn gemeinhin wird von den Historikern fast geflissentlich übersehen, daß, beispielsweise, ein Vorgänger Gregors, der Papst Alexander II., gut 15 Jahre vor dem nunmehrigen Zeitpunkt in einem Erlaß, dem Breve *Super causas* aus dem Jahre 1063, die sog. ‚Gottesurteile' ganz und gar verboten hatte, und zwar mit folgenden sehr deutlichen Worten:

„Schließlich wollen Wir, daß Du das volkstümliche und durch keine kanonische Strafbestimmung gestützte Gesetz, nämlich die Berührung kochenden bzw. eiskalten Wassers und glühenden Eisens oder irgendeiner Erfindung des Volkes (denn dies sind gänzlich Erdichtungen, wobei Mißgunst am Werk ist) weder selbst anwendest noch in irgendeiner Weise forderst, ja, Wir verbieten es sogar kraft apostolischer Autorität nachdrücklichst".

Der Kampf der Kirche gegen das ‚heidnische' Beweismittel des *iudicium Dei* war allerdings schon jahrhundertelang geführt worden, konnte in Frankreich bis zu Agobard von Lyon, in die Zeiten Ludwigs des Frommen, zurückdatiert werden (die päpstlichen Verbote sind im *Liber extra* des Gratianischen *Dekrets* gesammelt); ein so auf die „Autorität" des Heiligen Stuhls bedachter Politiker wie Gregor VII., den keine Skrupel davon abhielten, sich auf die (im 9. Jahrhundert gefälschten) Kanones der Dekretalensammlung des sog. Pseudo-Isidorus Mercator zu stützen, wenn es galt, gegen die Metropoliten und gegen die regionale Laiengewalt in der Kirche die jurisdiktionelle Macht des Papstes zu erhöhen – der ‚Reformkardinal' Humbert hatte schon bei der Zusammenstellung eines Handbuches des Kirchenrechts aus dieser trüben Quelle geschöpft –, wollte gewiß, daß in der kanonischen Gesetzgebung die Kontinuität gewahrt bliebe, und mithin bei seinem auf Rom zentrierten Kirchenverständnis auch in diesem Falle erreichen, daß päpstliche Entscheidungen, die einmal mit derartigem Nachdruck zur Norm erhoben worden waren, unbedingt respektiert würden.

Als man Berengarn die Urkunde aushändigte, die er jetzt beschwören sollte, entdeckte er beim Lesen, daß dem Text das mit ihm nicht abgesprochene Wort *substantialiter* nachträglich hinzugefügt worden war. Das ärgerte ihn, doch er brachte es fertig, sich noch eine eigene Interpretation dieses interpolierten Begriffs zurechtzulegen, die zu seiner bisherigen Deutung der Eucharistie trotzdem gepaßt und mit der er die strikt ‚buchstäbliche' Auffassung seiner Kontrahenten gedanklich umgangen hätte; er glaubte also, mit dieser neuen mentalen Reservation wieder ein Argument gewonnen zu haben, mit dem er das Denken seiner Feinde blamieren und ihre Borniertheit aufzeigen könnte: Wenn es heiße, Brot und Wein auf dem Altar würden *per mysterium sacrae orationis* „ihrer Substanz nach konvertiert" – *substantialiter converti* –, dann sei diese Aussage e i n s c h r ä n k e n d zu verstehen, und mit dem Wort *substantialiter* sei, in Anwendung der Regeln der Grammatik, d i e s e Version festgestellt: das geweihte Brot sei *salva sua substantia* der Leib Christi. Das sei er bereit zu beeiden. Er berief sich zudem auf das Vorbild Christi, der ja auch in Gleichnissen gesprochen, sich der Bedeutung von Zeichen bedient und oft seinen Worten dialektisch einen anderen Sinn unterlegt habe als diejenigen, die mit Fragen zu ihm gekommen seien, erwartet hätten.

Doch die Gegner des *Scholasticus*, anscheinend eine starke Fraktion auf dem Konzil, waren mißtrauisch. Sie drangen mit der Forderung durch, die Schwurformel, um ihn festzunageln, durch die Phrase zu ergänzen:

non tantum per signum et virtutem sacramenti, sed in proprietate naturae et veritate substantiae

– „in der Eigentümlichkeit der Natur und in der Wahrheit der Substanz", und sie verlangten außerdem – die schikanöse Pression ging weiter, endlich hatten sie ihn in der Falle –, er solle sich auf der Stelle eidlich dazu verpflichten, sein Bekenntnis künftig n u r n o c h i m S i n n e d e r h i e r v o n d i e s e r S y n o d e g e b i l l i g t e n A u f f a s s u n g zu interpretieren. Als Berengar jetzt noch einmal nicht nur zögerte, sondern mutig erklärte, ihr sog. „Sinn" ginge ihn gar nichts an, er halte sich an das, was er mit dem Papst abgesprochen habe, verlor Gregor VII. die Fassung, er brüllte ihn an: „Auf die Knie! Nieder zur Erde! Bekenne Deinen Irrtum, bisher keine Wesensverwandlung des Brotes und des Weines angenommen zu haben!" Doch wieder rettete sich Berengar. Wie er das anstellte, erklärt er selbst:

„Was soll ich sagen? Durch des Papstes plötzlichen Wahnsinn verwirrt und von Gott zur Strafe meiner Sünden mit der Gnade der Standhaftigkeit nicht ausgestattet, warf ich mich, damit n i c h t d e r P a p s t d a s A n a t h e m ü b e r m i c h a u s s p r e c h e, und dann, was die notwendige Folge davon gewesen wäre, das Volk mir irgend einen schimpflichen Tod anthue, auf den Boden nieder und bekannte mit sacrilegischer Stimme, daß ich geirrt habe, **also bei mir denkend**: Alle, die dich töten werden, rühmen sich des christlichen Namens; allgemein wird man in deiner Ermordung Gott einen Dienst erwiesen zu haben meinen. Leichter **nimmst du zur Barmherzigkeit Gottes deine Zuflucht**; befreie dich nur um jeden Preis aus der Gewalt und den Händen dieser **thörichten Menschen**".

Die hier zitierte Schnitzersche Paraphrase des Quellentextes ist wiederum in einem entscheidenden Punkt ungenau: *evolve te utcumque de potestate erraticorum et manibus*, in dieser Formulierung werden die fanatischen, zum Lynchmord schreitenden Horden nicht leichthin als „thörichte" Menschen, sondern präzis als *erratici*, das heißt exakt: als „**Ketzer**" charakterisiert! Und als ihre spezielle „Häresie" bezeichnet Berengar ihren (Irr-)Glauben, eine derartige Bluttat sei Gottesdienst! Und Papst und Kirche können diesen Mob nicht zügeln?

In dieser Situation auf die *misericordia divina* zu „rekurrieren", scheint zunächst wieder der gedankliche, dialektische Ausweg aus der Gefahr zu sein; es bedeutet jedoch hier an dieser Stelle – der *Scholasticus* befindet sich ja erneut unmittelbar vor dem möglichen Beginn eines Martyriums, einer *passio*, und der Heilige „Vater" ist beileibe nicht gewillt, diesen „Kelch" an ihm vorübergehen zu lassen – zugleich viel mehr: Durch die sogar von ihm selbst als sein „Sakrileg" bezeichnete *confessio* verhindert Berengar, daß seine Verfolger an ihm die Todsünde des Mordes begehen. Entschlossen „sündigt" dagegen **er** sozusagen **stellvertretend für sie**, nimmt die (und damit auch **ihre**) potentielle Schuld auf sich, ‚erlöst' sie also von dem Übel – wie er selbst sagt: im Vertrauen auf die **göttliche Gnade**. Und so kann er auch noch ein, seiner Meinung nach ‚häretisches', Anathema verhindern! Ein blasphemischer Mythos der Befreiung vom Bösen? Berengar weiß wohl, wie man sich als Christ beim Gnadenschatz Gottes bedienen darf. Bestimmte Kirchenhistoriker halten das alles für eine „Frechheit". Sie wären selbstverständlich dafür, daß die Kirchenfunktionäre, die den himmlischen Hort wie Bankiers verwalten, dem sündigen Kunden den Kredit verweigerten. Berengar kommentiert:

„Zu diesem Sacrilegium veranlaßte mich noch folgender Umstand. Glaubwürdige Männer, nämlich der Abt von Monte=Casino [!] und Petrus von Neapel, Mönch desselben Klosters, teilten mir mit, der Papst sei Willens, mich lebenslänglich in ein Kloster einzusperren, **damit man von ihm nicht etwa glaube, er sei mit mir derselben Ansicht gewesen**".

Im letzten Satz wird etwas von der politischen Brisanz und der historischen Dimension erkennbar, die der Berengarische Streit über die Jahrzehnte hin erlangt hatte. Und die rabiaten Polemiken gegen den verschlagenen „Heuchler", zu denen manche Kirchenhistoriker besonders des 19. Jahrhunderts sich ermuntert fühlten, wenn der „Fall" Berengars wieder einmal zur Erörterung anstand, sprechen Bände. Daß sie nicht verwinden konnten, daß ein „Gottesraub", wie man es *vulgo* nennt, ein *sacrilegium*, den Erzketzer beschützen mußte vor der Wut der Fanatiker! Doch Berengar ließ seinerseits kein Triumphgefühl aufkommen, als er im Nachhinein darüber berichtete, wie es war, als er die tödliche Bedrohung spürte, und er nahm keinen Anstand, den falschen Eid einzugestehen, der ihn „aus der Gewalt und den Händen dieser ‚thörichten' Menschen" wieder befreite.

Die Lehrbefugnis wurde Berengar jetzt entzogen. Nachdem er ihm in der gerade geschilderten, eventhaften Inszenierung den vermeintlichen Widerruf abgezwungen hatte, verbot ihm Hildebrand *alias* Papst Gregor VII., *haeretici Berengarii antiquus discipulus*, strikt das

Reden über alle Glaubenssachen. Berengar trifft mit seiner Vermutung hinsichtlich der Motive, die Gregor dazu veranlaßten, ihn, dem er zuvor meist mit respektvoller Freundlichkeit begegnet war, nun plötzlich fallen zu lassen, wohl das Richtige. Bestimmte Kardinäle verweigerten dem Papst die Gefolgschaft, das führte 1080 auf der in katholischen Kreisen als „Aftersynode" bezeichneten Kirchenversammlung in Brixen zu seiner Absetzung. Jene geistlichen Fürsten begründeten ihre Haltung ausdrücklich mit dem Vorwurf, Gregor sei von den Ketzereien Berengars „infiziert". Gregors in der geschilderten Szene auf dem Konzil zu Rom 1079 so demonstrativ vollzogene Distanzierung von dem verfluchten Irrlehrer kam politisch zu spät.

Berengars unfreiwilliges Verstummen in den letzten Jahren seines Lebens wurde, wie jener Eidschwur selbst, von den zahlreichen Feinden, die er sich gemacht hatte, flugs als Zeichen der „Reue" des alten „Ketzers" ausgelegt, während dieser doch, wenn schon „Reue", sie gerade nicht wegen seiner sog. „Irrlehren" empfand, da hatte er nichts zu „bereuen", sondern darüber, daß er wehrlos war und sich hatte vergewaltigen lassen müssen! Die schadenfrohe Prahlerei mit der angeblichen Tatsache seiner „Bekehrung", von der sie posaunten, daß diese sich, als göttlicher Triumph ihrer beharrlichen Hetze, auch in seinem Schweigen ausdrücke, war nicht gerade eine subtile Methode, mit der die Scharfmacher des katholischen Totalitarismus einen notorischen Feind, welchen den Flammen zu überliefern ihnen nicht gelungen war, dennoch bis in alle Ewigkeit hinein zu verdammen suchten – zum Schweigen nämlich.

Sie sollten sich darin täuschen. Ihr Sieg über den eingebildeten „Teufel" war nur ein vorläufiger und hatte keinen Bestand. Zwar hatten die Polizisten der Rechtgläubigkeit ja bereits die meisten Schriften des Beklagten, soviel sie ihrer habhaft werden konnten, verbrannt, ihn sogar gezwungen, sie eigenhändig ins Feuer zu werfen, doch ihre Hoffnung sollte sie trügen, daß der angeblich „konvertierte" Häresiarch durch sein gehorsames, gottergebenes Stillesein gegen Ende seines Lebens selber genau das „unschädlich" gemacht hätte, vor dem jene sich am meisten fürchteten: die Arbeit seiner Gedanken, seine Erkenntnisleistung, sein wissenschaftliches Werk. Hatten die Kirchenschriftsteller, ein gewisser Mönch namens Clarius, ein Richard von Poitiers, Mönch in Cluny, ein William von Malmesbury, die Historiker Mabillon, Launoi, Fleury, De Roye und andere die Legende verbreitet und mochten von ihren neueren Kollegen ein Kurtz, ein Hergenröther und wie sie alle heißen noch immer an ihr festhalten, indem sie weiterhin behaupteten, Berengar sei, und zwar hauptsächlich unter dem Eindruck der „tonanten" Schrift des Lanfrancus gegen ihn, zur „Zerknirschung" bereit gewesen und im Frieden mit der Kirche gestorben – diese Lesart ist erstunken, es kam ein Lessing, der das „Reskript" des Berengarius gegen eben diesen „heiligen" Lanfrancus aufstöberte, den Mut des Verfemten, *den Vorurtheilen die Stirne zu biethen*, erkannte und bewunderte und nun im Auftrag einer *niemals ungerechten Nachwelt* beweisen konnte, daß der Widerstand dieses frühen Turnierkämpfers der scholastischen Kontroverse und „ketzerischen" Dissidenten, der sich für die Emanzipation des Denkens von theologisch borniert er Bevormundung schlug, bis zuletzt ungebrochen blieb. Lanfranc selbst nannte sein „tonantes" Buch übrigens einen *liber scintillarum*, allein es sprühen keine „Funken", schaut man das Elaborat genauer an, sondern es erweist sich als eine biedere, mit advokatorischen Vätersprüchen gespickte, ziemlich öde Kompilation.

Es erboste Lessing besonders, daß die benediktinischen Historiker aus der Kongregation von St-Maur neuerdings mit der – Fischartisch gesagt: ‚Lügende' von der „Bekehrung" des

Berengarius hausierten. Ihm war diese plumpe Geschichtsfälschung ein Greuel, und so verwies er auf seinen Fund und hielt den Verantwortlichen entgegen:

> *Wie viele alte Schriften treten denn noch itzt an das Licht, durch die dergleichen partheyiſche Verkleider der hiſtoriſchen Wahrheit augenſcheinlich zu Schanden gemacht werden?*

Er ist sich vollkommen sicher, die Lektüre der temperamentvollen Selbstverteidigung des Archidiakons von Angers hat ihn felsenfest davon überzeugt:

> *Ein Mann, wie B e r e n g a r i u s , hätte die Wahrheit geſucht; hätte die geſuchte Wahrheit in einem Alter, in welchem ſein Verſtand alle ihm mögliche Reife haben mußte, zu finden geglaubt; hätte die gefundene Wahrheit muthig bekannt, und mit Gründen andere gelehrt; wäre bey der bekannten und gelehrten Wahrheit, Trotz allen Gefahren, Trotz ſeiner eignen Furchtſamkeit vor dieſen Gefahren, dreyſſig, vierzig Jahre beharret: und auf einmal, in eben dem Augenblicke, da unter allen erworbenen Schätzen, dem Menſchen keine werther ſeyn müſſen, als die Schätze der Wahrheit, die einzigen, die er mit ſich zu nehmen Hoffnung hat, – eben da, auf einmal, hätte ſeine ganze Seele ſo umgekehrt werden können, daß Wahrheit für ihn Wahrheit zu ſeyn aufhörte? –*

Und Lessing fügt, nach diesem gedrängten Abriß der Lebensproblematik seines „Ketzers", wie er sie wahrnimmt und auf den *rechten Punkt* bringt, als Schlußfolgerung hinzu:

> *Wer mich dieſes bereden könnte, der hätte mich zugleich beredet, allen Unterſuchungen der Wahrheit von nun an zu entſagen. Denn wozu dieſe fruchtloſen Unterſuchungen, wenn ſich über die Vorurtheile unſerer erſten Erziehung doch kein dauerhafter Sieg erhalten läßt? wenn dieſe nie auszurotten, ſondern höchſtens nur in eine kürzere oder längere Flucht zu bringen ſind, aus welcher ſie wiederum auf uns zurück ſtürzen [...]? Nein, nein; einen ſo grauſamen Spott treibet der Schöpfer mit uns nicht.*

Hier ist das Beispiel, anhand dessen Lessing uns deutlich machen will, was es heißt: *den Vorurtheilen die Stirne zu biethen und alles in ſeiner w a h r e n Geſtalt zu zeigen.* Zum „Ketzer", wie Lessing ihn versteht, wird einer, der die einmal erkannte Wahrheit n i c h t preisgibt und der nicht und niemals *kleinmüthig* auf die *allerflachſten Begriffe* wieder zurückfällt. *Das Ding, was man Ketzer nennt,* hatte er zuvor schon an einer markanten Stelle geschrieben, *hat eine ſehr gute Seite. Es iſt ein Menſch, der mit ſeinen eigenen Augen w e n i g ſ t e n s   ſehen w o l l e n .*

Der „Ketzer" Berengarius hat es, bezogen auf den ganz konkreten Fall, noch klarer ausgedrückt: Wer die Augen nicht eines Rindviehs, sondern eines Menschen habe, für den sei die Sache, um die es ihm gehe, doch evident! Und an anderer Stelle: Freilich wohl nicht für die, die man als „Finsterlinge" ansehen müsse, *si quis enim magis quam lucem tenebras diligat, si quis non se ipsum tenebras potius eligat esse quam lucem, vt lucem tenebrae non comprehendant* (und hierzu vgl. *Joh.* 1,5).

Dies hob Lessing also besonders hervor: Es ging ihm um den eigenverantwortlichen W i l l e n des Menschen zur Einsicht und zur Erkenntnis. Und darin stimmte er ganz mit Berengar überein, der sich in seiner Verteidigungsschrift ähnlich verlauten ließ und immer wieder, so oft, daß es den Interpreten eigentlich hätte auffallen müssen, betonte, daß er in der V e r n u n f t und ihrer Kraft den göttlichen Funken erblickte, der es allgemein erlaubte zu sagen, der Mensch sei nach dem E b e n b i l d e   G o t t e s geschaffen, der ja die Erkenntnis selber sei. Und Lessing wiederum hatte, darüber hinausgehend, noch behauptet:

> *Ja, in gewissen Jahrhunderten ist der Name Ketzer die größte Empfehlung, die von einem Gelehrten auf die Nachwelt gebracht werden können.*

Dann, im weiteren Verlauf, rundet er, heilig erzürnt über die von interessierter Instanz in Bezug auf s e i n e n Helden mit Fleiß ausgestreuten *gräßlichen Erzehlungen von plötzlichen Rückfällen in längst abgelegte Irrthümer auf dem Todbette*, also darüber, wie man ihn *auf die Nachwelt gebracht*, sein Urteil über Berengar von Tours ab, indem er schreibt:

> *Ein B e r e n g a r i u s stirbt sicherlich, wie er lehrte; und so sterben sie alle, die eben so aufrichtig, eben so ernstlich lehren, als er.*

Ein aufrechter „Ketzer" bleibt also der kritisch eingestellten *Nachwelt* empfohlen. Den postmortalen Legendenflickern aber schreibt Lessing bei dieser Gelegenheit noch eigens ins Stammbuch:

> *Einfalt und Heucheley müssen das Bette des Sterbenden nicht belagern, und ihm so lange zusetzen, bis sie ihm ein Paar z w e y d e u t i g e W o r t e ausgenergelt, mit welchen der arme Kranke sich blos die Erlaubniß erkaufen wollte, ruhig sterben zu können. –*

Und wie sehr er, da solche *Worte* gar nicht überliefert sind, die Spezies der geistlichen Fabelhansen verachtete, gibt er nebenbei zu Protokoll:

> *Allerdings bedarf eine so befremdende Erscheinung in der menschlichen Natur, als die endliche Bekehrung eines B e r e n g a r i u s gewesen wäre, auf alle Weise ausstaffiret zu werden, wenn sie auch nur der Allerblödsinnigste glauben soll; und ich betaure die Männer, die es für ihre Pflicht halten, dergleichen fromme Gespenster ausstaffiren zu helfen.*

Diese Einschätzung hatte sich ihm, der sich schon immer für das Phänomen der sog. „Ketzerei" interessiert hatte, bei der Lektüre des *Rescriptum contra Lanfrannum* ergeben.

Es gehört zum Aberwitz der Kirchen- und Ketzergeschichte, daß von dem Moment an, da die geistlichen Richter einen solchen „Ketzer" seiner „Irrtümer" überwiesen zu haben glaubten, wenn der sich dann weiterhin beharrlich weigerte, diese vom Glaubenstribunal definierten „Irrtümer" einzusehen, in ihren Augen nicht mehr die Heterodoxie selbst, die Abweichung, ihrem Inhalte nach, von einem bestimmten dogmatischen Glaubensartikel, also die eigentliche „Ketzerei", als sein Hauptdelikt galt, sondern eben seine strikt ablehnende Haltung, Widerspenstigkeit und „hochmütige Verstocktheit", *pertinacia*, eine Sünde des Willens und des Geistes. D i e s e war unverzeihlich, und nur der „Sünder" selber konnte von ihr ablassen. Sie wurde als gleichbedeutend mit einem grundsätzlichen ‚Nein' des Angeklagten zur Autorität der Kirche gewertet, d.h. als *crimen laesae maiestatis* und Verrat Gottes. Die Vollzugsorgane der geheiligten Glaubenssuprematie, die man in Rom anstrebte, liebten die „Majestätsverbrechen" sehr, da deren amtliche Feststellung, etwa durch ein Ketzergericht, während die Wachhunde der Rechtgläubigkeit freudig bellten, die Anwendung der harten Strafbestimmungen des Römischen Rechtes gestattete. Dem Beschuldigten winkten die mittelalterlichen Ketzerrichter mit einem Strafmaß, wie es für das schwerste politische Delikt, das jene Zeit kannte, die Felonie, vorgesehen war.

Entsprechend griff die Kanonistik schon des längeren zurück auf die Dekrete der postkonstantinischen Staatskirche. Damit, daß ein Delinquent dem Glaubensmonopol eines autoritären Officiums seine eigene, persönliche, individuelle Autorität entgegensetzte, sich folglich in innerster Seele vom befohlenen Glauben abgekehrt hatte – und seine Kompromißlosigkeit war wohl das eigentlich Verlockende an diesem Gedanken, ein Extremismus, der auch die Richter fasziniert haben muß –, war seine „Ketzerei" erst wirklich vollendet. Item war es letztlich nicht die Kirche, die ihn zum Scheiterhaufen verurteilte, sondern immer „nur" er selbst in seinem unverbesserlichen Eigensinn. So gesehen, war ein Autodafé, der *actus fidei*, auch immer zugleich das Zeichen einer schmählichen Niederlage der Bekehrungsspezialisten und ihres geweihten Apparates, der nun nach seligmachender Rache dürstete, da jene mit ihrem Versuch gescheitert waren, die Seele des Apostaten zu retten. Diesem konnte man jetzt bloß noch den einen Gefallen tun: ihn dadurch, daß man ihn tötete, daran zu hindern, noch mehr kapitale „Sünden" zu begehen. Man schützte den vom Glauben Abgewichenen vor sich selbst! Und dies gereichte den anderen, den Selbstgerechten, zum Trost: Die kurze Qual der Flammen würde dem Sektierer die endlosen Qualen im Jenseits ersparen. Das Feuer würde ihn ja „reinigen" von seiner Räude. Darum war das Brandopfer, so lautete denn auch später die Schlußfolgerung des Kardinal-Inquisitors Robert Bellarmin, ein gutes Werk – bloß ein Akt der Barmherzigkeit und des Mitgefühls, Ausgießung der Heiligmachenden Gnade und Beweis christlicher Liebe.

Kein moderner Geheimdienst verfügt heute über ein so dichtes und effektives Netz von Agenten wie damals schon die Katholische Kirche. Der Beichtstuhl war das wirksamste von allen Glaubenstribunalen, die diese Fidelitätsgemeinschaft seit Jahrhunderten betrieb. Traktate über jede denkbare Gattung von Ketzereien, Ratgeber für die Praxis ihrer Ermittlung, gab es seit der Zeit der Väter in stattlicher Zahl. Jetzt waren sie als Handreichungen vorweg, als theoretische Antizipation aller dogmatischen Delikte, die die Zentralgewalt verunsicherten, Nomenklaturen der Sündenangst, verbreitet. Der „Ketzer" galt als der Antipode des „Christen". Die Ermittler dachten in Typen der Ketzerei, Idealbildern der Abtrünnigkeit, und in diesen Kategorien setzten sie eine lange Ermittlungstradition fort. Sie „prüften" penibel die Gewissen, indem sie einen vom Klerus ersonnenen Sündenkatalog Punkt für Punkt abfragten. Der Verdächtige hat Komplizen, klar, muß er ja haben, jede Sekte hat ein Oberhaupt, den „Häresiarchen" – Berengar war wohl, nach dem Dafürhalten seiner Häscher, einer der schlimmsten, weil, die Geschichte der Nachwirkung seiner Lehre beweist es, bis in die Gegenreformation, überhaupt in die Geschichte des Protestantismus hineinreichend, überzeitlich, fast schon zeitlos. Manche lassen diese Geschichte sogar mit ihm beginnen. Die Klassifikation der möglichen Vergehen, das ganze Sortiment, war den Ermittlern also geläufig, sie hatten sich die Beschreibungen eingeprägt. Eine hochentwickelte *ars memorativa*, die sie in ihrer Ausbildung erlernt hatten, half ihnen dabei, den Überblick über die einzelnen Erscheinungsformen der Ketzerei zu behalten. Noch die Humanisten, wie etwa Conrad Celtis in Ingolstadt am Ende des 15. Jahrhunderts, boten solche mnemotechnischen Unterweisungen an den Universitäten in den Grundkursen ihrer klassisch reformierten philologischen Studiengänge an. Die *casus* der Gewissensfragen, die bei der Fahndung nach Ketzern angeschnitten werden mußten, hatte man in einschlägigen Handbüchern, sog. „Spiegeln", erfaßt und verzeichnet. Die Zusammenstellungen waren gar nützliche Hilfsmittel. Die „Kasuistik", die Wissenschaft vom Umgang mit Präzedenzfällen und mustergültigen Sentenzen, erreichte bald hohe Grade einer pedantischen Spitzfindigkeit. Die schien aber nötig, denn Satan war listig, die Schlange ist überall, und Ketzer sind bekanntlich gerissen. Sie sind immer fromm. Frömmigkeit eines Menschen bildet daher schon einen allerersten Verdachtsgrund gegen ihn.

Nun könnte man einwenden, daß es zu Berengars Zeit noch kein „Heiliges Officium" gab. Doch die Devise, *quod non in actis, non est in mundo*, ist für meine Untersuchung nicht maßgebend. Die Verfahren der Ketzerverhöre und -gerichte fanden ja statt! Die bezüglichen Quellen sind durchaus beredt. Sie wären im einzelnen noch besser zu erschließen. Sie enthalten die Antwort. Wir haben die Frage schon berührt und auch am Beispiel Berengars gesehen, daß die Kurie in Rom zunehmend erfolgreich bestrebt war, diese Händel nach den Maximen einer kirchlichen Kriminaljustiz zu steuern. Seitens der Präsidien der ekklesiastischen Strafgerichtsbarkeit, welche in den Regionen immer noch den Bischöfen oblag, mag die relative Übereinstimmung der Herren in ihrer Glaubensgewißheit es zudem bewirkt haben, daß sie auf eine bestimmte Einheitlichkeit des Prozeßgangs achteten. Auch die Rollen, die die Beteiligten zu spielen hatten, waren ja fixiert. Und die päpstlichen Legaten, die zum Beispiel zu den Synoden nach Frankreich entsandt wurden, fungierten als Aufsichtsbeamte.

Die Auskultation eines Angeklagten erfolgte vom bequemen Stuhl der Autorität „von oben herab" und nach bestimmten Regeln. Der Beklagte kann nicht ausweichen, er ist nicht situationsmächtig mehr. Er wird im Zuge solchen Heilsgeschehens sozusagen in die ungünstige Ecke der göttlichen Ordnung hineinmanövriert. Man treibt ihn dort in die Enge, will erreichen, daß er sich selbst belastet. Denn nicht er stellt die entscheidenden Fragen, sondern er hat nur auf ihm gestellte Fragen zu antworten. Vermutlich findet die Kunde, die Berengars Feinde wiederholt lustvoll und schadenfroh verbreiteten, er sei auf dieser oder jener Synode, in Chartres zum Beispiel, als er sich seinen Herausforderern stellte, in der Auseinandersetzung schimpflich untergegangen, in einem solchen Prozedere ihre Erklärung: daß man ihm seitens der ausforschenden Behörde auf den betreffenden Veranstaltungen, zu denen er sich aufgemacht hatte, eben nicht, wie er zuvor wohl erwartete, eine förmliche „Disputation" im akademischen Rahmen anbot, es gab kein wissenschaftliches Gespräch mit ihm über das Problem, sondern man unterzog ihn in einer Atmosphäre des allgegenwärtigen Argwohns einem „Verhör". Seine Kontrahenten gerierten sich als Vernehmungsbeamte. So war er, obwohl seine Schriftkenntnisse die des orthodoxen Klerus weit übertrafen, von vornherein der Unterlegene. Und er sagt es ja auch selbst, daß er „verstummt" sei (*conticui*), da er die Perlen seiner Erkenntnisse nicht vor die dummen Säue habe werfen wollen. Seine Feinde jedoch, allen voran Lanfrancus von Bec, der selbsternannte Detektiv mit pädagogischem Auftrag, spielten sich mehr als einmal auf in der Funktion von *testes synodales*, die im Terrain der Dogmatik herumstümperten als patentierte Verdachtsmelder, Brandboten der heiligen Flamme. Solche „Synodalzeugen", willige Spanner, die sich nach vorne drängten, um auf sich aufmerksam zu machen, oder von den Bischöfen eigens ausgesuchte und bestimmte Konfidenten, *viri boni testimonii*, die oft anonym spionierten, Horchposten der Rechtgläubigkeit, machte man wenig später zu einer festen Einrichtung verdeckter Ermittlung, zu einem ständigen Gremium bestallter Spitzel, damit wurde ein selbsttätig vorgehendes Überwachungsorgan geschaffen mit dem Ansehen einer politischen Polizei. Unter priesterlicher Leitung amtete es bald permanent. Der nächste Schritt war dann die Einführung einer Anzeigepflicht. Der „Fall" Berengar bietet unübersehbare Anzeichen dafür, daß man sich auf dem Wege dorthin, zur Gesinnungsdiktatur, befand. Und die geweihten Ober-Auskultanten, die als Befrager tätigen Sendlinge, versuchten es mit einer Abschreckungsstrategie. Die *territio poenae* würde, hofften sie, man müßte nur weiter an dieser Schraube drehen, den Schuldigen schon allmählich zermürben. Gottesstaatsterrorismus zwecks Zerknirschungserzwingung.

Die Kirche wurde zur damaligen Zeit Schöpferin „neuer" und folgenschwerer Herrschafts- und Kontrollformen, gegen die sich natürlich auch der politische Widerstand regte. Es entstanden Parteischriften, die zwischen den verschiedenen Lagern umgeschlagen wurden, eine ausgedehnte politische Publizistik, vielfach in Form von Briefen, in deren Dispute auch die dogmatischen Differenzen mit einflossen und, wenn man sie politisch ausschlachten konnte, zum hochgespielten Thema wurden. Erhalten sind allerdings von den Polemiken, mit denen die Theologen einander beharkten, in der hier verhandelten Frage des Opferkultus fast ausschließlich die Schriften der Gegner Berengars. Seine eigenen – es sollen viele gewesen sein, bezeugen Zeitgenossen – sind der Vernichtung anheimgefallen. Deshalb wurde er jahrhundertelang meist nur durch die Brille seiner Feinde wahrgenommen, weidlich verzerrt. Genau dies, weil er solchen Tendenzen entgegentrat, macht Lessings Aufsatz über *Berengarius Turonenfis* für die Geschichtsforschung zu einem so wichtigen, wertvollen Dokument.

Dem installierten Ritual der Selbstbezichtigung mußte auch ein Berengar von Tours Genüge tun. Sie war, in ihrer schon liturgischen Bekundung nach außen, als *actus publicus*, einem „Sünder" zwingend aufgegeben, wollte der die „Absolution" erlangen. Zeigte er sich aber auf die „richtige" Weise „reuig", so stand die Lossprechung ihm zu, und er bekam sie dann auch. Durfte man einem Berengar dies vorwerfen? Daß er einen Ausweg beschritt, den man da wies? Die solche Klagen erhoben, mußten eigentlich wissen, daß „Heuchelei", wie ihre Anschuldigung lautete, wenn man denn diese Bezeichnung überhaupt für berechtigt halten wollte, ein Produkt des ausgeübten Gewissenszwangs war. Berengarius von Tours hat bei seinen verschiedenen *confessiones*, die ihm die Theologen zunächst abverlangten und dann nachträglich so sehr verübelten, noch Luther rechnete ihn zu den ihm so verhaßten „Sacramentierern", doch nur von den „Heilmitteln" Gebrauch gemacht, die die Kirche selbst gnädiglich zur Verfügung stellte! Geständnisse, öffentlich abgelegt, schaffen freilich Abhängigkeiten, wechselseitig. Solche Versuche, Entsühnung von schwerer Glaubensverfehlung zu erreichen, mögen, angesichts der Drohung mit massiver Vergeltung, zunächst, einerseits, dem Betrachter wie verzweifelte Spekulationen auf Gnade oder Ungnade erscheinen: Der Reuer liefert sich aus. Seinem Feind, der ja zugleich sein Richter ist. Doch ein so theatralischer Bußgang macht es anderseits wiederum unumgänglich, daß dem, der sich der kirchlichen Gnadeninstanz auf bestimmte, festgelegte Weise naht und Verzeihung erbittet, sein Begehren dabei formgerecht vorträgt, der Sündenerlaß nicht verweigert werden kann und darf, sondern, in einer Art Automatismus, ihm gewährt und sakramental abgesegnet werden muß. Auf das Bekenntnis folgt das Pardon, Vergebung der Sünden dem, der sie *lege artis* erfleht – dies ist der G e b r a u c h s w e r t des von den Priestern verkündeten christlichen Erlösungsopfers. Manche „Ketzer" sind eben schnöde Pragmatiker, wissen sich zu schicken. Alle Schuld sei ja, wie gesagt wird, schon im voraus abgegolten! Seltsam, genau so, wie die total dem B u c h s t a b e n verhaftete Orthodoxie es mit den Worten der S c h r i f t hält, an die sie sich klammert, und wie die fundamentalistischen Dogmatiker mit den *canones* der (von der obersten Lehrautorität für ewige Zeiten fixierten) *regula fidei* umgehen, nehmen diejenigen, die, ausgestattet mit ihren geistlichen Vollmachten, als Inhaber der sakralen Ämter die heiligen Opferhandlungen zelebrieren und zuständig sind für die Austeilung der kirchlichen Gnadengaben, bei einem, der da als „armer Sünder" anklopft und um Entlastung seines Gewissens nachsucht, die exponierten Zeichen seiner reuigen „Zerknirschung" und den von ihm planscharf „erweckten" guten „Vorsatz" für „real" und für „wahr", *substantialiter* und *materialiter* im strikten *sensus litteralis*! Also darf auch der Verbrecher die himmlische Gnadenverheißung getrost b e i m W o r t nehmen.

Was aber, wenn die Bußübung von vornherein nur frivol war? Konnte ein Beicht-„Vater", typologisch gedacht: ein ziemlich gottähnlicher Vize-Dominus oder *vicarius Dei*, dies zweifelsfrei eruieren? Oder wenig später, nachdem so ein Amt von der Kirche ins Leben gerufen worden war, ein geschickter Inquisitor, sei es durch seelische Folter, sei es durch körperliche Tortur? Wohl doch nicht in jedem Falle. So weit, bis zur physischen Flagellation, kam es hier glücklicherweise nicht. Was er sich auch immer bei seinen Retraktationen „gedacht" hat, Berengar von Tours durfte sich nach der Vorleistung, die er erbracht, ruhig der knirschenden Mechanik des *Ego te absolvo* überlassen, und es ist eigentlich unverständlich, man kann es wohl nur den Entzündungskeimen des Glaubensfanatismus zuschreiben, daß so viele Gottesmänner sich hinterher darüber beschwerten, daß dieser ehrwürdige Automat auch in Bezug auf die Angelegenheiten des *Scholasticus* von St. Martin ein über das andere Mal seinen gefälligen Nutzen bewies. Der Papst wiederum, der den Vermaledeiten dann letztinstanzlich lossprach – freisprechen m u ß t e , weil Sankt Peters amtliche *consuetudo* und Vorschrift dies von ihm erheischte, war auch kein Unmensch. Er war entgegen dem, was seine Feinde ihm nachriefen, selber kein vom Gift des Berengarischen „Irrsals" verdorbener „Ketzer", sondern e r h a n d e l t e n u r d e n R i t u a l e n e n t s p r e c h e n d , die in der Organisation, der er vorstand, etabliert waren. Auch das war geheiligte Tradition, und man muß schon konstatieren: Die Traditionalisten, dieweil Berengar mehrmals damit Aufsehen erregte, daß er für seine Heterodoxien allerhöchste Verzeihung erlangte, saßen hübsch in der selbstgebauten Falle.

D a s ist, meine ich, das ganze Geheimnis der vielen (scheinbaren) Zurücknahmen, die man dem „schlauen" Berengar immer und immer, selbst unter neueren Historiographen, zum bösen Tadel anrechnet, sie seien „unehrlich" gewesen, *sub falsa specie conversationis* erfolgt, und es erklärt auch den tüchtigen Ärger, den manche Kirchenvertreter ob des gelungenen, weil vom Protagonisten *cool* einstudierten Sühnetheaters empfanden. Aber wozu hat man schließlich das Bußsakrament? Doch wohl, um zu „büßen". Also, mein Sohn, sei nur getrost und sündige tapfer!

Unter den vielen historischen Arbeiten über die Berengarische Häresie und über den ‚Zweiten Abendmahlsstreit' im 11. Jahrhundert, die ich in diesem Zusammenhang genauestens inspiziert habe, ist mir keine einzige begegnet, die auch nur einen leisen Hinweis enthalten hätte auf die welthistorisch wohl bedeutsamste büßerische Parallelaktion, die man kennt, auf jene berühmte Szene, in der ein Exkommunizierter, für vogelfrei Erklärter und vielfach Bedrohter in winterlicher Eiseskälte als „reuiger Sünder" in Sack und Asche gehend sich durch seine zur Schau gestellte *contritio* die Loslösung vom Kirchenbann ertrotzt hat: Kaiser Heinrich IV. im Jahre 1077 in Canossa. Die Methode, mit der dieser Kaiser hier vorging, ließ bekanntlich dem Papst schlicht keine andere Möglichkeit, als ihm die „Sünden" nachzulassen und ihn wieder in die „Gemeinschaft der Gläubigen" aufzunehmen. Das bußtechnische Verfahren glich nun tatsächlich in etwa dem, das der *Scholasticus* von Tours und *Archidiaconus* von Angers, dem man es allerdings, wie Lessing sagte, *abgedrungen*, bereits mehrmals vorexerziert hatte, so daß man jetzt urteilen könnte, Heinrich habe diesen Ausgang seines toskanischen Abenteuers mit einer runden Portion Berengarischer „Schlauheit" erzwungen. Denn selbstverständlich verfolgte der salische Kaiser mit seinem Bußgang kein g e i s t l i c h e s , sondern ein p o l i t i s c h e s Ziel, nämlich Bewegungsfreiheit zu gewinnen, indem er mit seiner Entbindung vom Bann die Legitimation seiner Herrschaft zurückeroberte und zugleich bestimmten Gegnern, die diese in Frage gestellt und seine Absetzung erwogen hatten und schon für sie agitierten, ein billiges Argument aus der Hand schlug. Erzwungene

Vergebung – Resultat erzwungener Bußübung, ach wie praktisch! Einfach einleuchtend. Realpolitik eben. Und ist es nicht ein neckisches Spiel des Zufalls, daß der Papst, der durch den so klug kalkulierten Gebrauch der mechanischen *tools* der öffentlichen Paenitenz in die Zwangslage versetzt wurde, dieser Demonstration einer affektierten Selbsterniedrigung nur noch nachgeben zu können und seinen Erzfeind, Heinrich, wieder freisetzen zu müssen, derselbe Gregor war, der, kaum zwei Jahre später, auch den „bußfertigen" Berengar seiner „Sünden" ledigsprechen mußte? Wie der erhabene „Büßer" und Kaiser Heinrich IV. für die Ambitionen seiner Reichspolitik, so hat Berengar, der „reumütig"-hochgemute Philosoph, den an das Ritual der Kirchenbuße gekoppelten Sündenverzeihungsautomatismus für sich und für den Erfolg oder Fortbestand seiner Lehre fruchtbar gemacht. Es war beidemale ein ausgeklügeltes Vorgehen sowohl des Ketzers als auch des Kaisers. Man muß zugeben, der Satz, mit dem Bismarck sich brüstete: *Nach Canossa gehen wir nicht!*, war demgegenüber ein dümmlicher Spruch.

Um eine solche Entscheidung für sich treffen zu können, bedarf es der zur Klugheit geschärften Vernunft. Wo aber Gefahr ist, wächst, wie man sieht, die „rettende" Dialektik auch, und dort, wo jene theologisch gewütet hat, erscheint ein Lessing, und schlimmstenfalls verfaßt der wieder eine seiner berühmten *Rettungen*. Allerdings ist auch ihm nicht die historische Parallele aufgefallen, die in dem soeben beschriebenen Effekt der Kaiserlichen Bußfahrt und der Berengarischen Prostration besteht, beidemale vor Papst Gregor VII., die Übereinstimmung im zielbewußten Gebrauch einer ‚mentalen Reservation' mit jeweils beeindruckendem, in gewisser Weise ähnlichem Resultat dieser geistigen Operation: Die „Paenitenten" durften „Vergebung" samt dem, was dieselbe für ihre Zukunft bedeutete, als den Sold ihrer angeblichen „Sünde" einheimsen.

Da jedoch Schlauheit, die mit dem Instrument des theologischen Unsinns operiert, stets Unheil produziert, sollte es nur recht sein, wenn einer dem, zeitig und erfolgreich, mit einer besseren Schlauheit begegnet. Konzilsbeschlüsse und päpstliche Dekrete gegen Ketzer – wann hätte je der Geist die Kirche gelenkt? Der Heilige Geist, den ihre gesalbten „Fürsten" im Munde führen, ist ein manipuliertes Phantom, die Kirche ein menschenmörderischer gemütsvergiftender Machtapparat, ihre Doktrin ein Konglomerat kanonisierter Verstöße gegen die Menschenwürde, die eifrig gepflegte Dämonologie ein Labsal ihrer Priester, der Leib Christi ein gefräßiges Monstrum, Ketzer sind sein Leibgericht. Die totale angemaßte „göttliche" Führung kostete, unter der Losung: *Gott will es!*, Menschenopfer ohne Zahl. Fragst du, wie es den Abweichlern erging, erhältst du zur Antwort: Zuerst mundtot, dann ganztot. Genössen wir nicht den Schutz des Staates, die Verneiner würden heute noch hingerichtet werden. Die Verdammung ist täglich über sie ausgesprochen. In dem berühmten fünfzehnten Kapitel seines Hauptwerkes, weswegen dieses übrigens von einem Zensor, der nicht einmal der englischen Sprache mächtig war, so daß er es hätte wirklich lesen und begutachten können, auf den berüchtigten *Index librorum prohibitorum et expurgatorum* gesetzt wurde, bestimmt Edward Gibbon die schwermütige Aufgabe eines Historikers, im Unterschied zu der eines hochherzigen Theologen, mit folgenden Sätzen:

„The theologian may indulge the pleasing task of describing religion as she descended from heaven, arrayed in her native purity. A more melancholy duty is imposed on the historian. He must discover the inevitable mixture of error and corruption, which she contracted in a long residence upon earth, among a weak and degenerate race of beings".

So lautet das Konzept der Ablösung der kritischen Geschichtsschreibung von der Theologie, der Emanzipation des wissenschaftlichen Denkens überhaupt. Es ist das Fanal der „Aufklärung" als der Befreiung von j e g l i c h e r Bevormundung: *Sapere aude!* Namentlich aber ein Programm zur Überwindung einer Macht, die dem Menschen immer noch einzureden versucht, daß seine Natur, daß seine geistigen Kräfte durch die Erbsünde geschwächt, daß sein Verstand korrupt und seine Vernunft eitel seien. Es bedeutet, in seinem letzten Ziel, eine Herrschaft endlich abzuschütteln, die durch solche aberwitzigen Fiktionen die Menschheit zwar insgesamt entmündigt wissen will, im höchsteigenen unsauberen Interesse jedoch eine einzige Ausnahme davon immerzu lanciert, indem sie die lehramtskirchliche Instanz für in dieser Welt „unfehlbar" erklärt. Die *papabile* Clique wird so der Menschheit entrückt, die Serie der Päpste wohl schon zu Lebzeiten in ihren Himmel aufgenommen. Die Gewalt der Kirche, ihr Anspruch, weniger zu heilen als vielmehr „heilig", gar „hochheilig" zu sein oder mindestens zu scheinen, worin sich ihr Heilsversprechen meistenteils erschöpft, beruhte immer auf der Denunziation der *ratio* ihrer Widersacher, verfolgte immer das Ziel der Zerstörung der Vernunft, der Fesselung des Geistes und des Willens. Demgegenüber hält Berengar, der schlichte *Scholasticus* von Tours, an dem Gedanken fest, daß das Humane nur zu erreichen sei, wenn wir auf dem Gebrauch der rationalen Fähigkeiten, wie begrenzt sie auch seien, bestehen, mit denen der Schöpfer die Menschheit ausgestattet hat.

Es war ganz gewiß nicht der Heilige Geist, sondern es waren die profanen Denker, Revolutionäre, aufgeklärte Regierungen, die dem katholischen Höllenspuk in der Strafgesetzgebung ein Ende bereiteten. Und es waren mutige Verteidiger der Gewissensfreiheit, wie Berengar einer war. Dieser hat den Pakt mit der Vernunft, den er einst geschlossen, niemals gelöst. Vernunft galt ihm auch in Glaubenssachen mehr als Autorität und Tradition. Und er steht dafür: D i e A u f k l ä r u n g h a t i h r e W u r z e l n m i t t e n i m M i t t e l a l t e r.

Seine Gegner, hochgestochene Hierarchen, aber lassen ein klägliches Bild zurück. Ein letztes Mal wollen wir ihre Art und Denkweise kennzeichnen: Berengar hatte im Zuge seiner Kritik an dem für die ‚buchstabenverhaftete' Eucharistie-Auffassung seiner Feinde typischen organizistischen Metabolismus sarkastisch auf das (überlieferte) Experiment etlicher frommer Asketen in alter Zeit hingewiesen, die sich eine Weile nur von konsekriertem Brot und konsekriertem Wein, also ihrer Auffassung nach allein und ausschließlich von „Christi Leib und Blut" ernährten – und trotzdem zur Toilette gehen mußten, dieses Beispiel brachte dem *Scholasticus* bei seinen entgeisterten Feinden den Vorwurf ein, ein *stercorianista* zu sein, so als hätte e r und hätten nicht sie oder der Kardinal Humbert eine solche Deutung des Sakramentes erfunden oder proklamiert! Derart werden mit dem Sinn der Wörter die Tatsachen selbst verdreht. Was die Splitterrichter nur davon haben, wenn sie daherkommen mit ihrem handgerüttelten Unflat? Und der Lanfrancus, sein ständiger Widersacher, der stets die Meinung vertreten hatte:

haereticum esse omnem hominem qui a Romana et universali Ecclesia, in fidei doctrina, discordat,

erwiderte dem Berengar, als der ihm vorhielt, daß er, wenn er meine, daß auf dem Altar nach der Konsekration der Opfergaben in denselben „keinesfalls mehr die Substanz des Brotes und des Weines übriggeblieben und noch vorhanden sei", mit dieser Lehre, zusammen mit dem schrecklichen „Burgunder" (Humbert) und dem notorischen Paschasius, echte „Pöbeldummheit" vertrete (*immo vecordia vulgi*), daß er also dem Mob nach Munde rede, wogegen

Berengar dann auch noch den Grundsatz aufstellte, daß von keinem Ganzen, wenn von ihm ein substanzieller Teil unterminiert sei, im Akzidentiellen noch ein Fortbestand überhaupt möglich wäre (*nulla affirmatio constare poterit parte subruta*):

> „Wenn du <*sc.* Berengar> mich <*sc.* Lanfranc> und den „Burgunder" und den Paschasius mit dem Mob assoziierst, dann sollst du für ganz gewiß halten und dann sollen meine Freunde und dann soll die Kirche Christi ohne jeden Zweifel glauben: Ich <*sc.* Lanfranc> zöge es trotzdem vor, in Verbindung mit dem Pöbel als ein ungeschliffener katholischer Idiot zu existieren als in enger Genossenschaft mit dir <*sc.* Berengar> ein witziger Häretiker zu sein" -

mallem tamen cum vulgo esse rusticus et idiota catholicus quam tecum existere curialis atque facetus haereticus. Eine denkwürdige Stellungnahme, nicht wahr! Lieber ein v o l k s - n a h e r   I d i o t als ein s m a r t e r   K e t z e r, *voilà*!

Für Berengar aber ist die Vernunft alles. Das Erkenntnisvermögen, *intellectualitas*, schreibt er, gereiche dem Menschen in seinem Innern zur Zier: *interioris hominis decus*. Der Intellekt sei nicht ein bloß wahrnehmendes und beurteilendes (*discussor, iudex*), sondern sei ein schöpferisches Prinzip (*essentiarum opifex* und *institutor*). Es gab Schüler Berengars, die ihn ob dieser Haltung verehrten: der Dichter Baudri de Bourgueil zum Beispiel und Hildebert von Lavardin, der Humanist und berühmte Poet der sog. „Renaissance des 12. Jahrhunderts", Leiter der Domschule von Le Mans, später Erzbischof von Tours, der für Berengars Grabmonument sorgte und ihm einen Nachruf widmete, in welchem er ihn auch als Dichter lobte – der Hymnus *Iuste iudex* ist glücklicherweise als eine Probe der Berengarischen Kunst erhalten geblieben, die eine solche Würdigung verständlich erscheinen läßt. Er war jemand, der versuchte, dem Menschen den Weg zur Mündigkeit zu bahnen, zu einer selbstverantworteten Freiheit des Geistes. Gotthold Ephraim Lessing, der *praeceptor philologorum*, als er das Wolfenbütteler Manuskript vor Augen hatte, sah sofort, daß Berengar aus den Texten, die er zu erläutern unternahm, eine Vielfalt möglicher Deutungen als deren W a h r h e i t zutage förderte und sie in der Auseinandersetzung mit seinen Widersachern philologisch erschloß. Und nichts, schreibt dieser mittelalterliche *Grammaticus* und *Philologus*, gehe über die Autorität, die aus der Wahrheit komme:

> *auctoritate veritatis, quae omni homine est melior, nichil possit esse praestantius.*

In der methodischen D i a l e k t i k aber, der Disziplin, welche, nach einer alten Definition, die „richtige Weise des Nachdenkens lehrt", ein „Instrument zur Erforschung der Wahrheit" ist und „zur Unterscheidung des Falschen", sah Berengar das Mittel, um die Vernunfterkenntnis zu gewinnen. Zur Verteidigung dieser Kunst führt er daher an: Es sei überhaupt

> „das größte Herzensanliegen, durch alles hindurch seine Zuflucht zur Dialektik zu nehmen, denn bei ihr Zuflucht zu suchen bedeutet, bei der Vernunft seine Zuflucht zu suchen, weshalb derjenige, der nicht dorthin seine Zuflucht nimmt, obwohl er doch seiner Vernunft nach als Ebenbild Gottes erschaffen ist, seine M e n s c h e n w ü r d e preisgegeben hat und dann nicht mehr erneuert werden kann tagtäglich nach dem Ebenbild Gottes".

Maximi plane cordis est, per omnia ad dialecticam confugere, quia confugere ad eam ad rationem est confugere, quo qui non confugit, cum secundum rationem sit factus ad imaginem Dei, s u u m   h o n o r e m   r e l i q u i t, nec potest renouari de die in diem ad imaginem Dei. Daß der Mensch, in diesem Sinne, nach dem Ebenbilde Gottes geschaffen sei, wird zum

Angelpunkt in Berengars Argumentation. Er betont es bei jeder Gelegenheit, in der Wolfenbütteler Eucharistie-Schrift und in seinen Briefen, von denen allerdings nur wenige noch vorliegen. Die kritisch prüfende Vernunft ist der göttliche Anteil des Menschen. Sie darf nicht von einer Horde, die sich und alle anderen an den Buchstaben fesselt, geschändet werden – das wäre ein Selbstmord-Attentat auf Geist und Moral. Berengar hatte den Mut, sich der Kräfte seines Verstandes ohne Leitung eines Anderen zu bedienen, und sei es um den Preis einer von der Gegenseite als blasphemisch eingestuften „sündhaften Äquivokation".

Lessing, der „Anwalt aller Ketzer" (Fittbogen), säte berechtigte Zweifel, ob der Grundgedanke des Christentums, die Opferbereitschaft, denn wirklich ein christlicher Gedanke sei, kulminierte dieses „Denken" doch letztlich in der Bereitschaft des zum Blutdurst erhitzten Christenmenschen, den anderen, den Mitmenschen, zu opfern, nach der heiligen Maxime: *Alſo: nur erſt den Kopf ab: mit der Beſſerung wird es ſich ſchon finden, ſo Gott will!* Lessing, der den Standpunkt vertrat, es sei *Pflicht, wenn man Wahrheit lehren will, ſie ganz oder gar nicht, zu lehren,* der die ethischen Halbheiten der kirchenfrommen Gottesgelahrtheit nicht mehr erträglich fand, weswegen er selber *ſchon lange,* nach einem Wort seines Freundes Nicolai, bei sich den *Kitzel* hegte, *mit den Theologen handgemein zu werden,* die er nicht als *Liebhaber* der Wahrheit ansah, als die sie sich in die Brust warfen, sondern, da sie ihm verdächtig geworden, *die Wahrheit unter allerley Larven und Schminke an den Mann zu bringen,* als deren verächtliche *Kuppler* erkannte, schreibt an einer Stelle, daß der *Irrgeiſt* Berengar im Gegensatz zu diesen seinen Feinden, die *die ausführlichſten ſeiner Schriften unterdrücket haben,* niemals *dergleichen geweſen ſeyn könne,* dessen sie ihn ziehen. Und Lessing rehabilitierte ihn jetzt endgültig, indem er als Sprecher des nun *gerechten* Gerichtes der *Nachwelt* als deren Urteil festhielt, daß Berengar wahrhaftig kein einfacher, sondern sogar ein *doppelter Ketzer* gewesen sei: *Ketzer in ſeiner Trennung von der Kirche: Ketzer in ſeiner Rückkehr zu ihr.* Ja, er war weiß Gott ein Teufelskerl.

Hermann Samuel Reimarus als Kritiker des Christentums und Lessings Reimarus-Kritik

William Boehart

Vorbemerkung

Reimarus als Kritiker des Christentums, Lessing als Kritiker Reimarus' – das scheint relativ einschichtig zu sein. Aber: so klar wie die Sache erscheint, ist sie nicht. Denn Kritik ist nicht gleich Kritik. Es kommt stets auf den Kontext und die Zeitsetzung an. Der Schulmann und der freie Literat – so kann man Reimarus und Lessing charakterisieren. Die unterschiedlichen Ausgangsbasen hat den Gehalt ihrer jeweiligen Kritik geprägt. Es geht also in den nachstehenden Ausführungen weniger um den theologischen Inhalt der jeweiligen Positionen, sondern um die sozialgeschichtlichen Hintergründe.

Hermann Samuel Reimarus – ein »bekannter Unbekannter« der deutschen Aufklärung, wie der Hamburger Schulmann einmal treffend charakterisiert worden ist.[1] Wie können wir uns ihm über 230 Jahre nach seinem Tod nähern? Als beliebtem Lehrmeister, als ehrbarem Bürger der Stadt Hamburg, als bedeutendem Philologen, als bekanntem Populärphilosophen des 18. Jahrhunderts oder gar als Biologen (Er veröffentlichte eine angesehene Schrift zur Verhaltensforschung der Tierwelt). Ja, Reimarus erfüllte all diese Ansprüche. Bekannt geworden ist er für die Nachwelt jedoch durch die Begegnung mit Gotthold Ephraim Lessing. Durch diese Begegnung wird der gelehrte Reimarus sozialgeschichtlich außerordentlich interessant. Es lohnt sich, über ihn und seine geistige und sozialgeschichtliche Stellung im Kontext der deutschen Aufklärung nachzudenken.

Reimarus und Lessing sind sich nie persönlich begegnet. Der alte Reimarus starb im März 1768. Lessing kam zwar 1767 zum Nationaltheater nach Hamburg, überliefert ist jedoch nicht, dass der streitbare Literat den greisen Professor persönlich kennen gelernt hat. Sei's darum. Gelehrte treffen sich zuweilen auf anderen Wegen, über ihre Schriften und ihr Denken. Was sagt uns diese Begegnung, die von Lessing mit aller Macht herbeigeführt worden ist, über die deutsche Aufklärung oder gar über uns selbst heute?

Reimarus wollte es nicht; Lessing sehnte es herbei – das öffentliche Ärgernis, das der Wolfenbütteler Bücherhüter durch die Publizierung der bibelkritischen »Fragmente eines Ungenannten« aus dem Nachlass des Hamburger Professors 1774, 1777 und 1778 entfachte.[2] Lessing leitete mit dieser brisanten Herausgabe den lautesten theologisch-politischen Krach der deutschen Aufklärung ein, die wahrlich nicht arm an solchen Auseinandersetzungen war. Wie sah der öffentliche Kontext aus, in dem Reimarus sein Lebenswerk »Die Apologie oder Schutzschrift für die vernünftigen Verehrer Gottes« verfasste, das er zu Lebzeiten nicht zu veröffentlichen wagte?

Hermann Samuel Reimarus

Hermann Samuel Reimarus wurde am 22. Dezember 1694 in Hamburg geboren. Er war das erste Kind des Lehrers Nicolaus Reimarus und von Johanna Wetken, »Tochter aus einer der ersten Familien der Stadt« – wie die Chronik zu berichten weiß. Hermann Samuels früheste Erziehung erfolgte nach der damaligen Sitte eines lutherischen Haushaltes. Vermutlich erging es dem jungen Hamburger nicht anders als dem jungen Gotthold Ephraim Lessing einige Jahre später, von dem berichtet wird, dass er bereits im vierten Lebensjahr wusste, was, warum und wie er glauben sollte.[3] In der späteren »Apologie« spottete Reimarus über diese »unvernünftige Art«, Kindern Religionsbegriffe beizubringen: »Erst müssen wir zu vernünftigen Menschen gebildet seyn; ehe wir können Christen werden. Das Evangelium wird Ochsen und Eseln umsonst gepredigt: und wenn ein Papagey das gantze Glaubens-Bekenntnis daher plappern könnte, so wäre es doch für ihn nur ein leerer Schall ohne Verstand«.[4]

Reimarus' formelle Erziehung begann mit seiner Einschulung in das Hamburger Johanneum, wo sein Vater unterrichtete. Später hörte der junge Reimarus nach einem Wechsel auf das akademische Gymnasium Vorlesungen von bedeutenden Philologen wie Johann Albert Fabricius und Johann Christoph Wolf. Der junge Schüler nahm die barocke Gelehrsamkeit der frühen Aufklärung in seiner Vaterstadt begierig auf. 1714 ließ sich Reimarus an der Universität Jena immatrikulieren. Ursprünglich von seinen Eltern für das Predigeramt bestimmt, hatte Reimarus sein Interesse inzwischen auf die Philosophie und die Philologie verlagert. Die Entscheidung gegen den Predigerberuf erläuterte er in dem »Vorbericht« zur Apologie. Das Unvermögen, dasjenige zusammenzureimen, was in den institutionellen Glaubenslehren katechismusmäßig verfasst wurde, mit dem, was tatsächlich in der Bibel zu lesen war, erweckte in dem jungen Studenten Zweifel, die er mit Hilfe der Theologie nicht zu beheben vermochte. Reimarus sah in ihr keinen Ausweg aus der Antinomie zwischen Vernunft und Glauben. Reimarus' Lehrer in Jena waren der Polyhistoriker Franz Budde, ein Schüler des großen Thomasius, und Johann Matthias Gesner, ein bekannter Philologe. 1716 wechselte Reimarus nach Wittenberg, wo er sogleich die Magisterwürde erlangte. 1719 promovierte er mit einer Arbeit »De Machiavellismo ante Machiavellum«. Nach damaliger akademischer Sitte musste sich nunmehr eine Auslandsreise anschließen. 1722 kehrte er nach Aufenthalten in Holland und England nach Wittenberg zurück.

Für eine Station dieser Reise ist ein Tagebuch überliefert worden. Die Handschrift befindet sich in der Hamburger Staatsbibliothek. Ich möchte auf eine Eintragung hinweisen, die Reimarus bei seinen Besuchen in den Museen und Bibliotheken und seinen Gesprächen mit den dortigen Gelehrten festhielt: In Holland traf er sich mit Jean le Clerc, einem bekannten Publizisten und Vertreter der Exil-Kalvinisten aus Frankreich.[5] Dieser weltgewandte Mann beeindruckte den jungen Deutschen: »Er judicirt und criticirt sehr frey über alle Leute. Er schien mir ein wenig Profaniß. Er sagte, er criticirte die Bibel nicht anders als wenn er den Aristophanes vor sich hätte«.[6] In England rezipierte Reimarus die lebhafte Diskussion über den Deismus, der die institutionalisierte Theologie in dem Inselreich nach der Glorius Revolution schwer zu schaffen machte. Davon auszugehen ist, dass Reimarus von dieser Debatte tief beeindruckt wurde. Seine Bibliothek beherbergte die Hauptwerke des Deismus;[7] in seinem Nachlass befinden sich »Auszüge aus den Literaturnotizen«, die eine Bibliografie des deistischen Streites – gelegentlich nebst Auszügen – enthalten.[8]

Nach seiner Rückkehr nach Deutschland bewarb sich Reimarus erfolgreich um die Rektorenstelle an der Stadtschule in Wismar. Dort blieb er fünf Jahre. Er reformierte den Unterricht im Sinne einer wissenschaftlichen Pädagogik und verfasste selbst Lehrprogramme, die typische Themen der frühen Aufklärung aufgriffen wie Mathematik und Naturlehre.[9]

1727 eröffnete sich Reimarus die Möglichkeit, nach Hamburg zurückzukehren, als dort die Professur für orientalische Sprache am gelehrten Gymnasium frei wurde. Er bewarb sich, unterstützt von seinem Hamburger Freundeskreis, mit Erfolg. Im Sommer 1728 hielt er seine Antrittsrede. Reimarus behielt dieses Amt bis zu seinem Tode im Jahre 1768. Sein Amt verpflichtete ihn dazu, dreimal wöchentlich eine Vorlesung, zumeist über Probleme der hebräischen Philologie, zu halten, sowie gelegentlich Nachrufe auf verstorbene Stadtpersönlichkeiten zu verfassen. Da das Johanneum als Bildungsstätte für zukünftige Pastoren eingerichtet war, hatten Reimarus' Vorlesungen die theologische Aufgabe, den Schülern die hermeneutischen Fundamente für eine Bibelinterpretation zu geben. Pikant im Hinblick auf seine eigene kritische schriftstellerische Tätigkeit ist die Tatsache, dass das geistliche Ministerium der Stadt die Oberaufsicht über die Schulen ausübte.

Als Professor genoss Reimarus ein hohes Ansehen in der Stadt, das er durch seine Kontakte zu führenden Familien auszubauen wusste. Verschwägert oder verwandt mit vielen dieser Familien, festigte Reimarus seine persönliche Position in der Stadt durch die Heirat mit Johanna Friederike Fabricius, der Tochter seines Lehrers. Allem Anschein nach verlief das Leben des Hamburger Professors glatt, Brüche und persönliche Krisen sind – zumindest nach außen – nicht erkennbar. Sein Lebenslauf präsentierte sich für seine Zeitgenossen als ein Musterbeispiel bürgerlicher, akademischer Lebensführung. Dass unter dieser glatten Oberfläche eine zunehmend radikale Auseinandersetzung mit seinem von der Theologie und der institutionalisierten Kirche beherrschten Umfeld durchlebt wurde, geht erst aus der unveröffentlichten »Apologie« hervor.

Insbesondere war es der Dichter Barthold Hinrich Brockes, mit dem Reimarus einen freundlichen Kontakt aufnahm.[10] Dieser Sohn einer alten Hamburger Familie hatte bei Thomasius Jura studiert. Nach seiner Heimkehr betätigte er sich in der Stadtpolitik, wobei er es zur Senatorwürde brachte. Brockes verfasste insgeheim – ähnlich wie Reimarus – ein die kirchliche Theologie kritisierendes Manuskript, das in einer dichterischen Form dieselbe Grundanschauung wie die Apologie des Reimarus vermittelt.[11]

Reimarus ging also den Verpflichtungen eines öffentlichen Schulmannes des 18. Jahrhunderts nach, indem er versuchte, in seiner Arbeit die Ansprüche der Kirche, der Stadt und der Gelehrsamkeit zu verbinden. Er kann als ein Bindeglied zwischen der barocken Gelehrsamkeit des frühen 18. Jahrhunderts und der »aufgeklärten« Tätigkeit der 1765 gegründeten Hamburger »Patriotischen Gesellschaft« gesehen werden.[12]

Der Schulmann Reimarus genoss nicht nur in Hamburg hohes Ansehen. Nach 1740 veröffentlichte er neben anerkannten philologischen Editionen eine Reihe von Schriften, die seinen Ruf als »Popularphilosoph« im bürgerlichen Lesepublikum verankerte. Es waren die »Vornehmsten Wahrheiten der natürlichen Religion«, eine »Vernunftlehre« und die »Triebe der Thiere«. Diese dickleibigen Bücher sind mehrmals im Laufe des 18. Jahrhunderts aufgelegt worden. Reimarus schrieb für ein gebildetes bürgerliches Lesepublikum, das sich durch den Gebrauch der Vernunft im Ansatz von kirchlicher Dominanz befreit hatte. Die Beschaffenheit der natürlichen Welt hatte für diese bürgerlichen Schichten eine neue Qualität gewonnen. Als Gottes Schöpfung müsste die Welt von Ihm und Seiner Weisheit und Allmacht kundtun, sofern die Menschen lernten, sie zu enträtseln. »Naturreligion« galt dabei in der frühen Aufklärung als eine Vorstufe zur christlichen Offenbarung. Vorausgesetzt wurde im großen Konsens der Theologen, dass sich die »Weltweisheit« und die direkte Inspiration Gottes – in den heiligen Schriften zusammengefasst – nicht widersprechen. Dass dies nicht unbedingt sein müsste, ahnten einige, vor allem die orthodoxen Pastoren und Theologen, die mit Argusaugen die rasante Entwicklung des Büchermarktes im 18. Jahrhundert beobachteten. Mehr als ein angeblicher »Freidenker« – die bezeichnenderweise von den Orthodoxen häufig als »verkappte Juden« gescholten wurden –, der sich mit seinen Schriften an die Öffentlichkeit wagte, bekam im Laufe des 18. Jahrhunderts den Verfolgungsgeist der kirchlichen und weltlichen Obrigkeiten zu spüren. Die nicht gerade menschenfreundliche Feststellung des Patriarchen in Lessings »Nathan«, »Tut nichts, der Jude wird verbrannt«, hatte schon ihre geistigen Vorbilder in der deutschen Gegenaufklärung.

Auch Reimarus setzte sich – insgeheim – von der Auffassung schrittweise ab, dass eine durch die Vernunft begründete, der Menschenwürde angemessene Lebensgrundlage mit der christlichen Offenbarung in Einklang zu bringen sei. Sein Lebenswerk, das erst in der Endfassung den Titel »Die Apologie oder Schutzschrift für die vernünftigen Verehrer Gottes« erhielt, kann mit Recht als ein Meisterwerk der deutschen Aufklärung überhaupt bezeichnet werden. In ihm wird Kants Diktum, Aufklärung bedeute den Ausgang der Menschen aus ihrer selbstverschuldeten Unmündigkeit, mit einem beachtlichen und gründlichen Ernst verlebendigt. Auf über 700 Manuskriptseiten setzte sich Reimarus mit dem Hauptwerk der christlichen Offenbarung, der Bibel, auseinander. Er stellt stets die Frage: Was ist an ihr wahr? Sein Maßstab: die gesunde Vernunft. Das Ergebnis: Von dem Anspruch der Bibel, das Wort Gottes zu sein, ist so gut wie nichts übriggeblieben.

Reimarus schrieb unermüdlich an seinem Lebenswerk.[13] Er löste – wie oben erwähnt – zwischen 1740 und 1760 die positiven Teile aus dem ganzen und veröffentlichte sie als selbständige Werke. Die Bibelkritik hielt er für sich, entwickelte sie weiter und diskutierte diese Fragen im engsten Freundeskreis. Überliefert ist nicht, dass er die Absicht hatte, das Werk vollständig zu veröffentlichen. Er schrieb es nicht in erster Linie für die Öffentlichkeit, sondern – wie er sagte – für die eigene »Gemüths-Beruhigung«.

»Die Klarheit meiner zunehmenden Einsicht gab mir Trost: du hast nach den allgemeinen Regeln der Wahrheit unmöglich anders denken können, und wirst selbst in der Stunde des Todes, wenn dir Gott anders alsdenn noch den Gebrauch des gesunden Verstandes gönnt, gantz geruhig dabey bleiben. Auf solche Weise ist endlich aus meinen zerstreuten Zweifeln ein System, aus der Wahrscheinlichkeit eine Gewissheit geworden; und ich genieße seit der Zeit eine ungestörte Befriedigung des Gemüths, der ich mich in meinem Busen freue«.[14]

Das hört sich etwas zu pietistisch an. Die Stelle kann, denke ich, als eine Art »Schutzbehauptung« gewertet werden. Es schmerzte dem angesehenen Professor wohl, dass er seine »vernünftigen Zweifel« nicht öffentlich habe vortragen können. Er sagte zur eigenen Beruhigung, dass »aufgeklärtere« Zeiten kommen, die eine Veröffentlichung ermöglichen würden. Die Frage sei erlaubt – und sie wurde von Lessing auch gestellt: Wie sollten die aufgeklärten Zeiten kommen, wenn sich diejenigen, die sich als Aufklärer verstehen wollten, nicht in der Öffentlichkeit für ihre Positionen zu werben wagten? Interessanterweise erfolgte die vollständige Veröffentlichung der »Apologie« erst im Jahre 1972! Ob wir jetzt in besonders aufgeklärten Zeiten leben, mag erst einmal dahingestellt sein.

Reimarus veröffentlichte das Werk nicht – aus Angst, Angst vor dem Verlust seiner bürgerlichen Existenz. Wenn er das Werk publiziert hätte, hätte er seine Stelle in Hamburg verloren. Dafür hätten die lutherischen Prediger gesorgt. Reimarus hatte ausreichenden Grund für diese Annahme. Man denke, an das Schicksal des Wertheimer-Bibel-Übersetzers, Johann Lorenz Schmidt, der in den 1730er Jahren verfolgt wurde. Er starb 1749 anonym und verlassen in Wolfenbüttel.

Werfen wir einen Blick auf Hamburg im 18. Jahrhundert, um Reimaurs' Angst besser nachvollziehen zu können. Sie sagt uns auch einiges über eine bürgerliche Aufklärung, die nicht in der Lage war, sich selbst in Frage zu stellen. Hamburg präsentierte sich im 18. Jahrhundert als selbstbewusste Welthandelsmetropole. Die Stadt hatte einen bemerkenswerten wirtschaftlichen Aufschwung im 17. Jahrhundert erlebt, der unvermindert anhielt. Die freie Reichsstadt hatte ihre jahrhundertlange Auseinandersetzung mit der Krone Dänemarks beigelegt. Sie entwickelte sich nicht nur zum wichtigsten Wirtschaftszentrum des Nordens, sondern zum Zentrum der neuen Medien. Zeitungen, Zeitschriften, Pamphlete, Bücher, Kalendarien – Publikationen aller Schattierungen verließen die Hamburger Druckpressen. Der »Hamburger Correspondent« gehörte zu den wichtigsten europäischen Zeitungen des 18. Jahrhunderts. Die Vorliebe der Hamburger für gedruckte Blätter entging den Besuchern der Hansestadt nicht: Im Jahre 1783 berichtete ein Reisender: »Der Hamburger kann ohne Wasser, Luft, Ochsenbraten und Zeitungen nicht leben«.[15]

Seit der Einführung der Reformation 1529 bildeten die Kirchspiele – zunächst vier, nach 1678 mit St. Michaelis fünf – auch den politischen Rahmen der Stadt.[16] Die Mitglieder der bürgerlichen Kollegien wurden aus den Kirchenkollegien rekrutiert. Nur Lutheraner galten als vollberechtigte Bürger. Die Kirche und ihre Prediger hatten einen enormen Einfluss in der Öffentlichkeit. Es war das einzige öffentlich-rechtlich sanktionierte Glaubenssystem in der Stadt. Die lutherische Kirche, vertreten durch ihre zuweilen wortgewaltigen Prediger, bestimmten seit der Reformation den Gehalt öffentlicher Meinungen. Es fanden innerhalb der Stadtmauern mehr als 60 Predigten wöchentlich statt. Themen waren nicht vorrangig theoretisch-theologische Probleme, vielmehr wurden alle Aspekte des bürgerlichen Lebens erfasst und kommentiert. Im 17. und 18. Jahrhundert erwarben sich mehrere Hamburger Geistliche den Ruf, besonders wirksame Verfechter der lutherischen Orthodoxie zu sein. Dies hat nicht in erster Linie eine theologische, sondern eine politische Bedeutung. Es ging den Orthodoxen – wie Friedrich Wagner oder Johann Melchior Goeze – darum, die Stellung der Kirche als Garant gesellschaftlicher Normen politisch abzusichern. Es dürfte keinen öffentlichen Raum außerhalb der Einflusssphäre der Kirche geben – so kann man die Ansicht dieser Geistlichen wiedergeben.

Es gab jedoch diesen Raum – und gerade deswegen bewegte sich Reimarus auf dünnem Eis mit seiner Veröffentlichungsstrategie. Die wirtschaftliche Entwicklung entfachte eine soziale Dynamik, die zur Bildung neuer bürgerlicher Schichten führte. Großhandelskaufleute, Akademiker, reich gewordene Handwerksmeister und andere, die mit einer beginnenden »Globalisierung« Schritt hielten, gehörten zu den Gewinnern des Aufschwunges. Nach den schweren bürgerlichen Unruhen des beginnenden 18. Jahrhunderts verfestigte sich der Anspruch dieser Führungsgruppe durch den sogenannten Hauptrezess von 1712. In den Jahren danach bildeten sich aus dieser Führungsschicht neue gesellschaftliche Formen heraus. Kaffeehäuser und literarische Zirkel kamen auf, man publizierte und las »Moralische Wochenschriften«. Diese in England entstandene Form der bürgerlichen Öffentlichkeit wurde lebhaft rezipiert. Die erste solche Zeitschrift in Deutschland, der »Patriot«, erschien in Hamburg zwischen 1724 und 1726.[17] Diese Frühaufklärung in Hamburg befasste sich nicht vornehmlich mit theoretischen Problemen, sondern mit konkreten Reformmaßnahmen und bürgerlichen Verhaltensweisen. Durch den Prozess des Räsonierens gelang es dem Bürgertum, bestimmende Normen wie Vernunft, Fleiß, Sparsamkeit, Häuslichkeit, Fortschrittsglauben, Pietät und Liebe zur Vaterstadt miteinander zu verbinden. Das neue, bzw. erneuerte Wertesystem hieß: »Patriotismus«. Es ging den frühen Hamburger Patrioten darum, dem Gemeinwesen zu dienen, es zu stärken und das Alltagsleben besser, sprich: vernünftiger, zu gestalten. Aus diesem Zirkel ist Reimarus hervorgegangen. In ihm fühlte er sich heimisch.[18]

Die patriotische Aufklärung Hamburger Prägung vermied den direkten Konflikt mit der Kirche. Zum einen hatten die lutherischen Prediger immer noch ein mächtiges Wort in der Öffentlichkeit mitzureden. Geistliche wie Goeze verstanden es, sich der neuen Medien, der Zeitschrift und des Pamphlets, für ihre Zwecke zu bedienen. Es gelang den Geistlichen wiederholt, den »gemeinen Mann« und die städtischen Gremien zu mobilisieren, um angeblich gefährliche Freidenker mundtot zu machen – sie sogar durch Verfolgungsmaßnahmen aus der Stadt zu treiben. Namen wie Georg Schade, Johann Bernard Basedow und Gustav Alberti sollen an dieser Stelle genannt werden. Ketzer wurden im 18. Jahrhundert in Hamburg zwar nicht mehr verbrannt; dafür wandelte der Scharfrichter zahlreiche Schriften zur Asche auf dem ehrlosen Block der Stadt. Die Prediger machten immer wieder den Grundkonsens geltend, dass die christliche Religion »die Grundfeste« der bürgerlichen Gesellschaft sicherte. Dabei beriefen sie sich mit Recht auf die Hamburger Verfassung.

Es gab jedoch noch einen zweiten Grund, weswegen die Patrioten den Marsch durch die Institutionen – zahlreiche Vertreter bekleideten hohe politische Ämter in der Stadt – dem direkten Konflikt vorzogen. Sie hatten kein Interesse daran, eine Lage entstehen zu lassen, in der sich eine unkontrollierbare Öffentlichkeit herausbilden könnte. In dieser Hinsicht stimmten sie mit den lutherischen Geistlichen überein. Die patriotische Aufklärung sollte in wohl dosierten Schritten zur allgemeinen sozialen Reform führen. Die Patrioten, also die führenden Schichten Hamburgs, dachten nie ernsthaft daran, ihre Stellung durch eine öffentliche Debatte über politische Normen infrage stellen zu lassen.

Die Aufklärung in Hamburg war einerseits bemerkenswert fortschrittlich und zukunftsorientiert. Es gelang ihrer institutionalisierten Form, der Patriotischen Gesellschaft von 1765, konkrete Maßnahmen wie Pockenimpfung, Blitzableiter, Armenpflege, Straßenbeleuchtung, Lebensversicherung und dergleichen mehr in der Stadt umzusetzen. Die Forderung des Reimarus' in seinen »Vornehmsten Wahrheiten der natürlichen Religion«, die Welt »zum Wohle der Lebendigen« zu nutzen, fand sich in der patriotischen Aufklärung bestätigt. Dennoch weist diese Aufklärung starke konservative Züge auf. Eine Figur wie Lessing musste daher der Hamburger Führungsschicht suspekt vorkommen. Bei Lessings Tod im Jahre 1781 beriet der Hamburger Rat über eine angemessene Reaktion und beschloss: Von Lessing ist keine Notiz zu nehmen. Es ging der Führungsschicht um ihren Erhalt an der Spitze der Gesellschaft. Ein Reformprogramm also »von oben«.

Gotthold Ephraim Lessing

Die »Apologie« des Reimarus wurde doch – aus Lessings Sicht – rechtzeitig veröffentlicht. Zwar nicht als Gesamtwerk und nicht zu Reimarus' Lebzeiten, sondern als Fragmente aus einer früheren Manuskriptfassung. Diese Veröffentlichung entfachte tatsächlich den von Reimarus befürchteten Streit. Lessing erhielt das Manuskript von den Kindern des verstorbenen Professors und nahm es – offensichtlich mit ihrer Zustimmung – mit nach Wolfenbüttel, als er die dortige Bibliothekarstelle antrat. Lessing ging es nicht um »Gemüths-Beruhigung«. Er wollte auch nicht, dass der Pfeil abgeschossen werden sollte, wenn das Ziel längst vorbeigezogen sei. Er sehnte den Streit, das Ärgernis, herbei. Lessing hat begonnen, an der Feigheit und der Rückständigkeit der deutschen Aufklärung zu verzweifeln. »Mein Ungenannter, der ich weiß nicht wann schrieb, glaubte, dass sich die Zeiten erst mehr aufklären müssten, ehe sich, was er für Wahrheit hielt, öffentlich predigen lasse: und ich, ich glaube, dass die Zeiten nicht aufgeklärter werden können, um vorläufig zu untersuchen, ob das, was er für Wahrheit gehalten, es auch wirklich ist«.[19]

Reimarus führte in Hamburg ein gemächliches Leben. Er besaß ein Haus mit Garten, so dass er seine Freizeit mit Blumenzüchten verbringen konnte. Er vermochte es, seinem einzigen erwachsenen Sohn, Johann Albert Hinrich, ein Studium in Göttingen, eine Auslandsreise und eine gute Heirat zu finanzieren. Eine repräsentative und oft genutzte Bibliothek von 6.000 Bänden schmückte seine Studierstube. Reimarus pflegte sich in den Hamburger Vororten, und zwar in den großen Gärten seiner vermögenden Freunde, aufzuhalten. Vor diesem gemächlichen Hintergrund gelangte Reimarus durch Fleiß und Vernunft zur »Gemüths-Beruhigung«. Für den Dramatiker Lessing mit seinem unsteten Leben stellte sich dagegen die Sinnfrage in einem gesellschafts-politischen Kontext, den es zu ändern galt. Folgende Selbstbetrachtung ist überliefert: »Ich bin nicht gelehrt – ich habe nie die Absicht gehabt gelehrt zu werden – ich möchte nicht gelehrt seyn, und wenn ich es im Träume werden könnte. Alles, wonach ich ein wenig gestrebt habe, ist, im Fall der Not ein gelehrtes Buch brauchen zu können«.[20] Für Lessing war der »Notfall« eingetreten. Wozu schrieb man dann Bücher, wenn nicht in der Öffentlichkeit mit – oder notfalls – gegen das bürgerliche Lesepublikum über die Wahrheit zu streiten? Das Programm der Aufklärung verlangte gerade dies Moment. Der »freie Schriftsteller« Lessing setzte das von ihm selbst erlebte Befreiungsmoment der »inneren Wahrheit« dem Festhalten der Schulmänner und Pastoren an den in ihren Institutionen sanktionierten »Wahrheiten« entgegen. In Reimarus erblickte Lessing den geeigneten, wenn unwilligen Verbündeten für eine Kampagne gegen die selbstverschuldete Unmündigkeit der deutschen Öffentlichkeit.

Lessing legte den »Fragmenten« bei der Herausgabe »einige Winke« bei. Diese »Winke«, also die »Gegensätze des Herausgebers«, schließen sich dann an den Text der Fragmente unmittelbar an. Der Kern der »Gegensätze« lautet: »Kurz: der Buchstabe ist nicht der Geist; und die Bibel ist nicht die Religion. Folglich sind Einwürfe gegen den Buchstaben, und gegen die Bibel nicht auch Einwürfe gegen den Geist und gegen die Religion«.[21] Diese »allgemeine Antwort« – wie Lessing sie nannte – war bewusst provokativ: sie zielte auf eine Trennung des »gelehrten Theologen« und des »Christen« ab: »Denn wie vieles läßt sich noch auf alle diese Einwürfe und Schwierigkeiten antworten! Und wenn sich auch schlechterdings nichts darauf antworten ließ: was dann? Der gelehrte Theologe könnte am Ende darüber verlegen seyn; aber auch der Christ? Der gewiß nicht«.[22] Lessings Art des »Beantwortens« drängte zudem »den gelehrten Theologen« in eine defensive Position. Dieser wurde dazu gezwungen, vor dem Publikum apologetisch zu werden, oder musste durch den Aufruf nach Zensurmaßnahmen zu verhindern suchen, dass »alle Arten von Einwürfen [gegen das institutionelle Lehrsystem; d. V.] frei und trocken« herausgesagt wurden.[23]

Lessings »Gegensätze« waren ausdrücklich »Fingerzeige«: sie intendierten keine abgeschlossene Beantwortung der Fragmente; vielmehr wurde sie so abgefasst, dass die eigentliche Fragestellung erst durch sie dem Publikum ersichtlich werden konnte, damit der Streit um die Wahrheit entfacht werde: »Wahrlich, er soll noch erscheinen, auf beiden Seiten soll er noch erscheinen, der Mann, welcher die Religion so bestreitet, und der, welcher die Religion so vertheidigt, als es die Wichtigkeit und Würde des Gegenstandes erfordert. Mit allen den Kenntnissen, aller der Wahrheitsliebe, alle dem Ernste«.[24] Damit leitete Lessing eine Diskussion ein, die von dem Publikum rezipiert werden sollte, indem es am Verlauf teilnahm. Lessing sprach in dieser Hinsicht seine persönliche Motivation für die Herausgabe klar aus: er wolle nicht länger unter einem Dach ein Zwiegespräch mit dem Fragmentisten führen, sondern wolle einen Vermittler aufsuchen: und wo könne er ihn besser zu finden glauben, als bei »dem Publico«.[25] Die übernommenen Funktionen – Herausgeber, Diskussionsleiter, Diskussionsteilnehmer – blieben für Lessings Veröffentlichungsstrategie im Fragmentenstreit maßgebend.

Dieser Ansatz ergibt sich letzten Endes aus einem schriftstellerischen Selbstverständnis, das die Tätigkeit des »Schrift-stellens« funktionell begreift. Bücher stellten demnach kein Endprodukt eines theoretischen Prozesses dar, sondern Marksteine eines Weges, der durch die Gelehrsamkeit hindurch direkt ins Leben hineinführte. In seinen Schriften zum Fragmentenstreit realisierte Lessing als Anliegen der »freien« Schriftstellerei, aus den »toten Gesellschaftern« Nutzen zu ziehen. Denn: er kehrte gegenüber dem tradierten Gebrauch gedruckter Schriften – wie bei Reimarus – deren soziale Funktion um. Versucht wurde weder Wahrheiten zu lehren, noch dem Publikum ein Lehrsystem bzw. eine Dogmatik darzubieten. Vielmehr hob Lessing seine eigenen Diskussionsbeiträge systematisch wieder auf. Seine angebliche Widersprüchlichkeit, über die die Forschung bis heute klagt, lässt sich als eine Diskussionstaktik erklären. Dadurch suchte er zu verhindern, dass seine Absichten in einem öffentlichen Kontext so verwendet werden konnten, dass sie zu »Wahrheiten«, d.h. wissenschaftlich und institutionell erfassbaren Sätzen, entwickelt werden konnten. Lessing gab im Fragmentenstreit die tradierte, gelehrte Maske auf, öffentlicher Lehrer zu sein. Nicht nur das: durch seine Art der Schriftstellerei entlarvte er die Masken seiner Mitstreiter – sowohl Reimarus als auch Johann Melchior Goeze – als Lügen. Die Gelehrten der Institutionen erwiesen sich im Verlaufe des Fragmentenstreits als nicht imstande, dasjenige zu leisten, was ihnen als öffentlichen Lehrern oblag: die Gewährleistung des überlieferten gesellschaftlichen Normsystems.

Lessing wollte die schriftliche Ware vom Lesepublikum als ein Gebrauchsobjekt gehandhabt wissen. Seine Schriftstellerei intendierte die Einsicht, dass die Bücher keine »Wahrheiten« enthielten. Sie vermittelten höchstens Denkanstösse, durch die die »innere« Wahrheit diskussions- und handlungsfähig werden konnte: nämlich, indem der Rezipient lernte, über seine eigene moralische Dimension zu verfügen. Insofern wich die von Lessing intendierte Funktion der schriftlichen Ware von den akzeptierten Kategorien ab.

Schluss

Karl Marx prägte in einem frühen Werk über die Pressefreiheit den Begriff der »unbefugten Literatur«.[26] Es lohnt sich, diesen Begriff in Bezug auf Reimarus und Lessing zu bedenken. »Unbefugt« heißt in diesem Kontext, eine Literatur, die offen die Frage nach der Berechtigung einer gegebenen gesellschaftlichen Ordnung stellt. Sie ist bemüht Unsicherheit zu säen, Unruhe zu stiften, Menschen in Aufruhr zu versetzen. Lessings Dialog »Ernst und Falk« bietet eine gute Einsicht in die Form und die Zielsetzung einer »unbefugten Literatur«. Reimarus schrieb eine »unbefugte Literatur«, veröffentlichte sie aber nicht – auch dies ein Beleg für die »deutsche Misere« (Ernst Bloch).

Reimarus untersuchte unter Anwendung der menschlichen Vernunft die christliche Offenbarung, die in der Bibel festgehalten wird, und erklärte sie für eine glatte Lüge. Einfach und klar. Man möchte sagen: Nun, das haben wir dann erledigt. Wir können uns zurücklehnen und noch einen Obstler bestellen. Lessing sah aber die Sache anders (obwohl er auch nicht einen Obstler verschmäht hätte), und zwar dialektisch. Ihm ging es letztlich nicht um den Wahrheitsanspruch der Bibel, sondern um den öffentlichen Diskurs darüber. Um es mit einem geflügelten Wort auszudrücken: es geht nicht darum, die Welt zu verstehen, sondern sie zu verändern.

Anmerkungen

1   Hermann Samuel Reimarus (1694 - 1768), Ein ‚bekannter Unbekannter' der Aufklärung in Hamburg, Vorträge gehalten auf der Tagung der Joachim-Jungius-Gesellschaft der Wissenschaften Hamburg am 12. und 13. Oktober 1972. Göttingen 1973. (Veröffentlichungen der Joachim-Jungius-Gesellschaft der Wissenschaften Hamburg 18)
2   Zur Publikation der »Fragmente«: William Boehart: Politik und Religion, Studien zum Fragmentenstreit (Reimarus, Goeze, Lessing). Hamburg 1987, S. 373ff. Siehe auch: Wolfgang Kröger: Das Publikum als Richter, Lessing und die »kleineren Respondenten« im Fragmentenstreit. Nendeln/Liechtenstein 1979. (Wolfenbütteler Forschungen 5)
3   K.(arl) G.(otthelf) Lessing: Gotthold Ephraim Lessings Leben. Bd. 1. Berlin 1793, S. 28.
4   Hermann Samuel Reimarus: Apologie oder Schutzschrift für die vernünftigen Verehrer Gottes. Hrsg. v. Gerhard Alexander. Bde. 1 & 2. Frankfurt/M 1972, Bd. 1 S. 70.
5   Erich Haase: Einführung in die Literatur des Refuge. Berlin 1959. Zu der Wechselbeziehung »Theologie-Politik«: S. 148 f.
6   Staats- und Universitätsbibliothek Hamburg. Nachlass Reimarus IIIb 4. »Fragmente-Tagebuch Notizen aus Holland«. Auf einem unpaginierten getrennten Blatt.
7   Johann Andreas Gottfried Schetelig: Auktionskatalog der Bibliothek von Hermann Samuel Reimarus. Hamburg 1769/1770. (Nachdruck: Reimarus-Kommission der Joachim-Jungius-Gesellschaft der Wissenschaften e.V. Hamburg und der Lessing-Akademie e.V. Wolfenbüttel. Hamburg 1978), S. 60 f.
8   Staats- und Universitätsbibliothek Hamburg. Nachlass Reimarus 622-1 A7.
9   Zu Reimarus' Tätigkeit als Rektor: Rudolf Kleminger: Die Große Stadtschule in Wismar. In: Rostocker Beiträge. Bd. 1 (1966), S. 129-152. Zu Reimarus: S. 140.
10 Erich Braun-Egidius: Barthold Hinrich Brockes. Brockes-Tage 1997 in Hamburg. Eine Dokumentation. Hamburg 2000.
11 Brockes war im 18. Jahrhundert bekannt für das »Irdische Vergnügen in Gott«, eine Gedichtsreihe, die einer Naturverherrlichung durch den Rekurs auf den Schöpfergott entstammte. Darüber hinaus verfasste er in den 1740er Jahren, also zwei Jahrzehnte nach dem »Irdischen Vergnügen«, ein unveröffentlichtes, fragmentarisches Lehrgedicht, »Gedancken über den Gottesdienst der Juden im Alten und der Christen im Neuen Testament«. Dieses Gedicht äußerte eine Kritik an den kirchlichen Dogmen, die mit Reimarus' weitgehend übereinstimmt. Hierzu: Wilhelm Deckelmann: Das Glaubensbekenntnis von Barthold Hinrich Brockes. In: Zeitschrift des Vereins für Hamburgische Geschichte. Bd. 36 (1937), S. 146-161. David Friedrich Strauß: Barthold Hinrich Brockes und Hermann Samuel Reimarus. In: Gesammelte Schriften. Hrsg. v. Eduard Zeller. Bd. 2. Bonn 1876, S. 1-16.
12 Grundlegend zur Geschichte Hamburgs im 18. Jahrhundert: Franklin Kopitzsch: Grundzüge einer Sozialgeschichte der Aufklärung in Hamburg und Altona. Hrsg. v. Verein für Hamburgische Geschichte. Hamburg 1982. (Beiträge zur Geschichte Hamburgs 21)
13 Zur Veröffentlichungsgeschichte der Apologie: Gerhard Alexander: Einleitung. In: Reimarus (Anm. 4), Bd. 1, S. 9-38.
14 Ebd. S. 55 f.
15 Ernst Baasch: Geschichte des Hamburgischen Zeitungswesen von den Anfängen bis 1914. Hamburg 1930, S. 8.
16 Hierzu: Gisela Rückleben: Rat und Bürgerschaft in Hamburg 1595-1686. Innere Bindungen und Gegensätze. Dissertation Marburg/Lahn 1969. Hermann Rückleben: Die Niederwerfung der hamburgischen Ratsgewalt. Kirchliche Bewegungen und bürgerliche Unruhen im ausgehenden 17. Jahrhundert. Hamburg 1970. (Beiträge zur Geschichte Hamburgs 2)

17 Jörg Scheibe: Der »Patriot« (1724-1726) und sein Publikum. Göppingen 1973. (Göppinger Arbeiten zur Germanistik 109).
18 Johann Georg Büsch beschrieb die Rolle des älteren Reimarus' bei der Gründung der Patriotischen Gesellschaft: »Eigentlich gelehrte Gesellschaften lassen sich in unserer Stadt nicht zusammen bringen. Reimarus ward alt, ohne Umgang genug zu seiner Aufheiterung zu finden, so lange er glaubte sich in dieser Absicht nur nach Gelehrten umsehen zu dürfen. Im ziemlich hohen Alter, als sein Sohn und auch ich für den Umgang mit ihm heran gewachsen waren, sammlete sich bei ihm eine wöchentliche Gesellschaft. Sie war eigentlich keine literarische Gesellschaft. Die Unterhaltung war ganz ungebunden, und die große Zahl der daran Teilnehmenden – denn Mitglieder kann ich sie nicht nennen – waren Kaufleute, die an den Wissenschaften Vergnügen fanden, aber auch durch die ihrem Stand näher angehörenden Kenntnisse uns Studirten manche Unterhaltung und Belehrung gaben. Aus dieser Gesellschaft keimte, so zu reden, in dem Jahr 1765, die Gesellschaft zur Beförderung der Künste und nützlichen Gewerbe hervor«. Johann Georg Büsch: Ueber den Gang meines Geistes und meiner Tätigkeit. Hamburg 1794. (Erfahrungen 4) S. 237f.
19 Schriften. (Anm. 3) Bd. 13, S. 186.
20 Ebd. Bd. 16, S. 394.
21 Ebd. Bd. 12, S. 428.
22 Ebd.
23 Ebd. S. 429.
24 Ebd. S. 430.
25 Ebd. Bd. 16, S. 406. Aus dem im Nachlass befindlichen Fragment »Gegen Friedrich Wilhelm Mascho«.
26 Karl Marx: Debatte über Pressefreiheit und Publikation der Landständischen Verhandlungen. Zitiert nach: Karl Marx/Friedrich Engels: Über Kunst und Literatur. Bde. 1 & 2. Auswahl und Redaktion von Manfred Kliem. Berlin 1967/68. Bd. 1, S. 143.

Lessings Kunst der Streitschrift

Thomas Höhle

1. Die Gattung der Streitschrift – ein weites, fast grenzenloses Feld – gehört zu den Stiefkindern der Literaturwissenschaft. Streitschriften spielen zwar zu allen Zeiten in allen Literaturen eine große Rolle, und sehr viele sehr bedeutende Schriftsteller haben Streitschriften verfasst. Aber den meisten Literaturwissenschaftlern waren diese Werke unsympathisch oder unheimlich, sie galten als unfein und böse, es fehlte ihnen an Freundlichkeit und Güte und vor allem an Gerechtigkeit. Im Wesen der meisten Streitschriften liegt offenbar die Absicht, einen Gegner nicht nur zu kritisieren, sondern ihn zu diffamieren, ihn womöglich zu vernichten. Denn was ist eine literarische Streitschrift? Sie ist ein Buch oder eine Abhandlung, die sich im Wesentlichen polemisch unter Anwendung literarischer Mittel, mit Erscheinungen der Literatur im weiteren Sinne des Wortes, Nachbarschaftsgebiete einbezogen, auseinandersetzt. In der Vorrede zu seiner »Untersuchung« »Wie die Alten den Tod gebildet« (1769) hat Lessing Wichtiges über das Wesen der Streitschrift und vor allem auch über seine eigene Einstellung zu dieser Gattung gesagt. Es heißt da:

> »Nicht zwar, als ob ich unser itziges Publikum gegen alles, was Streitschrift heißt und ihr ähnlich siehet, nicht für ein wenig allzu ekel hielte. Es scheint vergessen zu wollen, dass es die Aufklärung so mancher wichtigen Punkte dem bloßen Widerspruche zu danken hat, und dass die Menschen noch über nichts in der Welt einig sein würden, wenn sie noch über nichts in der Welt gezankt hätten (...) Bestünde (...) der größere Teil des Publici, das von keinen Streitschriften wissen will, etwa aus Schriftstellern selbst: so dürfte es wohl nicht die bloße Politesse sein, die den polemischen Ton nicht dulden will. Er ist der Eigenliebe und dem Selbstdünkel so unbehäglich! Er ist den erschlichenen Namen so gefährlich! (...)«[1]

2. Es gibt nicht viel spezielle Forschungs- und Sekundärliteratur über die Streitschrift. Oft werden die Streitschriften selbst der großen Schriftsteller nur nebenbei, mehr oder weniger abfällig erwähnt als minder haltbare Tagesleistungen. Denn sie sind ja auch häufig nicht für die Ewigkeit, sondern eher für den Tag und die Stunde, für die tägliche Auseinandersetzung geschrieben, und mit dem Tag und mit der Stunde verlieren sie an Gewicht und Gültigkeit. Selbst ganz große, womöglich überragende Streitschriftenautoren kommen in den zusammenhängenden literaturgeschichtlichen Darstellungen nur am Rande vor, denken wir nur an Franz Mehring, Karl Kraus, Maximilian Harden, Kurt Tucholsky, Paul Rilla. Und bei anderen lässt man die Streitschriften gern beiseite. Goethe beispielsweise wird als Verfasser einer Streitschrift meist nur am Rande erwähnt, obwohl sein umfangreichstes Buch, die »Farbenlehre«, überwiegend eine Streitschrift ist. Aber da haben die Literaturwissenschaftler die Ausrede, dass sie von Physik und Optik nichts verstehen und nichts verstehen müssen.

3. Lessing ist eine Ausnahme. Seine Prosa, eine wundervolle Prosa, in mancher Hinsicht die beste Prosa, die je in deutscher Sprache geschrieben worden ist, ist zu einem ganz erheblichen Teil Streitschriftenprosa. Wenn man von den »Fabeln« einmal absieht, die aber auch vielfach Streitschriftencharakter haben, und von den Prosadramen, hat er so gut wie keine fiktive Prosa geschrieben. Seine Prosa besteht zwar zu einem Teil aus Verteidigungsschrif-

ten, von ihm »Rettungen« genannt. Diese Rettungen sind aber sozusagen umgekehrte Streitschriften, Antworten auf Streitschriften, Streitschriften gegen Streitschriften. Diese müssen wir für diesmal beiseite lassen. Und die anderen Prosaschriften sind überwiegend Streitschriften, mehr oder weniger.»Ernst und Falk« etwa ist die Darstellung einer philosophischen-politischen Konzeption und zugleich die kritisch-polemische Auseinandersetzung mit herrschenden Vorstellungen, unter anderem über das Wesen der Freimaurerei. Ähnlich kann man die »Erziehung des Menschengeschlechts« und den »Laokoon« charakterisieren. Auch in diesen Schriften stehen die konzeptionellen Entwürfe neben kritisch-polemischen Auseinandersetzungen, die in die Richtung Streitschrift tendieren.

4. Und dann haben wir die eigentlichen Streitschriften, große und kleine, die nahezu das ganze Lebenswerk hindurchziehen und sogar bis in die Dramen hineinreichen. Schon die kritische Literatur des jungen Lessing besteht im Grunde aus kleinen Streitschriften. Über die Polemik gegen Samuel Gotthold Lange gelangt Lessing dann zu den großen Streitschriften gegen Gottsched, Klotz und Goetze. Sie können hier nicht alle annähernd erschöpfend behandelt werden. Lediglich am Beispiel der Polemiken gegen Gottsched und Klotz sei versucht, anzudeuten, warum Lessing unter allen Verfassern von Streitschriften in der deutschen Literatur meiner Ansicht nach der größte und bedeutendste war, und inwiefern man in den Streitschriften Lessings einige konstituierende Merkmale großer Streitschriftenliteratur benennen kann, durch die man berechtigt ist, die Streitschrift als eine wichtige und zu Unrecht unterschätzte Gattung der Literatur zu bezeichnen.

5. Lessings Kritiken gegen Gottsched beginnen relativ früh, 1751, in der Beilage zur »Berlinischen Privilegierten Zeitung«. Sie sind von Anfang an überwiegend abfällig, im Ton allerdings meist noch halbwegs gemäßigt. Die zahlreichen kleinen Kritiken an Gottsched, gewissermaßen eine Streitschrift mit verteilten Kapiteln, gipfeln dann 1759 im 17. der »Briefe die neueste Literatur betreffend«. Auch dieser Text ist »nur« eine umfangmäßig kleine Streitschrift, umfasst nur wenige Seiten, eingebettet in eine Zeitschrift. Aber diese kleine Schrift ist in vielfacher Hinsicht von großer, ja überragender Bedeutung. Man kann in ihr fast alle wesentlichen Gesichtspunkte erkennen, die Lessings Streitschriften charakterisieren, und die für die Gattung Streitschrift als maßgeblich beschrieben werden können. Da dieser 17. Literaturbrief sehr bekannt ist, einer der bekanntesten Texte von Lessing überhaupt, werde ich den meisten von Ihnen nichts Neues sagen können. Aber ich will versuchen, aus diesen bekannten Dingen einige Punkte für das Wesen der Gattung Streitschrift zu benennen.

6. Nach einem moderaten Präludium im 16. Literaturbrief setzt der 17. mit einem mächtigen Paukenschlag von außerordentlicher Sprachgewalt ein.

»›Niemand‹, sagen die Verfasser der ›Bibliothek‹, (gemeint sind die Herausgeber Friedrich Nicolai und Moses Mendelssohn der Zeitschrift »Bibliothek der schönen Wissenschaften und freien Künste«), ›wird leugnen, dass die deutsche Schaubühne einen großen Teil ihrer ersten Verbesserung dem Herrn Professor *Gottsched* zu danken habe.‹
Ich bin dieser Niemand; ich leugne es gerade zu. Es wäre zu wünschen, dass sich Herr *Gottsched* niemals mit dem Theater vermengt hätte. Seine vermeinten Verbesserungen betreffen entweder entbehrliche Kleinigkeiten, oder sind wahre Verschlimmerungen.«[2]

Mit nahezu unüberbietbarem und vor allem unüberhörbarem Selbstbewusstsein stellt sich Lessing in diesen Sätzen nicht nur hoch über den damals immer noch sehr einflussreichen Gottsched, sondern sogar über seine Freunde Nicolai und Mendelssohn. Die bis dahin weitgehend anerkannten Leistungen und Verdienste Gottscheds werden kurzerhand geleugnet oder auf ein kaum noch erkennbares Minimum herabgeschraubt. Dann führt Lessing im Einzelnen seine Gedanken aus, wobei es ihm gelingt, die außerordentliche sprachliche Brillanz der Einleitung durchzuhalten. Glänzend die Charakterisierung der jammervollen Situation des Theaters zur Zeit der Neuberin: »Unsre *Staats- und Heldenaktionen* waren voller Unsinn, Bombast, Schmutz und Pöbelwitz. Unsre *Lustspiele* bestanden in Verkleidungen und Zaubereien; und Prügel waren die witzigsten Einfälle derselben«.[3] Diese Tendenzen haben sich, wie wir täglich erleben, bis heute in die Fernsehprogramme hineingerettet. Gottscheds Übersetzungen aus dem Französischen werden lächerlich gemacht, die Vertreibung des Harlekin vom Theater (mit der Gottsched allerdings direkt nichts zu tun hatte) als »die größte Harlekinade (...), die jemals gespielt worden«[4] bezeichnet. Gottsched habe nicht das alte Theater verbessern, sondern ein ganz neues schaffen wollen. »Und was für eines neuen? Eines französierenden! Ohne zu untersuchen, ob dieses französierende Theater der deutschen Denkungsart angemessen sei, oder nicht.«[5]

Damit kommt Lessing nach der leidenschaftlichen, bitteren Polemik zu dem positiven, aufbauenden Teil seines Textes, den ich als einen zweiten konstitutiven Bestandteil der Streitschrift vom Typ Lessing bezeichnen möchte. Dem abgelehnten französischen Drama wird das englische entgegengestellt und damit vor allem Shakespeare vehement die Bahn gebrochen. Gottsched »hätte aus unsern alten dramatischen Stücken, welche er vertrieb, hinlänglich abmerken können, dass wir mehr in den Geschmack der Engländer, als der Franzosen einschlagen (...)«[6]. Selbst Corneille und Racine werden als Vorbilder für deutsche Dramatiker abgelehnt, »denn ein *Genie* kann nur von einem *Genie* entzündet werden und am leichtesten von so einem, das alles bloß der Natur zu danken zu haben scheinet, und durch die mühsamen Vollkommenheiten der Kunst nicht abschrecket«[7]. Shakespeare wird mit Sophokles auf eine Stufe gestellt. Die tiefere Begründung für die Wertschätzung Shakespeares und der englischen Literatur gegenüber den Franzosen lässt freilich im 17. Literaturbrief zu wünschen übrig, über diese Probleme hat Lessing später in der »Hamburgischen Dramaturgie« weiter nachgedacht und geschrieben.

Abgeschlossen wird im 17. Literaturbrief Lessings Engagement gegen die Franzosen und für Shakespeare durch einen für ihn ungemein charakteristischen geistreichen »Trick«, der auch zu den künstlerischen Gestaltungsmitteln der Streitschriften gehört. Als Beweis für seine Behauptung, dass die alten deutschen Stücke »wirklich sehr viel Englisches gehabt haben«[8] führt Lessing eine Szene aus einem »alten Entwurf«[9] des »Doktor Faust« am Ende des 17. Literaturbriefs an. Dabei handelt es sich aber gar nicht um einen alten Entwurf eines alten deutschen Faust, sondern um eine von Lessing selbst eigenhändig geschriebene Szene aus einem Faustdrama, an dem er damals arbeitete, das er aber leider nie fertig gestellt hat. Es ist umstritten, ob in diesem Auftritt »gewiß ungemein viel Großes liegt«[10], wie er meinte, und ob dieser Text wirklich viel mit Shakespeare zu tun hat. Unbestreitbar aber ist, dass die Bemühung um eine philosophische und dichterische Vertiefung der Szene zugrunde liegt.

Das Beispiel einer literarischen Streitschrift, das der 17. Literaturbrief bietet, zeichnet sich also einmal durch eine außergewöhnliche Sprachgewalt und sprachliche Brillanz aus. Vom Sprachlichen her gehört dieser Text zum Besten, was Lessing geschrieben hat. Zweitens wird diese Streitschrift durch eine unerbittliche, auf die Spitze getriebene polemische Schärfe charakterisiert. Es wird nicht einfach Kritik an diesem und jenem geübt, sondern der Gegenstand der Streitschrift, der bestrittene Schriftsteller gleichsam vernichtet, in Grund und Boden zerstört. Es bleibt kein gutes Haar an ihm.

Drittens wird der Kritik eine positive Konzeption entgegengestellt. Der Vernichtung Gottscheds und seiner Ansichten wird das bewunderte Beispiel Shakespeares entgegengestellt. Hinsichtlich der Wirkung der Streitschrift war beides von großer Bedeutung. Der Einfluss Gottscheds wurde weitgehend gebrochen, er hörte mehr und mehr auf, ein beachteter und anerkannter Mann zu sein. Noch gewichtiger war, dass auch der Einfluss der französischen dramatischen Literatur im deutschen Sprachraum durch Lessings Streitschrift und ihre Nachfolger ganz erheblich beeinträchtigt wurde, was an den Spielplänen der deutschen Theater bis in unsere Zeit zu erkennen ist. Und gleichzeitig begann mit dieser Streitschrift Lessings der Siegeszug Shakespeares in der deutschen Literatur und auf dem deutschen Theater.

Nicht verkennen darf man aber auch das der Streitschrift eigentümliche Phänomen der Ungerechtigkeit. So treffend und begründet in vielfacher Hinsicht die Kritik an Gottsched auch war, sie wurde der Gesamtleistung dieses Mannes nicht gerecht. Er hatte sich Verdienste um die deutsche Literatur erworben, er hatte wertvolle Hinweise und Ratschläge gegeben, nicht zufällig hatte er viele Zeitgenossen beeinflusst. Die meisten von ihnen schlossen sich dann aber der Beurteilung Lessings an, und zunächst war Gottsched in den Augen vieler, der meisten, ein toter Hund oder eine komische Figur. Aber viele Jahre später hat es dann doch nicht an Versuchen gefehlt, Gottsched zu »retten« und, bei aller Bewunderung der Polemik Lessings, ein ausgewogeneres Bild des Kritisierten zu entwerfen, wobei es dann freilich auch nicht an Tendenzen einer Überschätzung Gottscheds und Unterschätzung der Bedeutung der Streitschrift Lessings gefehlt hat.

Als noch gravierender möchte ich die allzu negative Beurteilung der französischen klassizistischen Dramatik durch Lessing bezeichnen. Sie war, wie schon angedeutet, sehr folgenreich, wenn man z.B. auf das Feld der kulturpolitischen Praxis, auf das Theater und die verwandten Medien blickt. Für viele Jahre wurde diese bedeutende Dramatik von der deutschen Bühne verbannt und damit eine gewisse Verarmung des geistigen Lebens bewirkt.

Diese Sachverhalte weisen auf ein charakteristisches Merkmal der Gattung Streitschrift hin. Sie ist prinzipiell ungerecht, und das hat, wenn man so sagen darf, ihrem Ansehen geschadet. Das darf aber nicht den Blick verstellen für die außerordentlichen literarischen und intellektuellen Möglichkeiten der Streitschrift, wie schon Lessings Auseinandersetzung mit Gottsched zeigt.

7. Als zweites Beispiel für die grundlegende literarische Bedeutung der Streitschriften Lessings möchte ich seine Auseinandersetzung mit Christian Adolf Klotz in den »Briefen antiquarischen Inhalts« betrachten. Da haben wir es mit einer weit umfangreicheren Streitschrift zu tun als beim 17. Literaturbrief, zugleich mit einem weit unwürdigeren Gegenstand, der dazu geführt hat, dass diese Streitschrift weitgehend in Vergessenheit geraten ist und, im Gegensatz zum 17. Literaturbrief, kaum noch gelesen wird, abgesehen von der im Zusammenhang mit diesen Briefen entstandenen Abhandlung »Wie die Alten den Tod gebildet« – aber was wird schon heute noch gelesen von der großen alten Literatur? Die »Briefe antiquarischen Inhalts« erschienen in zwei Teilen 1768 und 1769 und knüpften an den 1766 erschienenen »Laokoon« an. Auf dem Titelblatt des ersten Teils erschien in griechischer Sprache ein Leitspruch, dessen deutsche Übersetzung lautet: »Mehr eine Kampfschrift für den Augenblick, als ein Besitztum für immer« – die Umgestaltung eines Ausspruchs von Thukydides, ein Leitspruch, auf den wir noch einmal zurückkommen müssen.

Die »Antiquarischen Briefe« gehen ein auf Einwände und Kritiken, die Klotz und einige seiner Anhänger gegen einzelne Punkte des »Laokoon« erhoben hatten. Damit befassen sich die meisten der Briefe, und Lessing sah sich veranlasst, auf sehr zahlreiche Themen einzugehen, die nach allgemeiner Ansicht schon kurz nach Veröffentlichung des Werks kaum noch Interesse beanspruchen konnten. Klotz hatte 1768 ein Buch unter dem Titel »Über den Nutzen und den Gebrauch der alten geschnittenen Steine und ihrer Abdrücke« veröffentlicht, sich darin weitschweifig über die damals weit mehr als heute verbreiteten und beachteten Gemmen und ihre Nachahmungen geäußert und geglaubt, in einigen Punkten hinsichtlich der Motive auf diesen Gemmen Thesen aus Lessings »Laokoon« widersprechen zu können. Dabei stellte sich heraus, dass Klotz' Kenntnisse und Erkenntnisse sehr beschränkt waren, dass er Lessings ästhetische Intentionen überhaupt nicht verstanden hatte, dass er äußerst oberflächlich an die Beurteilung der aufgeworfenen Probleme heranging, und vor allem, dass er vorhatte, als Haupt einer pseudo- und populärwissenschaftlichen Clique mit beinahe mafiaähnlichem Gepräge der Berliner Aufklärung um Friedrich Nicolai, als deren geistiges Haupt er Lessing ansah, an den Wagen fahren zu können.

Lessing ging nun in den »Antiquarischen Briefen« zunächst sehr, vielleicht allzu detailliert auf die sachlichen oder sachlich scheinenden Argumente Klotz' ein und beschäftigte sich weitläufig mit den in den antiken Gemmen vorkommenden Motiven und Gestalten. Dabei kam es ihm darauf an, nachzuweisen, dass Klotz in oberflächlichster Weise an äußerlichen Fakten hängen geblieben war und das Wesen der Überlegungen Lessings entweder nicht verstanden oder geflissentlich übersehen hatte. Was die Einzelheiten der antiken Gemmen – die Motive, die Techniken der Steinschneidekunst, die bearbeiteten Materialien, die verschiedenen Edelsteine – betrifft, so hat die spätere Forschung die genauen und sehr kenntnisreichen Feststellungen Lessings großenteils bestätigt. Im Übrigen sind diese sehr umfangreichen, z.T. langatmigen und weitschweifigen, mitunter sogar kleinlichen Darlegungen heute kaum noch besonders interessant und lesenswert und werden infolgedessen auch kaum noch gelesen. Das ist freilich in gewisser Hinsicht bedauerlich, denn Lessing hat auch diese umfangreichen Darlegungen sozusagen mit einem Teppich geistvoller und witziger Bemerkungen überzogen, und wenn man sich einmal die Mühe macht, diese vielen Seiten durchzulesen, so stößt man immer wieder, wenn auch in Abständen, auf köstliche Formulierungen, aus denen man am liebsten einmal einen Auszug zusammenstellen möchte, um ihn zu genießen oder auch vorzulesen. Etwa nach dem Beispiel der berühmten Auswahl von Texten Lessings durch Herder in seinen »Briefen über die Humanität« unter dem Titel »Funken aus der Asche eines Toten«.

Erst am Ende der »Antiquarischen Briefe« kommt Lessing dann zu einer Art Zusammenfassung, zu einem Vorstoß ins Wesentliche seiner Polemik. Da wird der Text zu einer wirklichen Streitschrift, zu einer Streitschrift von Format. Und hier kommt er zu Feststellungen, die von grundsätzlicher Bedeutung für das Wesen der literarischen Gattung Streitschrift sind. Die abschließende Generalabrechnung mit Klotz schildert mit beißendem Spott das Zustandekommen ihrer »Beziehung« und die Reaktion Klotz' auf die ersten »Antiquarischen Briefe«, der betont hatte, er habe nur in aller Bescheidenheit einige Zweifel an einigen Thesen des »Laokoon« vorgetragen, und er wundere sich, dass Lessing so empfindlich darauf reagiert habe. Als erstes knöpft sich Lessing diese heuchlerische Berufung auf Bescheidenheit vor:

> »Herr Klotz spricht von Anmerkungen und Zweifeln, die er mit aller Bescheidenheit vorgetragen. Wenn die Bescheidenheit darin besteht, dass man einem keine Zudringlichkeit erweiset, ohne einen Bückling dazu zu machen: so mag seine Bescheidenheit ihre gute Richtigkeit haben.

Aber mich bedünkt, die wahre Bescheidenheit eines Gelehrten bestehe in etwas ganz anderm: sie bestehe nämlich darin, dass er genau die Schranken seiner Kenntnisse und seines Geistes kennet, innerhalb welchen er sich zu halten hat; dass er für jeden Schriftsteller so viel Achtung hegt, ihm nicht eher zu widersprechen, als bis er ihn verstanden; dass er nicht verlangt, der mißverstandene Schriftsteller solle es bei seinem Widerspruche bewenden lassen; dass er ihn keiner Empfindlichkeit beschuldiget, wenn er es nicht dabei bewenden läßt; dass er in den Streitigkeiten, die er sich selbst zuzieht, rund zu Werke geht, nicht tergiversiert (Ausflüchte sucht), nicht in einem sauersüßen Tone, mit einer schnöden Miene, statt aller Antwort vorwendet, ›das Publikum interessiere dergleichen nicht, er sehe nicht ein, was für Nutzen Künste und Wissenschaften davon haben könnten!‹ usw. Mit solchen Wendungen macht sich nur die beleidigte Eitelkeit aus dem Staube; und ein eitler Mann ist zwar höflich, aber nie bescheiden. Schlimm genug, dass Höflichkeit so leicht für Bescheidenheit gehalten wird ! Aber noch schlimmer, wenn die kleinste Freimütigkeit Unwille und Zorn heißen soll !«[11]

Lessing teilt dann den kurzen Briefwechsel mit, der zwischen ihm und Klotz stattgefunden hatte. Klotz überbot sich in seinen beiden Briefen mit Komplimenten und Bücklingen und legte dem zweiten Brief seine überschwängliche Rezension des »Laokoon« bei. Darauf reagierte Lessing mit Sarkasmus:

»Was sagen Sie zu diesem Briefe, mein Freund (der fingierte Empfänger der›Antiquarischen Briefe‹)? Ist es nicht ein feiner, artiger, süßer, liebkosender Brief, voller Freundschaft, voller Vertraulichkeit, voller Demut, voller Hochachtung? O gewiß! – Und die Schrift erst, die dabei lag! Das nenne ich eine Rezension! Das ist ein Mann, der zu loben versteht! O, wie schwoll mir mein Herz! Nun wußte ich doch, wer ich war! Ich war ›elegantissimi ingenii vir‹ (ein Mann von feinstem Geist); ich war ›verus Gratiarum alumnus‹ (der echte Zögling der Grazien); mir hatten die Musen ›dudum principem inter Germaniae ornamenta locum‹ (längst den ersten Platz unter den Zierden Deutschlands) zuerkannt; ich war es, der nicht anders als ›cognitis optimis fere omnium populorum libris, artium natura perspecta, conjunctaque antiquarum litterarum scientia cum recentiorum auctorum lectione‹ (mit Kenntnis der besten Bücher fast aller Völker, das Wesen der Kunst deutlich erfassend, und verbunden mit der Kenntnis der Altertumswissenschaft und Belesenheit in den neueren Schriftstellern), die Feder ergriffen. Nun war mir mein Buch erst lieb! Denn es war dem Hrn. Klotz ein ›aureolus libellus‹ (goldenes Büchlein), und er rief einem jeden, der es in die Hand nehmen wolle, mit den Worten des Plato zu, vorher *den Grazien zu opfern* !«[12]

Was werde er, Lessing, wohl auf diesen Brief und diese Rezension »dem allerliebsten Verfasser« geantwortet haben? Nichts, kein Wort! »Seine Lobsprüche waren mir äußerst ekel, weil sie äußerst übertrieben waren; und seine Einwürfe fand ich höchst nüchtern, so ein gelehrtes Maul er auch dabei immer zog«.[13] Und dann formulierte er den Text eines Briefs, den er geschrieben hätte, wenn er ihn geschrieben hätte. Dieser nicht geschriebene Brief, den Lessing in den »Antiquarischen Briefen« veröffentlichte als ein höchst wirkungsvolles Mittel der künstlerischen Gestaltung einer Streitschrift, sei hier wenigstens mit seinem Anfang zitiert:

»Mein wertester Herr, ein anderes ist, einem Weihrauch zu streuen; und ein anderes, einem (...) das Rauchfaß um den Kopf schmeißen. Ich will glauben, dass Sie das erste tun *wollen*: aber das andere *haben* Sie getan. Ich will glauben, dass es Ihre bloße Ungeschicklichkeit in Schwenkung des Rauchfasses ist: aber ich habe dem ohngeachtet die Beulen, und fühle sie. Daß ich ein ziemlich gutes Büchelchen geschrieben, kitzelt mich freilich, selbst von Ihnen zu vernehmen. Es kitzelt mich freilich, mich von Ihnen unter die Zierden Deutschlands gezählt zu sehen: denn wer will nicht seinem Vaterlande wenigstens gern keine Schande machen? Aber nun genug mit dem Kitzeln: denn sehen Sie, ich muß mich schon mehr krümmen, als ich lachen kann«.[14]

Und so geht es fort in diesem glänzenden fiktiven Brief mit immer neuen brillanten Gedanken und Formulierungen.

Womöglich noch gewichtiger war der nächste Schritt in Lessings resümierender Polemik gegen Klotz. Er wandte sich gegen Klotz' und seiner Anhänger behauptete Formulierung, er, Lessing, sei das Haupt einer Berliner Literaturschule, die sich um die von Friedrich Nicolai seit Jahren herausgegebenen weit verbreiteten Zeitschriften »Bibliothek der schönen Wissenschaften und freien Künste« und »Allgemeine deutsche Bibliothek« schare, und die im Reiche der Literaturkritik einen unerträglichen Despotismus ausübe. Lessing traf die für seine Selbsteinschätzung wichtige und danach für die literaturwissenschaftliche Einordnung Lessings bis heute maßgebliche Feststellung, dass Nicolai sein Freund sei, aber er mit der »Allgemeinen Bibliothek« nichts zu schaffen, für die er noch keine Zeile geschrieben habe. Lessing betonte seine Selbständigkeit, seine Souveränität innerhalb der Literaturkritik und zugleich seine Einsamkeit. Und er tat das mit einem für ihn typischen künstlerischen Mittel, nämlich durch eine meisterliche, von Cervantes inspirierte Parabel, die sprachlich den Höhepunkt der »Antiquarischen Briefe« und meiner Ansicht nach einen Höhepunkt deutscher Streitschriftenliteratur überhaupt darstellt:

»Ich bin wahrlich nur eine Mühle, und kein Riese. Da stehe ich auf meinem Platze, ganz außer dem Dorfe, auf einem Sandhügel allein, und komme zu niemanden, und helfe niemanden, und lasse mir von niemanden helfen. Wenn ich meinen Steinen etwas aufzuschütten habe, so mahle ich es ab, es mag sein, mit welchem Winde es will. Alle zweiunddreißig Winde sind meine Freunde. Von der ganzen weiten Atmosphäre verlange ich nicht einen Fingerbreit mehr, als gerade meine Flügel zu ihrem Umlaufe brauchen. Nur diesen Umlauf lasse man ihnen frei. Mücken können dazwischen hin schwärmen: aber mutwillige Buben müssen nicht alle Augenblicke sich darunter durchjagen wollen; noch weniger muß sie eine Hand hemmen wollen, die nicht stärker ist, als der Wind, der mich umtreibt. Wen meine Flügel mit in die Luft schleudern, der hat es sich selbst zuzuschreiben: auch kann ich ihn nicht sanfter niedersetzen, als er fällt«.[15]

Es sei hier betont, dass die Form der Parabel, die in Lessings Gesamtwerk eine so große Rolle spielt, besonders in den Streitschriften immer wieder verwendet wird. Im eben zitierten Fall dient sie einerseits der literarischen Assoziation durch den Bezug auf Cervantes, andererseits der künstlerischen Vertiefung der sachlichen Aussage.

Nach der Charakterisierung seiner eigenen Position unabhängig von der Berliner Gruppe um Nicolai und unabhängig von allen anderen Gruppierungen kommt Lessing zu einer zusammenfassenden, von den Details der antiquarischen Polemik absehenden Charakterisierung seines Gegners Klotz und seiner Anhänger, verbunden mit der Formulierung wichtiger Grundprinzipien der Gattung Streitschriften. Am Beispiel einer lateinisch geschriebenen Rezension der Schriften von Johann Ludwig Conradi, dessen persönliche Schwächen wie Trunksucht und Schuldenmachen Klotz an den Pranger gestellt hatte, schreibt Lessing:

»Abscheulicher Rezensent, wer verlangt das zu wissen? Sag uns, ob das Buch schlecht oder gut ist: und von dem übrigen schweig! Auch wenn alles wahr ist, schweig: denn die Gerechtigkeit hat dir es nicht aufgetragen, solche Brandmale auf die Stirne des Unglücklichen zu drücken!«[16]

Sehr scharf wendet er sich gegen Klotz' Versuch, in seiner Zeitschrift einen anderen Rezensenten für diese Sache verantwortlich zu machen: »(...) der Wirt, der in seiner Kneipschenke wissentlich morden läßt, ist nicht ein Haar besser, als der Mörder«.[17] Es sei Anmaßung, wenn Klotz es wagt, über bedeutende Schriftsteller der Zeit wie Klopstock, Moses Mendelssohn, Ramler und Gerstenberg zu richten. Und was für Klotz gelte, gelte ebenso auch für seine Freunde und Anhänger, sie alle hätten keine neuen und guten Anmerkungen zu machen, hätten keinen eigenen Ton, schrieben in kraftloser und dissoluter Sprache. »Nicht einmal über Schriftsteller, von dem Maße ihrer eigenen Talente, sollten sie urteilen wollen: denn es ist ein ekler Anblick, wenn man eine Spinne die andere fressen sieht (...)«.[18] Das Strafgericht Lessings gipfelt schließlich in dem verdammenden Urteil:

»(...) wenn jemals die Unart elender Kunstrichter, zur Mißbilligung und Verspottung des Schriftstellers die Züge von dem Menschen, von dem Gliede der bürgerlichen Gesellschaft zu entlehnen, einen Namen haben soll, so muß sie *Klotzianismus* heißen«.[19]

Diese Formulierung Lessings hat sich freilich nicht durchgesetzt, obwohl es Tendenzen dieser Art in der einen oder anderen Weise immer wieder in der Literatur bis zum heutigen Tag gegeben hat. Sie werden nicht »Klotzianismus« genannt, vielleicht, weil der Namengeber, also Klotz, zu unbedeutend war und in Vergessenheit geraten ist, trotz Lessings Streitschrift. Dagegen hat der konstruktive, grundlegende Gedanke Lessings über das Wesen der Kritik und damit auch über das Wesen der Streitschrift Gültigkeit behalten, ein Gedanke, den Lessing im 57. und letzten der (veröffentlichten) »Antiquarische Briefe« so formuliert hat:

»Wenn ich Kunstrichter wäre, wenn ich mir getraute, das Kunstrichterschild aushängen zu können: so würde meine Tonleiter diese sein. Gelinde und schmeichelnd gegen den Anfänger; mit Bewunderung zweifelnd, mit Zweifel bewundernd gegen den Meister; abschreckend und positiv gegen den Stümper; höhnisch gegen den Prahler; und so bitter als möglich gegen den Kabalenmacher«.[20]

Besonders die Wendung »mit Bewunderung zweifelnd, mit Zweifel bewundernd« möchte ich gerne hervorheben. Sie gehört zu den Thesen, die bis heute für gute Literaturkritik und Streitschriftenkultur maßgeblich sein sollten, allerdings kaum sind.

Die zeitgenössischen Wirkungen von Lessings Schrift gegen Klotz waren bedeutend. Klotz' öffentlich bekannt gemachte Absicht, eine Gegenschrift herauszugeben, wurde nicht verwirklicht. Wichtige Zeitgenossen wie Herder und Goethe waren ungemein beeindruckt. Berühmt und immer wieder lesenswert ist Goethes Äußerung im 8. Buch von »Dichtung und Wahrheit« ein halbes Jahrhundert später über die im Zusammenhang mit der Polemik gegen Klotz entstandene Abhandlung »Wie die Alten den Tod gebildet«, auf die wir in unserem Zusammenhang nicht näher eingehen können. Aber auch weit über diese Zeit hinaus ist die Streitschrift gegen Klotz bis zu einem gewissen Grade lebendig geblieben. Ein besonders eindrucksvolles Beispiel für diese andauernde Wirkung ist die Streitschrift »Herrn Hardens Fabeln« von Franz Mehring (1899). Mehring, der Verfasser der singulären Streitschrift »Die Lessing-Legende«, war nicht nur ein Bewunderer Lessings, sondern auch ein Schriftsteller, der von Lessing beeinflusst wurde. Ende 1898 geriet er in einen Konflikt mit Maximilian Harden, mit dem er Jahre zuvor gut bekannt und bis zu einem gewissen Grade sogar befreundet gewesen war. In seiner scharfen Polemik gegen Harden spielten Briefe, die die beiden vor Jahren miteinander gewechselt hatten, eine große Rolle. Mehring zitierte aus dem Briefwechsel zwischen Lessing und Klotz und ironisierte den Versuch Hardens, sich als Lessing aufzuspielen und Mehring als Klotz zu diffamieren.[21]

Hinsichtlich des Wesens der Streitschrift als literarischer Gattung können aus Lessings Streitschriften gegen Gottsched und Klotz folgende Aspekte hervorgehoben werden.

1. Eine gute Streitschrift zeichnet sich durch ihre Schärfe und ihre kritische Unerbittlichkeit aus.
2. Durch die Kritik, und sei sie noch so scharf, schimmert eine Art Gegenbild, eine positive Konzeption durch, wird das sichtbar, wofür sich der Verfasser der Streitschrift eigentlich einsetzt. Das wird in der Auseinandersetzung mit Gottsched besonders deutlich.
3. Der Kritiker verzichtet auf abschwächende Gefälligkeiten und das, was Lessing verächtlich als Höflichkeit bezeichnet hat.
4. Der Verfasser von Streitschriften ist ein leidenschaftlicher Schriftsteller, der von seiner Aufgabe ähnlich wie ein anderer echter Schriftsteller, ergriffen, ja hingerissen ist.
5. Eine gute Streitschrift vermeidet das Eingehen auf persönliche Schwächen und hält sich an das Grundsätzliche. Das ist ein Problem, das in der Streitschriftenliteratur eine große Rolle spielt, selbst bei den namhaftesten Verfassern berühmter Streitschriften. Man denke nur an den Streit zwischen Heine und Platen. Platen warf Heine sein Judentum, Heine Platen seine Homosexualität vor. Selbst Lessing ist in seinen Anfängen nicht immer ganz frei von solchen Tendenzen gewesen.
5. Auch die Streitschrift ist oder kann ein sprachliches Kunstwerk sein. Für Lessings Streitschriften gegen Gottsched und Klotz gilt das in starkem Maße. Dass wir uns noch heute mit ihnen oder Teilen von ihnen befassen, hängt unter anderem davon ab, dass sie sprachliche Stellen von hoher Brillanz und großer Schönheit enthalten. So wurden die Streitschriften Lessings, wenn ich an den eingangs zitierten Leitspruch der »Antiquarischen Briefe« erinnern darf, über die Kampfschrift für den Augenblick wenigstens partiell zu einem Besitztum für immer.
6. Ich komme schließlich noch einmal zurück auf Lessings Worte über das Wesen der Streitschrift in der Vorrede zu seiner Untersuchung »Wie die Alten den Tod gebildet«. Da heißt es:

»Es sei, dass noch durch keinen Streit die Wahrheit ausgemacht worden, so hat doch die Wahrheit bei jedem Streite gewonnen. Der Streit hat den Geist der Prüfung genähret, hat Vorurteil und Ansehen in einer beständigen Erschütterung erhalten, kurz, hat die geschminkte Unwahrheit verhindert, sich an der Stelle der Wahrheit festzusetzen«.[22]

Anmerkungen

1 Lessing, Gotthold Ephraim: Gesammelte Werke in zehn Bänden. Herausgegeben von Paul Rilla. 5. Band. Antiquarische Schriften. Berlin 1955, S. 671.
2 A.a.O., 4. Band, S. 135 f.
3 A.a.O., S. 136.
4 A.a.O., S. 137.
5 A.a.O.
6 A.a.O.
7 A.a.O., S. 138.
8 A.a.O.
9 A.a.O.
10 A.a.O.
11 Wie Anm. 1, S. 595.
12 A.a.O., S. 607.
13 A.a.O., S. 609.
14 A.a.O.

15 A.a.O., S. 615.
16 A.a.O., S. 619.
17 A.a.O.
18 A.a.O., S. 622.
19 A.a.O., S. 613.
20 A.a.O., S. 625.
21 Mit eingelegter Lanze. Literarische Streitschriften von Hutten bis Mehring. Herausgegeben von Günther Cwojdrak. Leipzig 1968, S. 252 f.
22 Wie Anm. 1, S. 671 f.

Auf einsamem Posten
Lessing und Heine

Jost Hermand

»Ich kann nicht umhin zu bemerken«, erklärte Heine 1835 in seiner Schrift »Die romantische Schule«, »daß Lessing in der ganzen Literaturgeschichte derjenige Schriftsteller ist, den ich am meisten liebe«.[1] Ein solches Urteil wirkt auf den ersten Blick etwas frappierend. Warum nimmt diesen Ehrenplatz in Heines poetischer Ahnengalerie nicht Shakespeare, Cervantes oder Goethe ein, die in seinen Schriften wesentlich öfter auftauchen als Lessing? Genauer betrachtet, erwähnt nämlich Heine – wenn man die ihn betreffenden Bibliographien, Handbücher, Berichte der Zeitgenossen sowie Brief- und Werkregister durchgeht – den von ihm so »geliebten« Lessing gar nicht so oft, wie man es nach einem solchen Bekenntnis erwarten würde.[2] Daher ist auch die Sekundärliteratur zu dem Thema »Lessing und Heine« relativ dünn. So weist etwa die umfangreiche Heine-Bibliographie von 1960, die alle 4033 vor diesem Zeitpunkt veröffentlichten Studien zu Heine verzeichnet, nur einen einzigen und zudem recht kurzen Eintrag zu diesem Thema auf.[3] Und auch das danach Erschienene hält sich in relativ engen Grenzen.[4] Woran liegt die seltsame Nichtbeachtung dieses Aspekts? Schließlich wissen wir aus beiläufigen Erwähnungen in Heines Schriften, daß er die Hauptwerke Lessings bereits auf dem Düsseldorfer Lyceum gelesen hat.[5] Ja, noch in den zwanziger und dreißiger Jahren finden sich in seinen Schriften immer wieder vereinzelte Anspielungen auf den »Nathan« und die »Emilia Galotti« wie auch den »Laokoon« und die »Erziehung des Menschengeschlechts«, die eine enge Vertrautheit mit Lessings Schriften verraten.

Etwas ausführlicher hat sich Heine zu Lessing an sich nur in seiner »Romantischen Schule« (VIII, 134 - 136) und seiner »Geschichte der Religion und Philosophie in Deutschland« (VIII, 73 - 78) geäußert. Kein Zweifel, diese beiden Passagen sind absolut zentral und zugleich so positiv, wie man das bei Heine, dem großen Kritiker und Polemiker, selten oder nie findet. Und es wird wohl gerade diese »Positivität« gewesen sein, die Heine davon abhielt, sich auch in anderen seiner Werke ebenso überschwänglich zu Lessing zu bekennen. So massiv brauchte er das nur ein- oder zweimal zu sagen. Schließlich war Heine ein geschulter Dialektiker, der sonst in allem, was er wahrnahm und beurteilte, stets das Pro und Contra hervorhob. Für ihn war nichts entweder nur schwarz oder nur weiß. Alles hatte für Heine seine Licht- und seine Schattenseiten, seine Vor- und seine Nachteile. Daher konnte er an sämtliche Phänomene des ihm vertrauten Erkenntnisbereichs stets eine kritische Sonde ansetzen und sorgfältig zwischen dem Positiven und Negativen unterscheiden. In fast all seinen Urteilen war er nicht nur ein einseitiger Spötter oder seichter Witzling, sondern zugleich einer, der von Anfang an behauptete, daß er als Erster das »Schulgeheimnis der Hegelschen Philosophie«, nämlich die vor nichts haltmachende Dialektik, verstanden habe,[6] die im Hinblick auf ihre Erkenntnisobjekte weder eine absolute Verkultung noch eine absolute Negation erlaube.

Doch Lessing war für ihn eine der ganz wenigen Ausnahmen. Ihn betrachtete Heine nicht mit der für ihn charakteristischen »dialektisierenden Optik«, mit der er etwa die zwei Weimarer Klassiker in seiner »Romantischen Schule« analysierte (VIII, 148 - 164). Immer dann, wenn er Lessing erwähnt, gibt es in seinen Schriften nur positive, zustimmende, ja geradezu panegyrische Äußerungen. In ihm sah er keine umstrittene Größe wie etwa in Goethe, dem er trotz aller dichterischen Bedeutsamkeit nicht seine »politische Indifferenz« vergeben konnte.[7] Aber er stellte ihn auch nicht als Menschheitsbeglücker à la Schiller hin, dem es leider an der sprachlichen Befähigung gefehlt habe, um seinen Ideen die letzte, überzeugende Kraft zu verleihen (X, 246). Mit solchen zwiespältigen Naturen verglichen, war Lessing für Heine geradezu alles: nicht nur ein überragender Dichter, sondern auch ein glänzender Stilist, ein überzeugender Aufklärer, ein bissiger, aber stets die richtige, weil gerechte Sache vertretender Polemiker wie auch ein mutiger Befreier aus längst veralteten Denk- und Glaubensformen.

Nun gut, könnte man fragen: was läßt sich denn über Lessing Negatives sagen? Wer hat denn – außer einigen verbohrten Antisemiten – je etwas Abträgliches über diesen Mann geschrieben? Zu ihm gibt es doch überhaupt nur positive Stimmen, mögen sie auch manchmal – wie im Falle Erich Schmidts – ins Prussifizierende entgleist sein. Doch Heines absolute Positivität Lessing gegenüber hat eine ganz spezifische Komponente. Und das ist die innere Identifikation mit dem von ihm nicht nur gelobten, sondern »geliebten« Lessing, den er als so vorbildlich empfand, daß er ihm auf allen Ebenen nachzustreben suchte. Schließlich wollte auch Heine nicht nur ein überragender Dichter, sondern zugleich ein glänzender Stilist, ein überzeugender Aufklärer, ein bissiger, aber stets die richtige, weil gerechte Sache vertretender Polemiker wie auch ein mutiger Befreier aus längst veralteten Denk- und Glaubensformen in jenem sich durch die Jahrtausende hinziehenden »Befreiungskampf der Menschheit« sein, dem auch Lessing sein Leben gewidmet habe.

Heines zwei besonders überschwängliche Laudationes auf Lessing in seiner »Romantischen Schule« sowie seiner »Geschichte der Religion und Philosophie in Deutschland« sagen daher nicht nur viel über Lessing, sondern auch ebensoviel über Heine selber aus. Trotz des starken Einflusses, den er Anfang der zwanziger Jahren in Berlin von Seiten Hegels erfahren hatte, stand ihm letztlich Lessing doch näher. Schließlich war der Erstere ein recht gelehrter, in einem philosophischen Denken verfangener Systematiker, der seine Ideen nur in einer unsinnlichen, abstrakt-theoretischen Weise ausdrücken konnte, während der Letztere – bei gleichgesinnter aufklärerischer Geistesrichtung – über eine stilistische Brillanz und Witzigkeit verfügte, die Heine zwangsläufig wesentlich stärker anziehen mußte als der trockene, witzlose Ton Hegels.

In Lessing fand Heine jenen Autor, mit dem er sich nicht nur als progressionsbetonter Denker, sondern auch als sprachgewandter Schriftsteller voll identifizieren konnte. So schrieb er schon in den frühen zwanziger Jahren, als er sich vorübergehend auf dem Gebiet des Dramas versuchte, daß Lessing – ein »Mann mit dem klarsten Kopfe und mit dem schönsten Herzen« – der Erste in Deutschland gewesen sei, welcher in seinen Dramen die »Schilderungen von Handlungen, Leidenschaften und Charakteren am schönsten und gleichmäßigsten« miteinander »verwebt« habe (X, 209). Infolgedessen bemühte sich Heine 1821 in seinem »Almansor«, der eindeutig in die »Nathan«-Tradition gehört, ebenfalls ein dramatisch abgerundetes Parabel-Drama zu schreiben. Ja, noch in den vierziger Jahren, als Heine seinen »Atta Troll« konzipierte, griff er abermals auf ein Lessingsches Modell, diesmal dessen Tanzbär-Fabel, zurück.[8]

Doch es sind weniger solche dichterischen Anlehnungen oder Übernahmen sowie gelegentliche Zitate oder Anspielungen, mit denen Heine seine innere Verbundenheit mit Lessing dokumentieren wollte, als der Versuch, seinem großen Vorbild in Form einer innigen Synthese von ästhetisch-stilistischer Finesse und philosophisch-historischem Theoriebewußtsein nachzueifern. Als daher Ludwig Börne, mit dem Heine in den dreißiger Jahren in Fehde lag, von vielen Liberalen als der »neue Lessing« gepriesen wurde, gab Heine zwar zu, daß es diesem Manne weder an »edlem Willen« noch an »Enthusiasmus für Humanität« mangele, ihm jedoch Lessing durch seinen »offenen Sinn für Kunst und philosophische Spekulation« auf allen anderen Gebieten weit überlegen sei (XI, 95). Heine bemühte sich daher gerade in seiner »Börne-Denkschrift« von 1840, seinen Gegner auf die gleiche Weise zur Strecke zu bringen, wie es vor ihm Lessing mit Gottsched getan hatte, indem er versuchte, diesen nicht nur durch ein ihn überbietendes »intellektuelles Niveau«, sondern auch durch »Brillanz der Sprache« und »überlegene Bildung« als minderwertig oder zumindest vom Weltgeist überholt hinzustellen.

Und mit besagtem »Weltgeist«, in dessen Dienst sich – nach Hegel – jeder progressionsbetonte Aufklärer stellen solle, haben wir bereits jene Ebene erreicht, auf der die Werke und das Wirken dieser beiden Autoren ihre innigste Korrespondenz aufweisen. Schließlich waren beide stets »Aufklärer« im besten Sinne des Wortes, indem sie nicht bei einem trockenen Rationalismus stehenblieben, sondern geradezu unentwegt in engagierter, ja engagiertester Form für die Erweiterung der Menschenrechte, die geistige Emanzipation aller Bevölkerungsschichten und einen politischen Kosmopolitismus eintraten, um damit dem unterdrückten »Menschengeschlecht«, wie es unter Verwendung der damals üblichen Pathosformeln noch hieß, endlich zu einer höheren Stufe der Bildung und Gesittung zu verhelfen. Daher verschmähten sie selbst Wortprägungen wie »Weltbürgertum« oder »Menschenverbrüderung« nicht, um ihren Hoffnungen und Visionen einen utopischen Glanz zu verleihen.

Bei Heine kommt diese utopische Komponente am deutlichsten in seinen frühen Pariser Jahren, also der Zeit zwischen 1831 und 1835, zum Ausdruck, wo sich sein zum Teil von Lessings »Erziehung des Menschengeschlechts« inspirierter Aufklärungsoptimismus mit hegelianischen und saint-simonistischen Zukunftserwartungen zu einer höchst komplexen Synthese verbindet. Doch schon in den zwanziger Jahren tauchen bei ihm, wenn auch noch in höchst kursorischer Form, solche auf Lessings Aufklärungshaltung hinweisenden Äußerungen auf. So stellte Heine bereits 1822 in seiner Schrift »Über Polen« Lessing – neben Herder und Schiller – als einen »unserer edelsten Volkssprecher« hin, der sich am klarsten für eine »allgemeine Menschenverbrüderung« eingesetzt habe (VI, 63). Zwei Jahre später zählte Heine am 14. April in einem Brief an seinen Freund Christian Sethe unter dem Stichwort »Was ich liebe« als Nr. 5 eine »olla Potrida von: Familie, Wahrheit, französischer Revolution, Menschenrechte, Lessing, Herder, Schiller etc.« auf, wobei er Goethe, als einen der von ihm damals noch abgelehnten »Aristokraten«, bei solchen Aufzählungen stets bewußt überging. Ebenso deutlich bekannte sich Heine in den »Bädern von Lucca« zu Lessing, der wie Martin Luther nicht davor zurückgeschreckt sei, von Zeit zu Zeit im Kampf gegen seine Gegner auch die gute alte »protestantische Streitaxt« auszugraben – wobei Lessing allerdings häufig auf jene »Beimischung von Spaß« verzichtet habe, die sich er, Heine, nur in den seltensten Fällen verkneifen könne (VII, 147).

All dieser revolutionäre Utopismus, der sich in den zwanziger Jahren – wegen der scharf gehandhabten Zensurbestimmungen – nur an wenig beachteten Stellen oder in privaten Äußerungen Ausdruck verschaffen konnte, brach sich jedoch, wie bereits angedeutet, nach der Julirevolution von 1830 und Heines Übersiedlung nach Paris im April 1831 in vielen seiner Schriften vehement Bahn. In den folgenden vier Jahren, die allgemein als die »jungdeutsche« Phase der deutschen Literatur gelten,[9] stieg Heine in politästhetischen Fragen für viele Liberale diesseits und jenseits des Rheins immer stärker zum Matador jener aufrührerischen Bewegung auf, die schließlich so scharfe oder zumindest aufmüpfige Formen annahm, daß ihr der deutsche Bundestag 1835 mit jenem berühmt-berüchtigten Verbot entgegentrat,[10] das nach den Karlsbader Beschlüssen von 1819 in Deutschland zum zweiten Mal allen obrigkeitsfeindlichen Tendenzen ein Ende bereiten sollte.

Was Heine in diesen vier »jungdeutschen« Jahren in Paris zu Papier brachte, waren vor allem zweierlei Texte: erstens Schriften, mit denen er seine deutschen Leser über die neuen Zustände in Frankreich informieren wollte, die seit dem Regierungsantritt Louis-Philippes, des sogenannten Bürgerkönigs, eine wesentlich liberalere Ausrichtung bekommen hatten, sowie zweitens Schriften, mit denen er seine allmählich entstehende französische Leserschaft endlich dem unseligen Einfluß jener Madame de Staël entziehen wollte, die in ihrem Buch »De l'Allemagne« (1810) Deutschland vornehmlich als ein Land liebenswerter, aber weltfremder Idealisten und Romantiker dargestellt hatte, statt auch auf die aufklärerischen Traditionen dieses Landes einzugehen. Erfüllt mit einem durch die Pariser Julirevolution geweckten politischen Elan machte sich deshalb Heine in diesem Zeitraum daran, den Franzosen endlich zu zeigen, daß das Beste an der deutschen Philosophie und Literatur nicht jener unsäglich reaktionäre Einbruch des »Romantischen« mit all seinen ins Ständestaatlich-Katholische tendierenden Begleiterscheinungen sei, sondern daß sich dieses Beste eher in den Hauptvertretern der protestantischen Reformation des 16. Jahrhunderts sowie den aufklärerischen Bemühungen des 18. Jahrhunderts manifestiere.

Und zwar legte Heine hierbei seinen eigenen Vorstellungen gern ein vernunftgeklärtes Religionsverständnis zugrunde, das in vielem an Lessings Schrift »Die Erziehung des Menschengeschlechts« erinnert. Allerdings wurde er zu diesem Zeitpunkt in seiner Ausmalung der schon von Lessing anvisierten dritten Stufe der abendländischen Religionsentwicklung – auf welcher der Mensch nicht mehr wie bei den alten Juden das Gute lediglich aus Furcht vor der Strafe oder wie bei den auf sie folgenden Christen vornehmlich in der Hoffnung auf eine Belohnung im Jenseits tue, sondern wo er das Gute allein um des Guten willen vollbringe – wesentlich konkreter und geschichtsbewußter. Dennoch blieb Lessing für Heine weiterhin einer jener »Propheten«, der mit seinem Konzept einer utopisch anvisierten dritten Phase der Religionsentwicklung bereits die ersten Schritte in einen früher nur erträumten Endzustand der Menschheit gewagt habe.

Dieser Form des Denkens liegt bekanntermaßen noch immer jenes schon im 12. Jahrhundert von Joachim von Fiore aufgestellte religiöse Stufenmodell zugrunde, nach welchem – im Sinne der christlichen Trinitätsvorstellungen – auf das Zeitalter des Vaters und das Zeitalter des Sohnes eines Tages das Zeitalter des Heiligen Geistes folgen werde. Lessing hatte diese Denkstruktur im Paragraphen 85 seiner »Erziehung des Menschengeschlechts« – entgegen allen konservativ gesinnten Skeptikern – in folgende Worte gefaßt: »Nein, sie wird kommen, sie wird gewiß kommen, die Zeit der Vollendung, da der Mensch, je überzeugter sein Verstand einer besseren Zukunft sich fühlt [...], das Gute tun wird, weil es das Gute ist, nicht weil willkürliche Belohnungen darauf gesetzt sind.« Und auf diesem Konzept fußt auch Heines Denken in den frühen dreißiger Jahren, nur daß er es mehr im Sinn der von Claude-Henri de Saint-Simon in seiner Schrift »Das neue Christentum« (1825) ausgesprochenen Ideen ins Weltlich-Konkrete wendete und in seinen Gedichten aus der gleichen Zeit, vor allem in dem Zyklus »Verschiedene«,[11] die Vorstellung eines »neuen dritten Testaments« mit unübersehbaren sinnlich-emanzipatorischen Zügen verband (11, 24).

Während also in Lessings Paragraphen 85 seiner »Erziehung des Menschengeschlechts« im Hinblick auf die erhoffte dritte Entwicklungsstufe der abendländischen Menschheit vornehmlich vom Gutsein die Rede ist, spannte Heine seine utopischen Flügel in seinen frühen Pariser Jahren wesentlich weiter aus. Er verband mit solchen Vorstellungen zugleich eine Reihe frühsozialistischer, pantheistischer und sexualrevolutionärer Konzepte, die im Deutschland des 18. Jahrhunderts – von wenigen Jakobinern oder Vertretern der »Sturm und Drang«-Bewegung einmal abgesehen – noch kaum in dieser Schärfe formuliert worden waren. Daß er sich dabei auch weiterhin energisch auf Lessing stützte, belegen, wie gesagt, vor allem zwei seiner Schriften aus diesem Zeitraum: der Band »Zur Geschichte der neueren schönen Literatur in Deutschland« (1833), den er drei Jahre später noch einmal unter dem Titel »Die romantische Schule« herausbrachte, sowie der Band »Zur Geschichte der Religion und Philosophie in Deutschland« (1834).

Im ersten Band, in welchem Heine vor allem die durch die Gebrüder Friedrich und August Wilhelm Schlegel ausgelöste Romantik aufs Korn nahm, spielt Lessing unter den dieser Schule vorausgehenden Autoren noch keine so überragende Rolle wie in der später veröffentlichten »Geschichte der Religion und Philosophie in Deutschland«. In ihm wird Lessing im Rahmen einer allgemeinen literaturgeschichtlichen Übersicht des 18. Jahrhunderts erst einmal als Dramatiker gewürdigt. Heine beginnt seine Behandlung von Lessings Werken, indem er ihn als einen »literarischen Arminius« charakterisiert, der die deutsche Schaubühne von jener »Fremdherrschaft« befreite, welche sich im Zuge der »Nachahmungen des französischen Theaters«, das »selbst wieder dem griechischen nachgeahmt« sei, in Deutschland ausgebreitet habe. Auf diese Weise sei er auf dem Gebiet des Dramas – durch seine »Hamburgische Dramaturgie« sowie durch seine Stücke »Minna von Barnhelm«, »Emilia Galotti« und »Nathan der Weise« – zum »Stifter der neueren deutschen Nationalliteratur« geworden (VIII, 134 f.).

Doch schon auf den wenigen Seiten, die er Lessing in diesem Band widmete, ging es Heine eher darum, die Größe dieses Autors vor allem aus Lessings geradezu enzyklopädischem Interesse an sämtlichen menschlichen Geistes- und Bildungsbereichen abzuleiten. Statt sich, wie so viele kleinere Talente in der deutschen Literatur des 18. Jahrhunderts, nur auf die Dichtkunst zu beschränken, habe sich Lessing, wie Heine ausdrücklich betonte, mit dem gleichen Eifer mit »Kunst, Theologie, Altertumswissenschaft, Theaterkritik und Geschichte« beschäftigt. Und in all diesen Bemühungen habe er stets »dieselbe große soziale Idee, dieselbe fortschreitende Humanität, dieselbe Vernunftreligion, deren Johannes er war und deren Messias wir noch erwarten«, in den Vordergrund gerückt (VII, 134). Aber leider sei er dabei »oft ganz allein und in der Wüste« geblieben (VIII, 135). Infolgedessen habe er »den größten Teil seines Lebens in Armut und Drangsal« verbracht. Fast niemandem sei damals bewußt gewesen, was »Lessing auch politisch bewegte«. Lediglich einige seiner philosophisch-theologischen Schriften, darunter die »Erziehung des Menschengeschlechts«, auf die Heine immer wieder zurückkommt, hätten bei seinen Zeitgenossen ein breiteres Aufsehen erregt.

Summa summarum: Lessing wird in diesem Abschnitt von Heines »Romantischer Schule« als einer der wenigen großen deutschen Geistesvertreter des 18. Jahrhunderts herausgestrichen, der sowohl mit seiner »Polemik das Alte zerstörend bekämpfte« als auch »zu gleicher Zeit selber etwas Neues und Besseres« geschaffen habe, was immer noch weiter wirke (VIII, 135). Doch dann bricht Heines Würdigung der Bedeutung Lessings plötzlich ab, und es folgt nur noch der bereits eingangs zitierte Satz: »Es ist hier nicht die Stelle, wo ich mehr von Lessing sagen dürfte; aber ich kann nicht umhin zu bemerken, daß er in der ganzen Literaturgeschichte derjenige Schriftsteller ist, den ich am meisten liebe« (VIII, 135). Wer es bis dahin noch nicht gemerkt hatte, erfuhr vor allem durch die Schlußwendung dieser Passage, wie sehr Heine seine eigene weltanschauliche Position mit dieser Würdigung Lessings rechtfertigen wollte. Schließlich hatte auch er ein geradezu enzyklopädisches Interesse an allen menschlichen Geistes- und Bildungsbereichen; schließlich setzte sich auch er in allen seinen Schriften unentwegt für einen Fortschritt in der »Humanität« ein; schließlich war auch er ein großer Polemiker, der nicht nur das »Alte« zerstören, sondern zugleich etwas »Neues und Besseres« schaffen wollte. Und so ist das Bild Lessings, das Heine in diesem Abschnitt seiner »Romantischen Schule« entwarf, nicht nur ein Abbild jenes Lessing, der einmal tatsächlich im 18. Jahrhundert gelebt hat, sondern zugleich ein geheimes oder auch nicht so geheimes Wunschbild Lessings, in dem sich Heine selber wiederzuerkennen glaubte.

Das gleiche trifft in noch verstärkterem Maße auf die Lessing-Passagen seiner Schrift »Zur Geschichte der Religion und Philosophie in Deutschland« zu, die Heine kurz darauf verfaßte. Hier begann er sein Lessing-Lob wiederum mit einer ähnlich hochpathetischen Folge von Panegyrika, in denen sich eine tiefe innere Anteilnahme an dem Leben und Werk dieses Autors zu erkennen gibt. Nach einem eher kursorischen Hinweis auf Lessing heißt es diesmal: »Ich habe hier schon zum zweiten Male den Namen genannt, den kein Deutscher aussprechen kann, ohne daß in seiner Brust ein mehr oder minder starkes Echo laut wird. Aber seit Luther hat Deutschland keinen größeren und besseren Mann hervorgebracht als Gotthold Ephraim Lessing. Diese beiden sind unser Stolz und unsere Wonne. In der Trübnis der Gegenwart schauen wir hinauf nach ihren tröstenden Standbildern und sie nicken eine glänzende Verheißung. Ja, kommen wird auch der dritte Mann, der da vollbringt, was Luther begonnen, was Lessing fortgesetzt. Der dritte Befreier – Ich sehe schon seine goldene Rüstung, die aus dem purpurnen Kaisermantel hervorstrahlt, wie die Sonne aus dem Morgenrot« (VIII, 73).

Und wie schon in der Schrift »Zur Geschichte der neueren schönen Literatur in Deutschland« vom Jahr zuvor stellte Heine auch hier seinen Lesern den von ihm so hochverehrten Lessing wiederum in erster Linie als eine Kämpfernatur vor, die um der Wahrheit willen vor keiner Kritik und keiner Polemik zurückschreckte. Mit seinen Invektiven, heißt es, überwand er »jeden Gegner und erstarkte nach jedem Siege« (VIII, 73). »Vor dem Lessingschen Schwerte zitterten alle«, lesen wir weiter. »Kein Kopf war vor ihm sicher. Ja, manchen Schädel hat er sogar aus Übermut heruntergeschlagen, und dann war er dabei noch so boshaft, ihn vom Boden aufzuheben, um dem Publikum zu zeigen, daß er inwendig hohl war« (VIII, 73). Wer dächte dabei lediglich an Lessings Polemiken gegen Gottsched, Klopstock, Klotz oder Goeze – und nicht auch an Heines Polemiken gegen Platen, die Schlegels, Menzel, Börne oder Maßmann! Diese in aller Offenheit zur Schau gestellte Wahlverwandtschaft wird noch deutlicher in folgenden Sätzen: »Wen sein Schwert nicht erreichen konnte, den tötete er mit den Pfeilen seines Witzes. Die Freunde bewunderten die bunten Schwungfedern dieser Pfeile; die Feinde fühlten die Spitze in ihrem Herzen. Der Lessingsche Witz gleicht nicht jenem »Enjouement«, jener »Gaité«, jenen springenden »Sallies«, wie man hierzulande [also den Pariser Salons] dergleichen kennt. Sein Witz war kein kleines französisches Windhündchen, das seinem eigenen Schatten nachläuft; sein Witz war vielmehr ein großer deutscher Kater, der mit der Maus spielt, ehe er sie würgt« (VIII, 73).

Doch Spaß beiseite! Was in den nächsten Abschnitten folgt, ist wesentlich ernster gestimmt. Als einer der Hauptzüge in Lessings Charakter wird dabei seine vor Niemandem zurückschreckende »Wahrheitsliebe« herausgestrichen (VIII, 74). »Lessing«, steht hier, »machte der Lüge nicht die mindeste Konzession, selbst wenn er dadurch, in der gewöhnlichen Weise der Weltklugen, den Sieg der Wahrheit befördern konnte. Er konnte alles für die Wahrheit tun, nur nicht lügen. Wer darauf denkt, sagte er einst, die Wahrheit unter allerlei Larven und Schminken an den Mann zu bringen, der möchte wohl gern ihr Kuppler sein, aber ihr Liebhaber ist er nie gewesen« (VIII, 74). Mit ebenso verklärenden Worten wird Lessings Stil gerühmt. »Seine Schreibart«, heißt es, »ist ganz wie sein Charakter, wahr, fest, schmucklos, schön und imposant durch die innewohnende Stärke. Sein Stil ist ganz der Stil der römischen Bauwerke: höchste Solidität bei der höchsten Einfachheit; gleich Quadersteinen ruhen die Sätze aufeinander, und wie bei jenen das Gesetz der Schwere, so ist bei diesen die logische Schlußfolge das unsichtbare Bindemittel. Daher ist in der Lessingschen Prosa so wenig von jenen Füllwörtern und Wendungskünsten, die wir bei unserem Periodenbau gleichsam als Mörtel gebrauchen. Noch weniger finden wir da jene Gedankenkaryatiden, welche ihr [gemeint sind wiederum die Franzosen] »la belle phrase« nennt« (VIII, 74).

Und aus dieser unerbittlichen Wahrheitsliebe, die sich in Lessings Streitlust, seiner Neigung zu Polemiken und der unbestechlichen Schärfe seines Stils äußere, leitet Heine schließlich das ab, was ihm als das Bedeutsamste an Lessing erscheint, nämlich ein einsames »Genie« gewesen zu sein, dem das Schicksal keinerlei Freuden gegönnt habe und das dennoch unentwegt für die Sache der Menschheit eingetreten sei. Statt über seine »schaurige Einsamkeit, sein geistiges Alleinstehn« (VIII, 75) in sentimentale Klagen auszubrechen oder gar wie 110 Jahre später im Sinne von Theodor W. Adornos »Minima moralia« über das »beschädigte Leben« der gesellschaftlich privilegierten Bürgerklasse zu lamentieren, habe Lessing allem Unbill stets die trotzige Stirn geboten und weiter geduldet, weiter gekämpft, weiter an eine mögliche Vervollkommnung der Menschheit geglaubt, wie es sich für einen guten Aufklärer zieme.

Doch darauf wird es noch ernster. Im Folgenden charakterisiert nämlich Heine seinen Lessing wiederum als jenen »Propheten, der aus dem zweiten Testamente ins dritte hinüberdeutete« (VIII, 76). Statt in aller Ausführlichkeit auf Lessings »Tätigkeit« für die »deutsche Kunst« einzugehen, die »gewöhnlich zumeist hervorgehoben und beleuchtet« werde, betont Heine, daß er Lessings »philosophische und theologische Kämpfe« für wesentlich bedeutsamer halte als Lessings »Dramaturgie und seine Dramata«. In diesen »Kämpfen«, heißt es apodiktisch, habe Lessing wie kein anderer den großen Reformator »Luther fortgesetzt« (VIII, 76). Allerdings mit einem Unterschied: während Luther seine Anhänger »von der Tradition«, mit anderen Worten von der christ-katholischen Glaubensenge des Mittelalters befreite, indem er nach mühseliger Übersetzertätigkeit »die Bibel zur alleinigen Quelle des Christentums« erhob, wodurch in der Folgezeit im Bereich des Protestantismus ein »starrer Wortdienst« entstanden sei, habe Lessing unter aufgeklärter Nichtachtung dieses kleingläubigen »Wortdienstes« die auf ihn hörenden Menschen von einer Reihe weiterer Formen der Orthodoxie befreit (VIII, 76). Hierbei sei er zwar bei deistischen Vorstellungen stehengeblieben, denen erst Immanuel Kant in seiner 1781 erschienenen »Kritik der reinen Vernunft« den Todesstoß versetzt habe, habe aber dennoch in seinem Streit mit dem Hamburger Hauptpastor Johann Melchior Goeze – jenseits aller oberflächlichen Toleranzvorstellungen – das bereits altertümlich gewordene protestantische Obrigkeitsdenken mit unbarmherziger Schärfe der Lächerlichkeit preisgegeben.

Demzufolge beschließt Heine sein Loblied auf Lessing logischerweise mit einem historisch relativierenden Abgesang auf jenen Jehova, der in Ägypten zur Welt kam, sich dann in einen kleinen »Gott-König« in Palästina verwandelte, durch seine Berührung mit der assyrisch-babylonischen Zivilisation »seine allzumenschlichen Leidenschaften ablegte«, das heißt nicht ständig »Zorn und Rache spie«, danach nach Rom auswanderte und solange gegen den »alten Jupiter intrigierte«, bis er »zur Herrschaft gelangte und vom Kapitole her die Welt regierte«, ja sich schließlich so »vergeistigte«, daß er wie ein »liebevoller Vater, ein allgemeiner Menschenfreund, ein Weltbeglücker, ein Philanthrop« wirkte. Und im Zuge all dieser den jeweiligen historischen Umständen angepaßten Formen sei Gott letztendlich alt und kränklich geworden und bereite sich seit einigen Jahrzehnten auf seinen Tod vor (VIII, 77 f.). Innerhalb dieser Entwicklung, die sich aus der Perspektive der dreißiger Jahre des 19. Jahrhunderts bereits besser überschauen lasse als zu Lessings Lebzeiten, habe der Autor der »Erziehung des Menschengeschlechts« in Gott noch vornehmlich jenen allgemeinen Menschenfreund und Philanthropen gesehen, der uns heute, fast ein Jahrhundert später, wie es bei Heine heißt, ständig unglaubwürdiger erscheine.

Damit wollte Heine nicht sagen, daß die Religion inzwischen völlig überflüssig geworden sei, aber doch immer stärker weltliche Züge annehme. Für diese Anschauung ließen sich leicht andere Passagen aus dem Band »Zur Geschichte der Religion und Philosophie in Deutschland« anführen, in denen sich Heine in aller Offenheit zu saint-simonistischen oder auch zu einem von Spinoza herkommenden Pantheismus bekennt.[12] Er ging dabei zwar nicht so weit wie Ludwig Feuerbach in seinem sechs Jahre später veröffentlichten Buch »Das Wesen des Christentums«, aber eine in diese Richtung weisende ideologische bzw. humanistisch-theologische Zielrichtung ist bereits relativ klar zu erkennen. Schon beim Heine der dreißiger Jahre beginnt sich das »Religiöse« in eine Sehnsucht zu einer von der irdischen Glückseligkeit des Menschen ausgehenden Anschauungsweise zu verwandeln, die kaum noch Kompensationen metaphysischer Art bedarf.

Kommen wir zu einigen kurzgefaßten Folgerungen. Lessing ist in diesen beiden Passagen wie auch in vereinzelten Anspielungen anderer Texte für Heine vor allem eine ideologische Glanzfolie, mit der er seinen eigenen Anschauungen eine größere Rechtfertigung und Leuchtkraft zu geben versuchte. Wie Lessing bemühte sich Heine in seiner frühen Pariser Zeit, als ein verweltlichter Protestant aufzutreten, den seine Leser als einen Kämpfer in jenem großen Befreiungskampf der Menschheit wahrnehmen sollten, der in der Aufklärung des 18. Jahrhunderts seinen ersten Höhepunkt erreicht habe. Und dabei stellte auch er immer wieder ein dreistufiges Modell der historischen Entwicklung auf. Was bei Lessing noch weitgehend geistidealistische Züge hatte, bleibt zwar auch bei Heine im hegelschen Sinne vornehmlich idealistisch, hat aber bereits einen wesentlich stärkeren revolutionären Elan, der auch die politischen Konsequenzen solcher Entwicklungen stets mitzubedenken versuchte, ja sogar manchmal die materielle Basis solcher Entwicklungen nicht außer Acht ließ.

Mit all diesen Äußerungen versuchte sich Heine in jene große aufklärerische Linie einzureihen, die in Deutschland mit der Reformation begann und dann in der Mitte des 18. Jahrhunderts ihren ersten Höhepunkt erreichte. Allerdings war er sich dabei stets bewußt, wie wenige, ihm gleichgesinnte Mitstreiter Lessing in seinem Kampf gegen die übermächtige Reaktion von seiten der Höfe und der Kirchen fand. Und auch in dieser Sehweise äußert sich wiederum eine deutliche Parallelisierung der Lessingschen Isoliertheit mit der von Heine so bitter erfahrenen »Einsamkeit« seiner eigenen Position.[13] Schließlich waren es auch in den dreißiger Jahren des 19. Jahrhunderts noch immer die Höfe und die Kirchen, die in unheiliger Allianz ihren Dominanzanspruch in allen geistigen und politischen Bereichen durchzusetzen versuchten. Ja, für Heine war die Situation inzwischen sogar noch brenzlicher geworden, da sich den Repräsentanten dieser unheiligen Allianz auch viele verbohrte Nationalisten angeschlossen hatten, die in Fortführung national-romantischer Vorstellungen all jene aufklärerischen Ideale des Kosmopolitismus, der Religionskritik oder gar einer allgemeinen Menschenverbrüderung, für die sich Lessing und dann auch Heine einzusetzen versuchten, fatalerweise als »undeutsch« ablehnten.

Daher kann man zwar von einer starken Wirkung Lessings auf Heine sprechen, aber wie begrenzt blieb sie letztlich? Heine beschwor in seiner Berufung auf Lessing – genau besehen – weitgehend einen Einsamen, weil er selber ein Einsamer blieb. Hans Mayer, Peter Demetz und Gert Mattenklott haben kluge Bemerkungen über diese doppelte Einsamkeit zu Papier gebracht.[14] Ja, angesichts dieser Sachlage muß man sich zwangsläufig fragen, wie folgenreich die Werke und damit die Einflüsse Lessings auf die Nachgeborenen tatsächlich waren. War nicht sein Andenken für die meisten Literaturinteressierten durch die auf ihn folgende »Kunstperiode«, wie sie Heine nannte, wie auch die Metternichschen Restaurationsbemühungen weitgehend überschattet worden? Wer wagte schon in den zwanziger und dreißiger Jahren – unter dem Druck der Zensur – überhaupt noch außer Heine und einigen Jungdeutschen weiterhin an die Aufklärung oder gar den Jakobinismus anzuknüpfen? Und als dann auch der liberale Aufschwung der Achtundvierziger Revolution scheiterte, empfand sich Heine schließlich als ein inzwischen geradezu sprichwörtlich gewordenes »Enfant perdu« (III, 121), das zwar unermüdlich für jenen »Freiheitskampf« eingetreten sei, welcher der ganzen Menschheit galt, daß er aber dabei – inmitten all der gegenläufigen Tendenzen innerhalb der deutschen Geistesentwicklung und ihrer politischen Konsequenzen – auf »verlor'nem Posten« gestanden habe (III, 121).

So gesehen war sowohl Lessing als auch Heine in Deutschland nicht jene Wirkung beschieden, die dieses Land so dringend benötigt hätte, um es vor jenen katastrophalen Entwicklungen zu bewahren, die es später zu einem der meistgehaßten Länder des 20. Jahrhunderts machten. Franz Mehring war daher wohl beraten, im Rückblick auf die deutsche Literatur zwischen 1750 und 1848 den Hauptakzent auf Lessing, Schiller und Heine zu legen, statt wie so viele Konservative lediglich für den alten Goethe oder die Romantik zu schwärmen. Ja, Fritz Strich, der sich in den zwanziger Jahren des letzten Jahrhunderts noch vornehmlich mit Klassik und Romantik beschäftigt hatte, schrieb nach der Erfahrung des Nationalsozialismus und des Zweiten Weltkriegs im Jahr 1947, daß es für die Deutschen vielleicht doch besser gewesen wäre, wenn sie weniger auf Goethe und mehr auf Heine (und damit implizit auf Lessing) gehört hätten.[15]

Anmerkungen

1 Heine wird im Text – wenn auch in leicht modernisierter Schreibweise – nach der Düsseldorfer Ausgabe (DHA) seiner Sämtlichen Schriften, Hamburg 1973 - 1997, zitiert.
2 Vgl. Begegnungen mit Heine. Berichte der Zeitgenossen. Hrsg. von Michael Werner, Hamburg 1973, I,66 und II,157; Heine-Säkularausgabe, Register zum Briefwechsel, Berlin-Paris 1984, S. 105; Gerhard Höhn: Heine-Handbuch, 2. Aufl., Stuttgart 1997, S. 563.
3 Heine-Bibliographie. Hrsg. von Gottfried Wilhelm und Eberhard Galley, Weimar 1960, S. 2477.
4 Vgl. u. a. Lessing. Epoche – Werk – Wirkung. Hrsg. von Wilfried Barner et al., München 1975, S. 350 – 352; Thomas Höhle: Einige Wirkungen der Publizistik Lessings. In: Bausteine zu einer Wirkungsgeschichte Gotthold Ephraim Lessings. Hrsg. von Hans-Georg Werner, Berlin und Weimar 1984, S. 264 – 285; Peter Uwe Hohendahl: Der revolutionäre Geist. Lessing und das Junge Deutschland. In: Das Junge Deutschland. Hrsg. von Joseph A. Kruse und Bernd Kortländer, Ham-

burg 1987, S. 83 – 107; Dieter Arendt: Heine und Lessing oder: »derjenige Schriftsteller, den ich am meisten liebe«. In: Wirkendes Wort 47, 1997, S. 204 – 221; Klaus Briegleb: »Eine Rose gebrochen, eh' der Sturm sie entblättert«. Über Heines Lessing. In: »... und die Welt ist so lieblich verworren«. Heinrich Heines dialektisches Denken. Festschrift für Joseph A. Kruse. Hrsg. von Bernd Kortländer und Sikander Singh, Bielefeld 2004, S. 249 - 276.

5 Vgl. DHA VIII,879.
6 Vgl. DHA XVI,482.
7 Vgl. meinen Essay: Ein Blick von unten. H. Heine und Johann Wolfgang von Goethe. In: Großer Mann im seidenen Rock. Heines Verhältnis zu Goethe. Hrsg. von Ursula Roth und Heidemarie Vahl, Stuttgart 1999, S. 3 – 24.
8 Vgl. DHA IV,342 und XVI,555.
9 Vgl. Das Junge Deutschland. Texte und Dokumente. Hrsg. von Jost Hermand, Stuttgart 1966.
10 Ebd., S. 351 f.
11 Vgl. hierzu meinen Aufsatz: Vom »Buch der Lieder« zu den »Verschiedenen«, In: Heinrich Heine, Ästhetisch-politische Profile. Hrsg. von Gerhard Höhn, Frankfurt a. M. 1991, S. 214 – 235.
12 Vgl. DHA VIII, 854 f. Vgl. hierzu auch meinen Aufsatz: Ohne Glauben keine Hoffnung. Heines dialektische Verweltlichung älterer Religionsformen. In: Festschrift für Joseph A. Kruse (wie Anm. 4), S. 215 – 228.
13 Vgl. Gert Mattenklott: Lessing. Heine. Nietzsche. Die Ablehnung des Streits vom Umstrittenen. In: Streitkultur. Strategien des Überzeugens im Werk Lessings. Hrsg. von Wolfram Mauser und Günter Saße, Tübingen 1993, S. 344, S. 348.
14 Hans Mayer: Lessing. Mitwelt und Nachwelt. In Ders.: Studien zur deutschen Literaturgeschichte, Berlin 1953, S. 39 – 61; Peter Demetz: Die Folgenlosigkeit Lessings. In: Merkur 25, 1971, S. 727 ff.; Gert Mattenklott (wie Anm. 13).
15 Fritz Strich: Goethe und Heine. In Ders.: Der Dichter und die Zeit, Bern 1947, S. 194.

Rettungen
– Lessings letzte Kämpfe – Franz Mehrings Visionen

Friedrich Mülder

Einleitung

Als Franz Mehring vom Januar bis zum Juni 1892 seine enthüllenden Aufsätze über die friderizianische Ära und das Geschichte, Kultur, Klassik, darunter die Werke des großen Aufklärers Lessing, überwuchernde patriotische Borussentum in der »Neuen Zeit« veröffentlichte, tat er dies unter dem Titel »Die Lessing-Legende. Eine Rettung«. Die Texte erschienen, überarbeitet und ergänzt, 1893 als Buch. Es ist Mehrings fundierte Darstellung vom Staatsgebilde des »großen« Friedrich. Das Buch zielte auf die chauvinistische Preußenideologie, den von Staat und Kirche sorgfältig getrimmten deutschen Untertanengeist. Es entlarvte die willfährigen bürgerlichen Wissenschaftler und Historiker, (unter vielen: Heinrich von Treitschke, Erich Schmidt), die in vorauseilendem Gehorsam Geschehenes und Geschriebenes, wie eben das Werk Gotthold Ephraim Lessings, dem hohenzollernschen Gottesgnadentum einpaßten und dessen derzeit herrschenden irdischen Vertreter, dem »großsprecherischen« Kaiser Wilhelm II. als Patrioten servierten.

Es mag heute, 112 Jahre nach dem Erscheinen von Mehrings »Rettung«, mein Beitrag über Mehrings Sicht auf Lessings späte Kämpfe auch ein Rettungsversuch für Franz Mehring sein. Allerdings will ich gestehen, daß ich das Thema über Franz Mehrings Befassung mit der Lessing-Legende mit einer gewissen Skepsis akzeptiert habe, weil es die Gefahr von Mißverständnissen und Mißdeutungen in sich birgt. Franz Mehring war »der vorzügliche Geschichtsschreiber der alten Sozialdemokratie«, war, von seinem Geschichtsbewußtsein getrieben, ihr engagiertester Kulturpolitiker. Gewiß gehört Mehrings Darstellung von Lessings letzten Kämpfen in Wolfenbüttel, die von theologischen Auseinandersetzungen geprägt waren, in den Themenkreis dieses internationalen Symposions »Gotthold Ephraim Lessing: Liebhaber der Theologie – Philosoph – Historiker der Religion.« Einige Reaktionen nach dem mündlichen Vortrag zeigten die Berechtigung meiner Skepsis.

Das 1989 gescheiterte anmaßende Experiment, im Namen der Vorkämpfer für humanitäre und gesellschaftliche Gleichberechtigung des Proletariats aus dem 19. Jahrhundert in der Mitte des 20. Jahrhunderts den Sozialismus als diktatorischen Staat zu etablieren, hat deren Werk und Wollen in Mißkredit gebracht. Damals aus bitterer Notwendigkeit geboren, wurde das Gedankengut der Sozialisten des 19. Jahrhunderts im Griff der Parteifunktionäre des 20. Jahrhunderts zur menschenfernen Ideologie, dogmatisiert durch den Marxismus-Leninismus, deformiert zum bürokratischen Zentralismus, zur Diktatur des Stalinismus, und führte schließlich ins ökonomische und politische Desaster. Seither gilt es in weiten Kreisen deutscher Öffentlichkeit für nicht sehr weise, die dem frühen Sozialismus verbundenen Namen und Werke noch in dem historischen Rang zu halten, der ihnen zukommt.

Auch die Erinnerung an den Mann, der 111 Jahre nach Lessings Tod die wesentliche Rettung seiner Werke für den freiheitlichen, fortschrittlichen Aufbruch im Volke betrieb, ist vernebelt durch den Verruf, in den alle sozialistischen Bestrebungen geraten sind. Sie versinkt in den Riesenwellen der nach dem Untergang der DDR maßlos aufquellenden Springflut eines ungebremsten Kapitalismus, dem die Führer der heutigen Sozialdemokratie, anstatt mit der Masse ihrer Wähler hinter sich und ihrer historischen Erfahrung im Umgang mit diesen Elementen, dagegen zu deichen, die Schleusen öffnen.

Lassen Sie mich auf dem Wege zu Lessing (1729 – 1781) und seinen letzten Kämpfen auch Franz Mehring (1846 – 1919) und dessen Werk benennen, diese im innersten Kern bis heute gültige analytisch-agressive Warnung vor der Menschen verachtenden Macht- und Geldkaste. Es ist eine der geistigen Waffen gegen jenen Kapitalismus, der, mit raffinierten Methoden, die seit Mehrings Zeit erkämpften Einkommensvereinbarungen und sozialen Sicherheiten aller lohn- und gehaltsabhängig existierenden Menschen systematisch reduziert, der das Volk mit rasendem Blechspielzeug und bunten Bildern bei Laune hält, der sich Mehrings Enkel und Urenkel zu willfährigen Werkzeugen zurechtbiegt: Television statt Visionen.

Lessing in seiner Zeit

Wilhelm Dilthey hat ein knappes, aber deutliches Bild von der deutschen Geisteslandschaft der Lessing-Zeit und Lessings Situation darin entworfen: »Die sittlichen Begriffe, die Lebensideale, die Weltansicht, welche er vorfand: alles stand unter dem Einfluß der Theologie, der orthodoxen und der aufgeklärten. Mußte er sich nun mit der vorhandenen wissenschaftlichen Reflexion auseinandersetzen, um sein Lebensideal im Andrang der abstrakten Begriffe zu schützen und frei zu entwickeln, so konnte dies ganz gründlich nur geschehen, indem er sich mit der gesamten Theologie auseinandersetzte. [...] Hiervon war die nächste Folge, daß er in dem Streit zwischen Orthodoxie und Aufklärung eine ganz neue Stellung einnahm. [...] Er tat dies nicht auf Grund religiöser Impulse, sondern vermöge seiner an Leibniz und Spinoza entwickelten philosophischen Einsichten. Lessing ist der erste deutsche Kopf, welcher dem Schema der Welt im Geiste der theologischen Aufklärung den Rücken kehrte.«[1] Alle reale Macht lag in den Händen der Landesherren, der Fürsten »von Gottes Gnaden«. Trieb einen sein Schicksal, ein Dichter zu sein, so mußte er, wollte er leben, Wohlwollen oder Gunst der hohen Herrschaft erringen, mit einem Amt begnadet werden, mindestens aber untertänigst Erlaubnis erbitten, der Hoheit ein Werk widmen zu dürfen. Klopstock bezog ein Gnadengehalt des dänischen Königs, Goethe war Freund und Minister seines Fürsten, Schiller bat den Erbprinzen von Augustenburg, seine »Briefe über die ästhetische Erziehung der Menschen«, die »dem vollkommensten aller Kunstwerke«, dem »Bau einer wahren politischen Freiheit« dienen sollten, an ihn richten zu dürfen: »In dem Reiche des ästhetischen Scheins wird das Ideal der Gleichheit erfüllt, welches der Schwärmer so gern auch dem Wesen nach realisiert sehen möchte; und wenn es wahr ist, daß der schöne Ton in der Nähe des Thrones am frühesten und am vollkommensten reift, so müßte man auch hier die gütige Schickung erkennen, die den Menschen oft nur deswegen in der Wirklichkeit einzuschränken scheint, um ihn in eine idealische Welt zu treiben.«[2] Franz Mehring urteilte 1905 in seinen Aufsätzen zur deutschen Literatur über Schillers philosophische Erkenntnisse zum Bau dieses vollkommensten aller Kunstwerke: »Die ästhetischen Briefe enthüllen das Geheimnis unserer klassischen Literatur; sie weisen einleuchtend genug nach, weshalb der bürgerliche Befreiungskampf des achtzehnten Jahrhunderts sich in Deutschland auf dem Gebiet der Kunst entfalten mußte.«[3]

Lessing war keines Fürsten Günstling. Der große Friedrich verweigerte sich ihm, er wollte ihn nicht als Bibliothekar für seine königliche Bibliothek, und wenn Wilhelm Dilthey Friedrich II., Kant und Lessing die mächtigsten Persönlichkeiten der deutschen Aufklärung nennt, so war es jeder von ihnen auf seine Weise; nur die Nachwelt kann sie als dieses Trio erkennen. Lessing hat das preußische System und seinen Herrn gehaßt. In seinem Brief an Johann Wilhelm Gleim schrieb er am 1. Februar 1767: »Ich hoffe, es soll mir nicht schwer fallen, Berlin zu vergessen. Meine Freunde daselbst werden mir immer teurer, werden immer meine Freunde bleiben; aber alles übrige... Doch ich erinnere mich, Sie hören es ungern, – wenn man sein Mißvergnügen über diese Königin der Städte verrät. – Was hatte ich auf der verzweifelten Galeere zu suchen?«[4] Und anderthalb Jahre später, im August 1769, teilt er seinem Freund Nicolai in Berlin sein gnadenloses Urteil über die preußischen Verhältnisse mit: »Lassen Sie einen in Berlin auftreten, der für die Rechte der Untertanen, der gegen Aussaugung und Despotismus seine Stimme erheben wollte, wie es itzt sogar in Frankreich und Dänemark geschieht, und Sie werden bald in Erfahrung haben, welches Land bis auf den heutigen Tag das sklavischste Land von Europa ist.«[5]

Der keinem Mäzen verpflichtete Lessing studierte »Gottesgelahrtheit« in Leipzig, sattelte um zur Medizin in Wittenberg, ist ein Jahr später in Berlin, wird Redakteur des »Gelehrten Artikels« in der »Berlinischen privilegirten Zeitung«, er promoviert in Wittenberg zum Magister der freien Künste, ist wieder in Berlin, sieht in Frankfurt an der Oder die Aufführung seiner »Miß Sara Sampson«, tritt als Begleiter eines reichen Kaufmanns eine Bildungsreise an; drei Jahre soll sie dauern, aber in Amsterdam ist sie zu Ende, weil ein Krieg vom Zaun gebrochen wird. Friedrich II. fällt in Sachsen ein, sieben Jahre wird dieser Krieg dauern. Lessing ist wieder in Leipzig, in Berlin, der Krieg zieht ihn in seinen Bann. In Breslau wird er Gouvernementssekretär des Generals von Tauentzien, vier Jahre führt er ein Soldatenleben. Nach schwerer Erkrankung ist er wieder in Berlin; nach Hamburg geht er, wird dort künstlerischer Berater am eben gegründeten Hamburgischen Nationaltheater, die »Minna von Barnhelm« sieht er dort erstmals auf der Bühne; und wieder ist er in Berlin, in Braunschweig, dann, endlich, der Ruf nach Wolfenbüttel. Zwischen all den Stationen entsteht das vielschichtige Werk. Georg Gottfried Gervinus stellt die Vermutung an, Lessings Arbeiten seien vielleicht immer ohne Plan, aber nie ohne den schärfsten Instinkt begonnen worden. »Wenn man seinem unsteten Leben folgt, so schlösse man leicht auf einen unruhigen Menschen, [...] aber [...] durch alle seine Kreuz- und Querzüge schlingt sich ein roter Faden hindurch. Es ist die ewige Widersetzlichkeit gegen den faulen Schlendrian der deutschen Kleinmeisterei und die Armseligkeit des deutschen Gelehrtenlebens, das fortwährende Ringen eines freien Geistes gegen die vielfachen Hemmnisse der herkömmlichen Verhältnisse und Bildung.«[6] Gervinus, einer der Professoren der »Göttinger Sieben«, die gegen die Aufhebung des 1833 eingeführten Staatsgrundgesetzes des Königreichs Hannover durch König Ernst August II. protestierten und des Landes verwiesen wurden, sah in Lessing »den eigentlichen Beschwörer des jungen Geistes, der Deutschland erneute.«

Heinrich Heine stellte Lessing mit Luther auf eine Stufe. Seit Luther habe Deutschland keinen größeren und besseren Mann hervorgebracht als Gotthold Ephraim Lessing. Gleich Luther wirke er nicht nur, indem er Bestimmtes tue, sondern indem er das deutsche Volk aufregte, indem er eine heilsame Geisterbewegung hervorbrachte durch seine Kritik und seine Polemik. Er sei die lebendige Kritik seiner Zeit, und sein ganzes Leben sei Polemik. Heine schreibt in seinem Essay »Zur Geschichte der Religion und Philosophie in Deutschland« über Lessings Bedeutung für die deutsche Kunst: In dieser habe er nicht nur durch seine

Kritik, sondern auch durch sein Beispiel eine heilsame Reform bewirkt, und diese Seite seiner Tätigkeit werde gewöhnlich zumeist hervorgehoben. Er fährt fort: »Wir jedoch betrachten ihn von einem anderen Standpunkte aus und seine philosophischen und theologischen Kämpfe sind uns wichtiger als seine Dramaturgie und seine Dramata. Letzere jedoch, wie alle seine Schriften, haben eine soziale Bedeutung, und ›Nathan der Weise‹ ist im Grunde nicht nur eine gute Komödie, sondern auch eine philosophisch theologische Abhandlung zu Gunsten des reinen Deismus. Die Kunst war für Lessing ebenfalls eine Tribüne, und wenn man ihn von der Kanzel oder vom Katheder herabstieß, dann sprang er aufs Theater, und sprach von dort noch viel deutlicher und gewann ein noch zahlreicheres Publikum.«[7]

Legendenbildung

Will man einen von ungezählten Belegen anführen, wie die Vereinnahmung von Lessings Werk durch die borussischen Patrioten geschah, so lese man in Goethes Dichtung und Wahrheit dessen Anmerkung zur Minna von Barnhelm: »Man erkennt leicht, wie genanntes Stück zwischen Krieg und Frieden, Haß und Neigung erzeugt ist. Diese Produktion war es, die den Blick in eine höhere, bedeutendere Welt aus der literarischen und bürgerlichen, in welcher die Dichtkunst sich bisher bewegt hatte, glücklich eröffnete. Die gehässige Spannung, in welcher Preußen und Sachsen sich während dieses Krieges gegeneinander befanden, konnte durch die Beendigung desselben nicht aufgehoben werden. Der Sachse fühlte nun erst schmerzlich die Wunden, die ihm der überstolz gewordene Preuße geschlagen hatte. Durch den politischen Frieden konnte der Frieden zwischen den Gemütern nicht sogleich hergestellt werden. Dieses aber sollte gedachtes Schauspiel im Bilde bewirken. Die Anmut und Liebenswürdigkeit der Sächsinnen überwindet den Wert, die Würde, den Starrsinn der Preußen, und sowohl an den Hauptpersonen als den Subalternen wird eine glückliche Vereinigung bizarrer und widerstrebender Elemente kunstgemäß dargestellt.«[8] Die bürgerlich-preußischen Literaturhistoriker der Gründerjahre nahmen diese Äußerung Goethes als klassischen Beleg, das »Zeitalter Friedrich des Großen« neben die Zeitalter des Perikles, des Augustus, der Mediceer und Ludwig XIV. zu stellen, ohne Stück und Rezension auf tiefere Deutungen zu befragen. Es galt eben für das deutsche Großbürgertum, seine »reelle Gegenwart mit (seiner) ideellen Vergangenheit auszusöhnen, aus dem Zeitalter unserer klassischen Bildung ein Zeitalter Friedrichs des Großen zu machen.«[9] Ein schwieriges Unterfangen: die geborenen Preußen unter den Dichtern und Denkern, Johann Joachim Winckelmann und Johann Gottfried Herder hatten das Land im Groll verlassen. Ihre Nachrufe fürs Vaterland: »Schinder der Völker« (Winckelmann) und: »Reich des Pyrrhus« (Herder) waren unmißverständlich. »Der einzige Sündenbock, der diesem ideologischen Bedürfnisse der Bourgeoisie geschlachtet werden konnte, war Lessing.«[10]

Fast zwei Jahrzehnte hatte der gebürtige Sachse Lessing in Berlin gelebt; vier Kriegsjahre war er Sekretär eines preußischen Generals gewesen; er schrieb ein preußisches Soldatenstück; die Berliner Vertreter der Aufklärung, Christoph Friedrich Nicolai und Moses Mendelssohn, waren seine ältesten Freunde; er hatte der Gerechtigkeit seines Königs mit einem schönen Lustspiel ein ewiges Denkmal gesetzt: der ließ sich posthum zum treuen Untertanen formen. Wer wußte denn von den Kränkungen und Beleidigungen, von der Mißachtung, mit der Friedrich Lessing behandelte?

Der Legendenbildung waren die Weichen gestellt; vermeiden konnte die falschen Richtungen nur, wer Lessings Werk direkt und Wort für Wort befragte. Lessings Lauterkeit geht aus seinem eigenen Bekenntnis hervor, das er als Mitteilung an seine Zeitgenossen schrieb, ohne zu ahnen, daß sie einmal seiner eigenen Verteidigung dienen müßten:»Ich kann mir keine angenehmere Beschäftigung machen, als die Namen berühmter Männer zu mustern, ihr Recht auf die Ewigkeit zu untersuchen, unverdiente Flecken von ihnen abzuwischen, die falschen Verkleisterungen ihrer Schwächen aufzulösen, kurz, alles das im moralischen Verstande zu tun, was derjenige, dem die Aufsicht über einen Bildersaal anvertrauet ist, physisch verrichtet.«[11]

Vom Bürgertum zur Bourgoisie

Heinrich Heine (1797 – 1856) erkannte in der klassischen deutschen Literatur das Erwachen der bürgerlichen Klassen, die sich wegen der ökonomischen und politischen Rückständigkeit des Bürgertums erst »durch ihre geistig fortgeschrittenen Elemente in den Ätherhöhen der Idee vollziehen konnte.«[12] Ins Denken, in geistige Versenkung hatten sich 1848, nach dem Sieg der rohen Gewalt, manche derer zurückgezogen, die in der Revolution den Weg zur Überwindung der Fürstenwillkür, den Aufbruch zu freier Menschenwürde gesehen hatten. Schopenhauers Philosophie fand jetzt starken Zuspruch. Der blinde triebhafte Wille formte die Welt, nicht das Vernünftig-Gute. Aus seiner pessimistischen Grundhaltung schöpften Künstler und Schriftsteller ihre Impulse, die Denkprozesse einiger Kulturphilosophen führten zu verhängnisvoller Rassentheorie und Machtmenschentum. (Gobineau: die Überlegenheit der arischen Rasse; Lagarde: Trennung von Staat und Kirche, Reinigung des Evangeliums, der jüdischste aller Apostel ist Paulus; Nietzsche: Infragestellung aller moralischen Werte, der Wille zur Macht, der gefühlsfreie Übermensch als Herrenwesen der Zukunft).

Nach dem entsetzten Schweigen der zehnjährigen Reaktionszeit, die der bürgerlichen Revolution von 1848 folgte, erwuchs noch einmal die Kampfeslust der bürgerlichen Klassen. Männer wie Waldeck, Ziegler, Jacobi, Rodbertus, der junge Schulze-Delitzsch schauten zurück auf die Vorkämpfer. Ein ungenannter Literat prägte das Wort: »Auf Lessing zurückgehen heißt fortschreiten.« Der Weg des Bürgertums in die totale Ökonomie war noch kaum betreten, der bürgerliche Idealismus war noch nicht völlig erloschen, es gab noch philosophische Bildung, »noch war der Gegensatz zu den arbeitenden Klassen mehr verschleiert.« Aber die Handvoll Führer blieb ohne Heer.

Der weitaus größere Teil des enttäuschten Bürgertums, vor allem der wirtschaftlich orientierte Mittelstand, hatte sich der realen Tagesarbeit zugewandt. Die Kräfte, die im direkten Anlauf den besseren, den bürgerlichen Staat hatten formen wollen, veränderten nun im Schatten der tumben Gewalt die Welt radikal durch wirtschaftliche Entwicklung, durch Entdeckungen, durch Forschungen in Wissenschaft und Technik. Die besten Köpfe dieses aufstrebenden Mittelstandes mieden auf lange Zeit den Staatsdienst. »Die Regierung galt als eine unerfreuliche, mißtrauisch und boshaft gesinnte Macht, die das eigentliche Leben nur zu belasten, nicht aber zu fördern vermochte.«[13] Man fand Geschmack am Geldverdienen. Die Kriege belebten die Geschäfte, und die Siege brachten Geld ins Land. Hemmungsloses Gewinnstreben ließ das zunächst positive bürgerliche Handeln nach und nach weithin entarten in einen brutalen Kapitalismus. Aus dem einst so stillen unterdrückten Bürgertum erwuchs die kapitalistisch orientierte »Bourgeoisie«. Mit tiefen Verbeugungen vor Königen und Fürsten, endlich vor dem Kaiser, hinter biederen Gesichtern und devoter Haltung tarnten sich die geheimen Herrscher im Staate. Aus der Masse des Volkes zogen sie ihren Reichtum. Die bürgerliche Literatur verlor ihren Status einer geistigen Führerin der Nation; sie wurde die gefällige Dienerin der Bourgeoisie.

Diese staatsformende Entwicklung, gestützt auf die lukrative ökonomische Verbindung mit dem preußischen Militarismus, mußte zwangsläufig ihren Widerpart finden in der Masse der zunehmend der Verelendung preisgegebenen Arbeiter und Kleinbürger. Ihre geistigen Führer offenbarten ihnen, warum sie an dem Wohlstand, an dem Reichtum, den sie mit ihren Händen produzierten, keinen Anteil hatten. Die Arbeitgeber nahmen ihre Leistungen gegen geringstes Entgelt hin und waren, nach Recht und Gesetz, die Eigentümer dieser Werte. Lassalle zuckte auf wie ein Wetterstrahl und leuchtete die Situation aus:»Wenn der Großbürger, nicht zufrieden mit der tatsächlichen Annehmlichkeit eines großen Besitzes, den bürgerlichen Besitz, das Kapital, auch noch als die Bedingung hinstellen will, an der Herrschaft über den Staat, an der Bestimmung des Staatswillens und Staatszweckes teilzunehmen, dann wird der Großbürger zum Bourgeois, dann macht er die Tatsache des Besitzes zur rechtlichen Bedingung der politischen Herrschaft.«[14] Die Elenden begriffen: sie standen nicht unter einem unabänderlichen Fatum; auch für sie galt das natürliche Recht des Schöpfers, auch wenn dessen irdische Vertreter es anders predigten, Sie schickten sich an, ihre Menschenrechte durchzusetzen. Allgemeinbildung war gefragt, ohne die kein Mensch in der Gesellschaft verantwortlich agieren kann; sie mußten sich politisch bilden, um das Kräftespiel in Staat und Gesellschaft zu durchschauen und in das ökonomische Interessennetz eingreifen zu können. Vereinigung ihrer Massen, aus der gemeinsamen Situation die »Welt anschauen«, das war das Gebot der Stunde, wenn man wirksame politische Handlungen entwickeln wollte. Aus den Bildungsvereinen der späten fünfziger Jahre trat ab 1863 die Sozialdemokratie ihren mühsamen Weg an, auf dem die arbeitenden Menschen zur Gleichberechtigung in der Gesellschaft schreiten wollten. Die soziale Frage war in der Welt. Man trat ein in die Zwangsläufigkeit der Erkenntnis von Karl Marx:»Eine unterdrückte Klasse ist die Lebensbedingung jeder auf Klassengegensatz begründeten Gesellschaft. Die Befreiung der unterdrückten Klasse schließt also notwendig die Schaffung einer neuen Gesellschaft ein.«[15]

Franz Mehring

Er war nicht der fanatisch linksbohrende Funktionär, als der er heute schnell abgetan wird. Er war zunächst ein Einzelkämpfer, ein sozial gesinnter Politiker, ein Historiker, der die Geschichte von ihren geistigen Anschauungen und den sozialen Grundlagen her verstand. Er war ein Journalist, der, so schrieb Thomas Höhle in seiner umfassenden Biographie über Franz Mehring, »vorwiegend aus ethischen Gründen die Ausbeutung der Arbeiterklasse kritisierte«.[16] Seine Position war eine am, wie Heine formulierte, »glückenterbten Volk« in seiner Ohnmacht, seiner Not, in der ihm auferlegten Würdelosigkeit. Er stellte sich damit in die Gegnerschaft zu den Herrschenden und den Ausbeutenden, die in ihrem Machtanspruch mit grenzlosem Egoismus für sich nehmen, was allen gehören sollte. Sein Kampf galt auch den religiösen Machtblöcken, die in unheiligen Koalitionen mit den Herrschenden und Besitzenden im Namen des unbewiesenen Gottes, den sie auf Erden vertreten, die Menschen in ein Netz von geistiger Abhängigkeit und seelischen Repressalien verstricken. Franz Mehring war nie ein Parteijournalist im Sinne eines Offenbarers der fixierten Allwissenheit der Partei, sondern ein die Partei Formender in seiner Zeit, ein freier Denker vor der selbst erkannten Aufgabe, in der Übereinstimmung und in der Auseinandersetzung mit den führenden Sozialisten seiner Zeit.

Die geistigen Führer der Sozialdemokratie in jenen Jahren waren nicht nur Kämpfer um Menschenrecht und politische Macht für den vierten Stand; sie sahen ihre Arbeit auch als großen Lehrauftrag im Dienste der Arbeiterschaft. Wilhelm Liebknecht hatte mit seinen programmatischen Reden wie: »Wissen ist Macht – Macht ist Wissen« und: »Zu Trutz und Schutz« schon in den frühen 70er Jahren die Position des vehement fordernden Bildungspolitikers des Proletariates besetzt. Erst »wenn das Proletariat herrschaftsfähig durch Zahl und Intelligenz geworden ist«, könne die Staatsmacht fallen, hatte Friedrich Engels geschrieben.[17] 1883, mitten im harten Abwehrkampf gegen das menschenverachtende Sozialistengesetz, gründeten führende Politiker der SPD, Bebel und Liebknecht voran, die gesellschaftswissenschaftliche Zeitschrift: »Die Neue Zeit«. Taktisch geschickt redigiert, gelang es, mit dieser einmal monatlich erscheinenden »Revue des geistigen und öffentlichen Lebens« die strenge Zensur zu umgehen. Die politisch wirksamsten Informationen waren im literaturkritischen Teil des Blattes verpackt. Mehring war in dieser Zeit Chefredakteur der liberalen Berliner »Volks-Zeitung« und bekämpfte von dieser Position aus in scharfen Artikeln die brutal geführte Durchsetzung dieses »Gesetzes gegen die gemeingefährlichen Bestrebungen der Sozialdemokratie«. 1890, nach dem Scheitern des Schikanegesetzes und Bismarcks Sturz, wurde »Die Neue Zeit« das wichtigste Organ für die polit- und gesellschaftswissenschaftliche Information der Arbeiterklasse. Erst 1891, im Alter von fünfundvierzig Jahren, stieß Franz Mehring zur Sozialdemokratie. Er hatte ausgelotet, welche Kräftekonzentrationen den Kampf für den vierten Stand am wirkungsvollsten vorantragen konnten. Mit dem Pathos der Unterdrückten und geistig überlegener Polemik begann er in der Redaktion der »Neuen Zeit« seine formende Arbeit für die SPD. Ab dem 1. Juni erschienen seine »Berliner Briefe«, Korrespondenzen, die Leitartikeln entsprachen. Mit den Artikeln zur »Lessing-Legende« legte er seine erste große wissenschaftliche Arbeit für die damals »sieghaft« gestimmte SPD vor. Mehring, der Neue in der Redaktion, von der Natur mit »hochgradiger Reizbarkeit« ausgestattet, packte es an. Er tat, was Lessing sich vom Hauptpastor Goeze verbeten hatte; er warf den borussischen »Schmeichlern« den »Strick um die Hörner.« Sein kulturpolitisches Engagement war weitgehend darauf gerichtet, einer Literatur für das sozialdemokratische Publikum feste Konturen zu geben. Mit emotionaler Überzeugungskraft und dialektischer Schärfe reklamierte er die Dichter der Klassik: Lessing, Schiller, bereichsweise auch Goethe, und den von der Romantik zur Wirklichkeit vorgedrungenen Heine, in seinen Schriften als Ahnen und Wegbereiter sozialistischer Literatur. Er wandte sich gegen die antidemokratische Verherrlichung der deutschen Klassiker durch die faktenklitternde bürgerliche Literaturkritik. Literatur hatte für ihn auch politisch bedeutend und wirksam zu sein. Bei den Klassikern stellte er mit großer Überzeugungskraft die demokratischen Elemente und ihre rebellischen Widersetzlichkeiten heraus. In seiner Geschichtsschreibung und in seinen literaturhistorischen Arbeiten bediente er sich als einer der ersten Wissenschaftler der Methode des historischen Materialismus, von der kein Geringerer als Eric Hobsbawm in seinem Buch »Wieviel Geschichte braucht die Zukunft« rückblickend sagte: »Wer unter uns sich noch seiner ersten Begegnung mit dem historischen Materialismus erinnert, kann vielleicht bezeugen, wie befreiend diese einfachen Entdeckungen auf uns gewirkt haben.«[18] Das Wissen über Literatur, die Kritik literarischer Werke galten Mehring als Bereiche der allgemeinen Geschichtswissenschaft; die ästhetischen Phänomene sah er in enger Verbindung mit den politischen und ökonomischen Hintergründen: Die gesellschaftlichen Entwicklungen formen den Gang der Geschichte; die Individuen verkörpern den Zeitgeist, die besten unter ihnen formen die vorwärts drängende Geistigkeit der Epoche, formen das revolutionäre Potential; das Gottesgnadentum, der Herrscherbonus sind gestrichen. Hier schreibt kein Untertan. Inthronisierte Wüstlinge werden hier Wüstlinge genannt und fürstliche Menschenhändler heißen hier auch so. Das Bewußtsein einer neuen Klasse, die zum Licht drängt, wird jetzt Sprache. Für diese Menschen beansprucht Mehring die Literatur der deutschen Klassik als das legitime Erbe des vierten Standes.

In seiner »Lessing-Legende«[19] zielte Mehring allerdings auf weit mehr als nur auf die gründliche Rettung Lessings. Politisch ging es in diesen Jahren nach der »Reichsgründung von oben« um die nationale Frage des unter preußischem Druck geeinten Deutschland, in dem Preußen als Leitstaat fungierte, in dem Preußens Herrscherhaus, den großen Friedrich in der Ahnenkette, sich die nationale, soziale und kulturfördernde Rolle anmaßte. Andererseits bremste die fortgesetzte Kleinstaaterei die wirtschaftliche Entwicklung, während die Geldmacht des Großbürgertums mit dem preußischen Militarismus im Bunde bereits begann, antinationale Tendenzen in Richtung Imperialismus zu entwickeln. Das »Zeitalter der Kartelle und Trusts« zog herauf; die soziale Frage blieb ungelöst, das millionenköpfige Proletariat blieb elende Verfügungsmasse, Volk im Schatten, das »zur Sonne, zur Freiheit« drängte. Engels schrieb: »Die Zerstörung der preußischen Legende ist absolut nötig, ehe Preußen in Deutschland verschwinden kann.«[20]

Lessings letzte Kämpfe in Mehrings Deutung

In dieser so angelegten »Lessing-Legende« nahm Mehring seinen Gotthold Ephraim bei der Hand, hob ihn über die »aller Welt erkennbare unüberschreitbare Grenzscheide zwischen deutschem Geistesleben und preußischen Despotismus«,[21] die Friedrich II. mit seinem Pamphlet über die deutsche Literatur »De la Litterature allemande« 1780 errichtet hatte, und führte ihn und sein Werk aus der politischen Anmaßung und dem Dunst patriotisch verquaster Gelehrsamkeit in die lebendige literarische Bedeutsamkeit des Emanzipationskampfes, den die junge, unter der Diskriminierung, den maßlosen Verfolgungen durch das Sozialistengesetz erstarkte Sozialdemokratie in der bürgerlich-kapitalistischen Gesellschaft führte; es mußte ein Ende haben damit, »den Pfaffen und sonstigen Reaktionären zum Spielball zu dienen.« Der Sozialismus des späten 19. Jahrhunderts hatte eine atheistische Tendenz; eine nicht unbedingt agressive, sie verwies aber die Glaubensfragen nachdrücklich in den privaten Bereich. Dies will bedacht sein bei dem Versuch, Mehrings Sicht auf Lessings letzte Kämpfe darzustellen. Mehring ging es darum, Lessings Werk in die lebendige Wechselwirkung mit dem kämpfenden Proletariat zu stellen. So eröffnet er das Kapitel mit der vereinnahmenden These: »Nirgends ist der Klassenstandpunkt so maßgebend für das Verständnis Lessings wie in den theologischen Fragen, wo er es am wenigsten zu sein scheint.«[22] Man spürt Mehrings Freude an Lessings glänzender Polemik in den Streitschriften gegen den Pastor Goeze, aber erwähnt durchaus die Meinung mancher seiner forschenden Zeitgenossen, Lessings Stellung in den letzten Kämpfen seines Lebens sei »unklar, ja im tiefsten Grunde unwahr« gewesen. Als an Herder orientierte Meinung fügt er dem hinzu, vom ideologischen Standpunkt aus sei es »ein ganz vergebliches Bemühen, Lessings Theologie und Philosophie über einen Leisten zu schlagen«[23]. Aber der Instinkt des bürgerlichen

Klasseninteresses habe sein Denken und Handeln bestimmt; »im Lichte dieser Tatsache entfalten sich auch seine philosophisch-theologischen Kämpfe als ein einheitliches Gewebe«[24]. Mehrings knappe, aber umfassende Charakteristik seines Protagonisten sei den letzten Kämpfen vorangestellt: »Unter den geistigen Vorkämpfern des deutschen Bürgertums war Lessing nicht der genialste, aber der freieste und wahrhaftigste und vor allem der bürgerlichste; was immer wieder an seine Schriften fesselt, auch an die totgeborenen oder längst abgestorbenen, ist der Charakter dessen, der sie schrieb. Ehrlichkeit und Mannhaftigkeit, eine unersättliche Begierde des Wissens, die Lust mehr noch am Trachten nach der Wahrheit als an der Wahrheit selbst, die unermüdliche Dialektik, die jede Frage kehrte und wandte, bis ihre geheimsten Falten offenlagen, die Gleichgültigkeit gegen die eigene Leistung, sobald sie einmal vollbracht war, die großartige Verachtung aller weltlichen Güter, der Haß gegen alle Unterdrücker und die Liebe zu allen Unterdrückten, die unüberwindliche Abneigung gegen die Großen der Welt, die stete Kampfbereitschaft gegen das Unrecht, die immer bescheidene und immer stolze Haltung in dem verzehrenden Kampfe mit dem Elend der politischen und sozialen Zustände – alles das spiegelt sich in Lessings Briefen und Schriften.«[25]

Das »heitere Weltkind« Lessing besaß »an und für sich«, nach Mehrings Meinung, »überhaupt keine theologische Ader«; er führt dafür als Beweis an, Lessing habe schon mit zwanzig Jahren »klüglich gezweifelt« und sei nie zu einer positiven Überzeugung gelangt. Aus nachgelassenen Papieren wissen wir, das er schon früh »alle positiven und geoffenbarten Religionen gleich wahr und gleich falsch«[26] bezeichnete. Lessing mag diese theologische Ader nicht besessen haben im Sinne einer Beeinflussung seines Denkens durch Dogmen, aber er kannte die theologischen Lehrmeinungen; die Fähigkeit, theologische Dispute zu führen, stand ihm zur Verfügung, und das Weltkind Lessing bedurfte dieser in hohem Maße. Aus Lessings letztem Lebensjahr gibt es eine Information, er sei ein ...ist geworden, nämlich ein Spinozist. Nach Jacobis Bericht sagte Lessing dazu: »Wenn ich mich nach jemand nennen soll, so weiß ich keinen andern. [...] Die orthodoxen Begriffe von der Gottheit sind nicht mehr für mich; ich kann sie nicht genießen. [...] Der Mensch (ist) zum Handeln und nicht zum Vernünfteln erschaffen.«[27] Hier sieht Mehring mit kühnem Zeitsprung eine der Anrechtpositionen der kämpfenden Arbeiterklasse an dem Aufklärer Lessing: »Das lehrte ihn sein bürgerlicher Klasseninstinkt, und dieser Instinkt führte ihn auf den selben Gesichtspunkt, den das proletarische Klassenbewußtsein in die Worte gekleidet hat, daß Religion Privatsache sei.«[28] Die Orthodoxie habe Lessing allerdings bekämpft, wo sie ihm entgegentrat, weil er in ihr das »Organ der sozialen Unterdrückung«, den »Kappzaum der wissenschaftlichen Forschung«, die »ideologische Begleiterscheinung des fürstlichen Despotismus« sah. Der andere Grund für Lessings freigeistige Kämpfe gegen die orthodoxe Theologie war, nach Mehring, seine Erkenntnis der »Faulheit und Feigheit« des Bürgertums. Eine Tatsache, die Kant erhellte mit dem Hinweis, diese Fakten seien die Ursache dafür, »warum ein so großer Teil der Menschen, nachdem sie die Natur längst von fremder Leitung freigesprochen, dennoch zeitlebens unmündig bleiben und warum es anderen so leicht wird, sich zu ihrem Vormünder aufzuwerfen.«[29]

Am 1. Mai 1770 war Lessing, seiner Berufung als Bibliothekar der herzoglichen Bibliothek folgend, in Wolfenbüttel eingetroffen und hatte damit den Ort seines letzten Lebensabschnittes erreicht. Mehring widmete dem Umstand, daß Lessing als Mann von vierzig »den stolzen Nacken unter ein fürstliches Joch beugte«, ein ausführliches Kapitel mit dem Titel »Die Leidensjahre in Wolfenbüttel«[30]. Darin zeichnet er ein Porträt des Erbprinzen Carl Wilhelm Ferdinand von Braunschweig, der Lessings Berufung betrieben hatte, und er schildert Lessings äußere Lebensumstände in dieser Stadt. Es sei allen Interessierten zur Lektüre empfohlen.

Schon mit seinem vehementen Kommentar zu dem in der ihm anvertrauten Bibliotheca Augustana entdeckten Berengarius-Text hatte sich Lessing wieder auf das theologische Feld begeben. 1776 begann für ihn eine kurze Phase privaten Glückes; aber Weihnachten 1777 starb, einen Tag alt, sein Christkind Traugott und im Januar des neuen Jahres starb auch die Mutter Eva Catharina, geborene von Hahn, verwitwete Koenig. »Ich wollte es auch einmal so gut haben wie andere Menschen. Aber es ist mir schlecht bekommen«, schrieb er an den Freund und Shakespeare-Übersetzer Johann Joachim Eschenburg.

Zu den theologischen Kämpfen seiner letzten Lebensjahre wurde Lessing herausgefordert nach der 1777 erfolgten Herausgabe der von ihm kommentierten Reimarus-Fragmente eins bis fünf, die den Wahrheitsgehalt konkreten Geschehens in biblischen Texten in Frage stellten. Scharfer Theologenwind, bar jeder christlichen Sanftmut und fern allem heiligen Geist, wehte ihm fortan entgegen. In seinen Jahren in Hamburg (1767 – 1770) war Lessing das oben genannte, handschriftlich hinterlassene Werk von Hermann Samuel Reimarus: »Apologie oder Schutzschrift für die vernünftigen Verehrer Gottes« bekannt geworden. Es schien Lessing ein »freimütiges, ernsthaftes, gründliches, bündiges, gelehrtes Werk«, das einen »Hauptsturm auf die christliche Religion«[31] unternahm. Er sah, nach Mehring, in Reimarus den ganzen Aufklärer, gegenüber den halben Aufklärern vom Schlage der Semler, Teller, Nicolai und Genossen, die, statt das »soziale Joch der Orthodoxie abzuschütteln«, die durch Erkenntnis und Einsicht gerissenen Lücken im orthodoxen Lehrgebäude mit sogenannter Vernunft zu flicken versuchten. Die Theologen kanzelten, die frommen Federn flogen. Lessing antwortete. In den »Axiomata« schrieb er: »Ich bin Liebhaber der Theologie und nicht Theolog. Ich habe auf kein gewisses System schwören müssen. Mich verbindet nichts, eine andre Sprache, als die meinige, zu reden. Ich betaure alle ehrlichen Männer, die nicht so glücklich sind, dieses von sich sagen zu können. Aber diese ehrlichen Männer müssen nur anderen ehrlichen Männern nicht den Strick um die Hörner werfen wollen, mit welchem sie an die Krippe gebunden sind.«[32] An den Anfang seiner »Duplik« an den Superintendenten Reß in Wolfenbüttel, wegen der vom »Fragmentisten« aufgedeckten Widersprüche in der Auferstehungsgeschichte, setzte Lessing die Erfahrung seiner einsamen Geisteskämpfe: »Nicht die Wahrheit, in deren Besitz irgendein Mensch ist oder zu sein vermeinet, sondern die aufrichtige Mühe, die er angewandt hat, hinter die Wahrheit zu kommen, macht den Wert des Menschen.«[33]

Die eigentliche Auseinandersetzung fand im »Anti-Goeze«, den »Notgedrungenen Beiträgen zu den Freiwilligen Beiträgen des Hrn. Past. Goeze« statt. Ein kurzes Zitat aus dem siebenten dieser Texte: »Luther und alle Heiligen! Herr Hauptpastor, was haben Sie da gelesen! Nicht wahr? so gar strafbar hätten Sie mich nimmermehr geglaubt? [...] Mein Ungenannter [...] glaubte, daß sich die Zeiten erst mehr aufklären müßten, ehe sich, was er für Wahrheit hielt, öffentlich predigen lasse: und ich, ich glaube, daß die Zeiten nicht aufgeklärter werden können, um vorläufig zu untersuchen, ob das, was er für Wahrheit gehalten, es auch wirklich ist. [...] Wenn er nur, zufolge dieser Gesinnungen, seine Handschrift lieber vernichtet, als zum Gebrauche verständiger Freunde hätte liegen bleiben lassen! Oder meinen Sie auch, Herr Hauptpastor, daß es gleichviel ist, was die Verständigen im verborgenen glauben; wenn nur der Pöbel, der liebe Pöbel fein in dem Gleise bleibt, in welchem allein, ihn die Geistlichen zu leiten verstehen?«[34]

Mehring erklärt zu diesem Streit mit dem Hauptpastor Goeze, mit dem Lessing in der Hamburger Zeit »gute Freundschaft« gehalten hatte: »Der entscheidende Gesichtspunkt ist, daß Goeze, wie man um seiner selbst willen mit aufrichtigem Bedauern sagen mag, als Prahler und Kabalenmacher gegen Lessing aufgetreten ist; er hat ihn auf sein Todesstündlein verwiesen, er hat mit sanftem Anwinken den Arm der weltlichen Obrigkeit auf ihn herabgerufen, er hat ihn wie einen ungezogenen Schulbuben wegen seines persönlichen Glaubens katechisiert, und alles das hatte mit der wissenschaftlichen Kritik der Evangelien durch den Fragmentisten, geschweige denn mit Lessings Gegensätzen auch nicht das Geringste zu tun.«[35] Lessing legte in diesem Zusammenhang, (»denn ich bin an den Haaren dazu gezogen worden«), seine »Neue Hypothese über die Evangelisten als bloß menschliche Geschichtsschreiber betrachtet«[36] vor.

Mehring vermerkt, Lessings Kritik an der geschichtlichen Richtigkeit der biblischen Geschichten ziele nicht auf die Vernichtung der christlichen Religion. Der Buchstabe sei ihm nicht der Geist, die Bibel nicht die Religion gewesen. Gerade die Auseinandersetzung mit dem Werk des Reimarus habe Lessings Erkenntnisse über die religiösen Bewegungen in der Geschichte vertieft. Mehring weist aber sehr nachdrücklich darauf hin, daß Lessing letzten Endes nicht bereit war, alle Schlußfolgerungen von Reimarus' Bibelkritik für sich zu akzeptieren. Je mehr Fragmente des Werkes Lessing herausrückte, (1778 den Text »Vom dem Zwecke Jesu und seiner Jünger«), desto mehr sei ihm klar gewesen, daß eine »welthistorische Erscheinung wie die christliche Religion aus einem andern Boden entsprossen sein müsse als aus diesem morschen Untergrunde.«[37] Seine Unterscheidung zwischen der Bibel und der Religion habe Lessing in seinen »Gegensätzen des Herausgebers« zu den »Fragmenten« von Reimarus dargelegt. »Man übersehe doch nicht, Daß sich unter diesen ›Gegensätzen‹ schon die ersten dreiundfünfzig Paragraphen zur ›Erziehung des Menschengeschlechts‹ befanden und daß Lessing die ›ganze Schüssel‹ seiner religionsphilosophischen Hauptschrift in seiner Gedankenkammer längst angerichtet hatte.«[38]

Das aufgeregte Zetern der Herren der Geistlichkeit blieb schließlich der mit der Kirche immer eng verbandelten weltlichen Obrigkeit nicht verborgen. Sie unterband die, landesweites Aufsehen erregende, Disputation mit Beschlagnahmungen und dem Druckverbot per Kabinettbefehl des Herzogs Carl I. an den Direktor der Braunschweiger Waisenhausbuchhandlung, die alle Anti-Goeze-Texte Lessings gedruckt hatte. Lessing protestierte, damit sei die Zensurfreiheit, die ihm vom Fürsten sechs Jahre zuvor eingeräumt wurde, aufgehoben! Lessing standen die Zähne auf der Lippe. Aber in einer schlaflosen Nacht hatte er den »närrischen Einfall«, zu versuchen, ob man ihn »auf seiner alten Kanzel, auf dem Theater, wenigstens noch ungestört will predigen lassen.«[39]

So entstand »Nathan der Weise«, wie Mehring definiert, als ein Sohn seines Alters, den die Polemik entbinden half. Lessing verdeutlicht, daß die Religion Gabe von Gott ist und dessen Offenbarung in sich birgt. Mehring resümiert irdisch-kühl: »So gab der alternde Mann in demselben Gedankengange der Parabel von den drei Ringen, die schon seit den Tagen der Kreuzzüge durch die Weltliteratur lief, die bezeichnende Wendung: Kein Ring ist der echte, der echte Ring ging vermutlich verloren, aber wer seinen Ring den echten glaubt, der eifre, die Kraft des Steins in seinem Ring mit herzlicher Verträglichkeit, mit Wohltat an den Tag zu legen.«[40]

1780 veröffentlichte Lessing das Manuskript seiner paragraphierten Sentenzen über »Die Erziehung des Menschengeschlechts«. Im Vorbericht des Herausgebers fragt Lessing: »Warum wollen wir in allen positiven Religionen nicht lieber weiter nichts, als den Gang erblikken, nach dem sich der menschliche Verstand jedes Ortes einzig und allein entwickeln können, und noch ferner entwickeln soll?«[41] In dieser tief durchdachten Arbeit, meint Mehring, sei sowohl der Grundgedanke von Hegels Religionsphilosophie wie auch schon der der Kantischen Sittenlehre vertreten. Aber Lessings Philosophie sei ebensowenig systematisch wie seine Theologie. Die ökonomische Rückständigkeit Deutschlands habe ihm das Verständnis für den Materialismus verschlossen, und er sei eine viel zu energische, rasche Natur gewesen, »um mit Behagen an den Spinneweben der idealistischen Philosophie zu spinnen.« Lessing sei bis an die Grenze gelangt, die den Idealismus vom Materialismus trennte; die Verkommenheit der deutschen Zustände habe ihm ein Weiterdenken unmöglich gemacht.

Hat hier ein ungeduldiger Realpolitiker von heftiger Natur, ein von seiner in Menschenzeit zu lösenden Aufgabe besessener Idealist, die philosophische Position verlassen? Hatte nicht Lessing in seiner letzten großen Arbeit schon weit über sich, über seine Zeit, über Mehrings Zeit hinausgedacht – dorthin, wo keine Weltanschauung, kein Parteienstreit mehr von Bedeutung sind, wo Logik und Scharfsinn keine Antworten mehr finden können – in die zeitlose Gottesvermutung jenseits aller Theologie im Ismus-freien Raum des Glaubens, aus dem kein Widerhall die irdischen Dinge berührt? Sind wir Heutigen auf Lessings innerster Spur, wenn er im Sinne der Wissenschaft als Vater des Neuprotestantismus fungieren soll? Unser Weltkind mit seiner polemischen Begabung würde wohl vehement auf einem gründlichen Gentest bestehen!

Lessings zweite der hundert Sentenzen zur »Erziehung des Menschengeschlechts« hat diesen Wortlaut: »Erziehung ist Offenbarung, die dem einzelnen Menschen geschieht: und Offenbarung ist Erziehung, die dem Menschengeschlechte geschehen ist, und noch geschieht.«[42] Darf man dahinter die spinozistischen Grundgedanken, Einheit alles Seienden, Gesetzmäßigkeit alles Geschehens, Weseneinheit von Geist und Natur, vermuten, so werden dem Nichtphilosophen, dem im Sinne Lessings »ehrlichen Laien«, die Unvereinbarkeit der Denkebenen und das ungeheure Auseinanderklaffen der zeitlichen Dimensionen grausam deutlich. Lessing antwortet am Schluß, in der hundertsten Sentenz, auf die rhetorische Frage nach der Zeit, die ihm verlorengehen würde: »Verloren? – Und was habe ich denn zu versäumen? Ist nicht die ganze Ewigkeit mein?«[43] Er starb 1781, zweiundfünfzig Jahre alt.

Mehring schloß seinen Versuch, die Täuschungen, Fehlinterpretationen, Fälschungen, Vereinnahmungen, denen Lessings Werk und Leben in der Gegenwart des 19. Jahrhunderts unterworfen war, auszuräumen mit einer, für jene Menschengruppe, der Mehring seinen Lebenskampf gewidmet hatte, die man in ihrer Masse das Proletariat nannte, positiven und hoffnungsvollen Bilanz: »Lessings Lebensarbeit gehört nicht der Bourgeoisie, sondern dem Proletariat. In der bürgerlichen Klasse, deren Interessen er verfocht, waren beide noch eins, und es wäre töricht, ihm eine bestimmte Stellung zu historischen Gegensätzen anzudichten, die sich erst lange nach seinem Tode entwickelt haben. [...] In den rauhen und schweren Tagen des Kampfes schweigen die Musen, aber ihre Kränze bleiben deshalb den arbeitenden Klassen nicht versagt. Sie werden die Morgengabe ihres Weltentages sein, und dann mag auch an Lessing gesühnt werden, was die Mit- und Nachwelt an diesem edeln Vorkämpfer freier Menschheit gefrevelt hat.«[44]

Es sind die starken Worte eines irdischen Geistkämpfers voller Pathos und diesseitigem Zukunftsglauben. Aber Mehrings Visionen erfüllten sich nicht. Wir Heutigen kennen die Schlingerkurse der Menschheit seit damals; kennen die menschenverachtenden Machtexzesse der Herrschenden, die entsetzlichen Irrwege, die jene ihre Völker führten.

Lessing akzeptierte betend den beschwerlichen Weg der irdischen Dinge: »Geh deinen unmerklichen Schritt, ewige Vorsehung! Nur laß mich dieser Unmerklichkeit wegen an dir nicht verzweifeln. – Laß mich an dir nicht verzweifeln, wenn selbst deine Schritte mir scheinen sollten, zurückzugehen!«[45]

Die Zukunftsplaner mit den großen Worten ließen, lassen immer die Blindheit der Menschen vor der Zukunft und ihre eigenen Irrtümer außer Acht. Es ist seither nicht recht voran gegangen mit der Erziehung des Menschengeschlechts. Aber wie fragte doch Lessing? »Gott hätte seine Hand bei allem im Spiele: nur bei unseren Irrtümern nicht?«[46]

Anmerkungen

1 Wilhelm Dilthey, Das Erlebnis und die Dichtung, Leipzig 1922, S. 85.
2 Friedrich Schiller, Sämtliche Werke, München 1992, Bd. V, S. 408.
3 Franz Mehring, Gesammelte Schriften, Berlin 1961, Bd. 10, S. 189.
4 Potsdam-Führer für Literaturfreunde, Berlin 1993, S. 100.
5 Franz Mehring, Die Lessing-Legende, Berlin 1963, S. 297.
6 Ebd., S. 49.
7 Heinrich Heine, Sämtliche Schriften, München 1973, Bd. 3, S. 589.
8 Goethes Werke, Hamburg 1955 – 1967, Bd. IX, S. 281 – 282.
9 Franz Mehring, Die Lessing-Legende, Berlin 1963, S. 33.
10 Ebd., S. 33.
11 Ebd., S. 35.
12 Ebd., S. 46.
13 Veit Valentin, Deutsche Geschichte II, München 1960, S. 500.
14 Ferdinand Lassalle, Reden und Schriften, Wien 1911, S. 174.
15 Karl Marx, Das Elend der Philosophie, Berlin 1973, S. 175.
16 Thomas Höhle, Franz Mehring, Berlin 1956, S. 101.
17 Zitat von Friedrich Engels in: Leipziger Hochverratsprozeß, Berlin 1911, S. 706.
18 Eric Hobsbawm, Wieviel Geschichte braucht die Zukunft, München 1998, S.193.
19 Franz Mehring, Die Lessing-Legende, Berlin 1963.
20 Ebenda, Vorwort S. 13*.
21 Ebd., S. 355.
22 Ebd., S. 324.
23 Ebd., S. 324.
24 Ebd., S. 324.
25 Ebd., S. 30.
26 Ebd., S. 325.
27 Ebd., S. 325.
28 Ebd., S. 325.
29 Ebd., S. 326.
30 Ebd., S. 311 – 323.
31 Gotthold Ephraim Lessing, Werke III, München 1972, S. 147.
32 Ebenda, S. 226.
33 Franz Mehring, Die Lessing-Legende, Berlin 1963, S. 342.
34 Gotthold Ephraim Lessing, Werke, II, München 1974, S. 1043 – 1048.
35 Franz Mehring, Die Lessing-Legende, Berlin 1963, S. 343.
36 Gotthold Ephraim Lessing, Werke III, S. 123.
37 Ebd., S. 330.
38 Ebd., S. 330.
39 Ebd., S. 344.
40 Ebd., S. 346.
41 Gotthold Ephraim Lessing, Werke II, München 1974, S. 1010.

42 Gotthold Ephraim Lessing, Werke II, S. 1111.
43 Ebd., S. 1132.
44 Franz Mehring, Die Lessing-Legende, Berlin 1963, S. 364 f.
45 Gotthold Ephraim Lessing, Werke II, München 1974, S. 1130.
46 Ebd., S. 1110.

Joseph von Sonnenfels und Gotthold Ephraim Lessing
Aufklärung und Zensur in der Habsburger-Monarchie

Johann Dvořák

Vorbemerkung

In einem relativ kurzen Zeitraum, innerhalb von etwa 40 bis 50 Jahren wurde in einem der großen europäischen Reiche auf dem Kontinent, im Reiche der Habsburger, unter der Herrscherin Maria Theresia (1717 – 1780) und ihrem Sohn Joseph II., (18741 – 1790) der Versuch einer umfassenden Neugestaltung des Staates unternommen: des Militärs, der Finanzen, der Verwaltung, der Erziehung, der Wirtschaft und (in einem gewissen Ausmaß) auch der Religion. Es handelte sich hiebei um die Gleichzeitigkeit von Reformen zwecks Stärkung der absolutistischen Herrschaft und der Aufholung von ökonomischer Rückständigkeit (die vom habsburgischen Absolutismus selber bei seiner Etablierung im Zusammenhang mit der Gegenreformation im 17. Jahrhundert verursacht worden war). Der Historiker Ernst Wangermann hat die Reformvorgänge in der Habsburger Monarchie im 18. Jahrhundert mit den folgenden Sätzen beschrieben: Nach den militärischen Niederlagen gegen Preußen, nach dem Verlust Schlesiens, war Maria Theresia »entschlossen, Schlesien in einem neuen Waffengang zurückzugewinnen. Dieser Entschluß war der Ausgangspunkt des großen Reformwerks, das mit ihrem und dem Namen ihres Sohnes Joseph verbunden ist. Angefangen wurde mit der Reform der Armee. Dies zog Reformen auf anderen Gebieten nach sich. Die erhöhten Militärausgaben machten eine wesentliche Erhöhung der Steuern notwendig, die aber nur durch weitreichende konstitutionelle, politische, wirtschaftliche und administrative Reformen erzielt werden konnte. Um die Reformen zu verwirklichen, war ein neuer Verwaltungsapparat erforderlich, und um die notwendigen Staatsbeamten heranzubilden, mußte ein von klerikaler Kontrolle ... befreites Unterrichtssystem aufgebaut werden. Der aufgeklärte Absolutismus entstand daher in Österreich, ähnlich wie in anderen Staaten, infolge gewisser praktischer Notwendigkeiten und nicht durch irgendeine Überzeugung.

Daraus darf natürlich nicht gefolgert werden, daß die Philosophie und die politischen Theorien des 18. Jahrhunderts für das Studium des aufgeklärten Absolutismus nicht von Bedeutung sind. Denn bei der praktischen Durchführung der Reformen spielten die Philosophen und ihre Schüler eine bedeutende und folgenreiche Rolle. Sie irrten sich in ihrem Glauben, sie hätten die Herrscher bekehrt. Es war jedoch die unverkennbare Übereinstimmung zwischen vielen Reformen und den von ihnen propagierten Grundsätzen, die zu dieser Illusion führte. Das war auch vollkommen berechtigt, insofern hiedurch eine gewisse, wenn auch begrenzte, Identität der Interessen der Monarchie und jener Klassen, die sich für die Aufklärung begeisterten, zum Ausdruck kam. Um ihre finanziellen Hilfsquellen zu vermehren, brauchte die Monarchie ein zahlreicheres und wohlhabenderes Bürgertum. Um die kurzsichtige Opposition des Adels und der Geistlichkeit gegen die Einschränkung ihrer Privilegien zu bekämpfen, benötigte sie die ideologischen Waffen der bürgerlichen Philosophen, Universitätsprofessoren und Publizisten. Zur Durchführung des großen Reformprogramms mußte sie sich auf die Initiative und den Enthusiasmus der von den Universitätsprofessoren ausgebildeten Beamten verlassen.«[1]

Wie kommt es, daß mehr als ein Jahrhundert nach Thomas Hobbes, ein dreiviertel Jahrhundert nach John Locke, in der Zeit von David Hume und Adam Smith, ein Autor wie Joseph von Sonnenfels in der Habsburger-Monarchie von der »Liebe des Vaterlandes« schreibt, um in aufklärender Weise so etwas wie eine säkulare Staatstheorie zu formulieren? Wie kommt es, daß fast zwei Jahrhunderte nach den Anfängen der revolutionären Befreiungskämpfe der Niederlande (und den damit verbundenen Bildern vom guten Herrscher, der »seinem« Volke dient und die Wohlfahrt aller fördert) in der Habsburger-Monarchie (wiederum von Sonnenfels) eine »kameralistische« Theorie des Wohlfahrtsstaates konzipiert wurde, die nicht mehr auf göttlichem Willen und religiöser Doktrin beruhte ?

Thomas Hobbes, John Locke, David Hume, Adam Smith konnten in England vor dem Hintergrund von radikaler Reformation, sich entfaltender kapitalistischer Produktionsweise, politischen Revolutionen, Durchsetzung von Konstitutionen und Rechtsstaatlichkeit und dem Ausbau eines parlamentarischen Regierungssystems schreiben. In Zentraleuropa dagegen hatte die habsburgische Gegenreformation nach 1600 die bereits vorhanden gewesenen Ansätze ökonomischer und politischer Erneuerung (die Überwindung der Leibeigenschaft, die Anfänge kapitalistischer Entwicklung, konstitutionelle Errungenschaften; die »Kultur des Buches« verknüpft mit einer »Kultur der Arbeit«) gründlich zerstört und die hochentwickelte Region in eine ökonomisch und kulturell unterentwickelte Zone zurückverwandelt (mit Wiedereinführung der Leibeigenschaft, Vernichtung der Alphabetisierungsprozesse ...).

So mußten die an den maria-theresianisch-josephinischen Reformen beteiligten Intellektuellen im Reich der Habsburger vor dem Hintergrund der kulturellen und ökonomischen Verwüstungen der Gegenreformation schreiben und politisch handeln, ohne die historischen Ursachen der bestehenden Probleme beim Namen nennen zu dürfen. Betrieben werden konnte eine Anpassung katholisch-religiöser Praktiken an die *gedachten* Erfordernisse fortgeschrittener Herrschaftspraktiken der Habsburger. Gerne, und immer wieder, wird im Zusammenhang mit den Reformversuchen in der Ära Maria Theresias und Joseph II. und der Tätigkeit diverser Intellektueller von »gemäßigten« Aufklärern (ja geradezu »staatstreuen Intellektuellen«) geschrieben; offenbar zum Unterschied von rabiateren, weil unabhängigen, der Sphäre der politischen Macht fernen, Dichtern und Denkern in deutschen Landen.[2] Aber die österreichischen Reform-Intellektuellen agierten oft als Beamte innerhalb des (zu erneuernden) Staatsapparates eines großen Imperiums (nicht eines kleinen Fürstentums); ihre Tätigkeit zielte nicht auf Geniekult und in der Bedeutung Erkanntwerden in der fernen Zukunft, sondern auf politische Wirksamkeit Hier und Jetzt, auf politische Praxis. Wenn das Ausmaß der unmittelbaren Abhängigkeit der österreichischen Reform-Intellektuellen von den Herrschern ins Kalkül gezogen wird, dann sind ihr Sinn für eigenständiges Denken und Handeln, ihr Mut und ihre Ausdauer enorm gewesen und sind bis heute beispielhaft (und kaum je wieder erreicht worden).

An der Spitze der Reformen standen drei Personen: der Schlesier Friedrich Wilhelm von Haugwitz (1702 – 1765), der Holländer Gerhard van Swieten (1700 – 1772), der Leibarzt Maria Theresias, und der aus Mähren stammende spätere Staatskanzler Wenzel Anton von Kaunitz (1711 – 1794).[3] Haugwitz setzte seine »Kreaturen« in die höchsten Stellen, aber auch in die mittleren Ränge der Länderverwaltungen; Kaunitz hatte »das Personale nach seiner Willkür ausersehen«. So vernehmen wir es in den Klagen eines konservativen hohen Aristokraten, des Fürsten Johann Josef Khevenhüller, der voller Sorge geraten hatte, »dem Adel nicht die Hoffnung zu benehmen, zu den obristen Stellen in denen Ländern zu gelangen«.[4] Die 1748/49 begonnenen Staatsreformen stützten sich wesentlich auf die neue, bzw. sich mit den Reformideen identifizierende Beamtenschaft. Die Beamten sahen sich in der Folge nicht als Diener, als Knechte der Fürsten, sondern als Diener des Staates und waren als solche auch an rechtlichen Regeln für alle und an der Vorstellung vom Herrscher als höchsten Diener des Staates interessiert. Das besonders Bemerkenswerte an den österreichischen Aufklärern (und beispielhaft an Sonnenfels) war, daß sie politische Praxis mit Theorie-Entwicklung und Bildungsarbeit im Beamtenapparat und an den Universitäten, sowie mit der Herstellung von Öffentlichkeit zu verbinden trachteten. Von außen wurde eher die schriftstellerische, die publizistische Tätigkeit gesehen, aber kaum je in ihrer wahren, umfassenden Bedeutung im Habsburger-Reich wahrgenommen.

Über das Verhältnis von Gotthold Ephraim Lessing und Joseph von Sonnenfels; sowie einige Bemerkungen zum Leben und zu späteren biographischen Darstellungen von Sonnenfels

Wer über das Verhältnis von Lessing zu Sonnenfels sich äußern will, findet in der Sekundärliteratur einiges an – vermeintlich – sicheren Aussagen. Da schreibt im Jahre 1988 der Wiener Germanist Herbert Zeman in seinem Vorwort zu einer Neuausgabe der ›Briefe über die Wienerische Schaubühne‹ davon, »daß die ›Briefe über die wienerische Schaubühne‹ (1768) an Lessing, den Sonnenfels später gegenüber Christian Adolf Klotz schmählich verriet, geschult sind«[5]. Und der bedeutende Lessing-Biograph Erich Schmidt schrieb: »Da war der Theaterzensor Herr v. Sonnenfels, der, einer aus Preußen eingewanderten getauften und geadelten Judenfamilie entsprossen, seine zähe Kraft nie ohne selbstische Motive zur Hebung des geistigen und geselligen Lebens in Österreich angestrengt hatte.«[6] Damit ist der Ton angegeben; unermüdlich werden Herkunft und Abstammung von Sonnenfels hervorgehoben und mit aktuellen Charaktermerkmalen verknüpft, wobei offene oder kodierte antisemitische Vorurteile einfach (wohl ohne böse Absicht aber eben auch ohne die – in diesem Zusammenhang notwendige – besondere Senibilität) reproduziert werden. So heißt es im Nachwort zu der bereits erwähnten Neuausgabe der 'Briefe über die Wienerische Schaubühne': »Seine Persönlichkeit war schon für seine Zeitgenossen schwer durchschaubar, zwiespältig und widerspruchsvoll. Im persönlichen Umgang meist rücksichtslos und nur auf ein Herausstreichen der eigenen Verdienste bedacht, trat er hingegen in der Öffentlichkeit als mutiger Verfechter der Ideen der Aufklärung, als Sprecher des Bürgertums und, bei aller Verehrung für das Kaiserhaus, als Kritiker der französisch dahinplaudernden, adeligen Nichtstuer und ihrer Nachahmer in der Bourgeoisie auf.«[7] Und sogleich wird angeführt: »Schon 1778 fällte der Großherzog von Toskana, der nachmalige Kaiser Leopold II., das Urteil: ›Dieser Sonnenfels ist der Sohn eines getauften Juden, ein Mann von großem Talent, Tätigkeit, sehr fähig und ein großer Arbeiter, aber von Anmaßung und Eitelkeit, lobt sich immer selbst, äußerst fanatisch, macht alle Sachen mit dem größten Aufsehen und Publizität, spricht zuviel und rühmt sich zuviel, übernimmt viele Verpflichtungen, die er dann nicht erfüllen kann und er macht sich dann lächerlich‹«. Anschließend heißt es: »Und so würdigten auch seine späteren Biographen die ihnen jeweils genehmen Charakterzüge des ›österreichischen Lessing‹ oder ›Montesquieu‹«.

Und dann folgen vier Zitate:
1) »Die Reinigung des Geschmacks, die Verbesserung der Sprache, eine Gesittete Schaubühne, die Beförderung der Lektüre, all dieses dankt Wien Sonnenfelsen und macht sein Andenken unsterblich.« [Dies stammt aus dem Jahre 1778].
2) »Egoist, von maßlosem Eigendünkel erfüllt, eifersüchtig und unduldsam gegen andere Talente, insbesondere, wenn er besorgte, daß sie ihn verdunkeln, in seinem Einflusse beschränken oder gar verdrängen könnten.« [So Constant von Wurzbach 1877; in einer Fußnote wird dazu angemerkt: »Mit dieser Einschränkung bemüht sich Wurzbach um eine objektive Einschätzung des Charakters und der Verdienste von Sonnenfels.« Man wagt sich kaum vorzustellen, wie eine etwas weniger »objektive« Darstellung aussähe.]
3) »Kein aus eigener Ideenfülle schöpferisch wirkender Geist ... aber als ein rastlos thätiges Werkzeug der Josephinischen Aufklärung brach er in Österreich auf den verschiedensten Gebieten der neuen Zeit erfolgreich Bahn.« [Dieses Zitat stammt aus dem Jahre 1892 und man muß dazu wissen, daß damals von den Antisemiten – im Gefolge Richard Wagners – den Juden jede originell schöpferische Fähigkeit abgesprochen wurde.]
4) Und abschließend wird das Urteil von Hans Lentze aus dem Jahre 1972 zitiert: »Er war der Mann des Übergangs vom ständischen Alteuropa zum neuen Europa, wie es sich seit der französischen Revolution herausbildete.«[8] Der »Mann ohne Vorurteile« wird zum »Mann des Übergangs« degradiert; er gehört so keiner Epoche richtig an und ist historisch entsorgt.

Es fügt sich insgesamt recht gut ein, wenn der als »Juden-Freund« geltende Lessing gleichsam als Kronzeuge gegen den »getauften Juden« Sonnenfels aufgerufen wird. Doch Lessing selbst taugt eben dazu nicht. Am 25. August 1769 schreibt Lessing in einem Brief an Friedrich Nicolai:

»Wien mag sein, wie es will, der deutschen Literatur verspreche ich dort immer noch mehr Glück als in Eurem französierten Berlin. Wenn der ›Phädon‹ in Wien konfisziert ist, so muß es bloß geschehen sein, weil er *in Berlin* gedruckt worden und man sich nicht einbilden können, daß man in Berlin für die Unsterblichkeit der Seele schreibe. Sonst sagen Sie mir von Ihrer berlinischen Freiheit zu denken und zu schreiben ja nichts. Sie reduziert sich einzig und allein auf die Freiheit, gegen die Religion so viel Sottisen zu Markte zu bringen, als man will. Und dieser Freiheit muß sich der rechtliche Mann nun bald zu bedienen schämen. Lassen Sie es aber doch einmal einen in Berlin versuchen, über andere Dinge so frei zu schreiben als Sonnenfels es in Wien geschrieben hat; lassen Sie es ihn versuchen, dem vornehmen Hofpöbel so die Wahrheit zu sagen, als dieser sie ihm gesagt hat; lassen Sie einen in Berlin auftreten, der für die Rechte der Untertanen, der gegen Aussaugung und Despotismus seine Stimme erheben wollte, wie es itzt sogar in Frankreich und Dänemark geschieht: und Sie werden bald die Erfahrung haben, welches Land bis auf den heutigen Tag das sklavischste Land von Europa ist.«[9]

Wenige Jahre später, am 10. April 1772 schreibt Lessing in Bezug auf Sonnenfels an Eva König nach Wien: »Da er Sie, meine Liebe, so freundschaftlich aufgenommen hat, so kann ich auf ihn nicht ganz böse sein, welches ich sonst von Grund der Seele wollte. Denn nach allem, was ich sonst von ihm höre, muß es der unerträglichste Narr auf Gottes Erdboden sein.«[10] In dieser Zeit hoffte Lessing auf eine Berufung in die kaiserliche Residenzstadt Wien (die schon infolge seines Protestantismus so gut wie nicht in Frage kam) und fürchtete alle möglichen Intrigen gegen seine Person, insbesondere auch von Sonnenfels. Dafür gab es keine wirklichen Anhaltspunkte, außer den guten Beziehungen, die Joseph von Sonnenfels zu dem von Lessing bekämpften Christian Adolf Klotz (1738 – 1771) hatte.[11]

Aber Lessing vermutete und befürchtete mehr, als es zu wissen gab, und er hat Sonnenfels briefliche Äußerungen gegenüber Klotz (die nach dessen Tode publiziert und gegen Sonnenfels verwendet worden sind) zum Vorwurf gemacht.[12] Er schrieb diesbezüglich am 8. Jänner 1773 an Eva König: »Ich bin besonders über eine [Stelle] nicht wenig aufgebracht gewesen; nämlich über die, wo er sagt, daß ich den Ruhm eines guten Mannes weniger habe als Klotz«.[13] Umso gewichtiger ist die Tatsache, daß Lessing dann nicht mit den antiaufklärerischen und konservativ-klerikalen Kräften sich zusammentun wollte und im gleichen Brief erklärte: »Sie haben mich mitleidig gegen ihn gemacht, ohne es zu wollen. Auf wen alle zuschlagen, der hat vor mir Friede.«[14]

Betrachten wir anstelle der antisemitischen (und auch anti-aufklärerischen) Agitation und der Charakterdiffamierung, die schon bei den Zeitgenossen vorhanden war, das Werk und das Wirken des Joseph von Sonnenfels, dann wird vielleicht auch deutlich, warum die Herabsetzungen der Person bis heute fortgesetzt werden. Joseph von Sonnenfels (1733 – 1817) war ein weitgehend sich selbst gebildet habender Intellektueller, der Karriere machte in einer Zeit der Reformen in der Habsburger-Monarchie; seinen sozialen Aufstieg verdankte er seinen Leistungen. Als Universitätsprofessor hatte er in Wien eine Lehrkanzel für Polizei- und Kameralwissenschaft inne, und er bekleidete eine Reihe von beratenden und administrativen Funktionen im zentralen Staatsapparat. Er hatte einen gewissen Einfluß und Wirkung in den Bereichen des Rechts, der Sprache und des Theaters, der Amtssprache, der Theorien vom Staat und seinen Aufgaben. Am 25. Oktober 1768 schrieb Sonnenfels in einem Brief an Klotz über einige seiner Schwierigkeiten und warum er diese hatte.

»... stund die furchtbare Parthey des rothen Huts gegen mich auf, als ich auf meinem Lehrstuhle, und in meinem Wochenblatte, der Mann ohne Vorurtheil, die ketzerischen Lehren vorzutragen anfing: dass der geistliche Stand in engere Gränzen gezwungen, dass seinen Erwerbungen Ziel gesetzt, dass die Zahl der Studierenden, als die Pflanzschule der Geistlichen, und der Müssiggänger beschränket; dass die geistlichen Güter steuerbar seyn; in Nothfalle des Staates die Kirchenschätze dem Regenten in die Hände geliefert; dass die Freystätte aufgehoben; die verführung der Jugend unter dem Titel beruf gehindert; dass die ehen befördert, und alle Sorgen des regenten auf die Bevölkerung gerichtet seyn sollten. Urtheilen Sie, was ein Professor auf einer katholischen Universität, wo es so viele Mönche und andere Klöster giebt, mit solchen Neuerungen für Aergerniss geben müsse! Viele beschlossen sogleich, dieser Natter ... das Haupt zu zertreten.«[15]

Es wurde heftig bei Hofe gegen Sonnenfels intrigiert; – »aber anstatt mich zu stürzen, sahen sie mit Herzenswehe meine Grundsätze Wurzel schlagen«.[16] Seine Gegner ließen jedoch nicht locker, sie trachteten durchaus nach Vernichtung seiner Existenz.

»Ueber einige bey meiner Disputation ausgesetzten Lehrsätze, ... z.B. dass man die Tortur, die Todesstrafen abstellen; dass man gefallenen Mädchen keine Kirchenbusse auflegen; dass man ihnen alle Beschämung ersparen, und sogar eine geheime Entbindung erleichtern soll; über solche Sätze, welche ich drucken liess, machten ein auserwältes Myrhenbündlein frommer Hofräthe einen Vortrag nach Hofe, worinnen sie unter andern Kleinigkeiten sagten: dieser junge Mensch – das war ich – setzt seinen Eigendünkel über die göttliche und menschliche Rechte hinweg. Es war daher auf nichts Geringeres angetragen, als mich des Lehrstuhls zu entsetzen«.[17]

Und nun zeigt es sich, daß die Reformer ihresgleichen schützen und stützen.

»Fürst Kaunitz vertrat meine Sätze im Staatsrath: und v. Swieten, dieser für unsere Wissenschaften so nothwendige Mann, dem wir das kleine Licht, so sich blicken lässt, einzig zu verdanken haben, der zum Nutzen der Philosophie bey uns ewig leben sollte, dieser vertheidigte, was er censirt hatte.«[18]

Sonnenfels' Wirken und sein Einfluß vollzogen sich nicht an einem kleinen Fürstenhof und nicht an den Rändern eines Imperiums, sondern in dessen Zentrum; und er begnügte sich keineswegs mit einem Wirken, das der Öffentlichkeit verborgen blieb, sondern propagierte seine Vorstellungen in Lehrbüchern, Vorlesungen, in eigens gegründeten Zeitschriften; er agierte öffentlich, in schriftlicher Form aufklärend, und er tat dies oft parallel zu seinem direkten oder indirekten Einfluß auf das Handeln der Herrschenden. Stets aber ging es um Macht, um machtvolles politisches Handeln. Aufklärung dieser Art zielte auf politische Praxis, verknüpft mit Theorie (nicht von ihr isoliert); zielte nicht bloß auf Einflüsterungen in die Ohren der Mächtigen (bei sonstiger politischer Enthaltsamkeit), sondern auf ein recht eigenständiges Denken und Handeln einer größer werdenden Gruppe von höheren und mittleren Beamten, die den neuen Staat mit zu gestalten trachteten, eine neue Politik auch selbst praktizierten. Es handelte sich hier um eine Gruppe von Macht ausübenden oder bewußt an der Ausübung der Macht teilhabenden Intellektuellen, die einige Jahrzehnte lang ihre eigene Rolle in dem von ihnen mitgeschaffenen erneuerten Staat mitbestimmend zu definieren vermochten. Dies war eine Besonderheit in Europa, und wird diese Besonderheit nicht wahrgenommen, dann kann das Denken und Handeln der Angehörigen der damaligen Reformbürokratie (für die Sonnenfels ein herausragendes Beispiel abgibt) nicht adäquat interpretiert werden. Das seltene Exempel einer Aufklärung in Theorie und Praxis ist für Zeitgenossen und Nachfahren unbehaglich gewesen; lieber war und ist ihnen eine geordnete Welt der Untertänigkeit. Eigenständigkeit im Denken und Handeln, Selbstbewußtsein und ein gewisser Grad von Selbstbestimmtheit wirken bis heute verstörend (und lassen gerne die Werturteile von Großherzögen und Kaisern übernehmen ...).

Die Wiedereinführung der Literarität im Habsburgerreich
(verbunden mit Theorien eines konstitutionellen Wohlfahrtsstaates)

»... so wie die durch die Erziehung und Lektür allgemeiner werdende Sprachverbesserung sich bis in die Kanzleyen verbreiten wird ...«[19]

»Jede Wissenschaft, jede Kunst, jedes Handwerk hat seine Kunstsprache ...
    Warum soll, was vom Mathematiker an bis zum Hufschmiede, jedem in seinem Gewerbe erlaubt ist, dem Manne, der über Angelegenheiten der öffentlichen Verwaltung zu sprechen, zu schreiben hat, untersagt seyn ...«[20]

»Jeder Schriftsteller muß deutlich seyn, bei Strafe ungelesen aus Händen gelegt zu werden. ... Sprachunrichtigkeit macht eine Schrift nur ekelhaft; Undeutlichkeit macht sie ekelhaft, und zugleich unbrauchbar.
    Bei einem jeden Aufsatze wird eine zwyfache Deutlichkeit gefordert: Deutlichkeit von der Seite des Stoffs, und Deutlichkeit von Seite der Sprache.«[21]

»Es ist viel gewisser, schreibt [Cicero], daß weder jemand über das, was er versteht, gut sprechen könne, noch, wenn er auch der Sache wohl kundig, aber in der Beredsamkeit und in der Ausbildung des Stils unwissend ist, jemals fähig seyn wird, selbst das was er weis, gut vorzutragen. Sachenkenntnis macht also bei Geschäften eine geschickte Feder nicht entbehrlich; so wie nie jemand ohne Sachenkenntnis eine geschickte Feder gehabt hat.«[22]

Joseph von Sonnenfels

Die Reorganisation, die Modernisierung, des absolutistischen Habsburger-Staates zielte auf eine breite Infrastruktur-Politik ab, die die Entwicklung des Humankapitals ebenso beinhaltete, wie die Reform des Rechts, die Schaffung eines neuen Staatsapparates mit Berufsbeamten, die Unterwerfung der Kirche unter den Staat (ohne daß dies Protestantismus bedeutet hätte). Die Ersetzung der Jesuiten durch weltliche Gelehrte, etwa im Bereich der Universität, bedingte ebenso einen Mangel an qualifiziertem Personal, wie die Mängel an schriftlicher, sprachlicher Artikulationsfähigkeit die neue staatliche Verwaltung beeinträchtigte. Im Wirken von Joseph von Sonnenfels fielen die Ausformung einer neuen Staatstheorie, die Lehre von der reformierten Verwaltungspraxis und die Sprach-Lehre für Beamte zusammen; propagiert wurde Literarität in umfassender Weise. Die Probleme einer modernen staatlichen Verwaltung sind eng verknüpft mit der Organisation von Arbeitsabläufen im Zusammenhang mit einer säkularen Kultur der Schriftlichkeit; die in der Verwaltung erforderlichen einzelnen Abläufe sollen auch unabhängig von den handelnden Personen nachvollziehbar sein und müssen daher in schriftlicher Form dokumentiert werden. Genau diese Kultur der Schriftlichkeit (die in der Gegenreformation gründlich zerstört worden war) mußte nun erst wieder richtig eingeführt werden.

Wenn Deutsch dabei die Amtssprache war, dann bedurfte es einer besonderen Pflege der deutschen Sprache als Literatursprache, da man im Reiche des gegenreformatorischen Katholizismus nicht auf die Tradition reformatorischer Bibelübersetzungen zurückgreifen konnte. Sprachpflege, Sprachenentwicklung traten daher in den deutschsprachigen Bereichen der Habsburger-Monarchie im 18. Jahrhundert in besonderer Weise als Förderung einer säkularen deutschen Literatur-Sprache in Erscheinung: Von der Gründung von »Sprach-Gesellschaften«, dem Kampf um das Theater (als einer weltlichen, literarischen und sittlichen Anstalt, und nicht als einer volksverdummenden Einrichtung in der Tradition der Gegenreformation) bis hin zum Verfassen von Lehrbüchern der politischen Wissenschaft und über den »Geschäftsstil« der österreichischen Kanzleibeamten. Beachtlich in diesem Zusammenhang ist auch die Notwendigkeit von neuen Lehrbüchern an der Universität sowie für die Aus- und Weiterbildung der Beamten und die »Notwendigkeit« der staatlichen Kontrolle der neuen Literarität durch Zensur.

In seinem Lehrbuch »Grundsätze der Polizey, Handlung, und Finanz. Zu dem Leitfaden des politischen Studiums« führte Sonnenfels aus: »Die grosse Gesellschaft ist der Staat. Der Uebergang in denselben hat den Mitgliedern einen neuen Namen erworben, hat sie in neue Verhältnisse versetzt: die Menschen sind Bürger geworden.«[23] Und er schreibt auch vom Zweck des Staates, nämlich von der »Wohlfahrt« und dem »Besten« für alle Menschen.[24] Im Rahmen der Kameralwissenschaften werden in systematischer Weise Begriffe und Systeme eingeführt, die etwa in England, im Rahmen eines ausgeprägten konstitutionellen und parlamentarischen Regierungssystems längst etabliert sind. In der Habsburger-Monarchie aber müssen diese Denkweisen auf subtile Art importiert und verbreitet werden: hierbei wird allmählich ein Denken eingeübt, daß einen monarchischen Wohlfahrtsstaat mit der Vorstellung von einem allgemeinen Dienst am Staat und einem Bürger-Staat verknüpft; und so wird auch eine Art konstitutionelle Grundhaltung eingeübt, bei den Regenten wie bei den Beamten. Insgesamt bedeutet dies auch die Einübung der Idee eines Rechtsstaates und eines »Patriotismus«, der nicht an Blut und Boden, nicht an Unterwerfung unter einen despotischen Regenten, sondern an der Wohlfahrt aller orientiert ist.

Zum Schluß noch einige Bemerkungen über Zensur. Es ist höchst eigentümlich, daß die maßgeblichen Reformer in der Ära Maria Theresias und Joseph II. durchaus für Zensur sich stark machten; allerdings geht es ihnen keineswegs um die Etablierung eines despotischen Polizeistaates: die Zensur war ihnen vielmehr ein Mittel im Kampf gegen die konservativ-klerikalen und antiaufklärerischen Kräfte. Dies wird auch deutlich, wenn die Argumente von Sonnenfels näher betrachtet werden. Auffällig ist, daß die Aufklärung und ihre Notwendigkeit gar nicht erst in Frage gestellt werden sollen: »Man hat zu einer akademischen Preisaufgabe gemacht, was niemals in Zweifel hätte gezogen werden sollen: ob es nützlich sey ein Volk aufzuklären? ... Das dumme Volk gehorcht, weil es muß: das unterrichtete, weil es selbst will. Eine billige und erleuchtete Regierung scheut die Einsicht ihrer Unterthanen nicht: sie sollen aufgeklärt seyn! um das gute zu erkennen, so ihnen erwiesen wird.«[25] Dann wird die Frage Druckerfreiheit und Zensur debattiert, im Vergleich mit England, und Sonnenfels kommt zum Schluß: »Aber worauf kommt es bey aller verschiedenheit der Meinungen an? darauf: ob, um keiner aufklärenden, unterrichtenden, Verstand, Herz und Geschmack verfeinernden Schriften auszuschlüssen, man allen irrigen, gefährlichen Meinungen, allen Verstand, Herz und Sitten verderbenden Blättern, allen die Religion und den bürgerlichen gehorsam untergrabenden Geburten den Eingang gestatten müsse? Die Frage, wie sie liegt, entscheidet sich selbst. Es ist niemanden noch in Sinn gekommen, daß man, um sich keiner Arzney zu berauben, auch den allgemeinen Verkauf des Gifts erlauben müsse.«[26]

Wir müssen uns vergegenwärtigen, daß die Reformer einen lange Jahre dauernden, zäh und geduldig ausgetragenen Kampf um die Zensur und die Entwindung dieses Instruments aus den Händen konservativ-klerikaler Kräfte geführt hatten und allmählich begannen, die Zensur auch in ihrem Sinne zur Förderung aufklärerischen Schrifttums einzusetzen. »Die Bestimmung einer Censur sey also! ohne irgendeinem nützlichen Werke den Eingang zu erschweren, nur dasjenige auszuschlüssen, durch welches irrige, ärgerliche und gefährliche Meinungen verbreitet werden könnten.«[27]

Anmerkungen

1 Ernst Wangermann, Von Joseph II. zu den Jakobinerprozessen. Wien 1966, S. 14 f.
2 Doch Lessing hat derartigen Vorstellungen durchaus entgegengewirkt; siehe weiter unten über Wien, Berlin und Sonnenfels
3 Grete Klingenstein, Staatsverwaltung und kirchliche Autorität im 18. Jahrhundert. Das Problem der Zensur in der theresianischen Reform. Wien 1970, S. 80 ff.
4 Ibid., S. 82 f.
5 Herbert Zeman, Vorwort. In: Joseph von Sonnenfels, Briefe über die wienerische Schaubühne. Hrsg. von Hilde Haider-Pregler. Graz 1988, S. ix.
6 Erich Schmidt, Lessing. Geschichte seines Lebens und seiner Schriften. Zweiter Band [Vierte durchgesehene Auflage]. Berlin 1923, S. 126.
7 Hilde Haider-Pregler, Nachwort, a.a.O. [Anm. 5], S. 358.
8 Ibid., S. 358 f.
9 Lessings Briefe in einem Band. Ausgewählt und erläutert von Herbert Greiner-Mai. Berlin und Weimar 1967, S. 198 f.
10 ibid., S. 275.
11 Siehe dazu auch: Briefe von Sonnenfels. Als Beitrag zu seiner Biographie. Mit einer Einleitung und Anmerkungen, hrsg. von Hermann Rollett, Wien 1874.
12 Über Lessing und Klotz siehe auch: Peter J. Brenner, Gotthold Ephraim Lessing, Stuttgart 2000, S. 165, S. 206.
13 Lessings Briefe in einem Band. Ausgewählt und erläutert von Herbert Greiner-Mai. Berlin und Weimar 1967, S. 310.
14 ibid., S. 310.

15 Briefe von Sonnenfels. Als Beitrag zu seiner Biographie. Mit einer Einleitung und Anmerkungen hrsg. von Hermann Rollett, a.a.O. [Anm. 11], S. 4 f.
16 ibid., S. 5.
17 ibid., S. 6.
18 ibid., S. 6.
19 Joseph von Sonnenfels: Über den Geschäftsstil. Die ersten Grundlinien für angehende österreichische Kanzleybeamten. Wien: Verlegt bei Joseph Edlen von Kurzbek 1784, S. 40.
20 ibid., S. 19.
21 ibid., S. 23 f.
22 ibid., ohne Seitenangabe [»An meine jungen Leser«]
23 Joseph von Sonnenfels: Grundsätze der Polizey, Handlung, und Finanz. Zu dem Leitfaden des politischen Studiums. Wien: bey Joseph Edlen von Kurzbek 1787, S. 13.
24 ibid., S. 13.
25 ibid., S. 57 f.
26 ibid., S. 66.
27 ibid., S. 66.

Die Träume der Bürgerin Galotti

Bodo Heimann

Personen

Emilia Galotti
Die Mutter Claudia
Der Vater Odoardo
Der Bräutigam und Zivilist
Der Prinz, Arzt und Vorsitzende
Orsina als Krankenschwester und Chorführerin
Der Chor
Zwei Anstaltswärter
Conti, der Künstler und Erfinder
Rota, der Richter

Schauplatz

Ein nicht ganz geheurer Raum, der zunächst als Krankenhaus, dann als Gefängnis erscheint, sich im Höhepunkt zum bestirnten Himmel erweitert, schließlich zum Atelier wird. Die Übergänge sind mit geringem Aufwand vorzunehmen, eher anzudeuten: ein Imaginationsraum, in dem sich Emilias Wille und Vorstellung reflektieren. Es sollte vorstellbar sein, daß Emilia sich nur in ihren Fieberträumen vom Lager erhebt und in einem Raum agiert, in dem Vergangenheit und Zukunft hellsichtig ineinander greifen.

Zitate

Sophokles, Livius, Shakespeare, Kant, Basedow, Lessing, Kleist, Rilke und andere. Indem sich Emilia von ihrer Vorbildgeschichte (Virginia bei Livius) distanziert und befreit, gewinnt sie die Möglichkeit zu neuem Leben. Nicht zufällig besteht die Peripetie in der Dekonstruktion der Virginia-Geschichte.

1. Traum
Entrücktes Dasein. Emilia kommt zu sich

Nach anfänglicher Dunkelheit hellt es sich auf. Emilia, tödlich verletzt durch die Dolchstiche ihres Vaters, wird auf ihrem Lager in der Mitte der Bühne von einem arztähnlichen Wesen untersucht. Im Vordergrund erscheint der Chor der Anstaltsinsassen.

Chor:
Wir wissen nichts von diesem Hingehn, das
nicht mit uns teilt. Wir haben keinen Grund,
Bewunderung und Liebe oder Haß
dem Tod zu zeigen, den ein Maskenmund

tragischer Klage wunderlich entstellt.
Noch ist die Welt voll Rollen, die wir spielen.
Solang wir sorgen, ob wir auch gefielen,
spielt auch der Tod, obwohl er nicht gefällt.

Doch als du gingst, da brach in diese Bühne
ein Streifen Wirklichkeit durch jenen Spalt,
durch den du hingingst: Grün wirklicher Grüne,
wirklicher Sonnenschein, wirklicher Wald.

Wir spielen weiter. Bang und schwer Erlerntes
hersagend und Gebärden dann und wann
aufhebend; aber dein von uns entferntes,
aus unserm Stück entrücktes Dasein kann

uns manchmal überkommen, wie ein Wissen
von jener Wirklichkeit sich niedersenkend,
so daß wir eine Weile hingerissen
das Leben spielen, nicht an Beifall denkend.

Der Chor entfernt sich.
Emilia kommt zu sich.

Emilia:
Wo bin ich?
Arzt:
Seien Sie froh, daß Sie überhaupt irgendwo sind. Sie haben Glück gehabt. Sie leben.
Emilia:
Wie bin ich hier hergekommen? Was ist mit meinen Eltern?
Arzt:
Das wird sich noch herausstellen.
Emilia:
Was heißt das?
Arzt:
Das wird alles sehr sorgfältig untersucht werden, in jeder Hinsicht, sehr sorgfältig.
Emilia:
Was soll untersucht werden?
Arzt:
Ein Verbrechen. Der eigene Vater die eigene Tochter erstochen. Gräßlich. Mord vermutlich aus niederen Beweggründen. Zur Verschleierung anderer Straftaten, wie man mutmaßen darf. Wir werden das alles sorgfältig untersuchen und jedem Verdachtsmoment nachgehen.

Emilia:
Was untersuchen Sie?
Arzt:
Alles.
Emilia:
Welche Zweifel gibt es?
Arzt:
Zweifelhaft ist leider alles.
Emilia:
Was zum Beispiel?
Arzt:
Ihre Unschuld zum Beispiel. Die Tugend Ihres Vaters zum Beispiel. Was sich zwischen ihm und Ihnen wirklich abgespielt hat, zum Beispiel.
Emilia:
Und was suchen Sie zwischen meinen Beinen?
Arzt:
Ich gehe gewissen Verdachtsmomenten nach. Ich betreibe Spurensuche. Jeder Spur wird nachgegangen, zwischen Ihren Beinen, in Ihrem Kopf, überall.
Eine Schwester erscheint, das arztähnliche Wesen wird verlegen.
Schwester:
Na?
Arztfigur ab.

Emilia und die Schwester.
Schwester:
Was immer man Ihnen gesagt hat, Bürgerin Galotti, es war eine Lüge. Glauben Sie, Ihr Vater hätte Sie auf Ihren Wunsch getötet, damit der Prinz Sie nicht zu seiner Maitresse macht? Glauben Sie, Sie befänden sich hier in einer Art Jenseits und Gott selbst nehme die Untersuchung Ihres Falles in die Hand? Irrtum. Sie befinden sich nicht in dem, was man Himmel nennt. Dies ist ein Irrenhaus. Und der die Untersuchung leitet, ist der Prinz. Gott ist allerdings seine Lieblingsrolle. Sie befinden sich in der Gewalt des Prinzen. Aber der Prinz ist selbst verrückt. Er ist der Oberirre in diesem Reich der Irren.
Emilia:
Und Sie, wer sind Sie?
Orsina:
Ich bin die Gräfin Orsina.
Emilia lacht:
Orsina als Krankenschwester, ganz schön irre.
Orsina:
Ich wurde eingeliefert, weil man mir nicht glaubte, daß ich die Gräfin Orsina bin. Aber ich glaube, man wußte es genau und wollte es nicht glauben.
Emilia:
Und dann wurde aus der Patientin eine Schwester?
Orsina:
Personalmangel. Außerdem bin ich die Intelligenteste. Was aber hier nicht viel heißen will.

Emilia:
Da gab es einen, der uns übel mitspielte – ich habe seinen Namen vergessen, ein ziemlich einflußreicher Mann.
Orsina:
Marinelli. Ein armes Schwein. Es hat ihn erwischt. Ein durchschnittlicher Intrigant, nichts Besonderes. Sich selbst für raffiniert haltend, aber geistig unbedarft, stand er am Ende so hilflos da, daß er mir fast schon wieder leid tat. Das übliche Schicksal für Leute, die sich überschätzen, ihre größte Dummheit, andere für dümmer zu halten als sich selbst. Nun ist er über die Affäre Galotti gestolpert. Hals- und Beinbruch, ex.
Emilia:
Er war aber doch ein Freund des Prinzen, nicht wahr?
Orsina:
Ebensowenig wie sein Teufel. Alles übertrieben, der Prinz ist exaltiert, er berauscht sich an Worten. Auch für ihn war Marinelli eigentlich ein Würstchen. Man kann ihn vergessen, er war jederzeit vollkommen austauschbar. Seinesgleichen gibt es mehr als man braucht. Wer sich unentbehrlich machen will, ist immer ersetzbar. Aber warum fragen Sie nach ihm anstatt nach Ihrem Vater?
Emilia:
Ich weiß nicht, es kommt mir vor, als sei etwas mit ihm und mit mir nicht ganz richtig. Ich hatte einen Traum.

Der Chor der Anstaltsinsassen erscheint ungerufen.
Chor:
Ungeheuer ist viel, doch nichts
ist ungeheurer als der Traum der Vernunft,
der Ungeheuer gebiert.
Orsina:
Ja ja, gut, ihr kommt später.
Orsina versucht, den Chor zurückzudrängen, einige tanzen aus der Reihe.
Einige:
Wer über gewissen Dingen
den Verstand nicht verliert –
Andere:
Du sagst es, wie heißt es,
du zögerst, du weißt es.
Orsina:
Ich sage, ihr kommt später.
Orsina führt den Chor ab

Emilia allein mit den Stimmen.
Emilia:
Ich weiß nicht, wo ich bin, aber ich weiß, daß ich hier nicht sein will.
Eine Stimme:
Du bist in Sicherheit.
Eine andere Stimme:
Du bist im Freudenhaus der Grimaldi.

Eine andere Stimme:
Du bist im Lustschloß des Prinzen.
Eine andere Stimme:
Du bist im Untersuchungsgefängnis.
Emilia:
Ich hatte einen Traum. Ich fuhr eine Kutsche, es war eine Hochzeitskutsche, aber ich war nicht die Braut, ich saß vorn auf dem Kutschbock und hatte die Zügel in der Hand, es war wie ein wildes Wagenrennen, die Pferde rannten los, daß es eine Lust war, hinter uns knallten Schüsse, vielleicht war es auch nur mein Peitschenknallen, das nicht vor oder neben mir, sondern hinter mir zu hören war, so schnell sausten wir. Vorn an einer Kreuzung stand mein Vater, feierlich zur Hochzeit gekleidet, feierlich tritt er uns entgegen, aber ich habe die wilden Pferde nicht in der Gewalt, sie bäumen sich auf, treten ihn nieder, er kommt unter die Räder meines Wagens. Die Pferde stürmen weiter, aber sie sind schwarz, ich weiß jetzt, daß ich einen Leichenwagen fahre, aber ich habe das Gefühl, daß ich nicht ich bin, sondern mein Vater, und daß ich es war, die getreten und überrollt wurde. Ja ich erinnere mich genau, daß ich mich gesehen habe, wie ich am Boden lag. Und nun bin ich es, die hinter mir aufgebahrt ist.
Eine Stimme:
Du wirst jetzt sterben.
Eine andere:
Schlafen.
Eine andere:
Vielleicht auch träumen.
Emilia bäumt sich auf.

Aus dem hinteren Raum nähert sich ein verkannter Zivilist.
Zivilist:
Ich bin Appiani.
Emilia:
Du bist Appiani?
Zivilist:
Dein Verlobter.
Emilia:
Appiani ist tot.
Zivilist:
Wenn ich Gott bin, kann ich auch Appiani sein. Gott ist tot, Appiani ist tot, also bin ich Appiani.
Emilia:
Der gute Appiani. Immer zog er sich von allem zurück. Überall stank es ihm. War er zu gut für diese Welt? Waren ihm seine Vorstellungen wichtiger als die Welt? Daß er sich auf das Land zurückziehen wollte, war auch nur ein Hirngespinst. Ein Vorwand für irgend etwas anderes. Auch das Leben auf dem Lande hätte ihm bald gestunken. Was hat er überhaupt gemocht außer seinen Luftgespinsten? Hat er mich gemocht? Das kitschige Bild, das er sich von mir gemacht hatte, das mochte er. Mich konnte er nicht riechen. Was ist das für ein Mann, der den Geruch einer Frau nicht mag? Was hätte er nach der Hochzeit mit mir ge-

macht? Was hätte ich mit ihm gemacht? Wie hätte ich ihn verführen können, der über alle Verführung erhaben war, weil er nicht lebte?
Zivilist:
Womit habe ich diesen Vorwurf verdient?
Emilia:
Wenn du ihn nicht verdienen willst, komm her und liebe mich.
Zivilist:
Liebe Emilia.
Emilia:
Los, liebe mich.
Zivilist:
Du lieber Engel, der mir den Weg in eine bessere Welt zeigt.
Emilia:
Höre, Appiani, ich glaube jetzt, daß du es bist, ich bin kein Engel. Ich bin etwas, wofür dir die Sinne fehlen und was in deinen Verstand nicht hineingeht. Geh, laß mich allein oder kämpfe um mich.

Chor der Anstaltsinsassen, angeführt von Orsina.
Chor:
Ungeheuer ist viel, doch nichts
ist ungeheurer als der Traum der Vernunft,
der Ungeheuer gebiert.
Orsina:
Wer über gewissen Dingen
den Verstand nicht verliert -
Chor:
Du sagst es, wie heißt es,
du zögerst, du weißt es.
Orsina:
Der hat keinen zu verlieren.
Chor:
Wir suchen ihn bei den verständigen Tieren,
da wollen wir ihn finden wohl unter Linden
zur Abendzeit bei Zank und Streit.
Huhu, huhu, ruckediguh,
meschugge Kukuh,
Blut ist im Schuh.
Orsina:
Wer hat es vergossen?
Chor:
Der Idiot, der Idiot.
Orsina:
Wo ist es geflossen?
Chor:
Aus der Fot, aus der Fot.

Orsina:
Wie hat sie's genossen?
Chor:
Tot, tot, mausetot.
Die Mutter Claudia löst sich vom übrigen Chor und tritt nach vorn.
Mutter:
Er hat geglaubt, daß das Schicksal einer Tochter, die von ihrem Vater umgebracht wird, dem ihre Tugend werter ist als ihr Leben, für sich schon tragisch genug und fähig genug sei, die ganze Seele zu erschüttern, wenn auch gleich kein Umsturz der ganzen Staatsverfassung darauf folgte. Weiß der Himmel, was er sich dabei dachte.
Der Vater Odoardo, der den Verstand verlor, löst sich vom übrigen Chor und tritt nach vorn.
Vater:
Ich bin der Vater.
Ich hab einen Kater.
Ich hab den Verstand verloren.
O wär ich nie geboren.
Orsina:
Höre, du Unglücksrabe, gab ich dir nicht meinen schönen Dolch, damit du den Pascha umlegst? Das kommt heraus, wenn man nicht alles selber macht. Judith und Holofernes damals, das war groß, das war geil, das war beides, groß und geil. Das hätte ich auch gekonnt. Ich, ich, hätte, hätte. Ich habe mich meiner Tat beraubt, indem ich sie einem Schwachkopf anvertraute. Wenn ich mir das je verzeihe -
Vater:
Verzeihen Sie mir!
Orsina:
Dir? Was soll ich dir verzeihen? Du bist ein Bürger, du bist schuldunfähig. Auf deinesgleichen ist kein Verlaß, das hätte ich wissen müssen. Ich glaubte für einen Augenblick, Leute deines Schlages könnten Geschichte machen. Aber ihr vergreift euch lieber an der eigenen Tochter als an der Geschichte. Mann, du hast deine Tochter getötet, glaubst du, und stehst hier herum. Wer soll dir das verzeihen, ich vielleicht oder irgendein Gott, den du deiner Hirngröße angepaßt hast? Begeh doch im Leben die Taten, auf die du im Tode noch stolz sein kannst.
Vater:
Ich war verwirrt.
Orsina:
Nein, nicht einmal das. Du warst immer nur du selbst. Erstick an dir!
Der ganze Chor tritt in den Vordergrund.
Chor:
Ungeheuer ist viel, doch
nichts ist ungeheurer als die Aufgabe,
das zu schaffen,
wovon alle träumen.

2. Traum
Anfälle von Heroismus. Die Tugend soll durch den Schrecken herrschen

Im ausgeleuchteten Hintergrund werden Gitterstäbe sichtbar. Was erst Krankenhaus schien, gleicht jetzt mehr einer Gefängnishalle. Emilia, bekleidet mit einem gestreiften Sträflings- oder Schlafanzug, liegt am Boden und träumt von einem schlimmen Erwachen in der Zukunft.
Orsina:
Aufwachen, aufwachen, wach auf, Emmy! Gleich erscheint der Große Vorsitzende.
Emilia:
Wer?
Orsina:
Es hat eine Veränderung stattgefunden. Das Volk war mit dem alten Regime nicht mehr einverstanden. Jetzt gilt nur noch der Wille des Volkes, und dieser Wille verkörpert sich im Großen Vorsitzenden. Verstehst du?
Emilia:
Nein.
Orsina:
Es ist auch zu groß, um verstanden zu werden. Mach dich frisch, der Große Vorsitzende liebt keine Transusen und Schlafmützen. Auf und los, heißt die Devise. Munter, begeistert, tatendurstig und bereit zu allem! Ich helfe dir. (*Macht sie fertig*) Die große Erneuerung verlangt auch von dir eine neue Kleidung. (*Bekleidet sie mit Turnhemd und Turnhose*) Sportlich. Und vergiß nicht, wer über gewisse Dinge den Verstand nicht verliert-
Emilia:
Der hat keinen
Orsina:
zu verlieren.

Einmarsch des Chores mit Hurra-Rufen.
Einige tragen Bilder des Großen Vorsitzenden und Transparente:
›ES LEBE DAS VOLK‹, ›FREIHEIT, GLEICHHEIT, VOLKSGEMEINSCHAFT‹, ›EIN VOLK, EIN STAAT, EIN VORSITZENDER‹, ›ES LEBE DER GROSSE VORSITZENDE‹, ›EINER FÜR ALLE, ALLE FÜR EINEN‹.
Zuletzt erscheint der Große Vorsitzende.
Orsina:
Die neue Zeit!
Chor:
Die neue Zeit!
Orsina:
Die neue Zeit verlangt ein neues Denken.
Chor:
Denken!
Orsina:
Die neue Zeit verlangt ein neues Fühlen.
Chor:
Fühlen!

Orsina:
Die neue Zeit verlangt den neuen Menschen.
Chor:
Menschen!
Zwei Maskierte entrollen ein großes Transparent:
›DIE TUGEND MUSS DURCH DEN SCHRECKEN HERRSCHEN‹
Orsina:
Das Wort hat der Große Vorsitzende.
Der Vorsitzende:
Des Volkes Stimme ist die Stimme Gottes.
Ihr seid das Volk, und ich bin eure Stimme.
Denn ihr seid ich, und ich bin ihr. Wir sind
der Wille aller, und es gilt kein andrer Wille
als der in meinem Willen sich verkörpert.
Wer dem sich in den Weg stellt, eigensüchtig,
den werde ich wie eine Krankheit aus-
brennen aus dem gesunden Volkskörper.
Emilia lacht.
Chor:
Wer lacht? Wer lacht? Hier gibt es nichts zu lachen.
Orsina:
Lachen ist verboten, hörst du, lachen ist verboten.
Der Vorsitzende:
Du hörst, hier gibt es nichts zu lachen. Wag es nicht noch einmal.
Emilia:
Verzeiht mein Prinz, ihr seid so komisch in der neuen Rolle.
Orsina:
Bist du wahnsinnig?
Chor:
Sie muß verrückt sein.
Einige:
Wer über gewisse Dinge den Verstand nicht verliert –
Orsina:
Das gehört jetzt nicht hierher.
Chor:
Ungeheuer ist viel, doch
nichts ist ungeheurer als die Macht aller,
die sich in einem verkörpert.
Der Vorsitzende:
Ich will es diesmal hingehn lassen, sie hat noch nicht genug gelernt. Hier gibt es keinen Prinzen mehr. Die Fürstenwillkür hat ein Ende.
Es herrscht nur noch das Volk, und das bin ich.
Emilia:
Ich denke –

Der Vorsitzende:
Das ist verkehrt, es gibt jetzt viel zu lernen.
Ergreift sie, schließt sie an den Apparat!
Einige Maskierte rollen ein monströses Gerät heran und verkabeln Emilia.
Emilia:
Was ist das?
Der Vorsitzende:
Das neue Lerngerät, ein Wunderwerk
von Wissenschaft und Technik. Hast du Angst?
Emilia:
Nein.
Der Vorsitzende gibt ein Zeichen:
Einschalten!
Emilia verkrampft sich.
Der Vorsitzende:
Hast du Angst?
Emilia schweigt.
Der Vorsitzende:
Du schweigst. Das ist noch nicht genug. Die nächste Stufe!
Emilia schreit.
Der Vorsitzende:
Hast du Angst?
Emilia schweigt.
Der Vorsitzende:
Du schweigst. Das ist noch nicht genug. Die nächste Stufe!
Vater Galotti:
Sie hat Angst, Großer Vorsitzender, sie hat Angst, ich sehe es, sie sagt es nie mit Worten, doch ich kenne ihre Blicke. So blickte sie als Kind, wenn ich sie schlug, um ihr den Eigensinn ganz auszutreiben, daß in ihr nichts anderes mehr gelte als nur der Wille ihres himmlischen und ihres irdischen Vaters.
Der Vorsitzende:
Tritt vor, gottesfürchtiger alter Mann,
du hast die eigne Tochter nicht geschont,
du hast für Gott und Volk und Vaterland
dein Liebstes aufgeopfert, damit gabst du
ein Beispiel höchster Tugend, ich ernenn dich
zum Helden des Volkes feierlich hiermit.
Orsina *(für sich):*
Ein schönes Heldentum. Vielleicht bekomm ich noch einmal die Gelegenheit zur Tat.
Der Vorsitzende:
Nehmt euch an ihm ein Beispiel. Unsre Zeit
verlangt die höchsten Opfer von uns allen.
Wer nicht bereit ist, alles froh zu opfern,
den werde ich als Volksschädling vertilgen,
ausbrennen mit allen seinen Nachkommen.
(Zu Emilia)

Du hast Fortschritt gemacht. Du hast jetzt Angst.
Das ist besser als nichts, doch ist es nicht
genug, Begeisterung verlang ich, Liebe,
Hingabe, stürmisch leidenschaftliche
Selbstaufgabe. Du hast noch viel zu lernen.
Wenn du genug gelernt hast, werden wir
zur Göttin der Vernunft dich wählen.
(Zu Odoardo)
Fähiger Vater, hilf jetzt deiner Tochter,
damit sie wird, was unser Volk und ich
von ihr erwarten, bau sie auf, weh dir,
wenn du versagst. Es fällt mir schwer,
mich von so einem edlen Mann wie dir
zu trennen, doch ich schwöre es, ich werde
jeden ausbrennen und vernichten, der
der großen Zeit sich nicht gewachsen zeigt.
Ans Werk! Ich komme wieder, um zu strafen.
Orsina:
Wer jetzt nicht aufwacht, möge ewig schlafen.

Claudia stürzt herein, zornig:
Was geht hier vor? Was ist mit meiner Tochter?
Ich frage, was mit meiner Tochter ist,
was steht ihr feig und schuldbewußt herum?
Was ging hier vor? Wer hat die Macht mißbraucht,
die er dem Volke schuldet, ist er schuldig?
Emilia, mein Kind.
Emilia:
Ach Mutter.
Claudia:
Was tat er dir, mein Kind, er soll es büßen.
Die meisten Anwesenden gehen verlegen ab.
Der Große Vorsitzende geht auf Claudia zu, schüttelt den Kopf.
Der Vorsitzende:
Was plusterst du dich auf, verrücktes Huhn?
Sei still, für diesmal will ich dir nichts tun. *(ab)*
Claudia:
Er soll die Macht nicht ungeteilt genießen.
Erhol dich, Kind, ich gehe zu Grimaldi.
Claudia ab.

Vater Galotti und Emilia allein.
Vater:
Ich weiß nicht, meine gute Tochter, ob ich immer alles richtig gemacht habe mit deiner Erziehung. Ich wollte das Beste. Aber ich hätte dich vielleicht anders behandeln sollen.

Emilia:
Ja, Vater, anders. Doch das ist nun vorbei. Bei meinen eigenen Kindern würde ich alles anders machen.
Vater:
Es gibt so viele Möglichkeiten, mir wird ganz schwindlig, ich zweifle an allem. Es gibt Augenblicke, da erscheint die Welt zu kompliziert. Doch wenn man sich entschließt, sich einem höhern Willen ganz anheimzugeben, wird alles wieder einfach.
Emilia:
Als ob wir, wir keinen Willen hätten, Vater!
Vater:
Sein Wille geschehe.
Emilia:
Wessen?
Vater:
Das ist ein weites Feld, ich weiß es nicht genau.
Emilia:
Darf man noch ›ich‹ sagen, oder ist das auch verboten?
Vater:
Eigentlich gilt nur das Wir des Volkes, jeder ist ein Teil von diesem Wir.
Emilia:
Findest du das richtig?
Vater:
Es hat viel Logik, Emmy.
Emilia:
Eure Logik! Ich will das fühlen dürfen, was ich fühle, und lachen dürfen, wenn mir danach ist.
Vater:
Immer noch dies eigensinnige, eigenwillige Kind in dir.
Emilia:
Du hast es nicht aus mir herausprügeln können, Vater. Ich hoffe, niemand kann es. Ich möchte, daß es in mir unverletzt bleibt.
Vater:
Selbstmörderin! Man muß dich vor dir selbst beschützen.
Emilia:
Ihr seid Mörder, Mörder, Kindermörder!
Vater:
Still, wenn dich jemand hört!
Emilia (schreit):
Ich will nicht still sein. Ich will toben, wann ich will, und still sein, wann ich will!

Wärter kommen, überwältigen sie und geben ihr eine Spritze. Es wird dunkel um sie.

3. Traum
Die Rede der toten Tugend. Absturz und Offenbarung

Der dunkle Raum erhellt sich und öffnet sich nach oben. Oben erleuchtet sich ein Sternenhimmel. Emilia erscheint in der Höhe hell und traumwandlerisch vor den Sternen und spricht, indem sie sich entkleidet, die REDE DER TOTEN TUGEND VOM WELTGEBÄUDE HERAB, DASS KEUSCHHEIT DIE HÖCHSTE BÜRGERPFLICHT SEI.
Emilia*:*
Höre jeder meine Rede, die Rede der toten Tugend vom Weltgebäude herab, daß Keuschheit die höchste Bürgerpflicht sei.
Wende die Augen ab von entblößten Körpern, vornehmlich des anderen Geschlechts. Entblöße dich selbst nicht im Beisein anderer ohne die äußerste Not. Meide nach Möglichkeit die Annäherung an Orte, wo das andere Geschlecht und selbst dein eigenes auf eine ungewöhnliche Weise entblößt erscheint. Auch Bilder entblößter Personen können mindestens halb so viel Wirkung haben wie wirkliche Blöße. Meide also ihre Betrachtung, sobald sie in dir ein unruhiges Verlangen erregt, welches du nicht erfüllen darfst. Schlafe, wenn du es kannst, in einem besonderen Bette und nicht in demselben Zimmer mit dem anderen Geschlechte. Die Teile deines Leibes, welche du wegen der Ehrbarkeit nicht offenbar zeigen darfst, berühre nur in der höchsten Not und mittelbar. Sei nicht einsam mit einer Person des anderen Geschlechts an solchen Orten, zu einer solchen Zeit und in solchen Umständen, daß es, wenn man es wüßte, für unehrbar gehalten würde.
So lang du jung und unverheiratet bist, vermeide nach Möglichkeit den Anlaß, sowohl von unzüchtigen Handlungen als auch von dem körperlichen Umgange der Eheleute viel zu reden, zu hören und zu lesen. Fliehe den Anblick der Eheleute, welche in deinem Beisein unvorsichtig oder aus Leichtsinn unehrbar miteinander scherzen. Scherze selbst nicht schamlos mit Personen weder deines eigenen noch des anderen Geschlechts. Rede, wenn du davon reden mußt, von den Lastern der Unzucht nur mit Ernsthaftigkeit.
Alles Verhalten solcher Personen, die nicht miteinander verheiratet sind, ist alsdann wirklich unehrbar, wenn es nach den Sitten der Tugendhaften im Lande dafür gehalten wird. Vermeide eine jede Handlung, an welcher du zweifelst, ob sie mit der Ehrbarkeit bestehe.
Es ist leicht, ehrbar zu bleiben, wenn man es schon ist, und einem ehrbaren Menschen ist es nicht schwer, in der Keuschheit zu verharren. Die Unehrbarkeit aber ist ein abhängiger Weg zur Unzucht, an welchem sich ein Mensch schwer zurückhält, weiterzugehen als er wollte.
Faulenze niemals im Bette, wenn du des Morgens schon erwacht bist. Sei mäßig im Essen und Trinken. Fliehe die Langeweile. Entferne dich, soweit es die Pflichten verstatten, von dem Umgange aller Personen, welche dir als unzüchtig bekannt sind und deiner Unschuld zum Anstoße gereichen können. Wenn du diesen weisen Ermahnungen folgst, so wirst du die Ehre, die Gesundheit, die Munterkeit des Geistes, die reine Einbildungskraft, das gute Gewissen und die Glückseligkeit einer keuschen Jugend behalten.

Unten versammeln sich Claudia und der Chor.
Claudia:
Was hat sie nur, wer hat sie so aufgebracht!
Eine Stimme:
Eine seltsame Rede, ich habe das schon einmal wörtlich so gelesen.

Andere:
Es steht in dem berühmten Buch von Basedow.
Andere:
Ist er krank?
Andere:
Er ist der Erfinder des Philanthropin.
Andere:
Das ist wohl ein gefährliches Mittel?
Andere:
Es soll süchtig machen.
Claudia:
Vorsicht, Kind, du stürzt ab!
Emilia stürzt langsam mit einem verhallenden Schrei zeitlupenartig zögernd vom bestirnten Himmel herab und findet sich auf dem blanken Boden wieder.
Claudia:
Habe ich es nicht gesagt, du schlimme Tochter?
Emilia:
Was, Mutter, hast du gesagt, ich hörte nur die Stimme meines Vaters.
Claudia:
Und die seltsamen Worte, die du geredet hast!
Emilia:
Was, Mutter, habe ich geredet, ich hörte nur die Stimme meines Vaters.

Der Chor der Schaulustigen entkleidet sich gleichfalls. Orsina kommt hinzu.
Chor:
Was ist nun kein Wunder?
Orsina:
Es ist nun kein Wunder, wenn wir auf alle bisherigen Bemühungen, die jemals unternommen worden, um das Prinzip der Sittlichkeit ausfindig zu machen, zurücksehen, warum sie insgesamt haben fehlschlagen müssen. Man sah den Menschen durch seine Pflicht an Gesetze gebunden, man ließ es sich aber nicht einfallen, daß er nur *seiner eigenen* und dennoch *allgemeinen Gesetzgebung* unterworfen sei, und daß er nur verbunden sei, seinem eigenen, dem Naturzwecke nach aber allgemein gesetzgebenden Willen gemäß zu handeln. Denn wenn man sich ihn nur als einem Gesetz (welches es auch sei) unterworfen dachte: so mußte dieses irgend ein Interesse als Reiz oder Zwang bei sich führen, weil es nicht als Gesetz aus *seinem* Willen entsprang, sondern dieser gesetzmäßig von etwas *anderem* genötigt wurde, auf gewisse Weise zu handeln. Durch diese ganz notwendige Folgerung aber war alle Arbeit, einen obersten Grund der Pflicht zu finden, unwiederbringlich verloren. Denn man bekam niemals Pflicht, sondern Notwendigkeit der Handlung aus einem gewissen Interesse heraus. Dieses mochte nun ein eigenes oder fremdes Interesse sein. Aber alsdann mußte der Imperativ jederzeit bedingt ausfallen und konnte zum moralischen Gebote gar nicht taugen.

Chor:
Was ist also der kategorische Imperativ?

Orsina:
Der kategorische Imperativ ist also ein einziger, und zwar dieser: *handle nur nach derjenigen Maxime, durch die du zugleich wollen kannst, daß sie ein allgemeines Gesetz werde.*

Emilia wird zu ihrem Bett getragen. Ihre Mutter setzt sich zu ihr und liest für sie eine unerhörte Begebenheit aus alter Zeit.
Claudia:
Den Appius Claudius ergriff im 5. Jahrhundert vor Christus die Begierde, ein Mädchen aus dem Plepejerstand zu verführen. Der Vater des Mädchens, Lucius Virginius, hatte seine Tochter mit dem früheren Tribun Lucius Icilius verlobt, einem Mann von großen Verdiensten um die Sache der Plebejer.
Emilia:
Der Vater hatte seine Tochter verlobt, sie hatte sich nicht selbst verlobt?
Claudia:
Das war damals so.
Emilia:
Damals.
Claudia:
Appius Claudius, von Liebe entbrannt, versuchte, das schon erwachsene schöne Mädchen mit Geschenken und Versprechungen zu verführen.
Emilia:
Appius Claudius war von Liebe entbrannt? War denn der Verlobte auch von Liebe entbrannt?
Claudia:
Davon steht hier nichts, mein Kind.
Emilia:
Ach! Dann war er es wohl nicht. Vielleicht bekam er sie als Lohn für seine großen Verdienste um die Sache der Plebejer.
Claudia:
Als Claudius aber sah, daß ihre Keuschheit alle Versuche vereitelte, entschloß er sich zu einer verwegenen Gewalttat. Er gab seinem Schützling Marcus den Auftrag, das Mädchen als seine Sklavin zu beanspruchen. Als Virginia auf das Forum kam, wo in den Buden auch die Schulen waren, da ergriff sie der Kuppler des Decemvirn, nannte sie Tochter seiner Sklavin und darum selber Sklavin und forderte sie auf, ihm zu folgen. Die Umstehenden ergriffen Partei für das Mädchen, da sagte der Kuppler, er werde den Weg des Rechts gehen. So kamen sie vor den Richterstuhl des Appius Claudius. Der Kläger erzählte dem Richter die Geschichte, der kannte sie natürlich, denn er hatte sie ausgedacht: Das Mädchen sei in seinem Haus geboren, dort gestohlen und in das Haus des Virginius gebracht und diesem als Kind unterschoben worden.
Emilia:
Und Virginia, durchschaute sie das böse Spiel?
Claudia:
Davon steht hier nichts, mein Kind.
Emilia:
Ach!

Claudia:
Die Verteidiger forderten, die Sache so lange unentschieden zu lassen, bis der Vater Virginius aus seinem Feldlager herbeigeholt worden wäre, bis dahin dürfe die Freiheit des Mädchens nicht angetastet werden. Claudius aber entschied, man solle den Vater herbeischaffen, so lange aber solle der Kläger nicht auf sein Recht verzichten müssen, sondern das Mädchen mitnehmen und sich verpflichten, sie bei der Ankunft des angeblichen Vaters zu stellen.
Emilia:
Des angeblichen Vaters.
Claudia:
Da kam der Verlobte Icilius und sprach: Du mußt mich schon mit dem Schwert hier wegstoßen, Claudius, damit nicht laut wird, was du verbergen willst. Als Jungfrau will ich dieses Mädchen heimführen und als legitime und keusche Gattin besitzen. Die Braut des Icilius bleibt nicht außerhalb des Hauses ihres Vaters. Nein, wenn ihr auch dem Volk von Rom den Beistand der Tribunen und die provocatio an die Volksversammlung, diese beiden Säulen der Freiheit, genommen habt, so könnt ihr mit euren Begierden doch nicht wie Könige über unsere Frauen und Kinder verfügen. Die Keuschheit wenigstens soll ungefährdet sein. Ich fordere dich auf, Claudius, zu bedenken, was du tust. Virginius mag sehen, wenn er kommt, was er mit seiner Tochter tut. Aber er soll das wissen: gibt er den Ansprüchen dieses Mannes nach, so muß er einen anderen Mann für seine Tochter suchen.
Emilia:
Wie entsetzlich. Dieser Mann kann Virginia nicht geliebt haben, wenn er so etwas sagt. Er ist ihrer nicht wert. Er will sie als keusche Gattin besitzen, woher nimmt er dieses Recht? Wie darf er so etwas wollen, und warum darf Virginia nichts selber wollen? Als wenn sie, sie keinen Willen hätte.
Claudia:
Die Menge war erregt, es drohte ein Kampf auszubrechen. Da erklärte Claudius, er wolle dem Icilius keinen Vorwand zu einem Aufruhr liefern und deshalb einstweilen kein Urteil fällen. Der Kläger verlangte, für das Mädchen, wenn es vorläufig frei sein sollte, einen Bürgen zu stellen, und es boten sich viele als Bürgen an. Bei Tagesanbruch aber, als die Bürger von Rom erwartungsvoll auf dem Forum standen, führte Virginius in Trauerkleidern seine Tochter heran, unter dem Geleit mehrerer Frauen und einer großen Zahl von Rechtsbeiständen. Das Gefolge der Frauen mit ihren stummen Tränen rührte die Umstehenden. Aber ungerührt, so sehr hatte ihm Raserei mehr als Liebe seinen Sinn verwirrt, bestieg Appius Claudius den Richterstuhl und verkündete, er habe auf Erklärung zur Sklavin erkannt.
Emilia:
Er verscherzt sich bei ihr die letzten Sympathien mit seinem Vorgehen. Wie er nur so dumm sein konnte.
Claudia:
Eine Weile herrschte tiefe Stille über den gemeinen Richterspruch. Als aber Claudius auf Virginia zuschritt, um sie zu ergreifen, rief der Vater: Mit dem Icilius, nicht mit dir, Claudius, habe ich meine Tochter verlobt; und zur Ehe, nicht zur Unzucht habe ich sie erzogen.
Emilia:
Er hat sie ja erzogen. Er hat sie erzogen, Mutter. Daß mir das nie aufgefallen ist, daß mich das nie stutzig machte! Er hat sie ja erzogen!
Claudia:
Der Decemvir, außer sich vor wilder Begier, erklärt –

Emilia:
Daß mir das nie aufgefallen ist! Er hat sie ja erzogen! Er hat sie ja erzogen!
Claudia:
Der Decemvir, außer sich vor wilder Begier, erklärt, nicht nur das gestrige Geschrei des Icilius und nun die Heftigkeit des Virginius, sondern auch andere Anzeichen hätten ihm die Gewißheit verschafft, daß während der Nacht in der Stadt Versammlungen abgehalten worden seien, um einen Aufstand anzuzetteln. Darum sei er mit Bewaffneten gekommen. Geht, Liktoren, treibt den Aufstand auseinander und macht dem Eigentümer Platz, damit er, was ihm gehört, ergreifen kann.
Emilia:
Falls er ihr je sympathisch war, jetzt wird sie ihn verachten.
Claudia:
Da nun Virginius nirgends mehr Hilfe sah, sprach er: Ich bitte, dich, Claudius, vergib dem väterlichen Schmerz, daß ich so heftig wurde, und gestatte mir, in Gegenwart des Mädchens hier die Amme zu befragen, wie die Sache sich verhalte.
Emilia:
Heuchler.
Claudia:
Kind, ich mag gar nicht mehr weiterlesen, es wird zu schlimm.
Emilia:
Lies, Mutter, lies! Alles, alles bis zu Ende. Ich kenne die Geschichte, Vater hat sie mir schon früher manche Male vorgelesen. Aber so wie du sie liest, klingt sie mir neu und anders in den Ohren. Vielleicht beginne ich erst jetzt, sie zu verstehen.
Claudia:
Er erhielt die Erlaubnis und führte Tochter und Amme etwas seitwärts zu den Buden. Dort entriß er einem Metzger das Messer und rief: Mit diesem letzten Mittel, was ich noch habe, meine Tochter, rette ich deine Freiheit.
Emilia:
Ihre Freiheit, was versteht er von ihrer Freiheit? Er hat sie nicht einmal gefragt, ob sie es will.
Claudia:
Damit durchstieß er die Brust des Mädchens und rief, rückwärts zum Richterstuhl gewandt: Auf dich, Claudius, rufe ich mit diesem Blut den Fluch herab!
Es erhob sich ein lautes Geschrei über die gräßliche Tat. Voller Schrecken darüber befahl Claudius, den Virginius zu verhaften. Der aber bahnte sich mit dem Messer den Weg durch die Menge und entkam durch das Stadttor.
Der Verlobte und ein Onkel Virginias zeigten die verblutete Leiche dem Volke, das in Klagen ausbrach. Ist das nun das Los unserer Kinder, riefen die Frauen, ist das der Lohn für die Keuschheit?
Die Männer aber, besonders Icilius, sprachen nur von der abgeschafften tribunizischen Gewalt und der abgeschafften provocatio an die Volksversammlung, den beiden Säulen der Freiheit.
Emilia:
Was für Zeiten, was für Männer, wie entsetzlich.

Claudia:
Die Unruhen breiteten sich aus. Virginius wiegelte im Lager einen Teil des Heeres auf und zog damit nach Rom. Die Decemvirn müssen zurücktreten. Volkstribunat und provocatio werden wiederhergestellt. Claudius wird ins Gefängnis geworfen, wo er sich selbst tötet.
Der Chor tritt auf:
O tempora, o mores,
klimbim und kakolores!
Emilia:
Hört auf, verspottet nicht, was mir einmal viel bedeutete, wenn auch nur aus Irrtum. Kümmert euch um eure eigne Vergangenheit, nicht um meine. Was wollt ihr?
Chor:
Wir wenden das Untre zu oberst,
damit du dich wieder bekoberst.
Wir wenden. Wir wenden.
Emilia:
Es war meine Geschichte, und nun zerrinnt sie mir wie ein böser Traum.
Chor:
Wir weben das Garn, das du spannst
aus den Träumen, bevor du begannst.
Wir weben. Wir weben.
Claudia:
Was war deine Geschichte?
Emilia:
Ich war es, die das wollte, wonach Virginia nicht einmal gefragt wurde. Und ich überredete ihn, meinen Vater, daß er sich an dieser Geschichte ein Beispiel nehme. Aber nun, da mir diese Geschichte nicht mehr gefällt, frage ich mich, ob es überhaupt mein Wille war. Ich frage mich auch, ob mir mein Vater die Geschichte vorgelesen hätte, wenn er nicht gemeint hätte, sie könnte ihm und mir zum Vorbild dienen. Verstehst du, Mutter, ohne diese Geschichte hätte ich meinen Tod gar nicht gewollt. Wenn es aber so ist, was ist dann mein Wille?

4. Traum
Die Macht des Geldes

Der Raum ist jetzt freundlich erleuchtet, geradezu ein Wohlfühlort. Emilia wird vom Chor der Mädchen gepflegt. Als der Prinz erscheint, weichen sie zurück.
Der Prinz:
Bürgerin Galotti -
Emilia:
Was ist?
Prinz:
Ich nenne dich Bürgerin, weil du tugendhaft warst.
Emilia:
Und weil ich abgestürzt bin.

Prinz:
Du warst standhaft und tugendhaft. Ein Absturz ist keine Schande. Wir alle stürzen einmal ab, früher oder später.
Emilia:
Du wahrscheinlich früher.
Prinz:
Vielleicht kennst du mich besser als ich dich. Ich möchte dich ganz kennen. Bisher hielt ich dich für eine Elfe oder einen Engel und war bezaubert von deinem Zauber, aber wie du eigentlich bist, das wüßte ich gern, damit ich dich noch besser lieben kann, ich würde alles an dir lieben, auch deine dunkelsten Stellen, wenn du welche hättest, sicher hast du die irgendwo wie jeder von uns, weil du kein Engel bist, sondern eine echte Menschin. Deshalb bist du verletzlich und brauchst Schutz. Ich will dein Schutz sein. Ich will dich schützen, wie kein anderer Mann dich schützen könnte. Ich möchte der Prinz sein, der durch die Dornenhecke zu dir kommt und der das nur schafft, weil sich die Hecke von selbst öffnet und die Rosen duften, daß man sich selber ganz vergißt.
Emilia:
Ich hatte mich auch vergessen, aber ich bin zu mir selbst gekommen.
Prinz:
Du hast lange geschlafen.
Emilia:
Mir kommt es vor wie eine Ewigkeit.
Prinz:
Sagen wir hundert Jahre.
Emilia:
Ich bin durch einen dunklen Tunnel gegangen. Jetzt wird es hell, und ich sehe das Leben hereinwachsen.
Prinz:
Viele wollten zu dir. Sie blieben in den Dornen hängen. Sie sind gestorben.
Emilia:
Verdorben.
Prinz:
Appiani zum Beispiel.
Emilia:
Der gute Appiani, ich habe ihm längst verziehen.
Prinz:
Was hattest du ihm zu verzeihen?
Emilia:
Daß er mich heiraten wollte, ohne daß ich ihn liebte.
Prinz:
Ein bürgerliches Schicksal.
Emilia:
Dir wäre es mit deiner Heirat ähnlich ergangen.
Prinz:
Ich bin stolz darauf, eine Frau zu lieben, die nicht Prinzessin, sondern Mensch, ganz Mensch, ganz Bürgerin ist.

Emilia:
Ich bin stolz darauf, Bürgerin Galotti zu heißen, der Titel gefällt mir. Ich würde ihn verlieren, wenn ich deine Frau würde. Ich will meinen Namen und Titel behalten. Ich fühle mich stark und frei.
Prinz:
Und ich, was soll ich mit deiner Freiheit anfangen?
Emilia:
Du sollst sie respektieren.
Prinz, indem er sich verabschiedet, zu den andern:
Bedient sie gut, es soll ihr an nichts fehlen, sie sei die unbeschränkte Herrin hier.

Orsina, während sie Emilia massiert:
Hat er dir erzählt, dies sei das Paradies? Er lügt, er ist ein Poet. Für ihn ist jeder Puff ein Venustempel.
Emilia:
Inzwischen ist es mir egal, wo ich bin, meinetwegen im Lustschloß Dosalo. Dort war ich zuletzt. Wäre ich unter glücklicheren Umständen hingekommen, hätte ich auch dort mein Glück finden können.
Orsina:
Ich glaubte mal, die ganze Welt sei ein Lustschloß, überall sei Dosalo. Aber überall finde ich nur Grimaldi.
Emilia:
Erzähl mir von Grimaldi, ich bin ihm nur einmal kurz vorgestellt worden und kenne ihn nicht, was ich von ihm hörte, klang immer so, als sei er der reichste Mann der Welt und sein Haus ein einziges Freudenhaus.
Orsina:
Du siehst ihn überall. Auf jedem Geldschein.
Emilia:
Auf den Münzen sah ich immer den Kopf des Prinzen.
Orsina:
Als man noch mit kleiner Münze zahlte. Inzwischen zahlt man mit großen Scheinen. Grimaldi gibt sie aus. Es sind Anteilscheine. Wer solch einen Schein hat, erwirbt einen Anteil an Grimaldis großem Vermögen und an allem, was Grimaldis Leute täglich produzieren. Handel und Wandel, ohne Grimaldis Scheine liefe hier gar nichts.
Emilia:
Dann ist dies hier das Haus der Grimaldi.
Orsina:
Nenne es, wie du willst. Grimaldi gehört ohnehin allerlei, auch die Klinik, auch das Gefängnis, übrigens gehört ihm auch Dosalo. Vielleicht gehört ihm auch der Prinz, denn er bezahlt ihn. Grimaldi bezahlt die Regierung. Früher war er selber Kanzler, inzwischen hat er einen Kanzler angestellt, den er bezahlt. Übrigens liegt ihm viel daran, daß du dich hier wohl fühlst. Er besorgt dir jeden Mann, den du haben willst, auch den Prinzen, er bezahlt ihn dafür, er engagiert dir einen Märchenprinzen.
Emilia:
Ich glaube nicht, daß ich es gut finde.

Orsina:
Auf seine Art ist dies ein neues Paradies. Ein Märchenprinz bedient dich. Ich kenne ihn, er macht es gut. Er wird dich wie eine Göttin verehren, Bürgerin Galotti.
Emilia:
Aber ich fühle mich stark und frei. Ich könnte jetzt kämpfen. Ich möchte etwas Nützliches tun.

Der Chor der Mädchen:
Warum, wenn es angeht, also die Frist des Daseins
hinzubringen, als Lorbeer, ein wenig dunkler als alles
andere Grün, mit kleinen Wellen an jedem
Blattrand (wie eines Windes Lächeln) –: warum dann
Menschliches müssen – und, Schicksal vermeidend,
sich sehnen nach Schicksal?...
                   Oh, *nicht*, weil Glück *ist*,
dieser voreilige Vorteil eines nahen Verlusts.
Nicht aus Neugier oder zur Übung des Herzens,
das auch im Lorbeer *wäre*......

Aber weil Hiersein viel ist und weil uns scheinbar
alles das Hiesige braucht, dieses Schwindende, das
seltsam uns angeht. Uns, die Schwindendsten. *Ein*mal
jedes, nur *ein*mal. *Ein*mal und nicht mehr. Und wir auch
*ein*mal. Nie wieder. Aber dieses
*ein*mal gewesen zu sein, wenn auch nur *ein*mal:
irdisch gewesen zu sein, scheint nicht widerrufbar.

Und so drängen wir uns und wollen es leisten,
wollen's enthalten in unsern einfachen Händen,
im überfüllteren Blick und im sprachlosen Herzen.
Wollen es werden. – Wem es geben?

Die Mutter Claudia erscheint mit Sicherheitsbeamten.
Claudia: (zu den Beamten)
Laßt mich allein, wartet draußen vor der Tür! *(zu Emilia)* Ich habe dich nicht geboren, damit du dir den Tod wünschst, sondern damit du lebst.
Emilia:
Was ist Leben, Mutter?
Claudia:
Wenn du es nicht weißt, probier es aus.
Emilia:
Wie und mit wem?
Claudia:
Offen für die Möglichkeiten, die du hast. Es gibt immer mehr als eine Möglichkeit. Ergreife die, die zu dir paßt und laß dir keine anderen einreden. Erkenne die Möglichkeiten auch in andern. Lerne die Menschen kennen, erkenne, mit wem du leben kannst und leben möchtest.

Die Fehler, die wir bei andern sehen, sind oft nur die Kehrseite ihrer Vorzüge. Leichtsinnig, unzuverlässig, verantwortungslos erscheint uns oft, wer impulsiv, spontan, begeisterungsfähig ist.
Emilia:
Der Prinz zum Beispiel.
Claudia:
Konsequent, geradlinig, treu erscheint uns oft, wer unbeweglich, stur, unduldsam ist.
Emilia:
Der Vater zum Beispiel.
Claudia:
Ich sehe die Möglichkeiten in mir und in den andern, und das Leben gibt mir recht. Dein Vater hielt viel von seiner Menschenkenntnis und war voll Mißtraun gegen andre. Wenn das die Menschen kennen heißt, wer sollte wünschen, sie zu kennen? Seltsamerweise hat sich sein Mißtraun immer wieder bestätigt. Ich traue vielen vieles zu. Auch mein Zutraun hat sich immer wieder bestätigt. Die Möglichkeiten, die uns das Leben zuspielt, sie spielen wir an andere weiter.
Emilia:
Ich weiß, ich hatte eine andere Möglichkeit als den Tod.
Claudia:
Natürlich hattest du. Und der Schutz des Hauses Grimaldi wäre nicht das Schlechteste gewesen. Ich kann das beurteilen.
Emilia:
Du kennst das Haus besser als ich.
Claudia:
Ich gehe ständig bei ihm ein und aus. Grimaldi hat mich mit einem wichtigen Amt betraut. Er meinte, er habe ein großes Zutraun zu meinen Fähigkeiten, die Art, wie ich Mut, Offenheit und Wirklichkeitssinn verbinde, er sprach von diplomatischen Fähigkeiten, von Begabung zur Politik. Er hat mir die Koordination zwischen Kanzleramt und Prinzen aufgetragen, ein Amt, das er erst für mich geschaffen hat, er meint, wenn ich es so anpacke, wie er es mir zutraut, dann wäre es noch wichtiger als das Kanzleramt selbst. Es müsse Vernunft und Wirklichkeitssinn, Offenheit und Redlichkeit in die Politik einkehren, sagte er. Nun, hättest du ihm solche Absichten zugetraut?
Emilia:
Was mir Vater erzählte und was ich selber sah, ließ mich vermuten, das Haus Grimaldi sei ein Haus der Freude.
Claudia:
Und was wär Schlimmes an der Freude? Freude ist ein Kind der Liebe, Liebe ist ein Kind der Freiheit. Freiheit, Liebe, Freude. Findest du etwas Verwerfliches daran?
Emilia:
Sollte ich nicht die Verführung fürchten? Wäre Verführung nicht die wahre Gewalt?
Claudia:
Nicht, wenn sie in dir etwas befreit, was du aus Angst in dir selbst unterdrücktest. Ach, ich kenne dieses scheinbar stolze trotzige Denken: Wer über sich selbst den Sieg erringt. Ich kenne das, ich höre die Worte mit der Stimme deines Vaters. Er wollte immer, daß wir ihm, ihm, ihm gehorchen. Aber warum sollen wir gegen uns selber kämpfen, warum uns selbst besiegen, warum uns selbst unterdrücken? Hat er dir jemals einen Grund genannt?

Emilia:
Ich will nur noch gehorchen, wo ich selber Gründe sehe. Mich nicht vor Unbekanntem fürchten, am wenigsten mich vor dem Leben fürchten. Was immer mir begegnen mag, gibt mir die Chance, mich zu erkennen und mich zu bewähren.
Claudia:
Du sagst es.
Emilia:
Ich habe mich wohl viel zu viel gefürchtet, vor dem Leben, vor mir selbst sogar, auch vor dem Prinzen.
Chor:
Ungeheuer ist viel, doch nichts ist ungeheurer -
Orsina:
Als?
Chor:
Sich selbst bekämpfen. Sich selbst zerstören. Sich selbst erkennen. Sich selbst erfinden. Sich selbst erleben.
Orsina:
Also was?

5. Traum
Schöne Aussichten

Der Ort fast wie vorher, jetzt eher ein Atelier.
Emilia wird vom Chor der Mädchen bedient.
Der Prinz erscheint mit dem Künstler Conti, der Stativ und Kamera aufstellt.
Prinz:
Sie hatten recht, lieber Conti, auf dem langen Weg von den Augen durch den Arm bis in den Pinsel ging so viel verloren. Und wie lange es dauerte. Ha! sagten Sie, ich erinnere mich sehr wohl, daß Sie Ha! sagten, daß wir nicht unmittelbar mit den Augen malen! Unmittelbar mit den Augen malen, Conti, was für eine wunderbare Idee. Und was für eine wunderbare Erfindung. Jetzt malen Sie unmittelbar mit dem Auge! Mit dem Auge der Kameralinse. Kameralinse! Kein Detail entgeht diesem Auge, und alles wird blitzschnell festgehalten. Sie machen mit Ihrer großartigen Erfindung einfach Klack, und das Bild ist fertig. Alles festgehalten, all die Schönheit ganz unmittelbar und sofort, und so schön wie die Natur selbst. Wacker, lieber Conti, Sie haben unser Geld nicht einfach verplempert, Sie haben es in eine wunderbare Erfindung investiert. Die Welt wird es Ihnen nicht vergessen, wie ich hoffe. Mich macht es stolz, als Ihr Mäzen in die Geschichte einzugehen. Und nun, mein Lieber, machen Sie den allerschönsten Gebrauch von dieser allerschönsten Erfindung. Sehen Sie hier diesen Anblick. Er ist unwiederholbar, ich weiß, aber Sie sind jetzt in der Lage, diesen einzigartigen unwiederholbaren Augenblick aufzubewahren für alle Zeit. Und den nächsten auch, und so immer weiter durch sämtliche Perspektiven. Ja dann also, schießen Sie los, lieber Freund!
Conti:
Es ist ein Fest der Augen, Prinz, was Sie mir bieten. Ich könnte jetzt nicht einen Strich malen und bin doch nie ein größerer Maler gewesen als in diesem Augenblick. Daß ich die bewun-

derungswürdige Emilia in dieser wundervollen Stellung lichtzeichnen darf, macht dieser photographischen Erfindung die allerhöchste Ehre.
Prinz:
Nicht nur in dieser Stellung, Conti, in allen Stellungen, ja, in allen nur denkbaren Stellungen und von jeder möglichen Seite, bauen Sie Ihren Apparat doch auch hier auf, und dort, auch aus jener Perspektive müßte es ganz entzückend aussehen. Und bitte auch die Nähe und die Abstände, die ganze Schönheit der Person, das Leuchten ihres strahlend hellen Körpers, diese Frische, und dann die Einzelheiten, Arme, Hände, Füße, die Schönheit ihrer Ohren, ganz ohne Schmuck, die Ohrläppchen ganz unversehrte Natur, von Stichen nicht entstellt, der Mund, mal lächelnd, mal unsagbar ernst, der Ausdruck ihrer blanken hellen Augen, immer wieder anders, jetzt zum Beispiel eher spöttisch, allerliebst das alles, und jeden Augenblick für immer aufbewahren, es ist eine unendliche Aufgabe, Conti, tun Sie was, schnell, halten Sie es fest für alle Zeiten, es ist unausdenkbar schön, und alles ist Natur.
Conti beginnt, Emilia zu photographieren, man ist beschäftigt, ständig neue Posen und Perspektiven zu erproben, auch unter Einbeziehung des Chors der Mädchen.
Orsina:
Und ihr?
Chor:
Und wir: Zuschauer, immer, überall,
dem allen zugewandt und nie hinaus!
Uns überfüllt's. Wir ordnen's. Es zerfällt.
Wir ordnen's wieder und zerfallen selbst.

Gerichtspräsident Camillo Rota erscheint.
Orsina:
Gerichtspräsident Rota bittet um Gehör in einer dringenden Angelegenheit.
Rota:
Einer sehr dringenden.
Prinz:
Nicht jetzt, Sie sehen doch, ich bin beschäftigt.
Rota:
Wenn ich mir erlauben darf -
Prinz:
Was erlauben Sie sich. Ich verbitte mir diesen Ton. Kommen Sie morgen wieder oder, sagen wir, übermorgen.
Rota:
Die Sache duldet keinen Aufschub, Prinz.
Prinz:
Ach nein, und wer bestimmt das?
Rota:
Wenn ich mir erlauben darf, die öffentliche Meinung -
Prinz:
Bitte verschonen Sie mich.
Rota:
- die öffentliche Meinung erwartet bereits ungeduldig das Ergebnis der Untersuchungskommission. Grimaldi meint auch -

Prinz:
Nun, weiter, was meint Grimaldi?
Rota:
Grimaldi meint, der Staat müsse berechenbar bleiben. Es sei nicht gut, wenn sich gegen Repräsentanten des Staates irgendwo unberechenbare Ressentiments aufbauen. Das destabilisiere die Verhältnisse. Das Volk müsse wenigstens das Gefühl haben, daß es im Staat gerecht zuginge, ganz abgesehen von der Gerechtigkeit selbst.
Prinz:
Also Grimaldi steckt dahinter.
Rota:
Nicht dahinter, Prinz.
Prinz:
Und Sie meinen das auch?
Rota:
Nur daß ich auch von der Gerechtigkeit selbst nicht absehen möchte.
Prinz etwas unschlüssig zwischen Rota und Conti.
Prinz (zu Rota):
Also gut, bleiben Sie da. Wenn Sie sich noch einen Augenblick gedulden wollen.
Conti hört auf zu photographieren.
Prinz:
Machen Sie ruhig die Serie zu Ende, Conti.
Conti macht weiter.
Prinz:
Also, Rota, was haben Sie auf dem Herzen, Sie sprechen von einem Untersuchungsergebnis, ja dann also, schießen Sie los. Worum geht es?
Rota:
Um Sie, Prinz, um die Art Ihrer Beteiligung in der Sache Galotti.
Prinz:
Und damit kommen Sie jetzt? Wen außer Sie interessiert der Fall überhaupt noch.
Rota:
Sie selber, Prinz, haben die Untersuchung befohlen und die Kommission eingesetzt. Sie wollten in der Sache nicht selber Richter sein, aus Befangenheitsgründen, wie Sie sehr richtig sagten, Sie gaben den Auftrag, alles wahrheitsgemäß und gewissenhaft zu überprüfen.
Prinz:
Rota, wie lange ist das her, inzwischen hat sich viel verändert. Hätten Sie schneller gearbeitet -
Rota:
Die Kommission hat sich die Arbeit nicht leicht gemacht, wir haben gewissenhaft und gründlich recherchiert. Wir haben sorgfältig den abschließenden Bericht formuliert. Und ich bitte Sie im Namen der Kommission, ihn anzuhören und zu unterschreiben.
Prinz:
Ja doch, meinetwegen, recht gern, schießen Sie endlich los.
Rota zögert mit einem Blick auf den zerstreuten Prinzen, den die Vorgänge beim Photographieren mehr interessieren als der Bericht. Dann liest er:
Hettore Gonzaga, Prinz von Guastalla, ist seiner Geliebten, der Gräfin Orsina, in dem Augenblick überdrüssig geworden, als er Emilia Galotti kennengelernt hat. Er muß jedoch er-

fahren, daß ihre Hochzeit mit dem Grafen Appiani unmittelbar bevorsteht. Ein Versuch, die Heirat aufzuschieben, mißlingt: Graf Appiani lehnt den Auftrag, sogleich als Gesandter ins Ausland zu gehen, ab. Mit unausgesprochener Billigung des Prinzen hat dessen Kammerherr Marinelli inzwischen jedoch schon einen heimtückischen Anschlag vorbereitet: seine maskierten Bediensteten überfallen das Paar auf dem Wege zur Trauung; Appiani wird im Kampf tödlich verwundet. Emilia und ihre Mutter Claudia werden in das nahe prinzliche Lustschloß Dosalo gebracht. Der Prinz, der sie dort bereits ungeduldig erwartet, hofft, den Überfall als die Tat von Wegelagerern hinstellen zu können. Emilia erschrickt, als sie den Prinzen wiedersieht, der sie bereits am Morgen in der Kirche angesprochen und ihr seine leidenschaftliche Liebe bekannt hat, aber abgewiesen worden ist. Ihre Mutter durchschaut bald den wahren Zusammenhang. Kurz darauf treffen die Gräfin Orsina und Emilias Vater Odoardo im Schloß ein. Die empörte Orsina verständigt Odoardo von Appianis Tod und der Gefahr, die seiner Tochter droht, und händigt dem Waffenlosen ihren eigenen Dolch aus, mit dem er Appiani und sie rächen und den Prinzen niederstechen soll. Er verzichtet darauf. Seinem Wunsch, Emilia in ein Kloster zu schicken, begegnet der Prinz mit der selbstherrlichen Anordnung, sie zunächst dem Gewahrsam seines Kanzlers Grimaldi anzuvertrauen, bis der Überfall völlig aufgeklärt sei. Emilia, die den Prinzen zwar verabscheut, aber dennoch seiner Verführung zu erliegen fürchtet, beschwört Odoardo, ihr den Dolch zu überlassen, um sich zu töten. Der zunächst zögernde Vater entschließt sich erst, als sie ihm das Beispiel des römischen Virginius vorhält, und ersticht sie.
Rota nach Beendigung des Vorlesens macht eine Pause, räuspert sich.
Rota:
Möchten Sie den Bericht so unterschreiben?
Prinz:
Ja doch, recht gern, her damit.
Rota:
Ohne jede Änderung? Sie sind mit jeder Einzelheit einverstanden?
Prinz:
Sie hören ja, her damit, sage ich.
Rota:
Nein. Sie haben gar nicht zugehört. Wenn ich den Bericht noch einmal verlesen darf, -
Prinz *(lacht):*
Sie haben recht, mein guter Rota, entschuldigen Sie. Lesen Sie also noch einmal, diesmal will ich mir Mühe geben. *(Lacht und hebt den Arm wie zum Schwur)* Ich verspreche es.
Rota:
Hettore Gonzaga, Prinz von Guastalla, ist seiner Geliebten, der Gräfin Orsina, in dem Augenblick überdrüssig geworden, als er Emilia Galotti kennengelernt hat. Er muß jedoch erfahren, daß ihre Hochzeit mit dem Grafen Appiani unmittelbar bevorsteht. Ein Versuch, die Heirat aufzuschieben, mißlingt: Graf Appiani lehnt den Auftrag, sogleich als Gesandter ins Ausland zu gehen, ab. Mit unausgesprochener Billigung des Prinzen hat dessen Kammerherr Marinelli inzwischen jedoch schon einen heimtückischen Anschlag vorbereitet -
Prinz *unterbricht:*
Ich protestiere. ›Mit unausgesprochener Billigung des Prinzen‹ ist tendenziös, ist geradezu niederträchtig, es geschah ohne mein Wissen.

Rota:
Ich streiche ›Mit unausgesprochener Billigung‹ und setze dafür ›Ohne das Wissen‹. Ohne das Wissen des Prinzen hat dessen Kammerherr Marinelli inzwischen jedoch schon einen heimtückischen Anschlag vorbereitet: seine maskierten Bediensteten überfallen das Paar auf dem Wege zur Trauung; Appiani wird im Kampf tödlich verwundet. Emilia und ihre Mutter Claudia werden in das nahe prinzliche Lustschloß Dosalo gebracht. Der Prinz, der sie dort bereits ungeduldig erwartet, hofft, den Überfall als die Tat von Wegelagerern hinstellen zu können.
Prinz:
Infame Unterstellung. Streichen Sie den Satz.
Rota:
Gestrichen.
Emilia erschrickt, als sie den Prinzen wiedersieht, der sie bereits am Morgen in der Kirche angesprochen und ihr seine leidenschaftliche Liebe bekannt hat, aber abgewiesen worden ist.
Prinz:
›Abgewiesen‹ ist zu stark und eindeutig tendenziös. Streichen Sie ›aber abgewiesen worden ist‹.
Rota:
Gestrichen.
Ihre Mutter durchschaut bald den wahren Zusammenhang. Kurz darauf treffen die Gräfin Orsina und Emilias Vater Odoardo im Schloß ein. Die empörte Orsina verständigt Odoardo von Appianis Tod und der Gefahr, die seiner Tochter droht, -
Prinz:
Protest. Seiner Tochter drohte keine Gefahr, jedenfalls nicht von meiner Seite.
Rota:
verständigt Odoardo von Appianis Tod und händigt dem Waffenlosen ihren eigenen Dolch aus, mit dem er Appiani und sie rächen und den Prinzen niederstechen soll. Er verzichtet darauf. Seinem Wunsch, Emilia in ein Kloster zu schicken, begegnet der Prinz mit der selbstherrlichen Anordnung,
Prinz:
Widerlich tendenziös.
Rota:
- mit der Anordnung, sie zunächst dem Gewahrsam seines Kanzlers Grimaldi anzuvertrauen, bis der Überfall völlig aufgeklärt sei. Emilia, die den Prinzen zwar verabscheut,
Prinz:
Genug. Ich verbitte mir das Wort ›verabscheut‹, ich verbitte mir überhaupt diese ganze Sicht der Dinge. Ich höre mir das Pamphlet nicht länger an. Alles tendenziös, verdreht, verfälscht. Geben Sie her, Rota, her damit!
Er reißt ihm den Bericht aus der Hand und zerreißt ihn.
Prinz:
Die Sache ist erledigt, und nun lassen Sie mich in Ruhe.

Der Prinz wendet sich wieder dem Photographieren zu, während Rota die einzelnen Fetzen des Kommissionsberichts sorgfältig vom Fußboden aufhebt.

Rota:
Meine Schuld soll es nicht sein, wenn eines Tages die Monarchie in diesem Lande nichts mehr gilt.
Prinz, nun wieder zu Conti:
Es tut mir leid, Conti, daß wir bei unserem Werk, das alle Sinne und höchste Konzentration beansprucht, so gestört worden sind. Es ist kaum wieder gutzumachen, nie wieder gutzumachen fürchte ich. Es ist schwer, wieder da weiterzumachen, wo man herausgerissen wurde. Übrigens Conti, Sie sollten Ihre Technik noch vervollkommnen, noch näher an die Wirklichkeit herankommen, noch immer gelingt es Ihnen nicht, auf diesem Wege nicht vollständig, die ganze Anmut, den ganzen Zauber dieses Wesens zu erfassen. Etwas Wichtiges geht verloren, Conti, sehen Sie die Bewegung der Augenlider, das Lächeln, die Drehung des Kopfes, das Atmen des Körpers. Sehen Sie, wie bewegt und lebendig alles ist. Wo bleibt die Bewegung auf Ihren Bildern, Conti? Erfinden Sie bewegte Bilder, Conti. Und was sag ich: – alle Sinne. Liegt doch der Liebreiz einer Frau nicht nur in ihrem Anblick, ihre Stimme, ihr Sprechen, ihr Gesang, alle Laute ihres Lebens gehören dazu. Erfinden Sie sprechende Bilder, singende, summende, seufzende Bilder. Und was noch alles verlorengeht auf Ihren Bildern, die doch nur flach zweidimensional sind und von der Schönheit der runden Formen nur eine Andeutung geben, schaffen Sie plastische Bilder, die man auch anfühlen kann, die sich bewegen, die atmen können und den gleichen Eindruck von Wärme vermitteln wie eine lebendige Frau, und wenn Sie noch an den Geruch denken, Conti, – O mein Freund, wie weit bleibt die Kunst noch zurück hinter dem Meisterwerk der Natur.
Conti:
Ich fühle es selber, Prinz. Ich werde mich nicht zufriedengeben. Aber es wird ein großes Unternehmen, ein ganz weitläufiges Forschungsprogramm. Kunst und Wissenschaften müssen zusammenarbeiten, Bildende Künstler, Physiker, Chemiker, Biologen. Die zu investierenden Kosten werden erheblich sein.
Prinz:
Conti, Sie kennen mich, verfügen Sie über jeden Betrag, den Sie brauchen.
Conti:
Sie sind sehr großzügig, Prinz.
Prinz:
In Kunstdingen kann man gar nicht großzügig genug sein. Kunst ist das einzige Mittel, das wir gegen den Tod haben.
Conti:
Ich darf mich für heute verabschieden, Prinz. Ich werde Ihnen berichten.
Prinz:
Jederzeit, Conti, Sie sind immer willkommen, und denken Sie daran, verfügen Sie über jeden Betrag. Und, Conti, denken Sie auch an den Geruch!
Conti geht.

Orsina mit dem Chor der Mädchen.
Orsina und der Chor:
Wie ein Singen kommt und geht in Gassen
und sich nähert und sich wieder scheut,
flügelschlagend, manchmal fast zu fassen
und dann wieder weit hinausgestreut:

spielt mit der Genesenden das Leben;
während sie, geschwächt und ausgeruht,
unbeholfen, um sich hinzugeben,
eine ungewohnte Geste tut.

Und sie fühlt es beinah wie Verführung,
wenn die hartgewordne Hand, darin
Fieber waren voller Widersinn,
fernher, wie mit blühender Berührung,
zu liebkosen kommt ihr hartes Kinn.

Emilia:
Sagt, ist es ein Traum?
Orsina:
Ein Traum, was sonst?
Emilia:
Und wenn ich aufwache? Werde ich stark und frei sein und kämpfen können?
Eine Stimme:
Wenn Sie aufwachen, vergessen Sie nicht Ihre Träume, Bürgerin Galotti.

Nachgefragt

Warum »Bürgerin Galotti« und worum geht es?

Der Titel »Bürgerin Galotti« nimmt Anrede- und Umgangsformen der Französischen Revolution auf, er betont das entschieden Bürgerliche des Falles Emilia Galotti. Indem Emilia sich selbst fragwürdig wird, stellt sie bürgerliches Selbstverständnis in Frage. Dies aber spielerisch, leicht, locker, bei aller Hintergründigkeit. Das Stück bekommt Leichtigkeit: erstens durch den Zugewinn an Freiheit, zweitens durch den Weg vom Tod zum Leben, die Umkehrung der Tragödie also; drittens durch eine Art von Ironie, die auch Freiheit bedeutet, Freiheit sowohl gegenüber Traditionen als auch Freiheit gegenüber uns selbst, indem wir dekonstruktiv spielerisch scheinbare Notwendigkeiten und Wirklichkeiten auflösen und uns kreativ im großen Reich der Möglichkeiten wiederfinden.

Gibt es eine eindeutige Situation oder gibt es viele Möglichkeiten?

Es gibt die eindeutige Situation, daß Emilia von ihrem Vater erdolcht wurde. Es ist die Situation nach dieser Tat. Die Heldin schwebt zwischen Leben und Tod. In diesem Zustand geht ihr allerlei durch den Kopf. Das Geschehen auf der Bühne kann als Außenprojektion dessen gelten, was in Emilias Kopftheater vor sich geht.

Handelt es sich wirklich um Traumgeschehen?

Das Zitat »Ein Traum – was sonst?« verweist am Ende auf Kleists »Prinz Friedrich von Homburg«. Auch in Kleists Drama ist der traumwandlerische Zustand, der die Handlung bestimmt, nicht eindeutig. Agiert der Prinz im Traum oder in der sogenannten Wirklichkeit? Sowohl als auch. Solche Zustände erlebt man auch kurz vor dem Aufwachen oder wenn man im Fieber im Krankenhaus liegt, die Schwestern sind vielleicht da, aber wir sehen sie und alles um uns herum anders und weniger eindeutig als sonst, ein labiler Zustand, mal stärker nach der Traumseite hin, mal mehr nach der Bewußtheit hin ausschlagend. Dieser Zwischenzustand ist für die Kreativität des Menschen übrigens besonders produktiv, die gewohnten Bezugssysteme sind gelockert, es gibt größere Assoziationsspielräume, fantastische Verknüpfungen, das ist interessant, wenn auch nicht nur erfreulich, man erlebt nicht nur schöne, sondern auch böse Dinge, Emilia zum Beispiel eine Folterung. Noch dazu eine, die sich als Fortschritt der Menschheit ausgibt. Das ist wieder abgründig, irreal und realistisch zugleich, und man kann es in dieser Schwebe belassen. Kleist war versessen auf solche Zustände, z.B. bei seinem »Käthchen von Heilbronn«. Auch bei Shakespeare finden wir solche Zustände immer wieder – »Ein Sommernachtstraum«, »Der Sturm«, in der Moderne besonders bei Ionesco, Beckett. Der Traum befreit von Sichtweisen, die als normal gelten. Träume sind Dekonstruktion von Wirklichkeit und Spiel mit Möglichkeiten. Das Spiel macht sich den Traum zum Verbündeten. Daß man wie Emilia anfängt zu denken, zu träumen, zu erkennen, ist wichtiger als eine bestimmte Botschaft oder gar ›Lehre‹.

Soll hier nicht etwas gelernt werden über Bürgertum, Freiheit, Tugend, Aufklärung und Politik?

Es kann etwas erkannt werden, die Heldin kommt auch selbst zu Erkenntnissen, aber das hat mit Selbsterkenntnis zu tun, nicht mit einer bestimmten Lehre. Mit Traum hat das Stück auch insofern zu tun, als Emilia der Nachtseite, der unbeleuchteten Rückseite ihrer scheinbar selbstbestimmten Entscheidung zum Tode und ihrer Tugendvorstellungen gewahr wird. Emilia kommt der unbewußten und vorbewußten Rückseite ihrer Worte und Taten auf die Spur. Sie geht durch das unendliche Bewußtsein des Todes hindurch und sieht danach die Dinge anders. Insofern ist es noch etwas mehr als Traum, die Frage provoziert: »Ein Traum, was sonst?«

Muß man Lessings »Emilia Galotti« kennen, um dieses Spiel zu verstehen?

Man muß nicht. In die Situation findet man sich hinein, das ist klar, jemand liegt schwer verletzt auf der Bühne in einem Krankenbett, Arzt und Schwester drumherum. Die Vorgeschichte kommt zur Sprache. Man kann also hineingehen und sehen, wie man daraus klug wird. Es gibt verschiedenes Verstehen. Um Goethes Iphigenie zu verstehen, ist es nicht nötig, die Iphigenie von Euripides und die von Racine studiert zu haben, aber man hat mehr davon, wenn man es tut, und das nicht nur intellektuell: auch das Vergnügen ist größer, wenn ich die Intertextualitäten spüre. Gewisse Anspielungen, ironische Pointen und Distanzierungen kommen besser zur Geltung. Natürlich setzt dieses Stück die Handlung von Lessings Emilia voraus, wo diese aufhört, mit Emilias Tötung, setzt dieses ein: Nun liegt sie da in ihrer Agonie. Ob sie jemals wieder erwacht, bleibt offen, auch wie lange dieser Zustand dauert, bleibt offen, es kann ein gedehnter intensiver Augenblick sein. In diesem Augenblick gewinnt sie Klarheit. Sie kann bei dieser Grenzöffnung einige hellsichtige Blicke in die Zukunft und in die Vergangenheit tun. Die Berufung auf die Vergangenheit ist auch bei Lessing angelegt, besonders an der wichtigsten Stelle, der letzten Wendung, wo Emilia ihren Vater provoziert: »Ehedem wohl gab es einen Vater, der seine Tochter von der Schande zu retten, ihr den ersten den besten Stahl in das Herz senkte – ihr zum zweiten das Leben gab. Aber alle solche Taten sind von ehedem! Solcher Väter gibt es keinen mehr.« Das bezieht sich auf Livius. Lessing erläutert es nicht, nimmt wie selbstverständlich an, daß sowohl Emilia als auch das Publikum Livius kannten. Aber woher weiß das Emilia? Und mit welcher Intention wurde ihr solches Wissen vermittelt? Aus der Vergangenheit beziehen wir unsere Orientierungen und Handlungsmuster, das gilt nicht nur für Emilia, auch für die Französische Revolution, auch für uns, aber kennen wir die Vergangenheit? Und müssen wir sie nicht kennen, um uns selbst zu kennen? Unsere sogenannte Subjektivität wird in Frage gestellt. Diskurstheorie und Dekonstruktion bezweifeln die Einheit der Person, die Person erscheint als Schnittpunkt von Diskursen. Schön, wenn man sich dabei die wörtliche Bedeutung des lateinischen Wortes Person vorstellt. Schön auch, wenn es gelingt, solche Schnittpunkte hörbar und sichtbar zu machen. Ich erinnere mich an eine Inszenierung der »Penthesilea« im Berliner Schiller-Theater, wo Elisabeth Tessenaar die Amazonenkönigin spielte. Die Amazonen trugen antike griechische Gewänder, die Griechen preußische Uniformen aus den Napoleonischen Kriegen. Da war Kleists Konzept scharfsichtig auf den Punkt gebracht. Solchen analytischen Scharfsinn wünsche ich mir von Inszenierungen. Solche Historisierungen sind wichtiger als zweifelhafte Aktualisierungen.

Soll sich der Zuschauer mit Emilia identifizieren oder sich von ihr distanzieren?

Angesichts des Todes distanziert sie sich von sich selbst, historisiert sich, durchschaut etwas von den Voraussetzungen ihres Tuns und Denkens. Was ihr vorher selbstverständlich schien, wird in Frage gestellt. Es ist gut, das scheinbar Selbstverständliche in den Rang des Unverständlichen zu erheben, das scheinbar Eindeutige mehrdeutig zu machen. Lessing wollte »eine bürgerliche Virginia« schreiben. Dabei nahm er Veränderungen vor. Erstens wurde bei ihm die Tötung der Tochter ein Akt ihrer Selbstbestimmung, Emilia will es, während Virginia gar nicht gefragt wurde. Zweitens folgte bei ihm nicht wie bei Livius ein politischer Umsturz, sondern die Verhältnisse blieben, wie sie waren: der Prinz ist selber oberster Richter und von keiner anderen Instanz zur Rechenschaft zu ziehen als von Gott, auf den am Ende verwiesen wird: Das bleibt im Rahmen absolutistischer Staatstheorie. Zu Lessings Zeit kam darin eine zutreffende Einschätzung faktischer Verhältnisse zum Ausdruck. Heute ist das anders, die Revolutionen haben stattgefunden, das bürgerliche Bewußtsein ist nicht mehr vorrevolutionär, sondern postrevolutionär. Und auch jener andere Aspekt ist uns, übrigens auch Lessing selbst, suspekt geworden: Die Kategorie ›freier Wille‹, Selbstbestimmung kann nicht unbefragt gelten. »Was war dann mein Wille?« fragt Emilia völlig zu Recht.

Wozu der Chor? Erfüllt der Chor hier die gleiche Funktion wie im antiken Drama?

Der Chor repräsentiert Öffentlichkeit. Das ist seine erste und wichtigste Funktion neben all den anderen Funktionen, die er auch noch haben kann, er kann sich zum Beispiel an das Publikum, auch an die Spieler wenden, kann vermitteln, kann auch etwas mitspielen, nachfragen, unterbrechen. Die wesentliche Aufgabe aber war und ist die Repräsentanz der Öffentlichkeit, der Chor artikuliert und reflektiert kollektives Bewußtsein. In der altgriechischen Polis spielten die Bürger eine öffentliche Rolle. Auch in der altrömischen Republik spielte das Volk mit. Die Geschichte, die Livius erzählt, spielt auf offenem Marktplatz, Soldaten und Volksmassen greifen ein. Zu Lessings Zeit spielte das Volk keine Rolle, also auch nicht der Chor. Wir dagegen haben heute das Prinzip Volkssouveränität und die kritische Neugier einer omnipräsenten Öffentlichkeit. Schon bei Büchner wurden Volksszenen wichtig. Hauptmann machte das Kollektiv der Weber zum Helden, wenn die im Chor das Weberlied singen, artikulieren sie kollektives Bewußtsein, ein ziemlich aufständisches Bewußtsein, das es in dieser Form inzwischen auch nicht mehr gibt, jedenfalls nicht bei uns. Typisch der Chor in Frischs Biedermann, Feuerwehrleute, die aber Brandstiftungen nicht verhindern.

Verpflichtet der Chor der Anstaltsinsassen unsere Welt nicht zu sehr auf die Metapher Irrenhaus?

Auch hier gibt es intertextuelle Anspielungen. Aber man sollte diesen Aspekt nicht allzu eindeutig herausstellen. Der Schauplatz der Handlung wird relativiert, Emilia bekommt von den Stimmen unterschiedliche Antworten. Der Raum darf unheimlich sein. Auch der Zuschauer mag sich fragen, wo er sich eigentlich befindet. Wo bin ich? Die Frage kann man sich nicht oft genug stellen, oft ist die Antwort »Irrenhaus« naheliegend, aber auch nicht einzig richtig. Und der Höhepunkt im 3. Akt inszeniert natürlich die höchste Stufe, die bürgerliches Bewußtsein bisher erklimmen konnte: Kants bestirnten Himmel über mir und das moralische Bewußtsein in mir. –

Vermutlich ironisch?

Ja, auch ironisch, wie das ganze Stück. Aber Ironie ist eine Gratwanderung, man macht sich nicht nur lustig, sondern prüft: die Worte, die scheinbar leichtfüßig witzig daherkommen, möchten beim Wort genommen und abgeschmeckt werden, es ist nicht bloß Ulk, nicht bloß Parodie.

Ist auch die Form ironisch, z.B. der Höhepunkt im 3. Akt?

Ja, der Höhepunkt natürlich ganz oben mit der dazugehörigen berühmten Fallhöhe, die Rede der toten Tugend vom Weltgebäude herab, daß Keuschheit die höchste Bürgerpflicht sei. Jean Paul schrieb die »Rede des toten Christus vom Weltgebäude herab, daß kein Gott sei«. Hier also die Rede der toten Tugend in der Gestalt der Emilia, deren Striptease natürlich auch mit Scherz, Ironie und tieferer Bedeutung daherkommt: sie tut das Gegenteil von dem, was sie sagt, sie befreit sich davon. Sie befreit sich von Konventionen, die durch Kleider symbolisiert sind. Sie findet zu einer Sinnlichkeit zurück, die sie unterdrückte, und kann darum auch auf dem nackten Boden von Mutter Erde landen, indem sie die Stimme ihres Über-Ichs als nicht eigene, sondern als fremde, als Stimme des Vaters identifiziert hat, in Wirklichkeit die Stimme von Basedow, jedenfalls die Stimme einer exemplarischen, typischen

Autorität, die umso süchtiger und abhängiger macht, je mehr sie uns von uns entfremdet. Darauf spielt die Frage nach dem Philanthropin an. Auch das natürlich Ironie. Aber es schadet nichts, wenn man den Witz nicht mitbekommt und das berühmte Philanthropin für ein Medikament hält, das süchtig macht. Der Chor weiß das offensichtlich nicht besser, und der Zuschauer muß es nicht unbedingt wissen. Dem äußeren Tugendbegriff Basedows folgt dann der innere, das moralische Gesetz in mir, der autonome kategorische Imperativ, der mich auf meine eigene Vernunft und Willensfreiheit verweist, die höchste Stufe, die bürgerliches Bewußtsein bisher erklimmen konnte, aber für Emilia ein Anlaß mehr, weiterzufragen: Was ist dann mein Wille? Da kommen Urbilder und Vorbilder ins Spiel, da wird es Zeit, sich die Geschichte mit Virginia kritisch anzuhören. Das alles gehört zum Höhepunkt und Wendepunkt. Je genauer man die Einzelheiten liest, umso mehr kann man sich dabei denken, umso mehr wird man auch die Doppelwertigkeit von Ironie spüren. Auch die Exposition am Anfang ist ironische Anspielung auf den dramaturgischen Begriff, aber auch wörtlich zu nehmen, ebenso die Steigerung und Verschärfung im zweiten Akt oder die Peripetie, und die Katastrophe im Wortverstand als letzte Wendung, zugleich rückbezüglich ironisch auf die Kunst verweisend. Der Künstler Conti trat bei Lessing nur am Anfang auf, hier dagegen pointiert am Ende, die Ästhetisierung aller Lebensbereiche als letzte Wendung anzeigend und auch künftige über Kino und Fernsehen hinausgehende Reproduktionstechniken andeutend. Nach all den politischen und philosophischen Umwälzungen und Brüchen stabilisiert sich bürgerliches Lebensgefühl einerseits durch stabile Währung, andererseits durch Selbstdarstellung und Selbstbestätigung im Ästhetischen, wenn man will, kann man beides im Show-Business vereinen, auf das inzwischen auch Politik hinausläuft, die letzte Wendung, die Transformierung ins Ästhetische. In solchem Kontext wird auch der Begriff von Katastrophe als letzter Wendung ironisch, vielleicht auch polemisch, witzig, unernst.

Ist die Sprache so, wie wir sie heute sprechen, oder ist sie poetisch?

Es ist jedenfalls die deutsche Hochsprache, die im Unterschied zu den Dialekten den Vorteil hat, überregional zu sein. Im Prinzip reden wir fast alle so. Aber es ist auch die Sprache Lessings, mitunter sogar wortwörtlich, in den Zitaten nämlich, es ist auch die Sprache Goethes, Eichendorffs, Kants und Rilkes. Wenn jemand einen Begriff von der Schönheit der deutschen Sprache bekommen will, muß er sich an die Dichter halten. Die Schönheit der englischen Sprache lerne ich bei Shakespeare kennen, nicht bei CNN. Worte und Sätze sind nicht bloß Bedeutung, sie haben sinnliche Qualitäten, Klang, Rhythmus. Sprache besteht aus Vokalen und Konsonanten, diese Begriffe mal ganz wörtlich genommen. Das Semantische ist nicht das einzige. Im 20. Jahrhundert hat keiner wie Rilke die deutsche Sprache so musikalisch zu komponieren verstanden.

Deshalb die Rilke-Zitate?

Ja, das beginnt mit dem Einzugschor. Ich stelle mir vor, daß er ruhig, klar, wohltönend wie in Trance gesprochen wird und die Zuschauer ebenfalls in eine Art Trance versetzt, jedenfalls einstimmt, da muß gleich der erste Akkord faszinieren. Umso schöner, wenn sich dann auch eine Bedeutung einstellt, über die man nachdenken kann, auch über Nuancen, z.B. ist

»das Leben spielen« schön zweideutig, man kann die Betonung auf Leben oder auf spielen setzen, am besten läßt man es in der Schwebe. Das ist wichtig: Spielräume öffnen, schwebende Akzente setzen, nicht alles so brutal eindeutig machen, wie es in der Alltagsrede geschieht. Poesie ist anders als Alltagsrede, selbst wenn sie Alltagsrede einbezieht. Emilia, Orsina, der Prinz, sie alle fallen aus der Rolle, rutschen ab in eine andere Sprachebene, Brüche sind wichtig. Wir sprechen nicht eine einzige Sprache, sondern mehrere. Es gibt Unterschiede zwischen den fünffüßigen Jamben des klassischen Dramas heroischen Typs im zweiten Akt und dem Parlando im vierten oder der Lyrik des Chors oder der Diktion Kants.

Soll das zu einer Einheit zusammenwachsen?

Es soll nicht, es ist bereits. Es ist Konglomerat unseres gesellschaftlichen und individuellen Bewußtseins. Die Collage-Technik macht deutlich, was schon beisammen ist, und markiert Widersprüche und Brüche, Widersprüche auch zwischen Sprache und Handeln. In den revolutionären und heroischen Phasen der neuzeitlichen bürgerlichen Geschichte, etwa der Französischen Revolution, aber auch der Russischen Revolution und der NS-Revolution, wurden immer wieder die Widersprüche zwischen der propagierten Freiheit einerseits und der aggressiven Gesinnungsdiktatur und Gleichschaltung andererseits sowohl kaschiert als auch auf die Spitze getrieben.

Sind auch Änderungen und Kürzungen des Textes denkbar?

Denkbar ist vieles. Wer etwas anders haben möchte, kann mit dem Text kreativ umgehen. Wichtig ist, daß sich nicht nur die Regie, sondern auch das Publikum etwas dabei denken kann. In der Vergangenheit liebte man sogenannte Provokationen, das ist inzwischen langweilig geworden. Wichtig ist, das Publikum nicht zu langweilen, sondern zu unterhalten und es dabei in seinen geistigen Ansprüchen und Möglichkeiten nicht zu unterschätzen. Im Kopf des Publikums denkt sich das Stück ein Stück weiter.

Verzeichnis der Autorinnen und Autoren

Heidi Beutin, geb. in Hamburg, nach Abendabitur Studium der Germanistik und Politologie. Freie Wissenschaftspublizistin. Veröffentlichungen zur Literaturgeschichte und Frauenrechtsbewegung. Ehrenamtliches Mitglied im Präsidium von ver.di Nord.

Wolfgang Beutin, geb. in Bremen, Studium der Germanistik und Geschichte. Nacheinander sowie z.T. auch gleichzeitig Dozenturen an fünf norddeutschen Universitäten, seit 1996 (– ?) Privatdozent an der Universität Bremen. Veröffentlichungen zur Literaturgeschichte; auch belletristische.

Gerd Biegel, geb. 1947 in Mannheim, Prof. Dr. h.c. Direktor des Instituts für Braunschweigische Regionalgeschichte an der TU Braunschweig. Veröffentlichungen zur Aufklärung und niedersächsischen Regionalgeschichte. Herausgebertätigkeiten u.a. Braunschweiger Beiträge zur Kulturgeschichte.

William Boehart, geb. 1947. Dr. Phil. (Universität Hamburg), M.A. (University of Chicago), Historiker und Stadtarchivar im Kreis Herzogtum Lauenburg. Lehrbeauftragter am Historischen Seminar der Universität Hamburg, Veröffentlichungen zur deutschen Aufklärung und zur Regionalgeschichte des Kreises Herzogtum Lauenburg.

Johann Dvořák ist am Institut für Politikwissenschaft der Universität Wien tätig und Präsident des Wiener Instituts für Wissenschaft und Kunst. Seine Arbeitsschwerpunkte sind die Entstehung und Entwicklung des modernen Staates, die Geschichte und Theorie neuzeitlicher Wissenschaft und Bildung, sowie Politik und die Kultur der Moderne. Jüngste Publikationen: *Theodor W. Adorno und die Wiener Moderne. Ästhetische Theorie, Politik und Gesellschaft* (Peter Lang, 2005) und *Staat, Universität, Forschung und Hochbürokratie in England und Österreich im 19. und 20. Jahrhundert* (Peter Lang, 2008).

Prof. Dr. **Günter Hartung**, Jahrgang 1932; Studium der Germanistik und Musikwissenschaft in Halle; 1977-1992 o. Prof. für Gesch. d. dtn. Lit. daselbst; Publikationen zur deutschsprachigen Literatur des 18., frühen 19. und 20. Jh., sowie zur Vokalmusik des gleichen Zeitraums, außerdem zur Literaturtheorie und Ästhetik.

Bodo Heimann, geb.1935, Studium der Germanistik, Geschichte und Philosophie in Freiburg, Berlin und Frankfurt/Main; Promotion in Freiburg mit einer Dissertation über Gottfried Benn (1962); Professor der Osmania University Hyderabad (Indien), Wissenschaftlicher Mitarbeiter der Christian Albrechts Universität Kiel, Professor der University of Alberta, Edmonton (Kanada). Zahlreiche Veröffentlichungen zur Literatur des 18. bis 20. Jahrhunderts, insbesondere Goethezeit, Romantik, Expressionismus, Literatur im Dritten Reich, Gegenwartsliteratur, Experimentelle Dichtung, Mitarbeit an Rowohlts Literaturlexikon „Weltliteratur im 20. Jahrhundert" und „Autorenlexikon deutschsprachiger Literatur des 20.

Jahrhunderts", am „Neuen Handbuch der Literaturwissenschaft", am „Historischen Wörterbuch der Rhetorik" u.a.; Herausgeber des Jahrbuchs „Euterpe" und mehrerer Anthologien. Als Autor eigener Lyrik und Prosa ausgezeichnet mit dem Eichendorff Literaturpreis u.a.

Jost Hermand, geb. 1930 in Kassel. Promotion 1955 in Marburg. William F. Vilas Research Prof. em. an der University of Wisconsin-Madison und Honorar-Professor an der Humboldt-Universität zu B erlin.

Thomas Höhle, geb. 1926, Prof. Dr. sc. phil. Lehrtätigkeit in Bernau, Berlin (Humboldt-Universität), Warschau, Halle (Saale; Martin-Luther-Universität) – bis 1992. Veröffentlichungen überwiegend zur Aufklärung, Klassik, 19. Jh.

Raimund Kemper ist Privatdozent an der Freien Universität Berlin, Klassischer Philologe und Madiävist, Literaturwissenschaftler und Historiker; er war als Gastprofessor tätig an verschiedenen in- und ausländischen Universitäten, zuletzt an der Philosophischen Fakultät der Karls-Universität in Prag; er ist Mitbegründer und (bis 2001) Mitherausgeber des seit 1994 in Prag erscheinenden historischen Jahrbuchs THERESIENSTÄDTER STUDIEN UND DOKUMENTE.

Thomas Metscher, geb. 1934. Prof. i.R. Studium der Anglistik, Philosphie u. Germanistik in Berlin, München, Bristol u. Heidelberg. 1961-71 Lektor u. Dozent am Department of German der Universität Belfast. 1971-1998 Professor für Literaturwissenschaft u. Ästhetik an der Universität Bremen. Veröffentlichungen u.a.: Der Friedensgedanke in der europäischen Literatur (1984), Herausforderung dieser Zeit. Zur Philosophie und Literatur der Gegenwart (1989), Pariser Meditationen (1992), Shakespeare und die Renaissance (1995), Klassik, Romantik und Aufklärung (1998), Welttheater und Geschichtsprozeß. Zu Goethes ‚Faust' (2003), Logos und Wirklichkeit. Beiträge zu einer Theorie des gesellschaftlichen Bewußtseins (ersch. 2008).

Friedrich Mülder wurde 1932 in Bad Bentheim geboren. Studium: Architektur und Bildende Künste. Seit 1960 Dipl.-Designer und Schriftsteller: Erzählungen, Gedichte, Biographien, Vorträge, Kritiken, Herausgebertätigkeit. Mitbegründer u. Ehrenvorsitzender des Literaturhauses Schleswig-Holstein. Er lebt, nach Jahrzehnten in Kiel, heute in Solla, Bayerischer Wald.

Gerhard Wagner, Jg. 1948, Dipl.-Kulturwissenschaftler, Dr. phil. habil., Wissenschaftspublizist und -lektor in Berlin. Zahlreiche Arbeiten zur Geschichte der Alltagskultur, Künste, Medien und des ästhetischen Denkens im 19./20. Jahrhundert.

Braunschweiger Beiträge zur Kulturgeschichte

Herausgegeben von Gerd Biegel und Angela Klein

Band 1   Hein Retter: Reformpädagogik und Protestantismus im Übergang zur Demokratie. Studien zur Pädagogik Peter Petersens. 2007.

Band 2   Gerd Biegel / Angela Klein / Peter Albrecht / Thomas Sonar (Hrsg.): Jüdisches Leben und akademisches Milieu in Braunschweig. Nellie und Kurt Otto Friedrichs. Wissenschaftliche Leistungen und illegale Liebe in bewegter Zeit. 2012.

Band 3   Gerd Biegel / Heidi Beutin / Wolfgang Beutin / Angela Klein (Hrsg.): »*Liebhaber der Theologie*«. Gotthold Ephraim Lessing – Philosoph – Historiker der Religion. 2012.

www.peterlang.de

Komi Kouma Kougblenou

Studien zur Entwicklung der kulturellen Norm „Toleranz" in der deutschen Literatur von der Aufklärung bis zur Gründerzeit

Frankfurt am Main, Berlin, Bern, Bruxelles, New York, Oxford, Wien, 2010.
203 S.
Studien zur deutschen und europäischen Literatur des 19. und 20. Jahrhunderts. Herausgegeben von Franz Norbert Mennemeier, Erwin Rotermund und Bernhard Spies. Bd. 67
ISBN 978-3-631-61216-3 · geb. € 47,95*

Heutzutage zählt *Toleranz* zu den Grundbegriffen der politisch-sozialen Sprache in Deutschland. Dass die Forderung nach Toleranz in der deutschen Literatur vor allem aus der Zurückweisung des vorherrschenden Antisemitismus wurzelt, zeigt diese Studie. Sie untersucht literarische, philosophische und rechtspolitische Schriften aus der Periode von der Aufklärung bis zur Gründerzeit, die dem Antisemitismus entgegentreten und die Forderung nach Toleranz facettenreich begründen. Im Mittelpunkt dieser Studie stehen nicht nur die „Größen" Lessing, Mendelssohn, Heine und Raabe, sondern auch weniger bekannte, aber nicht minder einflussreiche Autoren wie Christian Fürchtegott Gellert, Christian Konrad Wilhelm von Dohm, Gabriel Riesser und Wilhelm Jensen.

Aus dem Inhalt: Deutschland · Preußen · Christen · Juden · Französische Revolution 1789 · Reformation · Aufklärung · Kant – Goethe · Toleranz · Rechtsstaat · Reichsgründung · Lessing · Mendelssohn · *Nathan der Weise* · *Jerusalem* · *Über die bürgerliche Verbesserung der Juden* · *Die Juden von Cölln* · *Höxter und Corvey*

Frankfurt am Main · Berlin · Bern · Bruxelles · New York · Oxford · Wien
Auslieferung: Verlag Peter Lang AG
Moosstr. 1, CH-2542 Pieterlen
Telefax 00 41 (0) 32 / 376 17 27
E-Mail info@peterlang.com

Seit 40 Jahren Ihr Partner für die Wissenschaft
Homepage http://www.peterlang.de